바다가 전하는 포용의 지혜, 선원과 우리 모두의 인권 이야기

인성과 선원인권

Character and Seafarers' Human Rights

최진철 · 이창희 지음

신아사

[들어가는 말]

바다가 가르쳐준 인간다움: 인성과 인권의 항해 일지

"바다는 어떤 물도 거부하지 않는다(海不讓水)."

"최고의 선은 물과 같다(上善若水)."

동양의 옛 지혜는 바다와 물의 성질을 통해 인간이 추구해야 할 덕성을 가르쳐왔다. 해불양수(海不讓水) - 바다는 크고 작은 모든 물줄기를 차별 없이 받아들이며, 그 넓은 품에 담아낸다. 상선약수(上善若水) - 노자가 말한 최고의 선은 물처럼 낮은 곳으로 흐르며 다투지 않고 만물을 이롭게 한다.

이 두 가르침은 오늘날 우리가 논하는 인성과 인권의 본질과 맞닿아 있다. 차별 없는 포용, 겸손한 자세로 타인을 이롭게 하는 삶 - 이는 바다가 수천 년간 인류에게 가르쳐 온 침묵의 메시지이다.

해상에서 일하는 선원들은 이러한 바다의 지혜를 가장 가까이에서 경험한다. 한정된 공간에서 다양한 문화와 배경을 가진 사람들과 함께 살아가며, 때로는 거친 파도와 싸우고, 때로는 끝없는 수평선 앞에서 인간의 한계를 절감한다. 그 과정에서 그들은 인간다움의 진정한 의미를 체득한다. 협력하지 않으면 살아남을 수 없고, 서로를 존중하지 않으면 항해를 완수할 수 없기 때문이다.

우리는 지금 주어진 삶의 조건에서 어느 것도 고정된 것이 없고, 모든 것이 급격하게 변화하고 있는 세계를 살아가고 있다. 이러한 변화의 시대에 성장세대는 기성세대보다 삶의 환경과 조건에 더 빠르게 적응하며, 변화를 주도하고 있다. 이렇듯 복잡하고 빠르게 변화되는 환경 속에서 대학 교육의 책무는 지식의 전달을 넘어 올바른 인성 함양을 기반으로 사회의 다양한 맥락에서 개인의 책임과 의무를 인지하고 행동할 수 있도록 하는 것이다.

이 책 〈인성과 선원인권〉은 인성과 인권에 대한 깊이 있는 이해를 바탕으로 해상업무 종사자인 선원의 사례를 통해 독자 여러분이 각자의 업무와 삶의 공간에서 발생할 수 있는 인권 문제를 슬기롭게 해결할 수 있도록 돕고자 한다. 이 책은 두 명의 저자가 공동으로 집필하였으며, 크게 두 부분으로 구성되어 있다.

첫 번째 부분(I-III장)에서는 최진철 교수가 '인성', '차별', '다양성'이라는 주제를 다루고 있다. 이 부분은 현대 사회에서 인성과 인권이 갖는 의미와 중요성을 다양한 학자들의 연구와 설문 조사 결과를 바탕으로 깊이 있게 탐구한다.

제I장 "인성과 인권"에서는 기관차 딜레마와 2개의 도덕 원칙을 통해 윤리적 판단의 복잡성을 소개하고, 세월호 사고를 통해 인성의 사회적 이슈화를 다룬다. 또한 인성교육진흥법과 인성교육의 중요성, 산업혁명 단계별 패러다임 변화와 교육의 관계, 그리고 한국 사회의 인권 교육 현황을 살펴본다. 특히 세월호 선장의 행동과 리더십에 대한 대담을 통해 위기 상황에서의 인성의 중요성을 강조하고 있다.

제II장 "차별과 인권"에서는 도덕적 기계 실험을 통해 범죄자의 인권 문제를 다루고, 일상에서 발생하는 차별과 인권 침해 사례들을 통해 사람을 구별 짓는 행위가 어떻게 차별이 될 수 있는지 분석한다. 이어서 차별퍼즐 사례들에 대한 설문조사를 토대로 차별의 긍정적인 측면과 부당한 측면의 복잡성을 고민해 보고, 차별과 인성의 관계, 그리고 우리가 세상을 이해하는 방식에 대해 깊이 있게 논의한다. 또한 인형실험을 통해 고정관념의 압박이 어떻게 형성되는지 살펴보고 관련한 학생들의 경험도 들어본다. 이 장에서는 특별히 해운업계의 세대 간 소통과 공존 모색에 대한 내용을 다루어, 변화하는 해운 환경에서의 세대 갈등 문제를 조명한다.

제III장 "일상 속 차별과 다양성"에서는 인종 놀리기와 혐오 표현, 이주와 다문화 문제, 성차별과 성 인지 감수성, 선박 조직에서의 성폭력 문제 등 현대 사회의 주요 이슈들을 다룬다. 이어서 한국 사회의 젠더 갈등 양상을 2030세대의 목소리를 통해 조명해 보고, 다양성 속 공존을 위한 다양성 관리 모형을 선박 조직의 다양성 관리에 활용하여 새로운 패러다임을 제시함으로써 해운업계에서의 다양성 관리의 중요성을 강조한다. 특히 차별과 다양성 주제를 마무리하며 코로나19 이후 변화된 지구화의 모습과 팬데믹 이후 나타나고 있는 인종차별과 자국중심주의에 대해 논의한다.

두 번째 부분(IV-IX장)에서는 이창희 교수가 '인권', '선원의 가치', '해운과 ESG경영' 등의 주제를 선박의 사례를 통해 다룬다.

제IV장 "인권의 개념과 역사"에서는 인권의 기본 개념과 원칙, 특징을 소개하고, 인권의 역사적 함의와 연혁적 발전 과정을 탐구한다. 또한 국제인권의 체계와 대표적인 국제인권 규범의 사례를 살펴봄으로써, 글로벌 시대의 인권 문제에 대한 이해를 돕는다.

제V장 "선내 인권 침해와 보호 방안"에서는 선박조직의 개념, 선박의 승선환경, 그리고 인권경영과 인권구제를 통한 보호 방안을 제시함으로써, 실제 해운업 현장에서 적용 가능한 인권 보호 전략을 논의한다.

제VI장 "해운산업과 ESG"에서는 최근 주목받고 있는 ESG와 인권의 관계, ESG경영과 3율, 그리고 해운산업에서의 ESG 경영 적용 방안을 논의하고, 해운산업이 나아가야 할 미래 방향성을 제시한다.

제VII장 "해운산업과 인권"에서는 해운산업의 특징, 혼승선박과 승선 문화, 혼승선박의 조직 구성, 그리고 혼승선박과 관련된 인권 중심의 갈등 양상을 분석하고, 해운산업 특유의 인권 문제를 깊이 있게 조명한다.

마지막으로 제VIII장과 IX장에서는 선원재해의 유형과 인권보호, 그리고 관련 법률 및 주요 판례를 다룬다. 특히 항만안전특별법과 중대재해처벌법의 도입에 따른 선박사고 관련 이슈를 살펴보고, 선원재해와 관련된 판례별 분석을 통해 실질적인 시사점을 제공한다.

이 책은 단순히 이론적 지식을 전달하는 데 그치지 않고, 실제 해상업무 현장에서 발생할 수 있는 구체적인 사례들을 분석하고 해결방안을 제시한다. 특히 주목할 만한 점은 최진철 교수의 설문조사와 토론 내용이 지난 몇 년간 '인성과 선원인권' 수업을 수강한 학생들의 생각과 의견을 발췌한 살아있는 교육현장의 결과물이라는 것이다. 이는 단순한 이론적 논의를 넘어, 실제 미래의 해운업 종사자들이 인성과 인권에 대해 어떻게 생각하고 있는지를 보여주는 귀중한 자료이다. 우리는 이 자리를 빌려 적극적으로 수업에 참여하여 의견을 개진하고, 때로는 귀찮게 여겨질 수 있는 과제를 통해 소중한 의견과 경험을 공유해 준 학생들에게 깊은 감사의 마음을 전하고 싶다.

이 책이 나오기까지 아낌없는 조언과 지원을 마다하지 않았던 우리 학부 해사글로벌 전공 동료 교수님들께 진심으로 감사의 인사를 드린다. 특히, 인성과 관련한 원고를 이 책을 위해 기꺼이 공유해 주신 정문수 교수님 그리고 '인성과 선원인권'이라는 강좌를 처음 기획하고 구상하는 단계에서부터 늘 든든한 힘이 되어주신 정진성, 최은순 교수님께도 감사의 마음을 전한다. 아울러 원고가 나오기까지 끝없는 기다림의 시간을 인내해 준 신아사 관계자분들께도 감사의 인사를 전한다.

이 책을 통해 독자 여러분은 승선 생활과 관련된 각자의 업무와 생활 공간에서 발생할 수 있는 인권 차별의 요소를 식별하고 대응할 수 있는 자질을 함양할 수 있을 것이다. 더불어 이를 포용할 수 있는 인성을 기를 수 있는 기회를 가지게 될 것이다. 우리는 이 책이 단순히 해운업계 종사자들뿐만 아니라, 모든 직종의 사람들에게도 유용한 인사이트를 제공할 수 있을 것이라 믿는다.

해상업무는 그 특수성으로 인해 다른 직종과는 다른 독특한 도전과 기회를 제공한다. 장기간 좁은 공간에서 생활하며, 다양한 국적과 문화를 가진 동료들과 협력해야 하는 환경은 인성과 인권 문제에 대한 더욱 깊은 이해와 실천을 요구한다. 이러한 맥락에서 이 책은 해상업무의 특수성을 충분히 고려하여, 실제 현장에서 적용 가능한 구체적인 사례와 해결 방안을 제시하고 있다.

우리가 강조하고 싶은 점은 어떤 직업 세계에서든 인성과 인권이 기반되지 않은 전문 지식, 기술, 경험은 '영혼 없는 직업인'을 만들 뿐이라는 것이다. 특히 급변하는 현대 사회에서 인성과 인권에 대한 깊은 이해와 실천은 개인의 성공뿐만 아니라 조직과 사회의 건강한 발전을 위해 필수적이다.

끝으로, 이 책이 여러분의 항해에 든든한 나침반이 되어 인성과 인권이라는 큰 바다를 안전하고 의미 있게 항해할 수 있도록 도와줄 것이라 믿는다. 이 책을 통해 독자 여러분이 자신의 업무 현장에서 인권과 인성의 가치를 실현하는 리더로 성장할 수 있기를 기대한다. 또한 이 책이 해운업계뿐만 아니라 우리 사회 전반에 인성과 인권의 중요성을 일깨우는 작은 불씨가 되기를 희망한다.

우리는 이 책을 통해 독자 여러분과 함께 '인성과 선원인권'이라는 미지의 세계로의 항해를 시작하고자 한다. 바다가 가르쳐준 포용과 인간다움의 지혜를 담아, 이 여정이 여러분 각자의 삶과 일터에서 인성과 인권의 가치를 실현하는 의미 있는 경험이 되기를 진심으로 바란다.

2025년 5월 영도에서

저자 최진철·이창희

목 차

Ⅲ. 일상 속 차별과 다양성 (최진철)

Ⅳ. 인권의 개념과 역사 (이창희)

Ⅴ. 선내 인권 침해와 보호 방안 (이창희)

Ⅵ. 해운산업과 ESG (이창희)

Ⅶ. 해운산업과 인권 (이창희)

Ⅷ. 선원재해 유형과 인권보호 (이창희)

Ⅸ. 선원재해와 관련 법률 및 주요 판례 (이창희)

I 인성과 인권

1. 기관차 딜레마와 2개의 도덕 원칙

> 마이클 샌델의 '정의란 무엇인가'라는 책에서 언급하고 있는 '기관차 딜레마' 관련 상황들을 살펴보고 자신이 생각하는 각 상황 속 정의로운 선택은 무엇인지, 또 그 이유는 무엇인지 함께 고민해 본다. '기관차 딜레마' 논의를 통해 정의로운 행동의 가치판단은 국가사회의 법률 체계를 넘어 도덕적 판단기준이 영향을 미치며 사회 속 타자와의 관계와 공존의 중요한 가치는 개인의 도덕성, 즉 '인성'에서부터 출발함을 살펴본다.

도덕적 선택과 인성의 관계

현대 사회는 점점 더 복잡하고 상호 연결되어 있으며, 우리는 날마다 다양한 도덕적 선택과 가치판단을 요구받고 있다. 이러한 선택은 단순히 개인의 일상적인 결정에서부터 시작해, 사회적이고 윤리적인 문제들에 이르기까지 다양한 형태로 나타난다. 특히 급변하는 글로벌 환경과 기술 발전으로 인해 새롭게 등장하는 윤리적 도전들은 우리에게 더욱 복잡한 문제들을 제기하고 있다. 예를 들어, 우리는 종종 "무엇이 옳은가?"와 "무엇이 최선인가?"라는 질문 앞에서 고민하게 된다. 이러한 질문은 단순한 작은 결정에서부터 사람의 생명이나 권리와 직결된 중요한 선택에 이르기까지, 우리 사회에서 중요하게 다루어져야 할 문제이다. 인간의 존엄성과 권리에 대한 존중은 우리가 다른 사람과 공존하기 위해 필수적인 요소이며, 이는 각자의 인성에서 출발하는 가치관에 의해 크게 영향을 받는다.

이 책은 해운업 분야에서 활약하는 선원들의 사례를 통해, 국제적이고 다양한 문화적 배경을 가진 사람들이 함께 일하는 과정에서 발생할 수 있는 윤리적 문제와 인권 문제를 탐구하고자 한다. 해운업은 본질적으로 다국적 환경에서 이루어지는 산업으로, 선원들은 서로 다른 문화, 언어, 가치관을 가진 동료들과 제한된 공간에서 장기간 함께 생활하며 일해야 한다. 이러한 환경에서 발생하는 인권 문제와 윤리적 갈등은 단순히 법적 체계만으로는 해결하기 어려우며, 개인의 도덕성과 인성에 기반한 판단과 행동이 중요하게 작용한다. 이러한 사례를 통해 우리는 글로벌 사회에서 요구되는 인성의 중요성을 더욱 실감할 수 있을 것이다.

기관차 딜레마의 설정과 의미

이러한 복잡한 윤리적 문제와 관련해 많이 논의되는 철학적 사고 실험인 〈기관차 딜레마〉를 살펴보며, 우리에게 요구되는 도덕적 판단과 인성의 역할에 대해 깊이 생각해 보자. 이 딜레마는 특정 상황에서 우리가 어떠한 결정을 내려야 하는지, 그리고 그 결정이 어떤 도덕적 의미를 가지는지를 탐구하는 데 도움을 준다. 이제 〈기관차 딜레마〉의 구체적인 상황을 통해 우리는 도덕적 판단이 얼마나 어려운지를 체감하게 된다. 다음은 그 딜레마의 기본적인 내용이다:

당신은 전차 기관사이고, 시속 100km로 철로를 질주하고 있다. 열차 진행 방향 앞쪽에 인부 다섯 명이 작업 도구를 들고 철로에 서 있다. 전차를 멈추려 했지만 불가능하다. 브레이크가 말을 듣지 않는다. 이 속도로 들이받으면 인부들이 모두 죽고 만다는 사실을 알기에 (이 생각이 옳다고 가정하자) 절박한 심정이 된다. 이때 오른쪽에 있는 비상 철로가 눈에 들어온다. 그곳에도 인부가 있지만, 한 명이다. 전차를 비상 철로로 돌리면 인부 한 사람이 죽는 대신 다섯 사람이 살 수 있다. 당신은 어떻게 하겠는가? "돌려! 죄 없는 사람 하나가 죽겠지만, 다섯이 죽는 것보다는 낫잖아." 한 사람을 희생해 다섯 목숨을 구하는 행위는 정당해 보인다.

이 딜레마 상황, 많이 들어보셨을 것이다. 이는 바로 마이클 샌델의 『정의란 무엇인가』에 등장하는 그 유명한 〈기관차 딜레마〉이다. 이 책을 읽었거나 이야기를 들어본 사람이라면, 아마 자신이 이 상황에서 어떤 선택을 했을지, 그리고 그 선택을 하게 된 이유에 대해 한 번쯤 생각해 봤을 것이다.

학생들의 선택과 그 이유

우리는 이 유명한 딜레마를 학생들과 함께 생각해 보는 과제를 진행했다. 과제에 참여한 86명의 학생이 각자의 선택과 그 이유를 제출했다. 이제 이 86명의 학생이 내린 선택과 그 결과를 살펴보자.

1) 인부 1명이 일하고 있는 비상 철로로 선로를 변경한다. - 60명 (약 70%)
2) 선로를 변경하지 않고 진행 방향으로 달린다. - 19명 (약 22%)
3) 선택유보 - 7명 (약 8%)

참여한 학생 중 약 70%는 다섯 명의 인부를 살리기 위해 한 명의 인부를 희생시키겠다는 '공리주의적' 선택을 했다. 이러한 경향은 사회나 세대를 불문하고 일반적으로 나타나는 반응일 것이다. 그렇다면 학생들은 왜 이러한 선택을 했을까? 세 가지 다른 입장에 대한 선택을 결정하게 된 배경을 학생들로부터 들어보자. 아래에 인용된 의견들은 개별 학생들이 작성한 문장을 그대로 발췌한 것으로, 해당 학생의 모든 생각을 포괄하지는 않지만, 핵심적인 내용을 담고 있다. 다양한 의견을 통해 여러분의 생각도 정리해 볼 수 있기를 바란다.

1) '인부 1명이 일하고 있는 비상 철로로 선로를 변경한다'에 대한 논거

'이렇게 된 이상 그 피해를 최소화하는 것이 바로 도덕적인 행위'

'5명이라는 많은 인재를 잃는 것은 국가와 회사에 큰 손실이기 때문에 한 명의

인부를 잃는 선택을 하였다.'

'최대 다수의 행복이 최대 행복.'

'사람의 목숨을 저울질할 때 필요한 정보가 없는 지금은 한 명의 목숨보다는 다섯 명의 사람을 구하는 것이 5배나 많은 목숨을 구할 수 있다는 수학적인 계산이 제일 효율적인 상황.'

'정의로운 선택이 아닌 효율적인 선택을 해야 한다.'

'수학적으로 다섯 명을 희생시켜 한 명을 구하는 것이 아닌 한 명을 희생시켜 다섯 명을 구하는 것이 더 세상에 가치 있고 이롭다고 생각합니다.'

'가장 먼저, 전차를 돌리는 것 말고는 다른 선택지가 없는지 마지막으로 다시 한번 확인했을 것 같습니다. 브레이크는 작동하지 않는다는 상황이 부여되었으니 가령 후진 기어를 넣어 전진 속도를 늦춘다거나, 경적을 울려 인부들을 대피시키는 방안이 있겠습니다. 다른 선택지가 없다면, 오른쪽에 있는 비상 철로로 전차를 돌리겠습니다.'

'나는 운명론을 믿는다. 사람이 죽는 것도 운명이라고 생각한다. 애초에 전차의 비상 철로는 비상시에 사용하라고 만든 철로이다.'

'어떠한 경우에라도 인명 손실이 발생할 수밖에 없으므로, 더 많은 사람을 살려야 하는 것이 옳기 때문이다.'

2) '선로를 변경하지 않고 진행 방향으로 달린다'에 대한 논거

'이 상황의 경우 자기를 스스로 지키지 못한 인부들의 탓이다.'

'5명을 살리기 위해 1명을 죽이는 결정은 지극히 개인적 판단.'

'사건의 인과관계는 [정비사가 브레이크 점검을 부실하게 시행함. → 이에 따라서 5명의 작업자가 죽게 됨] 이렇게 볼 수 있다.'

'아무리 수십 번, 수백 번 고민을 해봐도 내 손으로 직접 사람을 죽일 수는 없다는 판단이 들었다.'

'한 명의 사람이 희생해도 되지만, 왜 하필 다섯 명의 인부 쪽을 선택하느냐에 대한 답은, 정신적인 고충, 소위 '트라우마'라 불리는 것이 그 이유다. 기관사가 한 명의 사람에게 돌진했다고 치자, 이렇게 되면 귀중한 한 명의 목숨이 희생되지만, 여남은 여섯 명에게는 어떠한 죄책감이 들것인가? 아마 평생토록 잊히지 않을, 기억하고 싶지 않은 비극일 것이다.'

'비상 철로로 기차를 돌린다면 직접 살인을 저질러 살인죄가 성립되지만 그대로 두어 살인을 내버려둔다면 방관 죄가 성립될 것으로 생각한다.'

'비상 철로가 아닌 일반 철로에 서 있던 인부들은 기관차가 들어올 것을 예상하고 일을 하여서 자신들이 죽음에 처할 수 있을 것이라고 충분히 생각할 수 있지만 비상 철로에 서 있었던 인부는 그 5명의 인부보다는 죽음을 덜 인식할 것.'

'다섯 사람이 죽는 것보다 한 사람이 죽는 것이 그 상황에서 최선일 것 같긴 하지만, 그렇게 되면 죽은 한 사람은 반드시 억울할 것이다. 그 한 사람은 잘못한 점이 없기 때문이다.'

학생 중 1번을 선택한 경우도 비상 선로의 1명이 나와 직접 관련 있는 인물, 예를 들어, 가족, 친척, 친구 등이라면 선택을 바꿀 의향이 있다는 의견도 있었다. 즉, 주어지는 상황과 조건이 변하면 선택도 달라질 것이라는 의견이 많았다. 그렇다면, 1안도 2안도 아닌 제3의 선택에 대한 학생들의 의견은 어떨까.

3) 선택유보에 대한 논거

'만약 인부 5명 중 1명이 나와 관계가 깊은 사람(예, 가족, 정말 친한 친구)이라면 그 때는 나의 결정이 어떻게 될지는 확신할 수 없을 것 같다.'

'기관사가 선택해야 하는 찰나의 순간에는 어떤 도덕 원칙이든 간에, 불확실하다. 자신의 선택을 담보해 주지도 않는다. 선택에 필요한 추가적인 정보도 얻을 수 없다. 이런 상황에서 무작위는 기관사가 쓸 수 있는 도구 중에 하나이다.'

'이 수업을 듣고 이 주제에 대해 생각하면서 대학 생활을 어떻게 보낼지 다짐하는 시간을 가졌다. 내 손에 여러 사람의 목숨이 달려있다고 생각하며 책임감을 느끼고 열심히 수업을 듣고 배를 타기 위한 만반의 준비를 하자고.'

'인간 생명의 가치를 매길 수 있는가? 만약 매길 수 있다면 5명의 목숨을 살리는 편이 경제적일 것이다. 하지만 단 한 명의 희생은 단지 다수를 위한 희생이라면서 용납되는 걸까?'

'일단 매우 유명한 주제라서 반가운 느낌도 드는 반면 무섭다는 생각도 들었습니다. 왜냐하면, 어떠한 선택을 해도 그게 확실한 정답이 될 수는 없기 때문입니다.'

'정의는 개인마다 나라의 문화마다 띄는 성격이 다르다.'

'선로를 선택해야 한다면 선로에 있는 사람에 대한 정보가 있냐 없냐에 따라 선택이 달라질 것.'

'저라면 저 상황 자체를 만들지 않을 것 같습니다. 전차를 출발시키기 전에 철로에 일하는 인부가 있는지, 대비해야 할 위험 사항이 있는지 꼼꼼히 확인해 보고 아무런 이상이 없다면 출발할 것입니다.'

'지금 다시 와서 생각해보니 한가지 선택권이 더 있는 것 같다. 바로 내가 선로에 뛰어들어서 뒤에 다섯 명이든 한 명이든 무고한 인원들을 희생시키기 전에 내가 먼저 책임 정신을 발휘하여 열차에 뛰어듦으로써 사고를 막아내는 것이다.'

'저는 어떠한 상황에도 사람의 목숨과 관련된 것은 소중한 하나의 생명을 가진 사람이라면 그 누구도 답을 정할 수 없다고 생각합니다.'

딜레마의 확장: 변형된 시나리오

어쩌면 책을 읽고 있는 여러분의 생각도 학생들의 선택 결과와 그렇게 다르지 않으리라 추측해 본다. 앞서 다수의 학생이 선택한 '선로를 변경한다'라는 선택의 경우도 비상 선로의 1명이 자신과 직접 관련이 있는 인물이라면 선택을 바꿀 의향이 있다는 의견도 상당히 많았다. 즉, 주어지는 상황과 조건이 변하면 선택도 달라진다는 것이다. 그래서 샌델은 책에서 이 상황을 바꾸어 이야기를 이어가고 있다.

이젠 다른 전차 이야기를 해보자. 당신은 기관사가 아니라, 철로를 바라보며 다리 위에 서 있는 구경꾼이다(이번에는 비상 철로가 없다). 저 아래 철로로 전차가 들어오고, 철로 끝에 인부 다섯 명이 있다. 이번에도 브레이크가 말을 듣지 않는다. 전차가 인부 다섯 명을 들이받기 직전이다. 피할 수 없는 재앙 앞에서 무력감을 느끼다가 문득 당신 옆에 서 있는 덩치가 산만 한 남자를 발견한다. 당신은 그 사람을 밀어 전차가 들어오는 철로로 떨어뜨릴 수 있다. 그러면 남자는 죽겠지만 인부 다섯 명은 목숨을 건질 것이다(당신이 직접 철로로 몸을 던질까, 생각도 했지만, 전차를 멈추기에는 몸집이 너무 작다). 그렇다면 덩치 큰 남자를 철로로 미는 행위가 옳은 일인가? 사람들은 대부분 이렇게 말할 것이다. "당연히 옳지 않지. 그 남자를 철로로 미는 건 아주 몹쓸 짓이야."

그렇다면 이야기를 약간 바꾸어보자. 구경꾼인 당신은 옆에 서 있는 덩치 큰 남자를 직접 밀지 않고도 철로로 떨어지게 할 수 있다. 그가 발 딛고 있는 곳은 맨홀처럼 아래로 통하고, 당신은 핸들을 돌려 뚜껑을 열 수 있다고 상상해 보자. 직접 밀지 않아도 똑같은 결과를 얻을 수 있다. 이 경우라면 핸들을 돌리는 행위가 옳은 일이겠는가? 아니면 이 역시 전차 기관사가 비상 철로로 방향을 돌리는 행위보다 도덕적으로 더 문제가 있는가?

샌델은 여기서 다리에 있던 남자가 철로에 있던 인부들을 죽일 생각으로 전차 브레이크를 망가뜨렸다고 추측할 근거가 있다면(가령 인부들이 그의 적이라면), 남자를 철로로 떨어뜨리는 행위에 찬성하는 주장은 설득력을 얻기 시작한다고 말한다. 하지만 그 남자의 적이 어떤 사람이고, 그가 왜 그들을 죽이려 했는지 알아내야 하는 문제가 남는다. 철로의 인부들은 프랑스 레지스탕스 소속이고 다리에 서 있던 덩치 큰 남자는 전차를 못 쓰게 만들어 그들을 죽이려는 나치 대원임이 밝혀지면, 남자를 밀어 인부들을 구해야 한다는 주장은 도덕적 호소력을 얻을 수 있을 것이다.

두 가지 도덕 원칙과 도덕적 추론의 의미

샌델의 이 유명한 기관차 딜레마에서 우리는 두 가지 도덕 원칙과 직면하게 된다. 하나는 '이러한 상황에서 가능한 한 많은 생명을 구해야 한다'라는 것이고, 다른 하나는 '아무리 명분이 옳다 해도 죄 없는 사람을 죽이는 것은 잘못이다'라는 도덕 원칙이다. 제시된 딜레마 상황에서 이들 두 가지 도덕 원칙은 절대 공존할 수 없어 보인다. 어쨌든 누군가는 희생되어야 하고 기관사인 나의 판단에 따른 행위의 결과에 대한 도덕적 차이를 설명하는 것은 그리 쉬운 일이 아니다. 그런데 학생 다수의 생각처럼, 우리에게는 왜 전차를 돌리는 행위는 옳고, 남자를 다리 아래로 미는 행위는 옳지 않아 보이는 것일까.

그 이유는 인간은 이러한 종류의 도덕적 추론을, 타인을 설득하는 수단으로만 생각하는 경향이 있기 때문이라고 샌델은 말한다. 다시 말해, 우리는 상황 판단에 대한 개인의 선택에 대한 논거를 제시하여 상대방에게 자기 입장을 옹호해야 한다는 무의식적 충동으로 인해, 사회적 통념으로 깊숙이 자리하고 있는 '최대 다수 최대 행복'이라는 공리주의적 원칙과 의도적 선택을 통해 누군가를 죽이는 살인 행위에 대한 강한 거부감이 우리의 추론 과정에 개입하고 있다. 어쩌면, 이러한 도덕적 추론 과정에서 중요한 것은 내 생각이 아니라 이 주제에 대한 내 생각을 지켜보는 사람들의 입장을 의식할 수밖에 없다는 점일 것이다.

하지만 공리주의냐, 살인이냐의 문제를 떠나서 이 딜레마 논의에서 훨씬 더 중요한 것은 이 도덕적 추론이 자기 자신, 즉 우리 개인의 도덕적 신념을 가려내는 수단이자, 자신이 어떤 생각을 왜 하는가를 이해하는 상당히 의미 있는 수단이 된다는 점이다. 따라서 내가 선택한 결정이 어떤 이유로 이루어졌는지, 그 과정을 다시 거슬러 가보면 그 속에서 내가 보일 수 있다는 것이다. '내가 생각한 것에 대해 다시 생각해 보는 과정'은 나를 들여다보는 과정이다.

학생들의 선택과 논거에 대한 종합적 분석

학생들의 다양한 응답을 분석해 보면, 몇 가지 흥미로운 패턴이 드러난다.

첫째, 공리주의적 접근을 선택한 70%의 학생들은 주로 "최대 다수 최대 행복"이라는 기본 원칙에 의존하고 있다. 이들은 수학적 계산, 효율성, 손실 최소화와 같은 실용적인 논거를 제시했다. 이는 현대 사회에서 결과주의적 사고방식이 널리 받아들여지고 있음을 보여주는 것이다.

둘째, 선로를 변경하지 않기로 선택한 22%의 학생들은 주로 의무론적 입장에서 직접적인 살인 행위에 대한 도덕적 거부감을 표현했다. 이들에게는 행위의 결과보다 행위 자체의 도덕적 성격이 더 중요했으며, 적극적으로 개입하여 한 사람을 죽이는 것과 소극적으로 사고가 발생하도록 두는 것 사이에 도덕적 차이가 있다고 보았다.

셋째, 선택을 유보한 8%의 학생들은 보다 맥락적이고 상황 의존적인 접근을 취했다. 이들은 추가 정보의 필요성을 강조하거나, 딜레마 자체를 거부하고 대안적 해결책을 모색했다. 특히 주목할 만한 점은 '자기희생'을 통한 제3의 대안을 제시한 학생이 있었다는 것이다.

또한, 많은 학생이 개인적 관계가 도덕적 판단에 영향을 미친다는 점을 인정했다. 비상 선로의 한 명이 자신의 가족이나 친구라면 결정이 달라질 수 있다는 의견은, 도덕적 판단이 단순히 추상적인 원칙에 의해서만 이루어지는 것이 아니라 인간관계와 정서적 유대에 의해서도 영향을 받는다는 사실을 보여준다.

이러한 다양한 응답은 도덕적 판단의 복잡성과 다차원성을 잘 보여준다. 실제 상황에서 우리는 단일한 도덕 원칙만으로는 해결할 수 없는 복잡한 윤리적 문제들에 직면하게 되며, 이때 개인의 도덕적 직관, 가치관, 그리고 인성이 중요한 역할을 하게 된다. 결국 기관차 딜레마에 대한 학생들의 다양한 반응은 도덕적 판단이 단순히 옳고 그름의 이분법적 구분이 아니라, 개인의 인성과 가치관이 반영된 복잡한 사고 과정임을 보여주고 있다.

해운업과 선원 인권의 맥락에서의 도덕적 딜레마

'인성과 인권'을 다루고 있는 이 책은 세계 경제의 핵심 인력인 해운업 분야 선원들의 사례를 통해, 다양한 인간관계의 문제 상황 속에서 인권 문제를 어떻게 해결할 수 있을지 고민해 본다. 해운업은 다양한 문화적 배경을 가진 사람들이 협력하여 일하는 국제적 성격이 강한 산업이다. 따라서 이 분야에서는 국적, 세대, 성별 등에 따른 문화적 차이, 언어 장벽, 작업 환경에서 발생할 수 있는 불평등과 같은 복잡한 인권 문제가 자주 발생한다. 이런 상황에서 선원들은 인권 존중의 중요성을 체감하고, 각자의 권리와 의무를 인식할 필요가 있다.

해상업무 현장에서는 기관차 딜레마와 유사한 도덕적 선택의 상황이 실제로 발생할 수 있다. 예를 들어, 악천후 속에서 조난된 선박을 구조할 때 구조 작업이 구조대원들의 생명을 위험에 빠뜨릴 수 있는 상황, 제한된 자원으로 누구를 먼저 구조할 것인가 하는 결정, 또는 환경 보호와 경제적 이익 사이에서의 선택 등이 그러한 예이다. 이러한 상황에서 선원들은 단순히 법규나 매뉴얼만으로는 해결할 수 없는 복잡한 도덕적 판단을 내려야 한다.

〈기관차 딜레마〉가 던지는 가치판단의 기준은 복잡한 사회 속에서 타인들과 일하고 공존해야 하는 상황에서 법과 사회체제가 있음에도 불구하고 발생하는 갈등과 충돌을 해결해야 하는 현실을 보여준다. 예를 들어, 선박에서의 의사 결정은 종종 생명과 직결된 중요한 사항을 포함하며, 이러한 결정들은 다양한 이해관계와 윤리적 딜레마를 수반하기도 한다. 이는 선장이 항로를 결정할 때, 선원이나 승객 및 화물의 안전과 관련된 상황에서 나타나는 도덕적 선택의 문제와 유사하다. 이러한 상황에서 타자와의 공존에서 가장 중요한 가치는 그 상황에서 자신과 타인 양쪽 모두가 타당하다고 받아들일 수 있는 보편적 기준과 정의로운 가치판단에 따라 행동하고 결정하는 것이다. 이는 단순히 법적 기준을 따르는 것을 넘어, 모든 당사자가 공감할 수 있는 윤리적 기준을 수립하고 이를 실천하는 것을 의미한다.

결국, 올바른 가치판단은 개인의 인성에서 비롯된다. 인성은 타인에 대한 존중, 공감, 그리고 책임감을 포함하며, 이는 다양한 상황에서 타자와의 관계를 건강하게 유지하고 발전시킬 수 있는 기반이 된다. 인성은 또한 공동체에서 윤리적 리더십을 발휘할 수 있는 능력으로 이어진다.

특히 해상업무 현장에서 인성은 단순한 개인적 덕목을 넘어 실질적인 직업 및 직무 역량으로서 중요하다. 좁은 선박 내에서 장기간 함께 생활하며 일하는 선원들에게 서로에 대한 존중과 이해, 갈등 해결 능력, 문화적 차이에 대한 수용성은 성공적인 업무 수행과 건강한 공동체 형성의 핵심 요소이다. 이러한 인성적 역량은 선원 개개인의 인권을 보호하고, 나아가 안전하고 효율적인 해상 운송을 가능하게 하는 토대가 된다.

이 책은 이러한 인성을 어떻게 함양할 수 있을지, 그리고 이를 통해 복잡한 사회적 문제와 인권 문제를 어떻게 해결해 나갈 수 있을지 깊이 있는 고민을 하도록 독려하고 있다.

딜레마의 진정한 의미: 성찰의 기회

샌델의 기관차 딜레마는 '딜레마를 위한 딜레마', 즉 어느 쪽도 시원하게 선택할 수 없는 그런 상황이라 누구에게나 당혹스럽다. 하지만 기관차 딜레마 논의를 통해 우리가 얻게 되는 것은 잘 알려진 딜레마 상황 속에 내재되어 있는 나 자신의 생각과 그 생각의 깊이, 나아가 우리 사회 구성원 대다수가 통념으로 공유하고 있는 관련 상황에 대한 논리가 정말 정당한 것인가를 다시 한번 성찰하는 기회를 얻는 것이다.

우리 사회에 일어나고 있는 다양한 사건과 사고를 접하다 보면, 우리는 사회적 통념을 기반으로 쉽게 해당 사고나 사건의 책임자를 탓하고 매장하려는 마녀사냥식 여론몰이를 하는 경향이 있다. 정작 사고 원인 유발자의 정황에 대해 잘 알지도 못하면서 말이다. 이번 딜레마에 대한 고민에서 볼 수 있는 것처럼 세상에 일어나는 일들은 그저 하나의 관점에서 그리고 하나의 시선에서만 이해할 수는 없다. 어쩌면 이런 우리들의 섣부른 판단에 대한 성찰의 기회를 주는 것이 〈기관차 딜레마〉의 진정한 목적이지 않을까 생각한다.

해운산업 분야에서도 이러한 성찰은 매우 중요하다. 다양한 국적, 문화, 나이, 성별 종교적 배경을 가진 선원들이 함께 일하는 환경에서는 서로 다른 관점과 가치관을 이해하고 존중하는 태도가 필수적이다. 또한 직업적 위계질서가 명확한 선박 사회에서는 권력의 불균형으로 인한 인권침해 가능성이 항상 존재한다. 이러한 문제를 해결하기 위해서는 법적, 제도적 장치뿐만 아니라 개인의 인성과 도덕적 성찰 능력이 중요한 역할을 한다.

❚ 생각해 보기 ❚

인공지능 시대, 정의로운 행동은 무엇일까?

인공지능이 주도하는 시대에 어떤 가치가 중요할까?

브레이크가 고장 난 차를 운전하고 있다고 상상해 보자. 당신은 운전대를 왼쪽으로 돌려 한 엄마와 아기가 희생될지, 오른쪽으로 돌려 여러 명의 노인이 희생될지, 아니면 그냥 앞으로 가서 당신 자신이 희생될지를 결정해야 한다. 이런 상황에서 당신은 어떤 윤리적 선택을 할 것인가? 당신이 결정한 결과로 누군가가 희생된다면, 그 책임은 누구에게 있을까?

이제 같은 상황을 자율주행차에 적용해 보자. 이 차는 결정론적 혹은 확률적 알고리즘으로 운행되고 있다. 만약 알고리즘이 내려준 결정으로 인해 사고가 발생했다면, 그 책임은 누구에게 있을까?

기술이 발전하면서 인간이 그 기술의 주인이 될 수 있는가의 문제는 단순히 인간이 기계보다 똑똑한지에 관한 것이 아니다. 인간이 스스로 생각하고, 인권을 지키며 자신의 삶을 통제할 수 있는 자유의지를 가졌는지의 문제다. 디지털 전환과 4차 산업혁명의 시대에 진정으로 필요한 것은 코딩과 로봇 기술을 배우기 이전에 인간의 사고 능력을 강화하고, 상황에 맞는 판단 능력을 갖추는 것이 아닐까?

참고문헌 및 인용 자료

국제노동기구(ILO) (2006), 『2006 해사노동협약(Maritime Labour Convention)』.

박병기·추병완 (2017), 『윤리학과 도덕 교육 1』, 인간사랑.

샌델, 마이클 (2010), 『정의란 무엇인가』, 이창신 역, 김영사.

이중원(편저) (2019), 『인공지능의 윤리학』, 한울아카데미.

최연구 (2018), 『4차 산업혁명과 인간의 미래』, 살림출판사.

페이튼, H.J. (1988), 『칸트의 도덕철학』, 김성호 역, 서광사.

Thomson, J. J. (1985), The trolley problem. *The Yale Law Journal*, 94, 1395-1415

2. 인성의 사회적 이슈화

최근 우리 사회에서 발생한 여러 사건은 인성과 관련된 중요한 문제들을 제기하고 있다. 세월호 참사, 학교폭력과 왕따, 자살률 증가, 이혼율 증가와 가정의 붕괴, 학교의 붕괴, 개인화, 갑질(재벌 일가, 백화점 고객, 아파트 경비원), 성폭력과 성희롱, 내로남불, 물질만능주의와 물신주의, 그리고 정인이 사건 등이 그 예다. 이러한 사례들은 한국 사회의 구조적 문제와 개인의 도덕적 품성이 밀접하게 연결되어 있음을 보여준다. 특히 해운업이나 선박과 같은 제한된 공간에서 다양한 배경을 가진 구성원들이 함께 생활하는 환경에서는 인성 문제가 더욱 두드러지게 나타날 수 있다. 이러한 사례들을 통해 우리 사회에서 인성을 저해하는 다양한 요인들과 징후들을 살펴보고, 인성교육의 중요성을 다시금 되새겨본다.

인성이 화두가 된 이유

인성이 사회적 이슈로 떠 오른 것은 2014년의 세월호 참사가 기폭제가 되었다. 세월호 참사란 2014년 4월 16일 인천에서 제주로 향하던 여객선 세월호가 진도 인근 병풍도 해상에서 침몰하면서 전체 탑승자 476명 중 304명이 사망·실종된 사건을 말한다. 특히 세월호에는 제주도로 수학여행을 떠난 안산 단원고 2학년 학생 325명이 탑승해, 학생들의 피해가 컸다. 세월호는 4월 16일 오전 8시 49분경 급격한 선박 진행 방향의 변경으로 추정되는 원인으로 인해 좌현부터 침몰하였다. 그러나 침몰 중에도 선내에서는 '가만히 있으라'는 방송만이 반복되었고, 구조 작업은 이뤄지지 않았다. 사고 직후 조사단은 세월호의 침몰 원인은 '화물 과적, 고박 불량', '무리한 선체 증축', '조타수의 운전 미숙' 등이라고 발표했다. 더욱이 선장을 비롯한 승조원들이 안전교육을 제대로 받지 못하고 실제로 적절한 대응을 하지 못하였다고 한다. 선장은 승객보다 먼저 탈출하였으며, 정식직원이 아닌 계약직이었다.

세월호 참사는 단순한 해양 사고를 넘어 한국 사회의 총체적 위기를 드러낸 사건이었다. 안전보다 이윤을 우선시하는 경영 방식, 책임감 없는 리더십, 형식적인 안전교육과 점검 시스템, 그리고 위기 상황에서의 부적절한 대응 등은 모두 인성과 직결된 문제들이었다. 특히 해운산업 분야에서는 이 사건을 계기로 선원의 직업윤리와 책임 의식, 리더십에 대한 근본적인 성찰이 이루어지게 되었다.

국민을 충격에 빠트렸던 세월호 참사는 근본적으로 우리 사회의 생명 경시·물질 만능·이기주의 등의 풍조를 그대로 보여준 것이라는 자성이 있었다. 그러나 세월호 참사 이전에도 학교폭력과 자살률의 증가가 인성의 중요성과 그 교육의 필요성을 경고하고 있었다. 2012년부터 2016년까지 가정불화, 우울증, 성적 비관 등의 이유로 자살한 초중고 학생은 총 581명으로 집계됐다. 이는 평균적으로 한 해 116명이고 매달 10명이 자살한 셈이다. 연령별로는 고등학생이 404명(69.6%)으로 가장 많았고, 중학생이 156명(26.8%), 초등학생이 21명(3.6%)으로 나타났다. 성인까지 포함하여 보면, 그 수치는 더욱 늘어난다. 통계상 한 해에 전 세계에서 약 100만 명이 자살한다. 2022년 한 해 우리나라 자살자 수는 12,906명이었다. 하루 평균 자살로 인한 사망자가 35.4명이다. 인구 10만 명당 자살률은 25.2명으로 전년 대비 0.8명(-3.2%) 감소하였다. 하지만 이 수치는 일본을 능가한다.

더욱 우려되는 것은 한국의 자살률이 OECD 국가 중 최상위권을 유지하고 있다는 점이다. 2023년 통계청 자료에 따르면, 한국의 자살률은 OECD 평균의 2배가 넘는 수준이다. 특히 청소년과 노인 자살률이 높은 것으로 나타났는데, 이는 성취 지향적 교육 환경과 노인 빈곤이라는 사회적 요인과 깊은 관련이 있다. 이러한 현상은 경쟁 중심의 사회 구조와 공동체 의식의 약화, 그리고 개인의 정신적 회복력을 키우는 인성교육의 부재를 반영한다.

땅콩회항과 같은 갑질 논란도 인성과 관련이 있다. 갑질이란 권력의 우위에 있는 갑이 권리관계에서 약자인 을에게 하는 부당 행위를 통칭하는 개념이다. 취업포털 잡코리아가 『한겨레』의 의뢰를 받아 직장인 391명을 대상으로 2013년 1월 25일부터 30일까지 진행한 온라인 설문 조사에서 직장인들은 '정해진 일 이외에 다른 일까지 요구받았다'(47.6%, 복수 응답), 반말(25.4%), 무시(25.1%), '비용을 예정보다 늦게 결제한다'(18%), '주중이 아닌 주말 근무나 야근이 불가피하게 일정을 짠다'(17.4%), 욕설(19%), 선물이나 향응 요구(14.1%) 등을 대표적인 갑질이라고 토로했다.

2013년 5월 7일 국회에서 열린 '재벌·대기업의 불공정·횡포 피해 사례 발표회'에서는 "자식뻘인 영업 담당에게 욕설과 협박, 갈취에 시달린 후유증으로 정신병원에서 공황장애라는 진단을 받았다", "명절 때마다 떡값과 지점 회식비 등 각종 명목의 돈을 요구받았다"라는 증언들도 터져 나왔다.

직장인 매거진 『M25』가 2013년 5월 6일 - 5월 12일 홈페이지 방문자 638명을 대상으로 한 설문 조사에서 직장인들이 생각하는 최악의 갑질은 '묻지도, 따지지도 말고 시키는 대로 하라고 윽박지르기'로 나타났다. 또 '내가 당했던 최악의 갑질'에 대한 댓글 게시판에는 '자기 아들 과학 숙제로 병아리의 탄생을 찍어오라고 해서 양계장까지 달려갔던 일', '퇴근했는데 불러내서 자기 술값 계산하라고 했던 일', '벌초까지 가야 했던 일' 등 황당한 갑질에 당했다는 의견들도 있었다. 2023년 한국노동연구원의 조사에 따르면, 직장인 65%가 갑질을 경험했다고 답했다. 이 조사는 전국의 2,000여 명의 근로자를 대상으로 이루어졌으며, 갑질 경험 중 부당한 업무지시(47.6%), 폭언 및 반말(31.4%), 성희롱 또는 성추행(22.5%), 주말 및 야근 강요(20.3%) 등이 주요 사례로 보고되었다. 또한, 조사에서는 갑질로 인한 심리적 스트레스와 우울증, 불안감 등이 높아지며, 업무 효율성과 직장 생활 만족도에 부정적인 영향을 미치고 있다는 점이 강조되었다.

해운업계에서도 이러한 갑질 문제는 심각하게 나타나고 있다. 선박 내에서는 엄격한 위계질서가 존재하며, 이로 인한 권력 남용 사례가 빈번하게 발생한다. 국제운송노동자연맹(ITF)의 2023년 보고서에 따르면, 선원의 약 43%가 직장 내 괴롭힘을 경험했으며, 이 중 절반 이상이 상급자에 의한 괴롭힘이었다고 보고되었다. 특히 다국적 선원들로 구성된 선박에서는 문화적 차이와 언어 장벽으로 인해 이러한 문제가 더욱 악화되는 경향이 있다. 선원들은 제한된 공간에서 장기간 함께 생활해야 하는 특수한 환경에 있기 때문에, 이러한 갑질과 괴롭힘이 미치는 심리적 영향은 육상 직장보다 더 심각할 수 있다.

땅콩 회항 사건 이후에도 다양한 갑질 사례가 계속해서 드러나고 있다. 직장 내 괴롭힘과 같은 형태의 갑질은 사회적 이슈로 자리 잡고 있으며, 이를 해결하기 위한 법적·제도적 방안들이 논의되고 있다. 2022년 직장 내 괴롭힘 금지법이 개정되어 업무상 권한을 남용한 괴롭힘 행위에 대한 처벌이 강화되었다. 이처럼 인성 문제는 단지 개인의 도덕적 품성을 넘어서 사회 구조적 문제를 반영하는 중요한 화두가 되었다. 이러한 사회적 현상들을 통해 인성교육의 중요성을 되새겨야 할 필요성이 더욱 강조되고 있다.

정인이 사건(2020년)이 사회적으로 큰 충격을 주었다. 정인이 사건은 입양된 후 양부모의 지속적인 학대로 인해 사망에 이른 사건이다. 이 사건은 아이에 대한 학대 및 방임의 심각성을 알리며, 사회 전반에 걸쳐 인성교육의 중요성을 재조명하게 했다. 정인이 사건은 아동 학대라는 측면에서 충격적이었지만, 근본적으로는 인간의 기본적인 도덕성과 공감 능력의 결여를 보여주는 사례였다. 특히 이 사건은 여러 차례의 신고에도 불구하고 적절한 조치가 이루어지지 않았다는 점에서 개인의 인성 문제뿐만 아니라 사회 시스템의 문제점도 드러냈다. 보건복지부 〈2023년 아동학대 연차보고서〉 통계에 따르면, 2022년 한 해 동안 접수된 아동학대 신고는 46,103건이고, 이 중 아동 학대로 판단된 사례는 27,971건이었다. 아동 학대 행위 중 81.3%가 가정에서 발생하였다. 이는 단순히 신고 건수의 증가뿐 아니라 사회 전반의 도덕적 감수성과 책임 의식이 약화되고 있음을 반영한다.

인성을 가로막는 사회적 조건과 징후

우리 사회에서 인성 문제는 단지 세월호 참사나 학교폭력, 갑질 사건, 자살률 증가, 혹은 정인이 사건에 국한되지 않는다. 이는 훨씬 더 광범위한 사회적 조건과 징후에 뿌리를 두고 있다. 예를 들어, 한국의 출산율은 세계 최저 수준이며, 이혼율은 최고 수준에 달한다. 이는 많은 사람이 결혼과 출산, 가정생활을 포기하고 있다는 사실을 반영한다. '3포 세대'를 넘어 'N포 세대'라는 용어가 등장한 것은, 연애, 결혼, 출산을 포기한 것에 그치지 않고 내 집 마련, 인간관계, 꿈과 희망마저 포기한 세대가 늘어났다는 것을 시사한다.

이러한 현상은 단순히 개인의 선택이 아닌 사회경제적 구조의 문제에서 비롯된다. 극심한 주택 가격 상승, 불안정한 고용 환경, 심화 되는 소득 불평등은 젊은 세대에게 미래에 대한 희망을 빼앗고 있다. 한국개발연구원(KDI)의 2023년 연구보고서에 따르면, 자녀세대의 사회경제적 지위가 높아질 가능성이 높다고 응답한 비율은 2011년 41.7%에서 2021년 30.3%로 감소했다. 계층 사다리를 통해 높은 계층으로 올라갈 수 있다는 인식이 낮아진 것이다. 여기에 부동산 자산 불평등의 고착화는 세대 간 계층 대물림과 교육격차 확대로 이어지고 있다. 이러한 사회적 분위기는 인성 형성에 부정적 영향을 미친다. 공정성이 결여된 사회에서는 윤리적 행동과 타인에 대한 배려보다 개인의 이익을 우선시하는 태도가 강화될 수 있기 때문이다.

사회적 스트레스 또한 큰 문제로, 이에 따른 비용은 약 40조 원에 달하는 것으로 추정된다. 스트레스는 개인의 안전과 안정이 위협받을 때 느끼는 감정으로, 이는 술, 담배, 인터넷, 온라인 게임, 도박과 같은 중독성 활동으로 일시적 회피를 시도하거나, 자살로 이어져 영구적인 해결을 추구하기도 한다. 또한, 스트레스는 욕설, 폭언, 폭행과 같은 형태로 타인에게 공격성을 나타내기도 한다. 이처럼 스트레스가 만연한 사회는 자연스럽게 피해자를 양산하게 된다. 높은 이혼율과 가정의 붕괴는 개인의 안전과 안정을 심각하게 훼손하며, 사회 전반에 걸쳐 불안정을 가중시킨다.

해운업 종사자들은 이러한 사회적 스트레스에 더해 직업 특성에 따른 추가적인 스트레스 요인들에 노출되어 있다. 해상에서의 장기간 고립, 가족 및 친구들과의 분리, 불규칙한 수면 패턴, 제한된 사생활, 그리고 때로는 위험한 해상 조건에서의 작업은 선원들의 정신건강에 심각한 영향을 미칠 수 있다. 2019년 국제운수노조연맹(ITF) 산하 ITF Seafarers' Trust와 미국 예일대학교가 발표한 선원 정신 건강에 관한 연구에 따르면, 선원의 약 25%가 우울증 증상을 보이며, 20%는 자살을 생각한 적이 있었던 것으로 나타났다. 이는 일반 인구보다 훨씬 높은 수치이다. 또한 근무 중 고립감과 의사소통 부족은 인성 발달에 부정적 영향을 미칠 수 있다.

이러한 환경에서는 공감 능력의 저하, 사회적 기술의 퇴화, 그리고 감정 조절 능력의 약화가 나타날 수 있다.

나는 나의 할배야 (I'm My Own Grandpa)

"옛날 옛적 내가 20살 때에
나는 세상에서 제일 예쁜 과부와 결혼했다네
과부한테는 붉은 머리칼의 큰딸이 있었는데
우리 아버지가 그녀와 사랑에 빠졌고
얼마 지나지 않아 그들도 결혼을 했네
내 아버지는 졸지에 사위가 되고 내 인생이 바뀌었네
내 의붓딸은 내 아버지의 아내로서 내 어머니가 되었으니

기쁜 일이긴 하지만 일은 더욱 꼬여서
나는 건강한 사내아이의 아버지가 되었지
내 아기는 내 아버지의 처남이니
슬프지만 나에겐 삼촌뻘이야
나의 새엄마가 되어버린 내 아내의 딸과는 남매지간이 되고
내 아버지의 아내도 아이를 낳았어
아이는 애 딸의 아이니까 손녀지만
우울하게도 내 아내는 내 새엄마의 엄마니까
나한테는 할머니인 셈
내 아내가 내 할머니니까 난 내 아내의 손자이기도 해

이 일을 생각할 때마나 난 미쳐버리지
당신한테는 매우 해괴한 일이겠지만
내 할머니의 남편이니까 난 나의 할아버지거든

나는 나의 할배야
나는 나의 할배야
나도 이게 우습다는 건 알지만
사실이라고
맙소사 나는 나의 할배야"

관련 동영상 (2011. 7. 24.)
I'm my own granpaSONG + Lyrics by GojiitaAF
https://www.youtube.com/watch/0VxLQZPqI2M

이 노래 가사에서, 나는 과부와 결혼하고, 나의 아버지는 과부의 딸과 결혼한다. 나아가 내가 아이(A)를 낳고, 아버지도 새엄마와 아이(B)를 낳는다. 아이(A)는 아버지의 처남이니, 나에겐 삼촌뻘이다. 더 나아가 아버지가 새엄마 사이에 태어난 아이(B)는 나의 형제지만 아내의 손녀가 된다. 아내는 새엄마의 어머니니까 나의 할머니가 되며, 나는 할머니의 남편이니까 아버지의 아들인 나는 나의 할배가 된다. 우리나라의 막장드라마나 실제상황 등에서 간혹(?) 다루던 사례가 한 세대 전에 노래 가사로 표현된 바 있는데, 이는 오늘날 가족의 붕괴를 시사한다.

이 노래가 비록 유머러스하게 가족 관계의 혼란을 표현하고 있지만, 실제로 현대 사회에서 가족 구조의 급격한 변화와 해체는 심각한 사회적 문제가 되고 있다. 통계청 자료에 따르면, 한국의 이혼율은 2022년 기준 결혼 1,000쌍당 2.0건으로, OECD 국가 중 상위권에 속한다. 또한 한부모 가정, 조손 가정, 다문화 가정 등 다양한 형태의 가족이 증가하는 추세이다. 이러한 가족 구조의 변화는 그 자체로 문제라기보다는, 이에 따른 사회적 지원 체계와 인식의 변화가 따라가지 못할 때 문제가 발생한다. 가족 해체와 구조 변화는 아동과 청소년의 정서적 안정과 인성 발달에 직접적인 영향을 미치며, 이는 결국 사회 전체의 인성 문제로 확대될 수 있다.

지난 정부는 5대 및 7대 비리 관련자는 고위공직에 임용하지 않겠다는 공약을 제시한 바 있다. 그것은 병역면탈, 부동산 투기, 세금탈루, 위장전입, 논문 표절, 성범죄, 음주운전을 말한다. 그런데 이러한 기준이 스트레스를 해소하고 노블리스 오블리주(noblesse oblige)를 정착시키기보다는, 그것의 적용이 '내로남불'이라는 비판을 받았고 있다. 이는 역대 어느 정부에서도 마찬가지다. 사회의 스트레스는 이래저래 증폭되고 있다.

정치권의 '내로남불' 현상은 사회 지도층의 도덕적 불일치를 보여주는 대표적인 사례다. 이는 공적 영역에서의 윤리적 일관성 부재를 드러내며, 일반 시민들에게 불신과 냉소주의를 심어준다. 이러한 불신은 사회 전체의 도덕적 기준을 약화시키고, '남들도 다 그러니까'라는 식의 도덕적 상대주의를 조장할 위험이 있다. 인성교육에서 강조되는 정직, 책임, 일관성과 같은 가치들이 공적 영역에서 훼손될 때, 이는 사회 전체의 도덕적 기준을 하향 평준화시키는 결과를 가져올 수 있다.

우리의 기성세대는 물질적 빈곤을 경험했지만, 현세대는 정신적 빈곤을 경험하고 있다. 그래서 대부분의 학교 교육목표 또는 교훈에는 인성 함양과 인격 도야를 내걸고 있다. 한국해양대학교의 교훈도 진리 탐구, 문화 창조, 인격 도야이다. 그러나 결과는 시원찮다. 국제교육 성취도 평가협회의 발표에 의하면 한국은 사회성 및 협력성 등 인성 분야에서 최하위로 평가받았다. 이는 우리 사회가 인성교육에 있어 큰 문제를 안고 있음을 여실히 보여준다. 한국의 2023년 합계출산율은 0.72명으로 세계 최저 수준이다. 이는 국가의 장기적인 인구 감소와 사회 구조 붕괴의 심각한 경고 신호이다. 또한, 한국의 경제협력개발기구(OECD) 국가 중 청소년 자살률은 여전히 높아 개선이 시급한 상황이다. 이처럼 다양한 사회적 조건과 징후들이 인성을 가로막고, 이를 극복하기 위한 효과적인 인성교육의 중요성이 날로 부각되고 있다.

해양대학과 같은 특수목적 전문 교육기관에서의 인성교육은 더욱 중요한 의미를 갖는다. 선원은 제한된 공간에서 장기간 타인과 함께 생활하며 때로는 생명과 직결된 위험한 상황에서 중요한 결정을 내려야 하는 직업이다. 따라서 전문 지식과 기술 못지않게 리더십, 의사소통 능력, 팀워크, 위기관리 능력, 그리고 도덕적 판단력이 요구된다. 따라서 선원 교육에서 전문 기술교육과 함께 인성교육을 강화하는 것이 중요한 과제이다. 특히 다문화 선원들과의 조화로운 협업 능력, 스트레스 관리 능력, 그리고 윤리적 의사결정 능력은 현대 해운업에서 핵심적인 역량으로 강조되고 있다.

더불어, 급변하는 디지털 환경과 인공지능 기술의 발전은 인성교육에 새로운 도전과 기회를 제공한다. 온라인 소통의 익명성은 사이버 폭력, 혐오 표현, 가짜뉴스 등의 문제를 야기하고 있으며, 이는 디지털 시민성(Digital Citizenship)과 미디어 리터러시의 중요성을 부각시킨다. 2023년 사이버 폭력 실태조사에 따르면, 청소년의 40.8%, 성인 8%가 사이버 폭력을 경험한 것으로 나타났다. 이러한 상황에서 온라인 환경에서의 윤리적 행동, 비판적 사고력, 디지털 정보의 올바른 활용 등을 가르치는 것이 현대적 인성교육의 중요한 부분이 되고 있다.

결론적으로, 인성의 사회적 이슈화는 단순히 몇몇 사건이나 현상에 국한된 것이 아니라, 우리 사회의 구조적 문제와 가치관의 변화를 반영하고 있다. 따라서 인성교육은 개인의 도덕적 품성 함양을 넘어, 사회적 연대감 회복, 공동체 의식 강화, 그리고 지속 가능한 사회 발전을 위한 필수적인 요소로 인식되어야 한다. 특히 해운업과 같이 다양한 문화적 배경을 가진 사람들이 협력해야 하는 분야에서는, 인성교육을 통한 상호 존중과 이해의 문화 조성이 더욱 중요하다.

참고문헌 및 인용 자료

교육부 (2023),『2023년 학교폭력 실태조사 결과』, 교육부.

국가인권위원회 (2022),『직장 내 괴롭힘 실태조사 보고서』. 국가인권위원회.

국제운송노동자연맹(ITF) (2023),『선원 복지 및 근로환경 보고서』.
https://www.itfseafarers.org/en/issues

두현욱 (2021). 선박 내 괴롭힘을 규제하기 위한 선원법 개선 방안에 대한 연구,「해사법연구」32(2), 61-89.

보건복지부 (2023),『2022년 아동학대 주요통계』.

정보통신기획원 (2024),『2023년 사이버폭력 실태조사』.

한국개발연구원 KDI (2023),『우리나라 중산층의 현주소와 정책과제』.
https://www.kdi.re.kr/research/focusView?pub_no=17839

한국노동연구원 (2023),『2023년 인권영향평가 용역 최종보고서』.

한국행정연구원 (2023),『2023 사회통합실태조사』.

해양한국, 2019년 12월 30일자, 선상 생활과 선원의 정신건강.
https://www.monthlymaritimekorea.com/news/articleView.html?idxno=25719

OECD,『한 눈에 보는 사회: 아시아/태평양 2022』, OECD 대한민국 정책센터.

3. 인성교육진흥법과 인성교육

세계적인 기업과 조직들을 중심으로 인성과 인성교육이 중시되는 사례들을 살펴보고, 2015년 세계 최초로 우리나라에서 제정된 〈인성교육진흥법〉의 제정 배경과 내용을 정리해 본다. 이를 기반으로 인성교육진흥법이 정의하고 있는 인성의 개념과 인성 함양의 네 가지 측면을 구체적으로 살펴보고, 선원 인권과의 연관성을 분석한다.

중시되는 인성

우리는 흔히 '실력이 없으면 인성이라도 좋아야지…'라고 말하곤 한다. 그러나 이 표현은 잘못된 표현이자 시대착오적이다. 학생들이 관심을 갖는 기업에서는 최근 실력보다 인성을 중시하고 있기 때문이다. 실력만큼 인성이 중요하거나 오히려 인성이 더 중시되는 것이 최근의 경향이다.

특히 2020년 코로나19 팬데믹 이후와 AI 기술의 급속한 발전으로 비대면 업무 환경이 확산되면서, 인성의 중요성은 더욱 부각되고 있다. 맥킨지의 2023년 보고서에 따르면, 팬데믹 이후 고용주의 87%가 직원 채용 시 기술적 역량보다 인성과 관련된 소프트 스킬을 더 중요하게 고려한다고 답했다. 이는 불확실성이 높은 시대에 적응력, 공감 능력, 협업 능력이 기업 생존의 핵심 요소로 자리 잡았음을 보여준다.

인성은 장식이 아니다. 인성이 중시될 뿐만 아니라 경쟁력이고 실력이다. 그래서 기술과 인성의 핵심교과인 인문학의 융합이 권장되고 융합이 대세다. 인성교육은 4차혁명의 시대에 기술교육만큼 혹은 그보다 더 중시된다. 구글, 페이스북, 다보스포럼, 필립스 엑시터 아카데미, 삼성 등 세계적인 기업과 조직들이 집단 지성을 중시하면서, 인성에 주목하기 시작했다.[1)]

1) 구자억 외(2019), 인성과 리더십 - 4차 산업혁명 시대의 스워라밸, 양서원, 49쪽 참조.

실제로 세계경제포럼(WEF)은 2023년 '미래 직업 보고서'에서 향후 5년간 가장 중요해질 역량으로 분석적 사고와 창의성에 이어 회복탄력성, 유연성, 동기부여 능력과 같은 인성 관련 역량을 꼽았다. 이는 AI와 자동화가 진행될수록 사람만이 가진 고유한 특성인 인성이 더욱 중요해진다는 점을 시사한다. 해운업계에서도 이러한 흐름은 뚜렷하게 나타나고 있다. 2023년 국제해사기구(IMO)의 '해운업 인적자원 개발' 보고서에 따르면, 자동화와 디지털화가 진행됨에 따라 선원들에게 요구되는 핵심역량이 기술적 숙련도에서 위기관리 능력, 의사결정 능력, 팀워크 등의 인성 기반 역량으로 변화하고 있다.

기존에 중시했던 개인의 역량과 천재성보다는 인성 요소인 '협업', '합심', '융합'을 중시한다. 예컨대 구글은 '영리하기만 한 것이 아니라 겸손하고 성실한' 지원자를 우선 선발(품성 중시)한다. 스펙보다는 인성 바른 인재를 1순위로 여긴다는 말이다. 구체적으로는 검증된 리더십, 강력한 업무능력, 창의적 사고, 능동적인 협업 능력을 높이 평가한다. 페이스북은 개방된 사무실, 수평적 커뮤니케이션, 스타플레이어가 아닌 코치 역할, 수평적 권한 배분, 팀 단위의 프로젝트, 직업 간의 협업을 리드하는 능력을 권장하고 중시한다. 그리고 지식재산의 99%는 사회 환원한다.

최근에는 이러한 기업들의 인성 중시 경향이 채용 과정뿐만 아니라 기업문화와 평가 시스템 전반에 반영되고 있다. 구글은 2022년부터 '비전과 사명감'을 핵심 평가 항목으로 추가했으며, 마이크로소프트는 '성장 마인드셋(Growth Mindset)'을 조직문화의 핵심 가치로 설정했다. 아마존의 제프 베조스는 "지능지수(IQ)나 학벌보다 호기심과 공감 능력이 뛰어난 사람을 채용하라"는 지침을 내리기도 했다. 이는 인성이 단순한 구호가 아닌, 기업의 실질적인 경쟁력으로 자리 잡고 있음을 보여준다.

다보스포럼은 4차 산업혁명이란 용어를 발신시켰는데, 4차 산업혁명이 초래하는 미래 사회 인재상 핵심역량 4가지(협업, 소통, 창의력, 비판적 사고와 문제해결 능력)는 모두 인성 관련된 것이다. 다포스 포럼은 미래 인재에게 필요한 스킬을 크게 기초 소양, 역량, 그리고 성격적 특성으로 나누었고 세부적인 16가지의 스킬을 제시하였다. 기초 소양은 글을 읽고 쓸 줄 아는 문해력, 사칙연산을 할 수 있는 산술 능력, 과학 소양, 컴퓨터에 대한 지식을 의미하는 ICT 소양, 금융 소양, 문화적인 시민 소양 등 6가지이다. 역량은 비판적 사고력 및 문제해결 능력, 창의력, 소통 능력, 협업 능력 등 4가지이다. 성격적 특성으로는 호기심, 진취성, 지구력, 적응력, 리더십, 사회문화적 의식 등 6가지이다.

미국의 명문 기숙학교 필립스 엑시터 아카데미(Phillips Exeter Academy)는 '지식 없는 선함은 약하고, 선하지 않은 지식은 위험하다'라는 교훈과 그 목표인 '자신만을 위하지 않는 Non Sibi' 지식인을 지향한다. 따라서 수업과 생활의 핵심은 인성교육이다. '남에게 뭔가를 배우는 것이 아니라 지식을 함께 나누며 지혜를 키우는 것'이 핵심이다.

필립스 엑시터 아카데미의 교육철학은 현대 교육에서도 중요한 시사점을 제공한다. 2023년 미국교육협회(NEA)의 연구에 따르면, 하버드, 예일, 프린스턴과 같은 명문대학들이 입학 사정 과정에서 학생들의 '인격적 성숙도'와 '공동체 기여도'를 중요한 평가 요소로 반영하고 있다. 이러한 대학들은 단순히 학업 성취도가 높은 학생보다 윤리적 판단력과 리더십을 갖춘 학생들이 미래 사회에 더 큰 기여를 할 수 있다고 판단하고 있다.

애플의 공동창업자이자 CEO였던 스티브 잡스는 인문학적 소양의 중요성을 강조하며 전 세계 최고경영자들에게 인문학 붐을 일으킨 바 있다. 스티브 잡스는 일찍이 기술과 인문학의 융합을 강조하면서 인성 함양을 중시하였다. 이렇듯 최근 기업은 인재 채용에서 스펙(spec)보다는 스토리를 중시하고 있다. 학력, 자격증보다는 '책임감, 대인관계, 실천력, 참신함' 등 인성 관련 요소를 중시한다. 스펙이 유사성을 특징으로 하고 양적 비교에 방점을 둔다면, 스토리는 특이성을 중시하여 질적 비교에 방점을 찍으며, '자기소개서, 면접, 끼, 꿈'을 중시한다. 페이스북 창업자이자 '메타(meta)'의 CEO 마크 저크버그는 '우리는 기술회사인가'라는 질문을 통해 기술만으로 설명할 수 없는 인문학적 상상의 세계가 페이스북의 지향점임을 강조했다. 또 직원을 채용할 때 '당신은 세상을 어떻게 바꿀 수 있는가'라는 질문을 통해 직원들의 인문학적 상상력을 평가하고 있다.

메타(구 페이스북)는 2023년부터 '메타버스 윤리위원회'를 설립하여 가상 세계에서의 윤리적 문제와 인성 관련 이슈에 대응하고 있다. 이는 디지털 전환 시대에 기술과 인간성의 균형이 더욱 중요해졌음을 보여주는 사례다. 또한 애플은 2024년 초 발표한 비전 프로(Vision Pro) 헤드셋 개발 과정에서 '인간 중심 기술(Human-centered Technology)'을 핵심 원칙으로 삼았다. 이러한 접근은 인공지능과 메타버스가 발전할수록 인간의 본질적 가치와 인성이 더욱 중요해진다는 인식을 반영한다.

전체적으로 인재가 기술적 전문성 혹은 스펙을 평가 요소에서 중시하기보다는 '공감과 예절' 등 인성 역량을 중시하며, 동료와 협업하고 팀 단위의 책임 있는 시너지 효과를 낼 수 있는지 여부와 인성 즉 '상대에 대한 존중, 배려 공감 능력, 이타적 도덕적 판단, 다양한 가치 문화 조화 능력'을 중시한다. 이러한 다양한 기업과 조직에서 불고 있는 인성 중시 바람은 4차 산업혁명의 패러다임이 우리 사회를 지배하는 상황에서 더욱 거세질 것으로 보인다. 인공지능과 로봇이 인간의 육체적 지적 업무를 보완 대체하는 상황에서 우리가 갖추어야 할 것은 인간다움을 바탕으로 인간의 가치를 중시하는 풍토가 되어야 하기 때문일 것이다. 이러한 세계적인 조직들의 인성중시 경향과 달리 우리나라의 경우에는 사회적 참사, 학교폭력, 가족붕괴 등의 사회현상에 대응하기 위해 정부 차원에서 인성교육을 장려하는 법안을 마련하여 인성교육의 중요성을 부각시키고 있다.

해운업 분야에서도 인성의 중요성은 더욱 강조되고 있다. 선박은 제한된 공간에서 다양한 문화적 배경을 가진 사람들이 장기간 함께 생활하며 때로는 극한의 상황에서 협력해야 하는 특수한 환경이다. 국제해사기구(IMO)와 국제선원복지협회(ISWAN)의 2023년 공동 보고서에 따르면, 선박 사고의 약 80%가 인적 오류에서 비롯되며, 이 중 상당수는 의사소통 문제와 문화적 차이에 대한 이해 부족, 리더십 부재 등 인성 관련 요인과 연관되어 있다. 이러한 배경에서 주요 해운회사들은 기술적 훈련과 함께 인성교육을 강화하고 있으며, 특히 다문화 이해, 갈등 관리,

스트레스 대처 능력 등에 초점을 맞추고 있다.

선원들의 경우, 바다라는 특수한 환경에서 협력과 배려, 공동체 의식이 무엇보다 중요하다. 선원들은 서로 협력하여 위험을 극복하고 안전을 확보해야 하며, 선장의 리더십은 선원들의 안전과 인권에 직접적인 영향을 미친다. 또한, 선원들은 다양한 국적과 문화를 가진 사람들과 함께 생활하며, 상호 존중과 배려를 바탕으로 공동체를 유지해야 한다.

이처럼 세계적인 기업과 조직들은 인성을 경쟁력으로 인식하고, 인재 채용과 조직 문화에서 인성을 중요한 요소로 반영하고 있다. 특히 4차 산업혁명 시대에는 인공지능과 로봇이 인간의 역할을 대체하면서 인간 고유의 가치, 즉 인성이 더욱 중요해지고 있다.

세계 최초의 인성교육진흥법(2015) 제정

인성교육진흥법은 2015년 1월 20일 제정 공포되었다. 세계 최초이자 사상 유례가 없는 이 법안이 2014년 12월 29일 국회를 통과, 2015년 1월 20일 공포됨에 따라 6개월 후인 7월 21일부터 시행되고 있다. 인성교육진흥법에 따르면 이 법은 건전하고 올바른 인성을 갖춘 시민 육성을 목적으로 한다. 인성교육진흥법의 제정은 단순히 교육 정책의 변화를 넘어 한국 사회가 직면한 구조적 문제에 대한 근본적 대응 방안으로 볼 수 있다.

인성교육진흥법은 직전의 세월호 참사를 배경으로 하지만, 인성을 가로막는 사회적 조건과 징후들이 원인이었다. 이 법에 명시된 인성교육의 정의는 '자신의 내면을 바르고 건전하게 가꾸며 타인, 공동체, 자연과 더불어 사는 데 필요한 인간다운 성품과 역량을 기르는 것을 목적으로 하는 교육'이다. 이 법안에 따라 2015년 7월부터 국가와 지방자치단체, 학교에 인성교육 의무가 부여되었다. 이를 위해 정부는 인성교육진흥위원회를 설립해 5년마다 인성교육 종합계획을 수립하게 된다. 또 종합계획에 따라 17개 시·도 자치단체장과 교육감은 개별 기본계획을 세우고 실행하게 된다. 전국의 초·중·고교는 매년 초 인성교육 계획을 교육감에게 보고하고 인성에 바탕을 둔 교육과정을 운영해야 한다. 아울러 교사는 인성교육 연수를 의무적으로 받아야 하고, 사범대·교대 등 교원 양성기관은 인성교육 역량을 강화하기 위한 필수 과목을 개설해야 한다.

2022년에 발표된 '제2차 인성교육 종합계획(2021-2025)'은 디지털 전환 시대의 인성교육이라는 새로운 방향성을 제시했다. 이 계획은 특히 디지털 시민성 함양, 미디어 리터러시 교육, 사이버 윤리 등 온라인 환경에서 인성교육을 강화하는 내용을 포함하고 있다. 코로나19 이후 비대면 교육이 확대되면서 디지털 환경에서의 인성교육 방법론과 효과성에 대한 연구도 활발히 진행되고 있다.

인성교육진흥법에서 인성교육의 목표가 되는 '핵심 가치·덕목'은 예(禮), 효(孝), 정직, 책임, 존중, 배려, 소통, 협동 등의 마음가짐이나 사람됨과 관련되어 있다. 그리고 인성교육진흥법이 제시하고 있는 '핵심역량'이란 핵심 가치·덕목을 적극적이고 능동적으로 실천 또는 실행하는 데 필요한 지식과 공감·소통하는 의사소통능력이나 갈등 해결능력 등이 통합된 능력을 말한다.

그렇다면 인성교육진흥법에 근거하여 인성과 인성교육의 정의는 다음과 같다.

- ❍ 인성이란 자신의 내면을 바르고 건전하게 가꾸며 타인, 공동체, 자연과 더불어 사는 데 필요한 인간다운 성품과 역량
- ❍ 인성교육이란 인성(자기 내면을 바르고 건전하게 가꾸며, 타인 공동체 자연과 더불어 사는 데 필요한 인간다운 성품과 역량)을 기르는 것

그리고 인성교육진흥법에서 정하고 있는 인성교육의 핵심 가치 덕목과 핵심역량은 다음과 같다.

- ❍ 핵심 가치 덕목은 예(禮), 효(孝), 정직, 책임, 존중, 배려, 소통, 협동 등의 마음가짐이나 사람됨과 관련되는 가치 또는 덕목
- ❍ 핵심역량은 핵심 가치 덕목을 실천 또는 실행하는 데 필요한 지식과 공

감·소통하는 의사소통 능력이나 갈등 해결 능력 등이 통합된 능력을 말한다.

인성교육진흥법이 정의하는 인성의 개념과 네 가지 측면은 선원 인권과 밀접한 관련이 있다.

- 자기 이해: 선원들은 자신이 가진 강점과 약점을 파악하고, 자신의 직무에 대한 책임감과 전문성을 키워야 한다. 또한, 바다라는 특수한 환경에서 발생할 수 있는 위험 상황에 대비하고, 자신의 안전과 건강을 책임지는 자기 관리 능력을 갖추어야 한다.

선원의 자기 이해는 단순한 자아 인식을 넘어 극한 환경에서의 심리적 회복력(resilience)과도 밀접한 관련이 있다. 국제해운회의소(ICS)와 세계보건기구(WHO)의 2023년 공동 연구에 따르면, 자기 인식이 높은 선원들은 장기간의 선상 생활에서 발생하는 스트레스와 고립감에 더 효과적으로 대처하는 것으로 나타났다. 특히 자신의 감정 상태를 정확히 인식하고 조절할 수 있는 능력(감정 조절력)은 선원의 정신건강과 직무 수행 능력에 직접적인 영향을 미친다.

- 공동체 의식: 선원들은 선박 내에서 공동체를 이루고 서로 협력하여 안전을 확보해야 한다. 또한, 다른 국적, 언어, 세대, 성별과 같은 다양한 문화적 정체성을 가진 선원들과 함께 생활하며 상호존중과 배려를 바탕으로 공동체를 유지해야 한다.

선박은 본질적으로 소규모 공동체로서, 제한된 공간에서 장기간 함께 생활하는 구성원들 간의 유대감과 협력이 필수적이다. 최근 해운업계의 글로벌화로 인해 다국적 승무원이 일반화되면서, 문화적 차이에서 오는 갈등 관리의 중요성이 더욱 부각되고 있다. 다국적·다문화 선박 업무 환경에서 문화 다양성에 대한 교육은 선박에서 승무원 간 갈등이나 의사소통 오류로 인한 안전사고도 감소시키고 있다. 또한 팀 빌딩과 갈등 해결 훈련을 정기적으로 시행하는 선사들의 선원

이직률이 현저히 낮았다. 이는 공동체 의식을 강화하는 인성교육이 선원의 만족도와 안전, 나아가 해운기업의 경쟁력에도 직접적인 영향을 미침을 시사한다.

- 정의로운 행동: 선원들은 선박 내에서 발생하는 불의를 보고 묵인하지 않고, 정의롭게 행동해야 한다. 또한, 해상에서 발생하는 사고나 범죄 상황에 대처할 때 정의로운 판단을 내리고 행동해야 한다.

해상에서는 육지와 달리 즉각적인 외부 지원이나 감독이 어렵기 때문에, 선원들의 윤리적 판단과 행동이 더욱 중요하다. 특히 환경 보호, 해양 자원의 지속 가능한 이용, 타 선박이나 어민과의 관계에서 정의로운 행동은 선원의 중요한 책임이다. 윤리적 판단력은 단순히 법규 준수를 넘어, 인권과 환경에 대한 민감성을 바탕으로 한 인성교육을 통해 함양될 수 있다. 최근 국제해운업계에서는 내부고발자 보호 정책(Whistleblower Protection)을 강화하여 선박 내 불의나 부당한 관행에 대해 선원들이 안전하게 목소리를 낼 수 있는 환경을 조성하는 노력도 확대되고 있다.

- 민주 시민의식: 선원들은 민주주의적 가치와 원칙을 이해하고, 선박 내에서 발생하는 문제에 대해 합리적인 의사 결정 과정에 참여해야 한다. 또한, 해상에서 발생하는 국제적인 문제에 대해 책임감을 가지고 적극적으로 대응해야 한다.

전통적으로 선박은 선장의 절대적 권위가 중시되는 수직적 조직 문화를 가지고 있었다. 그러나 현대 해운업에서는 선장의 권위를 존중하면서도 모든 승무원이 안전과 운항에 관한 의견을 자유롭게 개진할 수 있는 '선교자원관리(Bridge Resource Management)' 및 '선박자원관리(Ship Resource Management)' 개념이 중요시되고 있다. 이는 참여적 의사결정을 통해 안전성과 효율성을 높이려는 노력이다. 2023년 유럽해사안전청(EMSA)의 연구에 따르면, 참여적 의사결정 문화가 정착된 선박에서 인적 오류로 인한 사고가 약 40% 감소한 것으로 나타났다. 또한 국제노동기구(ILO)는 2022년 '해사노동협약(MLC)'의 개정을 통해 선원의 의사결정 참여권과 고충 처리 절차에 관한 규정을 강화했다. 이러한 변화는 민주 시민의식을 갖춘 선원의 역할이 해운업의 안전과 인권 증진에 핵심적인 요소임을 보여준다.

동서양의 전통적인 인성교육

우리(동양)의 전통에서 '수신(修身)'은 『대학』, 『소학』, 『논어』, 『주역』, 『삼봉집』의 내용을 근거로 정리하면 다음과 같다.

옛날에 명덕을 천하에 밝히려는 자는 먼저 그 나라를 다스려야 하며, 나라를 다스리려 하는 자는 먼저 그 집안을 가지런히 하여야 하며, 자신의 집안을 가지런히 하려는 자는 먼저 그 몸을 닦으며, 그 몸을 닦고자 하는 자는 그 마음을 바르게 하고, 마음을 바르게 하려는 자는 그 뜻을 성실히 하며, 뜻을 성실히 하려는 자는 먼저 그 앎을 지극히 하니, 앎을 지극히 함이란 사물의 이치를 궁구함에 있다(『대학』 8조).

『대학』의 3강(명덕을 밝히고明明德 백성을 깨우치고新民 선의 경지에 머문다止於至善)과 8강(격물格物 치지致知 성의誠意 정심正心 수신修身 제가齊家 치국治國 평천하平天下)에서, 자신의 심리적 신체적 학문적 단련은 사물의 이치를 규명하는 일부터 시작해야 하는데, 여기서 지어지선과 격물치지는 자연세계에 대한 법칙을 이해하는 것으로 보인다. 그 연후에 집안, 사회 국가, 천하로 이어지는 인간세계와 관계 조율을 말하고 있다.

이러한 『대학』의 가르침은 현대 인성교육에도 중요한 시사점을 제공한다. 개인의 내면 수양에서 시작하여 가정, 사회, 국가로 확장되는 인성의 적용 범위는 오늘날 '인성의 사회적 확장성'이라는 개념으로 재해석될 수 있다. 해운업 분야에서도 이러한 동양적 인성 개념은 중요한 의미를 갖는다. 특히 선장과 고급 해기사의 리더십 교육에서 '수신(修身)'을 바탕으로 한 책임감과 윤리의식 함양이 강조되고 있다.

『주역』의 "천문을 살펴 변화를 알아내고 인문을 살펴 천하의 교화를 이룬다"(觀乎天文 以察時變 觀乎人文 以化成天下, 賁卦·象傳)는 말이나, "위를 올려다보고 천문을 살피고, 아래를 내려다보고 지리를 알아낸다"(仰以觀於天文 俯以察於地理, 繫辭 上)와 "천도가 있고 지도가 있고 인도가 있다"(有天道焉 有人道焉 有地 道焉, 繫辭下)는 구절은 자연세계와 인간세계의 법칙의 상호 연관성을 함축하고 있다. 구체적으로는 천지인의 3재 사상과 천도·지도·인도의 상호관련성을 천명하고 있는 것이다. 이런 관계의 매개는 수신하는 인성의 주체인 개인이다.

조선시대의 정도전은 삼봉집(三峰集)에서 천지인의 상호관련성을 더욱 명확하게 요약하였다. 그는 "일월성신의 천의 문이고, 산천초목은 지의 문이며, 시서예악은 인의 문인데 천은 기로, 지는 형으로, 인은 도로 말미암는다"(日月星辰 天之文也 山川草木 地之文也 詩書禮樂 人之文也 然天以氣 地 以形 人則以道)고 설명한다. 그는 더 나아가 "문은 도를 싣는 그릇이니, 인문이라 하는 것은 그 도를 얻어 시서예악의 가르침을 천하에 밝혀, 삼광의 운행을 따르고 만물의 마땅함을 다스리면, 문이 성함에 이르러서 극에 달한다"(文者載道之器 言人文也 得其道 詩書禮樂之教 明於天下 順三光之行 理萬物之宜 文之盛至此極矣, 三峰集, 陶隱文集序)고 인문에 방점을 찍고 있다.

동양 철학의 천지인(天地人) 합일 사상과 현대의 지속 가능한 발전 개념은 상당한 접점을 가진다. 자연과 인간의 조화로운 공존을 강조하는 이러한 전통적 세계관은 오늘날 심각해지는 환경 문제와 기후 위기 시대에 더욱 중요한 의미를 갖는다. 특히 해운업은 해양 환경과 직접적으로 관련되어 있어, 환경 윤리와 지속가능성에 대한 인식이 중요한 분야이다. 국제해사기구(IMO)는 2023년 '그린 해운(Green Shipping)' 이니셔티브를 통해 선원들의 환경 윤리 의식 함양을 위한, 교육 프로그램을 강화하고 있다. 동양의 천지인 사상에 기반한 생태 중심적 인성교육은 이러한 노력에 철학적 기반을 제공할 수 있다.

공자의『논어』에서 학문과 인성에 대한 설명 역시 자연세계와 개인 및 인간세계와의 상호 관계를 강조하고 있다.

나는 15세에 학문(인성의 함양)에 뜻을 두었고, 30세에 학문(인성)이 확립되었으며,

40세에 학문에 의혹이 없어졌으며(인성이 유혹에 흔들리지 않으며), 50세에는 하늘의 명령(하늘의 법칙; 천도, 천문)을 알게 되었으며, 60세에 천도를 잘 듣고 따르게 되었으며, 70세에는 마음이 원하는 대로 하여도 천도를 어긋나는 법이 없었다.

이처럼 전통적인 인성의 개념은 자연세계-인간(수신)-인간세계의 상호 관계를 중시하였다. 수신 차원의 인성 함양은 『소학』의 서문에 간명하게 나와 있다.

봄이 되면 만물이 소생하고 여름이 되면 자라고 가을이 되면 성숙하고 겨울이 되면 거둬들이는 것은 하늘의 불변의 법칙이며, 어질고 의롭고 예절바르고 지혜로운 것은 변하지 않은 인간의 본성이다. 인간의 본성은 본래 선하지 않음이 없어, 그 본성의 네 가지 실마리인 측은지심(惻隱之心), 수오지심(羞惡之心), 시비지심(是非之心), 사양지심(辭讓之心)은 사물을 접할 때마다 드러난다. 소학의 가르침을 행하고도 남은 힘이 있으면, 책을 읽으며 시를 외우고, 노래와 춤을 통해 음악을 배워 생각이 바른 도리를 벗어나지 않도록 해야 한다(『소학』 소학제사).

소학은 육예(六藝), 즉 예(禮), 악(樂), 사(射), 어(御), 서(書), 수(數)를 중심으로 숫자 셈법, 독서, 글쓰기와 작문의 연습, 말 타기와 화살 쏘기, 응대, 청소, 진퇴 등 생활예절교육, 체력단련과 음악을 강조하였다. 서문에서는 인간의 인성은 하늘의 법칙인 천성과 관계있다는 것을 전제하고 있다. 인성의 특징인 측은지심은 타인에 대한 공감(인 仁)[2], 수오지심은 부끄러워 할 줄 아는 정의감(의 義,) 사양지심은 상대에 대한 배려감(예 禮), 시비지심(지 智)은 옳고 그름을 판단하는 분별력을 말한다.

이러한 사단(四端)의 개념은 현대 심리학의 감성지능(emotional intelligence)이나 사회지능(social intelligence) 개념과 상당한 유사성을 보인다. 특히 측은지심은 공감 능력과, 수오지심은 윤리적 판단력과, 사양지심은 이타성과, 시비지심은 비판적 사고력과 연결된다. 이러한 연관성은 동양의 전통적 인성교육 방법론이 현대 심리학의 과학적 발견들과 조화롭게 통합될 수 있는 가능성을 시사한다. 특히 해양

2) 영어의 연민, 동정을 의미하는 compassion은 고통에 공감한다는 의미로 측은지심과 동일한 함의를 지닌다.

분야에서는 다양한 위험 상황에서 신속하고 정확한 판단이 요구되기 때문에, 시비지심(是非之心)의 함양을 통한 윤리적 의사결정 능력 강화가 중요하다.

서양에서는 이른바 자유 교과(Liberal Arts)가 자유 시민의 기본적인 인성 함양의 교과였는데, 7과목으로 구성되었다. 중세 대학에서 가르친 자유 7교과는 기하, 산수, 논리, 문법, 수사, 천문, 화음학이다. 로마제국 시절에는 자유교과에 의학과 건축이 포함되어 9교과였다. 동양에 비교하면 체력단련이 없다.

서양의 자유 교양 교육(Liberal Arts Education)은 특정 직업 기술이 아닌 인간의 보편적 지성과 덕성을 함양하는 교육으로, 현대 대학 교육에서도 중요한 위치를 차지하고 있다. 특히 미국의 명문 리버럴 아츠 칼리지들은 전인교육을 통해 비판적 사고력, 의사소통 능력, 윤리적 판단력을 갖춘 시민을 양성하는 데 중점을 두고 있다. 해운 분야에서도 이러한 자유 교양 교육의 가치가 재조명되고 있다. 전 세계 주요 해양대학들은 전문 기술 교육과 함께 인문학적 소양을 갖춘 '해양 리더' 양성을 위한 교육과정을 강화하고 있다. 예를 들어, 영국의 솔렌트 해양대학(Solent Maritime Academy)은 2022년부터 '글로벌 해양 리더십' 과정에 윤리학, 문화인류학, 의사소통 이론 등 인문학 교과를 확대 도입했다.

그런데 우리는 중세가 아니라 21세기에 살고 있다. 전통적인 인성 함양의 내용과 방식을 21세기의 방식으로 제시할 필요가 있다. 예컨대 여가를 즐기는 방법도 변화하고 있으며 코로나 19의 영향으로 개인화는 더욱 가속되고 있다. 2023년 통계에 따르면 한국 성인은 하루 평균 3시간 37분을 스마트폰 사용에 할애하는 반면, 책 읽는 시간은 1시간 10분에 불과하다. 대학생들의 경우, 독서와 신문 읽기에 할애하는 시간은 스마트폰 사용 시간과 비교할 수 없을 정도로 적은 편이다. SNS, 유튜브 등을 통한 가짜뉴스와 괴담의 전파가 용이하고 이는 신뢰, 정의, 질서와 인간관계 붕괴로 악순환 된다. 결국은 인성의 문제로 귀결된다. 따라서 21세기 인성교육은 총체적인 관계 조율 능력 함양에 방점을 두어야 하며, 인성교육의 지향점은 자연과 조화롭게, 남과 더불어 행복하게 사는 것이 되어야 한다.

디지털 시대의 인성교육은 새로운 도전과 기회를 동시에 맞이하고 있다. 2024

년 한국정보화진흥원의 조사에 따르면, 10대 청소년의 95%가 하루 4시간 이상 디지털 기기를 사용하며, 이 중 42%는 사이버 공간에서 윤리적 딜레마를 경험한 적이 있다고 응답했다. 이러한 환경에서는 디지털 시민성(Digital Citizenship)과 미디어 리터러시(Media Literacy)가 인성교육의 중요한 영역으로 부상하고 있다. 특히 AI 기술의 발전으로 인한 딥페이크, 가짜뉴스, 개인정보 침해 등의 문제는 비판적 사고력과 윤리적 판단력의 중요성을 더욱 부각시킨다. 한편, 디지털 기술은 인성교육의 효과적인 도구로도 활용될 수 있다. VR/AR 기술을 활용한 몰입형 인성교육, AI 기반 맞춤형 학습, 글로벌 온라인 협업 프로젝트 등은 전통적인 인성교육의 한계를 뛰어넘는 새로운 가능성을 제시한다. 해운업계에서도 선원의 인성교육을 위한 디지털 도구 활용이 확대되어야 할 것이다. 예를 들어, 가상현실(VR) 기술을 활용한 다문화 이해 교육, 원격 멘토링 시스템, 선내 갈등 해결을 위한 온라인 중재 플랫폼 등이 개발하여 활용한다는 좋을 것이다.

'인성'의 개념과 인성 함양

사전적 의미에서 일반적으로 인성은 '선천적 후천적 요인에 따라 형성되어 개인의 도덕적 기준이 되고 외부의 사물이나 현상의 자극을 받아 일정한 경향의 반응을 보이는 개인이 구비하고 있는 고유한 성품'을 말한다. 유학(儒學)에서는 인간이 타고난 본성, 사람이 갖추어야 할 덕성을 의미하며, 반면 서양 심리학에서는 환경과 타인에 대해 개인이 나타내는 적응 방식이나 행동 특성을 의미한다. 인성의 개념은 잡힐 듯 말 듯 애매하다.

현대 심리학과 교육학에서는 인성의 개념을 보다 체계적으로 정의하려는 시도가 계속되고 있다. '효과적인 인성교육을 위한 11가지 원칙'이라는 미국 심리학회(APA) 연구(Lickona 1996)에서는 인성을 "인지적, 정서적, 행동적 요소가 통합된 개인의 고유한 심리적 특성으로, 환경과의 상호 작용을 통해 지속적으로 발달하는 역동적 구성체"로 정의했다. 이러한 정의는 인성이 타고난 기질(nature)과 환경적 영향(nurture)의 상호작용 결과임을 강조한다. 또한 인성은 고정된 것이 아니라 평생에 걸쳐 발달하고 변화할 수 있는 역동적인 특성임을 시사한다. 이는 인성교육이 학교 교육을 넘어 평생학습의 영역임을 의미하며, 직업 훈련 및 계속 교육에서도 인성 함양이 중요한 과제임을 보여준다. 특히 해운업과 같이 다양한 연령층과 문화적 배경을 가진 사람들이 함께 일하는 분야에서는, 이러한 평생 인성교육의 관점이 더욱 중요하다.

우리가 정의하는 인성은 자신-타자-사회와 국가 지구촌-자연을 상호 영향을 주는 관계이며 이러한 다층적이며 차원적으로 이어지는 관계 조율 능력이다. 대부분 학자들이 인간(자기)을 중심에 두는 일방적인 관계로 인성을 정의하지만 우리는 자신-타자-자연의 상호 작용을 중시하며, 그 상황 하에서 관계를 조율하는 능력이 인성 정의의 핵심으로 제시한다. 이는 존재론에서 관계론으로의 세계관적 전환을 반영한 인성 정의이다.

인성교육법에서 인성과 인성함양의 키워드는 4개이다. 자신, 타인, 공동체(사회, 국가, 지구촌), 자연이다.

인성교육은 '총체적인 관계조율'을 의미한다.

생리적 본능적 욕구 → 신체적 안전과 심리적 안정

존중 받는 것, 사랑받는 것, 소속감

나 자신을 넘는 큰 가치와 의미에 대한 욕구

우주(자연)과의 조화 균형 추구 욕구

자기조율 - 관계조율 - 공익조율 - 자연조율 → 스트레스 조율(가정과 학교의 붕괴).

이러한 총체적 관계조율로서의 인성 개념은 매슬로우(Abraham Maslow)의 욕구단계 이론과 연결하여 이해할 수 있다. 기본적인 생리적 욕구와 안전 욕구가 충족되면 소속감과 존중의 욕구, 더 나아가 자아실현 욕구와 초월적 욕구로 발전한다는 매슬로우의 이론은 인성 발달의 단계적 특성을 설명한다. 최근 심리학 연구에서는 이러한 욕구 충족이 단순히 개인적 만족을 넘어 사회적 관계와 공동체 형성에 중요한 역할을 한다는 점이 강조되고 있다. 2023년 세계행복연구소(World Happiness Research Institute)의 연구에 따르면, 개인의 행복감은 물질적 풍요보다 사회적 관계의 질과 공동체 소속감에 더 크게 영향을 받는 것으로 나타났다. 이는 인성교육이 단순히 개인의 도덕적 품성 함양을 넘어, 사회적 관계와 공동체 의식 형성에 초점을 맞춰야 함을 시사한다. 해운업 분야에서도 선내 공동체 형성과 선원들 간의 긍정적 관계 구축은 인성교육의 중요한 목표로 볼 수 있다.

먼저 자신과 관련해서는 인성은 "자신만의 생활 스타일로서 다른 사람과 구분되는 지속적이고 일관된 심리 및 행동양식"이라고 보아도 무방하다. 이 차원에서의 인성 함양은 '신체적 안전과 심리적 안정'이 중요하다.

두 번째 차원에서는 타자에 대한 인식차원이다. 인성의 자신의 차원, 즉 신체적 안전과 심리적 안정을 연마한 자신이 타자(외국인 포함)와 인간세계와의 관계 즉 사람과 사람의 사이 관계(人間)를 맺는 능력이다. 여기에서는 '타자화'에 대한 비판 능력과 공감, 다문화 감수성 및 인권 감수성 함양과 능력이 중시된다.

세 번째 차원은 자신과 타자 및 인간세계의 상호 관계와 조율 능력은 크게 보면 개인과 인간세계와의 관계인데, 인간과 자연세계와의 상호 관계를 인식하고 조율하는 능력이다. 우리의 선조들은 일찍이 하늘과 땅 그리고 인간의 관계에 대해 중시하였고 이를 천지인(天地人) 합일을 의미하는 3재 사상이라 하였다. 우리는 여기서 간과한 바다와 인간의 관계를 포함한 우주-지구-바다-인간의 관계를 인식하고 조율하는 능력 또한 인성 정의에서 빠뜨릴 수 없는 차원이라고 본다.

그렇다면 인성은 4율 '자기조율', '관계조율', '공익조율', '자연조율'의 차원이 있다. 시대의 흐름에 따라 인성의 정의는 불변하는 것이 아니라 시대에 따라 창조적으로 해석되어야 한다. 특히 21세기는 근대에 대한 반성과 극복을 지향하는 비전을 담아내는 인성의 정의와 함양이 필요하다.

이러한 천지인 사상에 바다(海)를 포함시켜 '천지해인(天地海人)' 관계로 확장하는 것은 해양 국가인 한국의 지리적, 문화적 특성을 고려할 때 매우 의미 있는 접근이다. 바다는 단순한 자연환경이 아니라 인류 문명과 문화 교류의 매개체이자,

생태계와 기후 시스템의 핵심 요소이다.

4율

자기조율

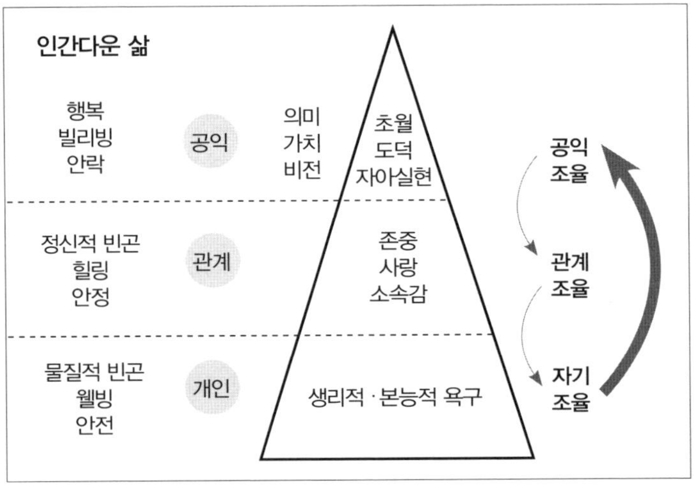

서로 맞물려 있는 자기조율·관계조율·공익조율
출처 : 조벽(2016),『인성이 실력이다』, 해냄, p.52.

- 스트레스 조율 능력 함양: 생리적 본능적 욕구에서 오는 신체적 안전과 심리적 안정(운동, 음악, 명상 등)
- 자율 능력 함양: 자신을 알고 상황을 객관적으로 보며 외부 자극에 대한 본인의 반응(행동)을 선택
- 감성과 이성의 조율 능력 함양: 선택의 여지를 남기고 감성과 이성의 조화(화가 나는 것과 화를 내는 것은 다름)

자기조율 능력은 현대 사회의 복잡성과 불확실성 속에서 더욱 중요해지고 있다. 특히 해운업 종사자들은 장기간의 고립, 시차 변화, 비상 상황 대응 등 다양한 스트레스 요인에 노출되어 있어 효과적인 자기조율 능력이 필수적이다. 2023년 국제선원복지협회(ISWAN)의 '선원 정신건강 보고서'에 따르면, 효과적인 자기관리

기술을 보유한 선원들은 장기 승선 기간 동안 우울증과 불안 증상이 약 45% 낮게 나타났다. 이에 따라 주요 해운회사들은 선원들의 자기조율 능력 향상을 위한 다양한 프로그램을 도입하고 있다. 예를 들어, 머스크(Maersk)는 '안전과 회복탄력성(Safety and Resilience)' 프로그램을 통해 스트레스 관리, 감정 조절, 마음챙김 기법 등을 교육하고 있으며, 이를 통해 선원들의 정신건강 지표가 개선되고 안전사고도 감소하는 효과를 보고했다.

관계조율

- 타자와의 관계차원:우정, 가족, 존중, 사랑, 소속감 욕구
- 모든 인간관계에서 있을 수 있는 갈등 등 관계조율을 할 수 있는 능력
- 공감 능력 함양: 측은지심, 사양지심, 수오지심, 시비지심, 신뢰 프로세스(본인의 감정을 잘 표출, 표현하고 타인의 감정에 공감하고 감정을 이동)

관계조율 능력은 다문화, 다세대 환경이 일반화된 현대 사회에서 성공적인 사회생활의 핵심 요소이다. 특히 선박과 같이 제한된 공간에서 다양한 배경을 가진 사람들이 함께 생활하는 환경에서는 관계조율 능력이 더욱 중요하다. 선박에서의 갈등은 단순히 개인적 불편함을 넘어 업무 효율성 저하와 안전 위험으로 이어질 수 있다. 최근에는 '문화 간 소통 역량(Intercultural Competence)'이 선원 교육의 중요한 부분으로 자리 잡고 있으며, 다양한 문화적 배경을 가진 선원들 간의 효과적인 관계 형성을 위한 교육 프로그램이 개발되고 있다.

공익조율

- 사회적 관계차원: 큰 가치와 의미에 대한 욕구
- 사회의 공익을 위해 필요한 공익조율을 할 수 있는 능력
- 지구시민 능력 함양 : 타자화에 대한 비판 능력, 인권 및 타문화에 대한 감수

성 제고, 국민화의 틀 벗어나기

공익조율 능력은 개인의 이익과 사회 전체의 이익 간의 균형을 찾는 능력으로, 민주 시민으로서의 책임감과 직결된다. 글로벌화와 환경 위기, 사회적 불평등 등 복잡한 사회 문제가 심화되는 상황에서 공익에 대한 인식과 책임감은 더욱 중요해지고 있다. 해운업은 본질적으로 국제 무역과 글로벌 공급망의 핵심 요소로, 선원들의 활동은 전 세계적인 영향을 미친다. 특히 해양 환경 보호, 해적 퇴치, 난민 구조 등의 문제는 국가적 경계를 넘어 글로벌 공동체의 협력이 필요한 영역이다.

자연조율

- 인간 본성과 자연의 원리 조율 능력: 자연(Nature)은 자연세계, 자연의 법칙, 인간의 본성의 매개 고리
- 자연과 인간의 상호 관계 조율 능력: 인간중심의 사유로부터 탈피(명상, 인간의 시간이 아닌 자연의 시간, 천지해인天地海人 상호 영향)

자연조율 능력은 기후 위기와 생태계 파괴가 심각해지는 현대 사회에서 더욱 중요한 의미를 갖는다. 인간 중심적 세계관에서 생태 중심적 세계관으로의 전환은 지속 가능한 미래를 위한 필수적인 패러다임 변화이다. 최근에는 자연과의 조화로운 관계 설정은 단순한 환경 보호를 넘어 인류 생존의 문제로 인식되고 있다. 해운업은 해양 환경과 직접적으로 관련된 분야로, 선원들의 생태적 인식과 책임감은 해양 환경 보존에 중요한 역할을 한다. 국제해사기구(IMO)는 2023년 '그린 해운(Green Shipping)' 이니셔티브를 통해 선원들의 환경 인식 제고와 친환경 운항 기술교육을 강화하고 있다.

최근 인성은 세계적인 기업과 조직들을 중심으로 인재 관리에 있어 중시되고 있으며, 인성교육에 대한 관심이 국내외적으로 높아지고 있는 추세이다. 2015년 우리나라는 세계 최초로 인성교육진흥법을 제정하여 실행하고 있으며 내면을 바

르고 건전하게 가꾸고 타인, 공동체, 자연과 더불어 살아가는데 필요한 인간다운 성품과 역량을 기르는 것을 인성교육의 목표로 하고 있다.

최근 기업들이 중시하는 'ESG(환경·사회·지배구조) 경영' 기준은 기업의 투자뿐 아니라 개인의 삶에서도 중요한 지표이다. 특정 사회와 특정 조직의 구성원인 '개인이 환경을 생각하고, 사회를 생각하고, 윤리적으로 사는 삶'은 'ESG 경영'의 출발점이다.

ESG 경영 패러다임은 기업의 사회적 책임과 지속가능성을 강조하는 중요한 변화이다. 국제해운회의소(ICS, International Chamber of Shipping)는 해운업계의 ESG 도입이 단순한 규제 준수를 넘어 경쟁력의 핵심 요소가 되고 있음을 강조했다. 특히 환경(E) 측면에서는 탈탄소화와 해양 생태계 보호, 사회(S) 측면에서는 선원 인권과 안전, 지배구조(G) 측면에서는 투명한 경영과 윤리적 의사결정이 중요한 과제로 부각되고 있다. 이러한 ESG 경영의 성공적 도입을 위해서는 조직 구성원들의 인성과 가치관이 핵심 요소이다. 인성교육은 ESG 가치를 내면화하고 실천하는 조직 문화를 형성하는 데 기여할 수 있다. 해운기업들은 선원 교육에 ESG 원칙을 통합하여, 환경 보호에 대한 책임감, 다양성과 인권에 대한 존중, 윤리적 의사결정 능력을 갖춘 인재를 양성하는 데 주력해야 할 것이다. 이는 단순한 기업의 사회적 책임을 넘어, 해운업의 지속 가능한 발전을 위한 필수적인 투자일 것이다.

토론 주제 우리 사회의 인성 문제

아래 기사 내용에 대한 생각을 '인성'과 관련지어 정리해보자.

이 주제에 대한 학생들의 의견을 기반으로 우리 일상에 흔히 발생할 수 있는 인성과 관련한 사건을 분석해 보고 시사점을 도출하고 있다.

〈기사 1 - '지잡대 번역'〉

"지잡대인데 잘하네" 질문에… 번역가 황석희의 답변은

김소정 기자
입력 2021.08.27 18:36

영화 '데드풀' '스파이더맨' '보헤미안 랩소디' 등의 번역을 맡아던 황석희씨가 자신의 학력을 무시한 네티즌에게 일침을 날렸다.

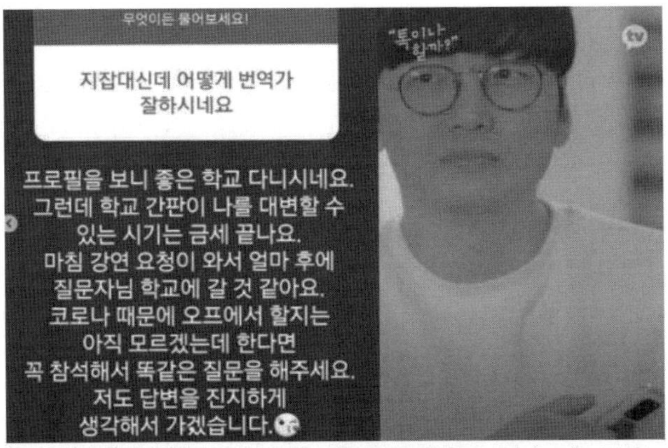

(왼쪽) 번역가 황석희씨가 네티즌과 나눈 질문과 답변/황석희 인스타그램, 카카오TV '톡이나 할까'

2년 전 황씨는 인스타그램 '묻고 답하기' 기능을 이용해 네티즌들과 Q&A 시간을 가졌다. 당시 네티즌 A씨는 황씨에게 "지잡대인데 어떻게 번역가 잘하시네요"라는 질문을 던졌다. 황씨는 강원대 영어교육과를 졸업했다.

이에 황씨는 A씨에게 "프로필을 보니 좋은 학교 다니시네요. 그런데 학교 간판이 나를 대변할 수 있는 시기는 금세 끝나요"라고 받아쳤다.

〈기사출처〉
조선일보 2021년 8월 27일
"지잡대인데 잘하네" 질문에… 번역가 황석희의 답변은
https://www.chosun.com/culture-life/culture_general/2021/08/27/XYWQMXCRJRDCNNWWXQRTA7KTW4/

〈학생들의 생각 발췌〉

'전형적인 성적만능주의에 매몰되어 살았던 사람의 인성을 보여주는 사례.'
'자신이 명문대생이라고 다른 사람을 깔보고 무시할 수 있는 권리는 없다.'
'무한 경쟁을 추구하는 신 자유주의 사상은 세계 곳곳에 스며들어 착취구도를 형성.'
'성적 만능주의와 학력주의.'
'언행을 함에 있어 조금 더 신중하게 생각하여 상대방의 기분을 상하지 않게 하고 실례되지 않는 말을 생각해서 말할 필요가 있다.'
'패배자 의식.'
'고등학교 1학년 담임 선생님이 대학교 잘 나와야 사람들에게 무시를 받지 않는다는 말을 한 기억이 있다.'
'익명성이 이뤄지는 인터넷 공간.'
'우리나라는 대학에 대한 집착이 강하고 인생의 첫 빅 이벤트인 수능에 큰 중요성.'
'디지털 세상에서 인성의 가치는 더욱 강조.'
'이러한 발언을 할 수 있게 만든 대한민국의 정치권을 비판하고 싶습니다.'
'안으로는 약한 자아를 가지고 연약한 상대를 골라서 착취하는 부류같은 사람.'
'학벌주의가 인성교육의 발목을 잡고 있고 한국의 교육체계의 문제점.'
'이런 많은 사람들을 만나게 될 것을 알기에 만약 만났을 때를 대비해 평소에 멘탈 훈련을 해야겠다.'

이 기사는 소위 '명문대'를 다니는 한 네티즌이 '지방대' 출신 번역가의 작업을 비하하며 '지잡대인데 번역 잘하네'라는 표현으로 시작된 논쟁을 다루고 있다. 우리 사회에 뿌리 깊은 학벌주의와 명문대 우월의식을 드러낸다.

학생들의 의견을 살펴보면 이 사건을 통해 우리 사회의 성적 만능주의와 학벌주의에 대한 비판적 시각이 두드러진다. "전형적인 성적 만능주의에 매몰되어 살았던 사람의 인성을 보여주는 사례"라는 의견과 "자신이 명문대생이라고 다른 사람을 깔보고 무시할 수 있는 권리는 없다"라는 의견은 학벌에 따라 사람의 가치를 평가하는 문화에 대한 강한 거부감을 보여준다. 또한 "무한 경쟁을 추구하는 신자유주의 사상은 세계 곳곳에 스며들어 착취 구도를 형성"한다는 의견은 이러한 현상이 단순한 개인의 인성 문제가 아니라 사회 구조적 차원의 문제임을 지적하고 있다.

학생들은 또한 "언행을 함에 있어 조금 더 신중하게 생각하여 상대방의 기분을 상하지 않게 하고 실례되지 않는 말을 생각해서 말할 필요가 있다"고 언급하며 소통의 방식에서 상대방에 대한 배려가 필요함을 강조한다. "익명성이 이뤄지는 인터넷 공간"과 "디지털 세상에서 인성의 가치는 더욱 강조"된다는 의견은 온라인 환경이 때로는 인성 문제를 더 심화시킬 수 있음을 시사한다.

특히 주목할 만한 것은 "학벌주의가 인성교육의 발목을 잡고 있고 한국 교육체계의 문제점"이라는 의견으로, 이는 인성 함양을 방해하는 구조적 요인에 대한 깊은 통찰을 보여준다. 학생들의 이러한 의견은 단순히 개인의 행동을 비판하는 데 그치지 않고, 그러한 행동을 야기하는 사회적·문화적 배경에 대한 성찰로 이어진다는 점에서 의미가 있다.

〈기사 2 - '횡단보도서 적반하장'〉

[뉴스딱] "차 오면 사람이 서야지"...횡단보도서 적반하장

입력 2021.08.30. 오전 8:23 · 수정 2021.08.30.

횡단보도에서 보행자가 있는데도 지나가려던 차량 운전자에게 보행자가 항의하자, 오히려 운전자가 보행자를 신고했다는 사연이 공개됐습니다.

지난 18일, 부산 금정구의 한 횡단보도입니다.

보행자 여러 명이 횡단보도를 건너고 있는데 갑자기 검은색 승용차 1대가 횡단보도를 지납니다.

놀란 보행자들이 멈춰 섰고 이 중 한 남성이 항의하듯 차 뒤쪽을 툭툭 쳤습니다.

그러자 운전자는 차를 횡단보도 한가운데 멈춰 세우더니 문을 열고 남성에게 '왜 차를 치냐'고 항의했습니다.

〈기사출처〉
SBS [뉴스딱] "차 오면 사람이 서야지"..횡단보도서 적반하장
https://v.daum.net/v/20210830085403757

〈학생들의 생각 발췌〉

‘자기중심주의의 모습.’
‘인성교육을 거쳐 다른 사람을 배려하고 존중하는 태도를 먼저 배워야 한다는 생각.’
‘운전자는 인성 문제를 넘어서 정신적 문제가 있을 수 있다.’
‘이기적 개인주의 태도.’
‘사람의 인성이 되어야 운전도 하게 해야 한다.’
‘인성적인 문제뿐만 아니라 생명의 문제와 직결되는 이번 사례는 인성교육 이상의 법적 조치가 필요하다.’
‘자동차 운전자의 인성교육.’
‘우리나라는 지금까지 보행자가 보호받지 못하는 사회였다.’

이 기사는 보행자 신호에 횡단보도를 건너던 사람에게 차량이 위협을 가하고, 오히려 운전자가 피해자에게 화를 내는 ‘적반하장’ 상황을 보여준다. 이는 공공장소에서의 기본적인 배려와 규칙 준수의 부재를 드러내고 있다.

이 사례에 대한 학생들의 의견은 현대 사회에서 타인에 대한 배려 부족과 자기중심적 태도가 만연해 있음을 지적한다. “자기중심주의의 모습”과 “이기적 개인주의 태도”라는 표현은 이 사건의 본질을 정확히 짚어내고 있다. 학생들은 “인성교육을 거쳐 다른 사람을 배려하고 존중하는 태도를 먼저 배워야 한다는 생각”을 피력하며 교육을 통한 해결 방안을 제시한다.

특히 “인성적인 문제뿐만 아니라 생명의 문제와 직결되는 이번 사례는 인성교육 이상의 법적 조치가 필요하다”는 의견은 인성 문제가 단순한 불편함이나 불쾌감을 넘어 심각한 안전 문제로 이어질 수 있음을 강조한다. 이는 인성교육이 단순한 도덕적 훈계를 넘어 사회 안전을 위한 필수적 요소임을 시사한다.

“우리나라는 지금까지 보행자가 보호받지 못하는 사회였다”는 의견은 이 문제가 단순한 개인의 일탈이 아닌 사회 구조적 차원의 문제임을 지적하기도 한다. 이는 인성교육이 개인의 내면적 변화뿐만 아니라 사회 제도와 문화의 변화를 수반해야 함을 시사하는 중요한 관점이다.

시사점 종합 분석

두 기사에 대한 학생들의 의견을 종합해보면, 인성의 본질과 인성교육의 방향성에 대한 풍부한 통찰을 얻을 수 있다. 학생들은 인성을 “자기 자신을 사랑하고,

타인을 존중하며 인간의 도리를 지킬 수 있는" 능력으로 정의하며, 이를 "더불어 살아가기 위한 전제조건"으로 인식한다. 이러한 정의는 인성이 단순한 개인적 덕목이 아니라 사회적 관계 속에서 발현되는 가치임을 강조한다.

인성교육의 방법론에 있어서는 "예, 효, 책임 존중 등과 같은 마음가짐이나 사람됨을 가꾸어야 한다"는 의견과 함께 "찰나의 선택이 아닌, 심도 있는 고민을 통하여 택하는, 즉 감정이 아닌 이성적으로 생각하는 방법, 감정을 통제하고 성격을 다스리는 활동"이 중요하다는 의견이 제시된다. 이는 인성교육이 단순한 지식 전달이나 규범 학습을 넘어 자기 성찰과 정서적 자기 조절 능력의 함양을 포함해야 함을 시사한다.

현재 인성교육의 한계에 대한 비판적 시각도 눈에 띈다. "인성교육의 실패를 지적하고 싶다… 단지 '좋은 인성인 것처럼 포장하여 좋은 대학에 입학'하기 위한데 있는 것 같다"는 의견은 현행 교육 시스템 내에서 인성교육이 본래의 목적보다는 입시 수단으로 변질되는 현실을 예리하게 지적하고 있다. 이는 "인성교육은 국가가 제정한 법에 의해 향상되는 것이 아니라 학교와 사회에서 자연스럽게 배려하고 존중하고 규칙을 지키는 현상이 지속되어… 다음 세대까지 이어지는 것"이라는 의견과 맞닿아 있으며, 인성교육이 형식적 제도를 넘어 실질적 문화 변화로 이어져야 함을 강조한다.

또한 "인성교육의 사각지대에 놓인 사람들을 위해 성인을 대상으로도 국가적인 차원에서의 인성교육이 필요하다"는 의견은 인성교육이 학령기 학생에게만 국한되지 않고 사회 전반으로 확장되어야 함을 제안하고 있다. 이는 인성 문제가 전 세대에 걸친 사회적 과제임을 인식하는 통찰력 있는 관점이다.

인성교육의 방향성과 선원 인권과의 연관성

두 기사와 학생들의 의견을 통해 살펴본 우리 사회의 인성 문제는 선원 인권 문제와도 밀접한 연관성을 가진다. 선박이라는 독특한 환경은 위계질서가 강조되고 공간적으로 폐쇄적이며, 다양한 배경을 가진 구성원들이 장기간 함께 생활해야 하는 특성을 가진다. 이러한 환경에서는 첫 번째 기사에서 드러난 학벌이나 출신 지역에 따른 차별, 두 번째 기사에서 나타난 타인에 대한 배려 부족과 같은 인성 문제가 더욱 심각한 결과로 이어질 수 있다.

인성교육진흥법이 강조하는 '타인 존중', '공동체 의식', '갈등 해결 능력'은 선원 사회에서 특히 중요한 가치이다. 한정된 공간에서 장기간 함께 생활하는 선원들에게 있어 이러한 가치들은 단순한 덕목을 넘어 안전과 생존의 문제와도 직결된다. 특히 위계질서가 강한 환경에서 권력의 불균형이 인권 침해로 이어지지 않도록 하기 위해서는 모든 구성원이 타인의 존엄성을 인식하고 존중하는 인성 함양이 필수적이다.

학생들이 지적한 "심각한 것은 잘못 행동한 사람들이 자신이 무엇을 잘못했는지조차도 이해하지 못한다는 것"이라는 점은 선원 사회에서도 중요한 문제이다. 자기 행동이 타인에게 미치는 영향을 인식하지 못하는 것은 폐쇄적 환경에서 더욱 심각한 갈등과 인권 침해로 이어질 수 있기 때문이다. 따라서 선원 인권 증진을 위한 인성교육은 자기 행동에 대한 성찰과 타인의 관점을 이해하는 능력 함양에 중점을 두어야 할 것이다.

인성 형성의 다양한 관점

한 인간의 행동 원인에 대한 세 가지 이론은 인성교육의 방향성에 중요한 시사점을 제공한다.

1) 유전자 결정론, 2) 환경 결정론, 3) 인지 이론

유전자 결정론은 타고난 기질과 성향이 행동을 결정한다고 보며, 환경 결정론은 성장 과정의 환경과 경험이 행동을 형성한다고 본다. 인지 이론은 개인의 선택과 의지가 행동의 주된 요인이라고 주장한다.

이 세 관점은 상호 배타적이라기보다 보완적인 성격을 가진다. 우리의 인성은 타고난 기질의 영향을 받지만, 가정과 학교, 사회적 환경에 의해 형성되며, 궁극적으로는 개인의 의식적 노력과 선택에 의해 발전한다. 학생들의 의견 중 "결국 가정에서 인성교육이 이뤄져야 한다"는 환경 결정론적 측면을 강조하는 반면, "항상 성찰하는 자세를 가져야 한다"는 의견은 인지 이론적 측면을 중시한다.

이러한 다양한 관점은 인성교육이 여러 차원에서 접근되어야 함을 시사한다. 개인의 내면적 성찰과 선택을 중시하되, 그것이 가능한 환경과 문화를 조성하는 사회적 노력이 병행되어야 할 것이다. 인성교육진흥법의 진정한 의미는 이러한 통합적 접근을 가능하게 하는 제도적 틀을 제공하는 데 있을 것이다.

학생들의 생각을 종합해보면, 인성은 단순히 개인의 문제가 아니라 우리 사회 전체의 문화와 가치관, 그리고 교육 시스템의 문제와 깊이 연관되어 있음을 알 수

있다. 두 기사의 사례들은 그저 개별적인 사건이 아니라 우리 사회의 구조적 문제를 드러내는 징후로 볼 수 있으며, 이는 학생들의 날카로운 통찰력을 통해 더욱 명확히 드러난다. 인성교육이 실질적 효과를 거두기 위해서는 형식적 제도 도입을 넘어 사회 전반의 문화적 변화와 개인의 내면적 성찰이 함께 이루어져야 할 것이다.

여러분은 인성 형성의 세 가지 이론 중 어느 관점이 가장 설득력 있다고 생각하나요? 그리고 그 관점에서 우리 사회와 해양 분야의 인성교육은 어떤 방향으로 나아가야 할까요?

참고문헌 및 인용 자료

교육부 (2022),『제2차 인성교육 종합계획(2021-2025)』.
https://www.moe.go.kr/boardCnts/fileDown.do?fileSeq=4b9db17bd38350bc800ce7a3cee78591

구자억 외 (2019),『인성과 리더십 - 4차 산업혁명 시대의 스워라밸』, 양서원.

국제선원복지협회(ISWAN) (2023),『선원 정신건강 보고서』. 런던: ISWAN.

국제해운회의소(ICS) & 세계보건기구(WHO) (2023),『선원 정신건강 관리 공동 연구』. 런던: ICS.

이숙정·김혜영 (2017), 디지털 시대 인성강화 교육모델의 개발,「예술인문사회 융합 멀티미디어 논문지」7(9), 875-890.

맥킨지 글로벌 인스티튜트 (2023),『포스트 팬데믹 시대의 인재 관리 동향』. 뉴욕: 맥킨지.

미국심리학회(APA) (2023).『인성교육 가이드라인』. 워싱턴: APA.

박재순 (2022), 인성교육의 철학과 방법, 동연출판사.

SBS [뉴스딱] "차 오면 사람이 서야지". 횡단보도서 적반하장.
https://v.daum.net/v/20210830085403757

세계경제포럼(WEF) (2023),『미래 직업 보고서』.

유럽해사안전청(EMSA) (2023),『선박 의사결정 문화와 안전성 연구』. 리스본: EMSA.

유엔환경계획(UNEP) (2023),『해양 윤리와 지속가능성 보고서』. 나이로비: UNEP.

조선일보 2021년 8월 27일, "지잡대인데 잘하네" 질문에… 번역가 황석희의 답변은.
https://www.chosun.com/culture-life/culture_general/2021/08/27/XYWQMXCRJRDCNNWWXQRTA7KTW4/

ICS ESG in Shipping
https://www.ics-shipping.org/explaining/esg-in-shipping/

Lickona, T. (1996), Eleven Principles of Effective Character Education. *Journal of Moral Education,* 25(1), 93-100. https://doi.org/10.1080/0305724960250110

MAERSK Training. Safety and Resilience - Leading the Way Towards Safety and High Performance.
https://maersktraining.com/services/people-and-performance/safety-and-resilience

Schaps, Eric & Lickona, Tom & Lewis, Catherine (1996), Eleven Principles of Effective Character Education. https://www.researchgate.net/publication/45655772_Eleven_Principles_of_Effective_Character_Education

4. 산업혁명 단계별 패러다임 변화와 교육: 인간 중심의 미래 교육을 향하여

18세기 시작된 1차 산업혁명에서 출발하여, 인류가 곧 직면하게 될 4차 산업혁명에 이르는 과정에서 진행된 인간의 가치 변화와 단계별 새로운 형태의 지능 개념의 출현을 살펴본다. 이를 기반으로 교육 흐름의 변화와 방향성을 정리해 본다. 나아가 한국전쟁 이후 우리나라 교육의 흐름을 3가지 단계로 정리해 보고, 우리 교육의 현실과 미래 방향을 제시해 본다. 이를 통해 인성교육의 의미를 되새긴다.

산업혁명	제1차 산업혁명 (18세기) 1784	제2차 산업혁명 (19-20세기 초) 1870	제3차 산업혁명 (20세기 후반) 1969	제4차 산업혁명 (21세기 초반) Today
	증기기관 기반 기계화 혁명	전기에너지 기반 대량생산 혁명	컴퓨터 및 인터넷 기반 지식정보 혁명	빅데이터, AI, IoT 기반 초연결 혁명
인간 가치의 초점	육체 Body	정신(두뇌) Mind (Knowledge 지식)	정신 Mind (Emotions 감정)	영혼 Spirit (Values 가치)
핵심역량 Primary Skillset	신체기능 Physical Skills	인지기능 Cognitive Skills	소프트 스킬* Soft Skills	디지털 역량** Digital Skills
새로운 지능의 출현		IQ (1912)	EQ (1964) + SQ, CQ(2002)	DQ (2016)

* Soft Skill: 타인과 관계를 맺고 잘 소통하는 능력
** Digital Intelligence: 보편적 윤리에 기반하여 디지털 생활을 성공적으로 영위할 수 있는 포괄적 역량 (인간을 중심으로 기술을 활용하는 능력)

〈출처〉
최진철(2021), 인간 중심 4차 산업혁명 논의의 필요성 연구 - 독일의 '노동 4.0' 논의를 중심으로, 독어교육 81권, p.266-268.
박유현(2022), 『DQ 디지털 지능』, 한성희 옮김, 김영사, p.165-169.

[그림] 산업혁명 단계별 필요 지능의 변화

18세기 중반 영국과 서부 유럽을 중심으로 일어난 제1차 산업혁명(기계화 혁명)은 증기기관이 기계·제철·수송 등의 분야로 활용되면서 인간은 기계를 작동시켜 일하게 됨으로써 임금을 받는 새로운 계층을 형성하게 되었고, 이 시기 인간의 가치 중심은 신체적 기능과 육체적인 힘이 되었다.

19세기 말 전기에너지를 기반으로 일어난 제2차 산업혁명(대량생산 혁명)은 기술의 진보를 통해 본격적인 대량생산의 시대를 열었다. 대량생산이 가능해졌기 때문에 인간의 노동은 육체 중심의 단순노동에서 분업화 및 전문화가 이루어졌고, 노동자는 임금을 받아 일정 수준의 부를 축적하여 중산층으로 올라설 수 있었다. 따라서 이 시기 인간의 가치 중심은 육체(body) 우선에서 정신(mind)을 우선시하는 쪽으로 변화하였다. 부지런히 움직이는 기계로 인해 인간의 육체적인 힘은 덜 중요해지고, 정신적·지적 힘, 즉 지식과 기술이 더 가치 있는 특징이 되었다. 따라서 '지능 IQ'라는 개념이 등장했고, 이에 따라 학교기반교육제도는 지식노동자 양성에 중점을 두고 발전하였다.

20세기 후반인 1970년대부터 시작된 제3차 산업혁명(지식정보 혁명)은 컴퓨터와 산업용 로봇이 인간의 노동을 지원하면서 디지털 세계와 자동화 세계의 문을 열기 시작했다. 새로운 기술은 노동자의 자질과 숙련도의 폭을 넓힘과 동시에 단순노동은 기계로 대체되었다. 3차 산업혁명은 전자기기와 인터넷을 통해 어떻게 상호작용하고 일하고, 또 즐기고, 생활하는지, 즉 무엇을 어떻게 하는지에 관련된 모든 것을 바꿔놓았다. 이와 동시에 양차 세계대전 이후 공고했던 '철의 장막'으로 상징되었던 '냉전 시대'는 베를린 장벽 붕괴를 기점으로 한 구 동구권 체제의 해체로 종식되었다. 그리고 급격한 '지구화(Globalization)' 과정을 통해 우리는 국경 없는 이주와 이동의 자유를 얻었고, 사회적 역학관계 역시 마을 단위, 도시 단위, 지역단위, 국가 단위 중심이었던 이전보다 훨씬 복잡한 사회생활, 직장생활, 개인 생활을 영위하게 되었다. 이즈음 '감성지능 EQ', '사회지능 SQ', '문화지능 CQ'의 개념이 출현하기 시작했다.

그리고 21세기 지금 우리는 체계적인 디지털, 물리적, 생물학적 발전을 불러올 4차 산업혁명에 직면할 준비를 하고 있다. 빅데이터, 인공지능 AI, 사물인터넷 등을 기반으로 하는 미래의 초연결 혁명은 산업 생태계의 변화뿐만 아니라 삶과 노동의 개념을 비롯한 인간 생활 전반에 대한 새로운 개념 정립을 이끌고 있다. 단순생산 업무뿐만 아니라 인간만이 할 수 있을 것이라 믿어왔던 고도의 정신노동까지도 인공지능과 로봇으로 대체되는 시기를 맞이하고 있다. 이러한 4차 산업혁명이 가져올 새로운 패러다임은 인간 가치의 초점을 육체(Body)와 정신(Mind)을 뛰어넘어 인간중심의 영혼(Spirit)으로 이동시키게 된다. 인간이 가진 경험과 지혜는 인터넷 검색을 통해 획득할 수 있는 지식, 정보 그리고 기술보다 더 중요해질 것이고 그래야만 한다. 그래서 복잡한 디지털 환경에서 인간이 기술의 노예가 되는 것이 아니라 인간의 가치와 윤리를 기반으로 인간을 중심으로 기술을 활용할 수 있는 능력이 필요하다. 박유현(2022)은 이것을 'DQ 디지털 지능'이라 언급한다. 즉, 인간중심의 가치 정립을 통해 자신의 몸과 마음을 다스릴 줄 아는 영혼을 일깨울 수 있는 교육이 필요한 시대이다. 이는 단순한 코딩 기술교육을 넘어 디지털 세상 속에서 인간의 생활과 관련된 인지·사회·감성·기술적 역량 등 모든 능력을 포함하는 개념이다.

다음과 같은 가상의 예시를 통해 방금 설명한 산업혁명 단계별로 출현한 지능의 개념과 핵심역량에 대해 조금 구체적으로 이해해 보는 시간을 가져보겠다.

항해사는 화주의 주문을 받아 선박에 실린 화물을 A 지점에서 B 지점으로 대양을 가로질러 안전하게 운송하는 책임을 진 세계 경제의 핵심 인력이다. 여기 두 명의 항해사가 있다. 한 사람은 매우 오만하고 지극히 이기적인 성향이지만, 아주 정확하게 선박과 화물의 상황을 진단하고 신속한 대처를 할 수 있는 지능지수(IQ)가 매우 높은 항해사이다. 나머지 한 사람은 실력은 앞선 사람만큼 뛰어나지는 않지만, 배려심이 깊고 공감 능력이 뛰어나 선박 내외 구성원들과 잘 화합하고 소통한다. 그래서 그는 선박 조직의 팀워크에 긍정적으로 기여하는 친절하고 멋진 항해사이다. 여러분이 해운선사의 채용 담당자라면, 이들 두 사람 중 어느 항해사에게 선박과 화물을 맡기겠는가.

불과 몇 년 전까지만 해도 첫 번째 항해사가 채용 시 인기 있는 지원자였을 것 같다. 그런데 지금 우리가 사는 현재, 아니 앞으로 살아가게 될 미래에는 두 번째 항해사의 인기가 점점 더 높아지는 시대가 오지 않을까 감히 예상한다.

상황을 약간 바꿔보자. '디지털 전환'의 시대, 4차 산업혁명 패러다임의 시대가 가속화되면, 인공지능(AI) 기반 선박 운항 기술을 통해 인공지능(AI)이 수집한 정보와 데이터를 기반으로 모든 항해사가 정확한 예측과 판단을 내릴 수 있을 것이라 가정할 수 있다. 과연 그렇게 되면 두 명의 항해사 중 누구를 선택하는 것이 올바른 선택일까. 이번에는 아마 대부분 화물 선주나 해운선사는 선박 내 구성원의 상황에 진정성 있게 공감하고, 선박 또는 해상에 있는 상대방의 상황을 충분히 배려하여 소통하며, 업무 상황에서 상대방과 따뜻하고 세심하게 소통할 수 있는 감성지능(EQ)이 높은 항해사를 택할 가능성이 커질 것 같다.

그럼, 여기서 한 단계 더 나아가 보자. 이번에는 단순히 인공지능(AI) 기반 진단이나 예측을 무조건 맹신하지 않고, 실제 항해사 자신의 승선 경험과 실무 노하우를 기반으로 인공지능(AI)의 데이터를 창의적으로 활용하여 선박과 화물이 처한 상황과 맥락에 대한 현명한 판단과 결정을 내리고, 자신이 선택한 결정에 책임 있는 조치를 할 수 있는 '현명한 항해사'라면 더 좋지 않을까. 다시 말해, 항해사가 인공지능(AI)이 보내는 정보와 예측의 강점과 한계를 정확히 분석하고 판단하여 선박의 상황에 맞게 잘 대처한다면 얼마나 좋겠는가.

인공지능(AI) 시대라고 일컫는 4차 산업혁명의 패러다임이 지배하는 가까운 미래에 우리는 지적 지능(IQ)과 감성지능(EQ)을 뛰어넘어 디지털 환경에서 인간중심으로 기술을 활용할 수 있는 능력이 절실히 필요하다. 이를 '디지털 지능(DQ)'라고 일컫는다. 디지털 지능(DQ)을 갖춘 사람은 자신의 이익뿐만 아니라 다른 사람과 사회 전체의 이익을 생각하고, 나아가 자연과 환경을 고려하여 이를 향상시키기 위해 효과적으로 기술을 활용할 수 있어야 한다. 그래서 지적 지능(IQ)이 높은 사람은 똑똑하고, 감성지능(EQ)가 높은 사람은 공감 능력이 뛰어나다고 한다면, 디지털 지능(DQ)이 높은 사람은 현명하다. 현명하다는 것은 기계에 종속되거나 기계를 맹신하지 않고, 비판적 추론과 인간의 가치에 기반한 올바른 결정을 내릴 수 있다는 의미이다. 그런데 우리 교육은 여전히 입시 경쟁에 매몰되어 지적 지능(IQ)이 높은 인재 양성에 혈안이다. 그래서 우리 사회에는 공감 능력조차 부재한 어른이 즐비하다. 그러니 현명한 사람을 만드는 교육은 요원할 뿐이다.

지금까지 산업혁명 단계별로 출현하였던 몇 가지 지능 개념을 알아보고, 인간의 가치 변화 과정을 통해 미래 교육의 방향성을 고민해 보았다. 그렇다면 우리나라 대한민국의 교육은 과연 이러한 다양한 패러다임 변화에 맞춰 얼마나 잘 대응했고, 또 대응하고 있을까? 주지하다시피, 우리 사회는 지금까지 살펴본 몇백 년에 걸쳐 이루어진 서구의 산업혁명 단계를 다른 나라에서는 찾아볼 수 없을 만큼 압축적으로 그리고 단기간에 경험하였다. 불과 몇십 년 만에 이룩하였다. 이는 산업화뿐만 아니라 민주화 과정 역시 마찬가지일 것이다.

우리나라는 한국전쟁이 끝난 후 불과 한 세대 만에 어마어마한 발전을 이루어낸 나라이다. 그야말로 기적과 같은 경험을 한 것이다. 그 기적의 밑바탕에는 아마 우리 한국인들이 가진 교육에 대한 열의와 부모 세대의 자녀들에게 대한 헌신과 희생이 뒷받침되었기에 가능한 것이었다. 조벽 교수(2016)는 한국전쟁 시기부터 한국의 교육 흐름을 세 단계로 나누어 설명하고 있다.

- 한국전쟁 단계:

한국인들은 포탄이 날아다니는 전쟁의 상황 속에서도 교육만은 놓지 않으려 노력하였다. 그래서 교실이 없으면 천막이라고 치고 피난하러 다니면서도 자녀를 가르쳤습니다. 전쟁 당시 변변찮은 인프라는 없었지만, 언제, 어디서든, 누구이건(3W, Whenever·Wherever·Whoever) 받을 수 있는 교육을 하였다.

- 전후 산업화 단계:

한국전쟁이 끝나고 재건의 과정에서 이러한 교육열은 지속하였다. 전국에 많은 초·중등 및 고등교육 기관을 세웠고 산업화를 통해 축적된 자본을 교육 인프라에 엄청나게 투자했다. 이 시기에는 같은 장소에서 같은 시간에 그리고 같은 또래의 학생들을 대상으로 한 3S(Same Time·Same Place·Same Age)교육이 이루어진 것이다. 이때, 전후 베이비붐 세대들은 한 반에 90명씩이나 되는 콩나물시루 같은 교실에서 동시에 같이 공부했다. 그리고 4년제 대학 역시 이 시기에 많이 설립되어 다양한 교육 인프라가 확충되기 시작했다.

- 산업화 이후 (글로벌) 단계:

세 번째 단계는 지금 우리가 경험하고 있는, 또 앞으로 경험하게 될 단계이다. 3차 산업혁명 이후 정보통신기술의 발전으로 시간과 장소에 구애받지 않고 아무 때에 아무 장소에서 아무나 교육(3A, Anytime·Anywhere·Anyone)을 받을 수 있는 환경이 구축되었다. 나아가 코로나 팬데믹은 이러한 교육환경의 변화를 가속했다. 이제는 언제 어디서든 스마트 기기를 통해 동시에 그리고 또 비동시적으로 배우고 가르칠 수 있는 환경이 되었으며, 그뿐만 아니라 국경의 장벽 역시 없다. 교육은 이제 현실 세계에서뿐만 아니라 가상 공간인 메타버스 등을 통해 현실과 가상을 넘나들면서 이루어지고 있다.

국제교육성취도평가협회(IEA)의 국제 시민의식 연구에 따르면, 사회성·협력성 등 인성과 관련된 부문에서 우리나라 학생들은 세계 최하위에 머물고 있다고 한다(IEA, 2023). 특히, 주목할 점은 학업 성취도는 최상위권이면서 시민의식과 인성 관련 요소는 최하위권인 이러한 불균형적 교육 결과가 장기간 지속되고 있다는 점이다(이근호 외, 2018). 이는 우리 교육이 여전히 지식 위주의 학습에 치중하여 인성과 사회적 역량 함양에 충분한 관심을 기울이지 못하고 있음을 방증한다. 그뿐 아니라 게임·동영상 중독, 학교폭력, 가출, 학업 포기 등 다양한 사회적 현상이 나타나고 있다. 기성세대가 물질적 빈곤의 시대에 살았다면, 지금의 학생들은 정신적 빈곤의 시대에 있다. 부모 세대에게 배고픔을 달랠 수 있는 양식이 필요했다면, 지금의 학생들에게는 마음을 달랠 수 있는 양식이 필요한 것이다.

전쟁 이후 불과 50~60년 사이에 진행된 이러한 변화는 발전만큼이나 압축적 성장과 급격한 변화로 인해 세대 갈등, 안전불감증으로 인한 대형 참사와 사고, 급격한 고령화와 출산율 저하 등 한국 사회 내 다양한 문제를 양산하고 있다. 그리고 앞서 보았던 서구사회의 산업화 단계를 이 짧은 시기에 경험하게 됨으로써 지금까지 한국의 교육은 급속한 기술 발전과 교육 인프라 구축하고 있는 21세 교육환경을 구축한 것에 반해, 교육의 철학과 방향은 여전히 산업화 시대의 그것을 유지하고 있는 듯하다. 우리의 교육은 여전히 좋은 대학, 좋은 직장을 가기 위한 수단으로서의 도구적 목적에 취해있는 듯하다. 그래서 앞서 나온 EQ, SQ, 나아가 DQ를 함양할 수 있는 교육체계를 정립하지 못하고 아직도 2차 산업혁명 단계에 필요했던 지식 암기와 시험공부 위주의 IQ 함양에 매몰된 교육을 하는 것은 아닌지 되돌아봐야 할 것이다.

현재 우리나라의 교육 방식 및 정책(자유학기제, 거꾸로 교실, 혁신학교 등)들은 학생들의 자유로운 탐색 활동 및 창의성 증진을 위해 힘을 쓰는 중이다. 교육 패러다임은 크게 '합리모델'과 '창조모델'로 나뉜다. '합리모델'은 20세기의 산업사회에서 합리성(이성적인 생각)을 바탕으로 문제를 해결하는 체계이다. 반면에 '창조모델'은 현재 21세기 창조 사회에서 직관을 바탕으로 문제를 해결하되, 합리성을 선택적으로 활용하는 방식이다. 이러한 맥락에서 인성교육진흥법의 제정과 시행은 그동안 우리 교육이 간과해왔던 인간 내면의 가치와 타인과의 관계성을 회복하려는 중요한 시도라 할 수 있다(유병열, 2016). 해양 분야에서도 이러한 교육 패러다임의 변화는 동일하게 적용될 필요가 있다. 특히 선원들이 제한된 공간에서 장기간 생활하는 특수한 환경을 고려할 때, 선원 인권 보장을 위한 인성교육의 중요성은 더욱 강조된다. 따라서 우리의 교육은 IQ 함양이 아니라 인간을 중심으로 새로운 패러다임에 주도적으로 대처할 수 있는 인성과 감수성을 가진 EQ, SQ, 나아가 DQ를 갖춘 인재 양성에 힘써야 할 것이다.

4차에 걸친 산업혁명의 과정을 거치면서 인간의 가치는 육체(body)에서 정신(mind)을 거쳐 기계와 대비되는 인간의 영혼(spirit)으로 중심이 이동하였다. 이와 함께 IQ, EQ, SQ, DQ 등 단계별로 인류에게 요구되는 새로운 형태의 지능 개념이 발현하기 시작했다. 한국전쟁부터 현재까지 우리나라는 세계적으로 유례가 없는 산업화와 민주화의 과정을 거치면서 서구사회와는 다른 교육 흐름의 변화를 경험하였다. 물질적 발전과 함께 인간의 존엄성과 내면의 가치를 중시하는 교육으로의 전환이 시급한 시점에서, 인성교육은 단순한 도덕적 훈육을 넘어 미래 사회가 요구하는 통합적 인재 양성의 핵심 과제가 되어야 할 것이다(지현아, 2017). 특히 해양 분야에서는 급변하는 디지털 기술 환경 속에서도 선원의 인권과 존엄성을 보장하기 위한 인성교육의 체계적 도입이 필요하며, 이는 궁극적으로 해양 산업의 지속 가능한 발전을 위한 토대가 될 것이다(해양수산부, 2022). 입시와 경쟁 위주의 교육은 사회 곳곳에서 인성 부재와 대인관계 문제 등 많은 사회적 문제를 유발하고 있다.

참고문헌 및 인용 자료

박유현 (2022), 『DQ 디지털 지능』, 한성희 역, 김영사.

유병열 (2016), 인성교육진흥법의 시행과 학교 도덕·인성교육의 실천 과제, 「초등도덕교육」 54, 109-140.

이근호 외 (2018), 『미래사회 대비 핵심역량 함양을 위한 국가 교육과정 구상』, 진한엠엔비.

조벽 (2016), 『인성이 실력이다』, 해냄.

지현아 (2017), 제4차 산업혁명시대의 대학 인성교육 방향 연구, 「교양교육연구」 11(6), 39-61.

최진철 (2021), 인간 중심 4차 산업혁명 논의의 필요성 연구 - 독일의 '노동 4.0' 논의를 중심으로, 「독어교육」 81, 259-285.

해양수산부 (2022), 『제2차 선원정책 기본계획(2022-2026)』. 세종: 해양수산부.

IEA (International Association for the Evaluation of Educational Achievement) (2023), *International Civic and Citizenship Education Study 2022: Assessment Framework*. Amsterdam: IEA.

5. 한국 사회의 인권 교육

한국 사회는 노동자와 사용자, 보수와 진보, 기성세대와 청년세대 등 다양한 갈등 속에서 인권 문제가 심각하게 대두되고 있다. 이러한 현실을 짚어보며, 인권을 존중하는 사회로 나아가기 위해 바람직한 인권 교육의 방향과 인권 감수성의 개념을 정리하고자 한다. 더 나아가 교육의 3요소를 바탕으로 인권교육의 방향을 제시한다.

한국 사회의 인권 갈등

인권이 지금처럼 우리 생활 깊숙이 들어온 적이 없다. 한국 사회에서 인권과 관련한 갈등이 요즘처럼 넘쳐났던 적은 없다. 사용자와 노동자, 보수와 진보, 기성세대와 청년세대, 남성과 여성, 장애인과 비장애인, 내국인과 외국인 등 수많은 갈등이 우리를 짓누른다. 우리 사회가 세계에서 '유례없는 압축성장'을 경험한 탓일 것이다. 한국 사회는 급속한 경제 성장과 함께 산업화와 민주화를 경험하면서 다양한 사회적 갈등과 대립이 촉발되었다. 이러한 배경에서 인권 문제는 우리 생활의 중요한 이슈로 자리 잡았다. 과거에는 주로 정치적·사회적 권리에 국한되었던 인권의 개념이 이제는 경제적, 사회적, 문화적 권리까지 포함하는 포괄적인 개념으로 확장되고 있다.

특히 주목할 점은 우리 사회에서 소외된 집단들의 인권 문제가 점차 가시화되고 있다는 것이다. 해운업과 같은 특수 산업 분야에서의 노동자, 특히 선원들의 인권 문제는 오랫동안 사회적 관심에서 벗어나 있었다. 고립된 환경에서 장기간 근무하는 선원들은 열악한 근로조건, 불안정한 고용상태, 심리적 고립감 등 다양한 인권침해에 노출되어 있다. 이러한 문제는 한국 사회의 인권 의식이 성숙해짐에 따라 비로소 공론화되기 시작했다.

인권과 공리주의

인권의 원리는 종종 공리주의 원리와 대립한다. 공리주의 원칙에 따라 '최대 다수의 최대 행복'을 택할 경우, 심각한 도덕적 문제에 직면하게 된다. 예를 들어, 전국장애인차별철폐연대(전장연)가 장애인 이동권 등을 요구하며 지하철 운행을 지연시킨 시위는 인권과 공리주의 간의 충돌을 여실히 보여준다. 이러한 충돌은 롤스(John Rawls)가 지적했듯이 공리주의의 근본적 한계를 드러내는데, 개인의 권리는 다수의 이익을 위해 희생될 수 없는 절대적 가치를 지닌다는 점에서 그러하다. 특히 취약계층의 권리 보장은 다수의 불편함이나 경제적 효율성을 이유로 유보될 수 없다.

웹툰 '송곳'의 한 장면

인권 존중 사회가 되기 위해서는 인권보다 경제적 고려가 우선시되고, 개인의 존엄성이 전체 조직의 기강을 위해 뒤로 밀리는 상황에서 왜 인권이 우선시되어야 하는지를 설명할 수 있어야 한다. 나 자신이 생각하는 인권이 혹시 또 다른 차별을 낳고 있는지 끊임없이 질문할 수 있어야 한다.

인식 변화와 사회적 가치관의 전환

중요한 것은 법안 마련과 같은 임시방편적, 중단기적 대응책뿐 아니라 개인의 인식 변화와 성찰, 그리고 그것을 기반으로 한 사회적 가치관의 변화가 수반되어야만 궁극적인 문제해결이 가능하다. 이러한 관점에서 개인은 냉철한 이성적 판단과 자기성찰을 기반으로 한 논리적 자기 설명이 가능해야 진정한 인권 존중 사회가 될 수 있다. 인간은 '절대적 합리성'과 '무한 의지력'이 아니라 '제한된 합리성'과 '제한된 인지능력'을 가진 존재이다. 따라서 매뉴얼화된 교육만으로는 상황 대처에 불충분할 수밖에 없다. 이것이 교육 방식과 교육콘텐츠의 변화가 절실한 이유이다. 도덕 교과서를 읽어주는 교육을 지양하는 것이 바람직하다.

한국 사회의 인권 의식 변화를 위해서는 개인의 인식 변화와 더불어 제도적 개선이 함께 이루어져야 한다. 특히 직장 내 인권 존중 문화 조성을 위한 시스템적 접근이 필요하다. 해운업과 같은 특수 산업 분야에서는 국제노동기구(ILO)의 '2006 해사노동협약(MLC)'과 같은 국제 기준을 적극 반영하고, 선원의 근로조건 개선, 복지 향상, 심리적 지원 등 다양한 측면에서의 인권 보장 방안을 모색해야 한다.

인권 감수성 (Human Rights Sensitivity)

인권 감수성이란 인권의 개념과 원리에 대한 이해를 기반으로 생각과 태도, 말과 행동을 조율할 수 있는 능력이다. 이는 자신의 윤리적, 지적 판단에 오류가 있을 수 있음을 인정하고 지속적으로 판단 근거를 점검하고 오류 가능성을 성찰하는 태도를 포함한다. 지식과 법체계로 인권을 이해하는 것은 필요조건일 뿐 충분조건이 아니다.

인권 감수성은 단순한 지식이나 정보의 습득을 넘어 일상생활 속에서 인권침해 상황을 인식하고 이에 적절히 대응할 수 있는 실천적 역량을 의미한다. 이는 특히 권력관계가 불균형한 상황, 예를 들어 직장 내 상하관계나 선박과 같은 폐쇄적 환경에서 더욱 중요하다. 인권 감수성이 높은 조직은 구성원 간의 신뢰가 형성되고, 이는 결과적으로 조직의 생산성과 효율성 향상으로 이어질 수 있다.

공감 역량과 인권

인권에 대한 높은 관심과 행동을 촉진하는 중요한 요소는 '공감 역량(empathy)'이다. '공감'이란 자신이 타인의 입장이었다면 어떨지 상상함으로써 누군가의 감정이나 경험을 함께 나누는 능력이다. 타인의 마음을 공감하여 포용할 수 있을 때 비로소 인권은 형성되기 시작한다. 그렇지 않을 경우, 인권은 '차별'로 전락할 수밖에 없다. 인권의 존중과 보호의 시작은 상대방의 상황과 처지를 이성과 감성으로 이해하려는 노력에서 출발한다.

공감 역량은 특히 서로 다른 배경과 환경에 있는 사람들의 인권 문제를 이해하는 데 핵심적인 역할을 한다. 예를 들어, 육상에서 근무하는 사람이 장기간 고립된 환경에서 근무하는 선원의 심리적, 신체적 어려움을 진정으로 이해하기 위해서는 높은 수준의 공감 능력이 필요하다. 이러한 공감은 단순한 감정적 반응을 넘어 구조적 불평등과 제도적 차별을 인식하고 이에 대응하려는 실천적 의지로 이어져야 한다.

인권은 공감과 관용, 인정과 인내와 같은 도덕 교과서적 가치관 주입만으로 접근할 수 있는 문제가 아니다. 인권이 어디까지 어떻게 적용될지 판단하려면, 무의식 영역에서 작동하는 생각과 마음가짐, 말과 행동을 의식 영역으로 전환하여 이성이 적극적으로 활동할 수 있도록 자극해야 한다. 생각하는 능력을 잃으면 윤리적인 판단을 내릴 수 없게 된다.

인권 교육의 방향

인권 교육은 인권의 개념, 원리, 역사 등과 관련한 지적(cognitive) 교육내용과 더불어 학습자의 인권과 관련한 심적 변화, 동기부여, 가치관 변화 등 정서적(affective) 측면을 터치할 수 있는 학습활동이 반드시 수반되어야 한다. 인권 교육의 궁극적 목표는 이러한 지적, 감성적 학습활동을 통해 학습자 개인의 인권에 대한 행동의 능동적인(conative) 변화를 끌어내는 것이다.

효과적인 인권교육을 위해서는 다음과 같은 방향성이 중요하다:

- ❍ 참여형 교육 방법 도입: 강의식 교육을 넘어 사례 분석, 역할극, 토론 등 참여자의 능동적 학습을 유도하는 방법론 활용
- ❍ 현장 중심 접근: 특히 산업별, 직군별 특성을 반영한 맞춤형 인권 교육 필요. 해운업 종사자들을 위해서는 선상 생활의 특수성을 고려한 인권 교육 프로그램 개발
- ❍ 통합적 접근: 인권 교육은 독립된 과목이 아닌 전체 교육과정과 조직 문화에 통합되어야 함
- ❍ 지속 가능한 교육체계: 일회성 교육이 아닌 지속적이고 체계적인 교육 프로그램 구축

유례없는 압축성장을 경험한 한국 사회에는 다양한 형태의 갈등과 대립으로 인한 인권 문제가 대두되고 있다. 인권 교육은 인간의 생각하는 능력을 바탕으로 인간관계 상황에서 무의식적 언행을 의식 영역으로 전환하는 것을 자극하는 것을 목표로 해야 한다. 단순한 교과서적 가치관 주입이 아니라 행동의 변화를 추동하는 것이 인권 교육의 궁극적인 목표이다.

국제적 인권 교육 동향과 한국적 적용

유엔은 '인권 교육 세계 프로그램(World Programme for Human Rights Education)'을 통해 전 세계적으로 인권 교육의 중요성을 강조하고 있다. 이러한 국제적 동향에 발맞추어 한국에서도 국가인권위원회를 중심으로 인권 교육이 확대되고 있으나, 여전히 형식적이고 의무적인 교육에 그치는 경우가 많다.

한국 사회의 특수성을 고려한 인권 교육은 단순히 서구의 인권 개념을 도입하는 것을 넘어 한국 사회의 역사적, 문화적 맥락 속에서 인권의 의미를 재해석하고 적용하는 과정이 필요하다. 특히 해운업과 같은 특수 산업 분야에서는 국제 표준과 한국적 상황을 조화롭게 적용하는 지혜가 요구된다.

참고문헌 및 인용 자료

국가인권위원회 (2022),『2022 인권교육 과정운영 계획』.

장은주 (2010),『인권의 철학: 자유를 넘어, 동서양 이분법을 넘어』, 새물결.

International Labour Organization (2006), *Maritime Labour Convention 2006.* https://www.ilo.org/international-labour-standards/maritime-labourconvention-2006

Rawls, J. (1971), *A Theory of Justice*. Harvard University Press.

UNESCO (2023), *Human rights education: key success factors.* https://doi.org/10.54675/LVGZ1943

United Nations (2011), *United Nations Declaration on Human Rights Education and Training.*

대담 세월호 선장의 행동과 리더십

안녕하세요. 여러분.

이번 시간은 최진철 교수님을 모시고 대담 형식으로 진행합니다. 수업의 주제는 '세월호 사고 속 선장의 행동과 리더십'인데요. 해상업무에 종사하는 선원들의 사례를 통해 인성과 인권을 다루고 있는 저희 수업에서 세월호 사고 속 선장의 행동을 주제로 이야기를 나눈다는 것은 참으로 의미 있는 시간이 아닐까 생각됩니다.

그럼, 먼저 수업을 진행해주고 계시는 최진철 교수님과 인사 나누도록 하겠습니다.

1) 안녕하세요, 교수님. 반갑습니다.

네. 안녕하세요. 한국해양대학교 최진철교수입니다. 반갑습니다. 여러분!

2) 교수님, 먼저 이번 대담수업의 배경에 대해 간단히 설명 부탁드리겠습니다.

네. 오늘 대담수업은 2014년 발생한 세월호 사고 속에서 드러난 선장과 나머지 선원들의 사고 대응 행동을 되짚어보고 이를 통해 선원이라는 특수직 종사자의 사명감과 직업의식을 생각해보는 시간을 갖도록 하겠습니다.

3) '세월호 사고'는 많은 시간이 지난 지금까지도 우리 국민들의 머릿속에 슬픈 기억으로 남아 있는데요. 세월호 사고는 2014년 4월 16일 오전 8시 50분쯤 전라남도 진도군 조도면 부근 해상에서 여객선 세월호가 전복되어 침몰한 사고입니다. 세월호는 안산 단원고등학교 학생이 주요 구성원을 이루는 승선인원 476명을 수용한 청해진해운 소속의 인천발 제주행 연안 여객선으로 4월 16일 오전 8시 58분에 병풍도 북쪽 20km 인근에서 조난 신호를 보냈습니다.

2014년 4월 18일 세월호는 완전히 침몰하였으며, 이 사고로 시신 미수습자 5명을 포함한 304명이 사망하였습니다. 침몰 사고 생존자 172명 중 절반 이상은 해양경찰보다 약 40분 늦게 도착한 어선 등 민간 선박에 의해 구조되었죠.

다시 사고를 떠올리니 조금 마음이 무겁습니다. 교수님, '세월호 사고' 당시 이모 선장을 비롯한 일부 선원들의 행동이 국민적 공분을 사기도 했는데요. 상황을 좀 설명해주시죠.

네. 당시 사고 직후 침몰 순간에 승객들을 선박에 두고 탈출한 선장 등 선원들에 대해 사회·윤리적 책임이 거론되었습니다. 이러한 비판은 세월호 사고의 공학적·물리적 분석에 따른 직접적인 원인보다 근본 원인으로 지적되곤 했는데요.

해경은 사고 당일 오전 **8**시 **58**분 첫 신고를 접수한 뒤 **30**분 넘게 지난 오전 **9**시 **30**분 사고 현장에 도착해 골든타임(최적 구조 시간)을 낭비했다는 비판을 받았다. 첫 출동에서 해경이 구출한 인원은 이준석 선장 등 선원들이다. 〈해경제공〉

선박이라는 업무공간에서, 선장과 선원들은 항해와 승객 구조의 책무를 지닌 전문인력이자 리더인데, 이들의 리더십 부재가 세월호의 침몰을 가져왔다는 원망 섞인 목소리들이 많았습니다.

당시 승객들에게 "움직이면 위험하니 가만히 있으라"는 방송과 해경에 구조요청을 하는 것 외 선원들은 별다른 조치를 하지 않았던 것으로 전해지고 있습니다. 오히려 방송 지시의 합리성에 의문을 품고 구명조끼를 착용한 뒤 탈출을 시도했던 승객들의 생존율이 높았던 것으로 드러났습니다.

더욱이 경악스러운 것은 이모 선장 등 선원들이 승객들을 침몰하는 배에 내버려 두고, 먼저 탈출했다는 점일 것입니다. 또 세월호 선원들이 침몰사고 직전 자신들만 아는 통로를 이용해 선박에서 탈출했다는 정황도 드러났었죠.

우리 국민의 기억에서 지울 수 없는 이런 모습들로 인해 세월호 사고는 우리 사회 전반의 다양한 문제에 대한 논의를 촉발했는데요.

물질적 이익 앞에 눈이 먼 나머지, 선박을 개조하거나 증·개축하고 화물 과적을 방조한 선주 회사의 물질 만능주의, 그리고 선박과 승객을 뒤로 한 채 자신들 먼저 탈출했던 선장과 일부 선원들의 행동은 그야말로 우리 사회에 충격으로 다가왔고, 특수직 직업인의 책임의식과 직업윤리뿐만 아니라 인간의 도덕성 문제에 이르기까지 다양한 논란을 불러일으킨 것이 사실입니다.

특히 세월호 사고 당시 선장의 행동은 우리나라가 세계 최초로 인성과 관련한 전대미문의 법률을 제정하는 기폭제가 되기도 했습니다. 바로 '인성교육진흥법'이라고 명명된 이 법안은 세월호 사고가 있었던 해인 2014년 12월 29일 국회를 통과하여 2015년 1월 20일 공포되었습니다. 그만큼 세월호 사고 당시 선장과 선원들이 보여준 리더십 부재와 부도덕한 모습은 우리 머릿속에 트라우마로 남게 되었습니다.

4) 교수님. 그런데 일반적으로 이러한 비상 상황에서 선박의 선원들은 직급별로 행동지침이 정해져 있는 것으로 아는데, 혹시 법률상 이들의 의무나 조치사항은 무엇이고, 당시 세월호 선원들은 어떤 부분을 위반한 것인가요?

네. 먼저 선장 및 선원의 책무에 대해 살펴보면, 우리나라 선원법에는 선장의 의무와 재난 시 선장의 조치 사항에 대해서 이렇게 명시되어 있습니다.

대한민국 선원법 제10조(재선의무)

선장은 화물을 싣거나 여객이 타기 시작할 때부터 화물을 모두 부리거나 여객이 다 내릴 때까지 선박을 떠나서는 아니 된다. 다만, 기상 이상 등 특히 선박을 떠나서는 아니 되는 사유가 있는 경우를 제외하고는 선장이 자신의 직무를 대행할 사람을 직원 중에서 지정한 경우에는 그러하지 아니하다.

대한민국 선원법 제11조(선박 위험 시의 조치)

①선장은 선박에 급박한 위험이 있을 때에는 인명, 선박 및 화물을 구조하는 데 필요한 조치를 다하여야 한다. ② 선장은 제1항에 따른 인명구조 조치를 다하기 전에 선박을 떠나서는 아니 된다. ③ 제1항 및 제2항은 해원에게도 준용한다. (여기서 '해원'은 선장 이외 모든 선원을 지칭함)

당시 '세월호 운항관리규정'에도 비상 상황에 직위에 따른 임무가 명시돼 있었습니다. 인명구조 상황에서 선장은 선내에서 총지휘를 맡아야 하고, 1등 항해사는 현장지휘, 2등 항해사는 응급처치와 구명뗏목 작동, 3등 항해사는 선장을 보좌해 기록·통신 업무를 담당해야 했습니다. 하지만 정작 이들이 지킨 것은 승객들을 내버려 두고 '선장 지시에 따라' 함께 배를 탈출한 것 하나였던 것 같습니다.

반면 '인명이 최우선'이라는 행동요령에 충실했던 다른 승무원 박모씨는 학생들에게 구명조끼를 양보하며 탈출을 도우며, 배에 끝까지 남아 있다가 결국 목숨을 잃었다고 합니다. 박씨는 2012년 다니던 대학을 휴학하고 청해진해운에 입사, 승무원으로 근무하였다고 합니다.

정작 운항을 책임진 선장과 선원들은 먼저 탈출을 시도했던데 반해, 사무를 맡았던 승무원이나 계약직 직원들이 끝까지 선박에 남아 학생들의 탈출을 도왔다는 것이 정말 안타깝게 다가옵니다.

5) 교수님, 그럼 이모 선장은 세월호의 총책임자로서 승객들이 다 내릴 때까지 선박을 떠나면 안 된다는 선원법에 명시된 의무조차도 어겼는데. 선장에 대한 법원의 판단은 어떻게 결론이 났나요?

이모 선장은 '부작위에 의한 살인죄'가 인정되어 무기징역이 확정되었습니다.

대법원 전원합의체(주심 김소영 대법관)는 해당 판결문에서

"판결문에서 승객 등의 구조를 위한 가장 핵심적인 역할을 수행해야 할 선장으로서, 퇴선 명령 등을 통해 적극적으로 선내 대기 상태에 있는 승객 등의 사망을 방지해야 할 의무가 있고 인명구조를 위한 조치를 지휘·통제할 수 있는 법률상·사실상 유일한 권한을 가진 지위에 있었다"라고 한 뒤 "승객들이 익사할 수밖에 없다는 것을 충분히 예견했음에도 내버려둔 채 먼저 퇴선한 것은 선장의 역할을 의식적이고 전면적으로 포기한 것으로 봐야 한다"며 "이씨의 부작위는 작위에 의한 살인의 실행 행위와 동등한 법적 가치가 있다"고 판시하였습니다.

이는 배가 침몰하는 와중에 선장이 적절한 구조 조치나 퇴선 지시 없이 자기 혼자 살겠다고 빠져나간 것은 변명의 여지 없이 부작위에 의한 살인이며, 그중에서도 고의적인 살인과 동급의 악질 범죄라는 것을 대법원에서 인정했다는 것을 의미합니다. 이 판례는 앞으로 선장이 선박 사고 시 승객의 안전을 최우선으로 생각해야 한다는 것을 법으로 못 박았다는 점에서 그 의의가 크다 할 수 있습니다.

6) 교수님, 선박의 항해는 고대 초기 물품교역이 이루어지던 시절부터 범선과 증기선 시대를 지나 오늘날에 이르기까지 오랜 역사와 전통을 자랑하는 직업 세계라고 알고 있습니다. 혹시 해사 분야에서 선장이나 선원의 직업정신과 관련한 전통이 있다면 소개 부탁드립니다.

네, 세월호 선장의 행동과 바로 연결될 수 있는 해사 분야에서 통용되는 관용구가 하나 있습니다. 바로 선장의 책무를 말하고 있는 "The captain goes down with the ship = A captain is the last person to leave a ship,"이라는 문구인데요. 우리말로 하면, '선장은 배와 운명을 함께 한다 = 선장은 선박에서 가장 나중에 탈출해야 하는 사람' 정도로 해석될 수 있을 것 같습니다.

실제로 선장은 좌초나 침몰의 위기 상황 시에 승객과 선원들부터 안전한 곳으로 대피시켜야 할 책임이 있고, 그전까지 본인이 탈출하면 안 됩니다. 만일 배의 최고 책임자인 선장이 배에 사람을 남기고 먼저 탈출해 버린다면 선내지휘체계가 무너지므로 원활한 탈출에 지장이 생길 수도 있기 때문입니다. 그래서 유럽에서는 19세기부터 선장이 자기 책임을 다하고 마지막에 탈출하는 것은 일종의 의무에 해당하는 전통으로 여겨지고 있습니다.

나아가 이 문구의 의미를 좀 더 확장해보면, 선장은 배가 침몰 또는 여타 파괴적 상황에 처했을 때 살아서 배를 나오는 마지막 사람이어야 하며, 승객과 선원을 탈출시킬 수 없다면 선장 본인도 탈출하지 않고 함께 죽어야 한다는 뜻이 됩니다.

"선장은 배와 운명을 함께 한다"는 19세기 당시 통용된 또 다른 해상 규약(protocol)인 "여성와 어린이 먼저 women and children first"와도 연결됩니다.

(영국 화가 토마스 헤미Thomas Hemy의 그림 '버켄헤드선 난파 The Wreck of the Birkenhead'(1892년경)라는 그림을 보면, 여성과 아이들이 구명보트를 타고 출발하는 동안 군인들은 버켄헤드선 갑판에 똑바로 서 있다.)

'여성과 어린이 먼저'라는 행동규범은 1852년 남아프리카공화국 연안에서 영국해군 군함 HMS Birkenhead선 난파 과정에서 여성과 아이들에게 구명보트를 먼저 타게 했던 사례에서 기원합니다. 이를 통해 구명정이나 생존 자원이 제한된 위급 상황에서 여성과 어린이의 생명을 먼저 구해야 하는 행동규범이 '버켄헤드 훈련 Birkenhead drill'이라는 명칭으로 오늘날까지 이어지고 있습니다.

이 두 가지 표현으로 대변되는 당시 해사 분야의 전통은 모두 영국의 빅토리아 여왕과 에드워드 7세 시대의 상류 계급에게 요구되던 도덕성과 명예, 특권 포기에 대한 존경 등 오랜 전통으로 **기사도적 이상(chivalric ideal)**을 반영하고 있습니다. 즉, 선박의 승객과 화물을 책임지는 선장은 단순히 직업적 책무를 떠나 사회의 상류층으로서 이에 합당한 도덕성과 책무를 부여받았던 것으로 보입니다.

이러한 전통은 오늘날까지도 위급 상황에서 부상자, 노약자를 먼저 대피시키는 행동지침으로 이어지고 있는 것입니다. 그리고 이를 기반으로 만들어진 해사법(Maritime Law)은 선장이 문제가 생긴 선박를 버리면, 반드시 그에 합당한 책임을 지며 선박의 위험 상황이 해결될 때까지 선박에 돌아가 있을 것을 강제하고 있는 것입니다.

7) 아, 그렇군요. 교수님, 그리고 영화 '타이타닉'을 보면, 당시 타이타닉호의 에드워드 스미스 선장이 승객들의 탈출을 돕다가 조타실에 들어가서 조용히 최후를 맞이하는 모습이 나오는데요. 혹시 이 사례와 관련이 있는 것인가요?

네. 특이하게도 날짜상으로 보면 세월호 침몰사고가 일어난 4월 16일은 타이타닉호(1912. 4. 15.)가 침몰한 4월 15일과 딱 하루 차이입니다. 그런데 스미스 선장은 선원들과 승객들을 지휘하면서 배에서 끝까지 남아 최후를 맞이한 대표적인 사례로 자주 인용되고 있는데요.

50여년이나 바다에 몸담았던 스미스 선장 역시 타이타닉호 침몰 사고 당시 처음으로 겪게 되는 상황에 매우 난처해했다고 전해집니다. 그가 선원들에게 퇴선 명령을 선언한 뒤 마지막으로 목격된 이후에 무엇을 했는지는 목격담이 제각각인데, 말씀하신 것처럼, 영화 속에 묘사된 것과 같이 조타실 문을 잠그고 침수될 때까지 나오지 않았다는 설과 다른 선원들과 함께 승객들의 탈출을 돕다 물에 휩쓸려 가라앉았다는 설 등 여러 가지의 설이 있습니다.

이런 설이 모두 사실이라면, 조타실에서 잠시 마음을 가다듬다가 나온 뒤 탈출 작업을 지원하다가 물에 휩쓸려 죽었거나, 탈출 작업을 돕다가 더는 자신이 할 수 있는 일이 없다고 판단했을 때 조타실로 들어가 최후를 맞이한 것으로 보입니다. 뭐가 됐든 항해 및 침몰 과정에서 비록 실책을 어느 정도 저질렀지만, 직무를 포기하지 않고 끝까지 배에 남은 것은 부정할 수 없는 사실이며 '선장은 배와 운명을 함께 한다'는 해사 전통을 직접

몸으로 실천한 사례 중 하나가 되었습니다.

그런데 세월호 사건 2년 전인 2012년에 유럽에서도 선장이 책무를 다하지 않고 좌초한 배를 탈출한 사건이 있었습니다. '코스타 콩코르디아 좌초사고'로 알려진 이 사고는 2012년 1월 13일 오후 9시 45분경, 이탈리아 크루즈선 코스타 콩코르디아호가 이탈리아 서해안 토스카나 인근 질리오 섬 앞바다에서 암초에 걸려 좌초한 사건입니다.

사고 당시 코스타 콩코르디아호는 취항한 지 6년밖에 안 된 크루즈선이었는데, 배가 암초에 걸려 좌초하면서 넘어지고 말았습니다. 선체가 무려 70~100m나 찢길 정도로 커다란 사고였죠. 이 배는 4,229명의 승객을 태우고 있었고, 이 가운데 33명이 사망하였습니다. 완전히 침몰하지는 않아 희생자가 상대적으로 적었습니다. 그런데 이 사고 역시 대형사고인 데다가, 세월호 선장처럼 당시 콩코르디아호 선장이 사고 직후 한 행동이 뜨거운 논쟁이 되었습니다. 선장은 사고 발생 직후 구명보트를 타고 배에서 탈출했고, 해안경비대 지휘관이 배로 올라 사고를 수습하라고 몇 번이나 명령했음에도 아무 일도 하지 않고 육지에 상륙해 택시를 타고 도망치려다가 붙잡혔습니다.

코스타 콩코르디아 호 좌초사고의 선장 프란체스코 스케티노도 살인죄가 인정(합계 16년의 형량 중 살인죄로 인정받은 게 5년)되어 실형을 받았습니다.

안타깝게도 이 스케티노 선장과 함께 '선장은 배와 운명을 함께 한다'는 책무를 다하지 않은 사례로 한국의 세월호 선장의 이름도 세계적으로 인용되고 있습니다.

8) 교수님. 마지막으로 지금까지 함께 논의해 본 당시 세월호 선장의 행동이 우리 사회에 던져준 메시지는 무엇이라고 생각하시나요?

네, 말씀드린 선원법에 명시된 것처럼, 선장은 법적으로 배의 최고 책임자이고, 비상시 승객의 탈출을 도와야 한다는 법률상 의무를 굳이 언급하지 않더라도, 선장과 선원이라는 직업의 도의적 책임과 상식이라는 측면에서 이들의 처신은 쉽게 납득하기 어려운 행동으로 보입니다.

우리 사회는 세월호 사고 이후, 사고의 직간접 원인을 제공한 자들에 대한 법적인 처벌 자체를 두고 일희일비할 것이 아니라, 사고 이후 그리고 재판 과정에서 보여준 선장을 비롯한 관련 책임자들의 비도덕적인 모습으로부터, 또 산업화 이후 앞만 보고 달려온 우리 사회의 현실에 대한 처절한 반성과 성찰이 필요하다는 것을 절실히 깨닫는 기회로 삼아야 한다고 생각합니다.

이모 선장과 선원들이 외면한 수많은 목숨, 사건 이후에 보여준 이들의 모습을 보면 사형 구형과 같은 법적인 처벌로는 도저히 갚을 수가 없을 희생자와 유족들의 슬픔과 상실감은 한국 사회에도 커다란 심리적 구멍을 뚫어놓은 것과 같습니다.

그런 측면에서 물론 여객선 선원은 아니지만, 해상업무 분야의 핵심인력인 상선사관을 양성하는 한국해양대학교에 몸담은 선생으로서 저 역시 이러한 우리 사회의 성찰과 반성의 주체로서 선박의 리더인 사관(해기사 양성) 교육에 있어 선박을 둘러싼 기술적인 직무교육뿐만 아니라 인성과 직업윤리 등 사람 된 도리로서의 책무를 다할 수 있는 전문직업인을 양성하는 데 더 노력해야겠다는 무거운 책임의식을 느끼게 되는 계기가 되었습니다.

어쩌면, 이런 성찰의 과정이 저희 '인성과 선원인권'이라는 수업을 탄생시키는 계기였다고도 할 수 있습니다.

8) 감사합니다. 교수님.

지금까지 세월호 사고 속 선장의 행동을 통해 선장의 리더십과 선원의 직업의식을 생각해보는 시간을 가져봤는데요. 저는 이번 수업을 통해 개인적으로 선장, 나아가 선원이라는 직업이 우리 일반인들이 생각하는 것보다 훨씬 더 막중한 책임과 의무 그리고 도덕성을 요하는 직업이라는 것을 새삼 깨달을 수 있었습니다. 여러분은 어떠셨나요?

오늘 좋은 말씀 나누어주신 교수님 감사합니다.

그럼 다음 시간에 뵙겠습니다.

참고문헌 및 인용 자료

한겨레 2014년 4월 17일

"그대로 있어라" 방송하면서… 승무원들은 이미 탈출

https://www.hani.co.kr/arti/society/society_general/633379.html

서울신문 2014년 5월 9일

세월호 선장, 팬티 바람 탈출한 진짜 이유가…

https://www.seoul.co.kr/news/newsView.php?id=20140509008014

서울신문 2015년 11월 12일

대법 "승객 적극적으로 익사시킨 행위"

https://www.seoul.co.kr/news/newsView.php?id=20151113008007&wlog_sub=svt_006

Wikipedia - Costa Concordia disaster

https://en.wikipedia.org/wiki/Costa_Concordia_disaster

Wikipedia - The captain goes down with the ship

https://en.wikipedia.org/wiki/The_captain_goes_down_with_the_ship

Wikipedia - HMS Birkenhead (1845)

https://en.wikipedia.org/wiki/HMS_Birkenhead_(1845)

II 차별과 인권

1. 도덕적 기계 실험과 범죄자의 인권

자율주행 자동차의 사고 발생 상황에서 누구를 희생시키는 것이 나은지 전 세계 230만 명을 대상으로 한 설문 조사를 다루고 있는 '도덕적 기계 실험' 연구의 내용을 살펴본다. 연구의 결과, 사람인 범죄자가 동물인 고양이보다 희생양이 되어야 한다는 선호도가 높은 것으로 드러난다. 이러한 결과를 기반으로 범죄자의 인권에 대해 고민해 본다.

'도덕적 기계 실험(Moral Machine Experiment)'은 자율주행 자동차가 피할 수 없는 사고 상황에서 누구를 희생해야 하는지 묻는 전 세계적인 설문 조사로, 약 230만 명이 참여했다. 이 실험은 자율주행 자동차가 직면할 수 있는 윤리적 판단 문제를 탐구하며, 범죄자의 인권에 대한 사회적 인식을 반영하고 있다. 실험결과, 많은 사람이 범죄자보다 동물을 더 소중히 여기는 경향을 보였다. 예를 들어, 많은 응답자가 범죄자가 고양이보다 더 희생되어야 한다고 응답했다. 이는 범죄자가 사회적으로 '인간 이하'로 여겨지는 경우가 많음을 나타낸다. 이런 인식은 범죄자의 인권이 어떻게 다루어져야 하는가에 대한 중요한 질문을 던진다.

이러한 현상은 '비인간화(dehumanization)'라는 심리적 과정을 반영한다. 비인간화는 특정 개인이나 집단을 완전한 인간으로 보지 않고, 그들의 인간성을 부정하는 경향이다. 닉 해슬램의 연구(Haslam, 2006)에 따르면, 범죄자에 대한 비인간화는 그들에 대한 가혹한 처벌을 정당화하는 심리적 메커니즘으로 작용한다. 이는 단순히 개인적 차원의 문제가 아니라 사회 제도와 정책에도 깊이 영향을 미치는 중요한 현상이다. 마이클 샌델의 『정의란 무엇인가』에서 다룬 〈기관차 딜레마〉와 유사하게, 사람들은 사고 상황에서 피해자들의 신상 정보에 따라 다른 결정을 내린다.

'착한 사람'과 '나쁜 사람', 또는 '아는 사람'과 '모르는 사람'의 차이가 희생자를 결정하는 데 영향을 미친다.

"잔혹한 범죄를 저지른 사람이 선로에 있다면 그를 희생시키는 것이 정당한가?"라는 질문은 많은 생각을 하게 한다. 이러한 범죄자에게 인권이 존재하는가에 대한 의문도 자연스럽게 떠오른다.

이 질문은 인권의 보편성과 불가침성이라는 근본적인 원칙에 도전한다. 세계인권선언은 "모든 사람은 태어날 때부터 자유롭고, 존엄성과 권리에 있어서 평등하다"고 선언하지만, 범죄자의 경우 그 권리가 어디까지 보장되어야 하는지에 대한 사회적 합의는 쉽게 이루어지지 않는다. 칸트의 의무론적 윤리학에 따르면, 인간의 존엄성은 절대적이며 어떤 상황에서도 인간을 단순한 수단으로 취급해서는 안 된다. 반면 공리주의적 관점에서는 사회 전체의 이익을 위해 특정 개인의 권리가 제한될 수 있다고 본다. 이러한 철학적 긴장은 범죄자의 인권 문제에서 더욱 두드러진다.

2018년 10월 〈네이처 Nature〉지에 실린 '도덕적 기계 실험'이라는 제목의 이 연구는 피할 수 없는 사고 상황에서 자율주행 자동차가 직면하게 되는 도덕적 딜레마를 다루고 있다. 여기서 '기계'는 바로 '자율주행 자동차(Autonomous Vehicle)'를 뜻한다. 갑자기 브레이크가 고장 나 건널목 앞에서 멈출 수 없을 때 핸들을 어떻게 조작해야 하느냐는 질문에서 출발하고 있다. 핸들을 조작한다는 것은 곧 보행자 중 누구를 살리고 누구를 희생시킬지 선택한다는 의미이다. 또 사고로 인해 차에 타고 있는 승객이 사망할 수 있는 생사를 다루는 선택이다. 자율주행 자동차가 상용화되려면 이런 상황에 대해서도 '도덕적 판단기준'을 가지고 있어야 할 테니 말이다.

『정의란 무엇인가』의 기관차 사고실험 사례와 비슷하다. 다만 차이가 있다면 마이클 샌델의 사고실험은 말 그대로 실험이지만, 이제는 자율주행 자동차에 실제로 이런 판단기준을 프로그래밍으로 넣어야 한다는 것이다. 그 알고리즘에 따라 어떤 상황에서는 실제로 누군가가 희생되어야 한다. 이런 사정을 고려한다면 선불리 답하기 어려운 질문이다.

이 지점에서 '이론적 윤리학'이 '실용적 윤리학'으로 전환되는 중요한 순간을 맞이한다. 자율주행차 알고리즘에 구현될 윤리적 의사결정 체계는 단순한 추상적 사고실험이 아니라 실제 인명에 영향을 미치는 구체적인 코드로 변환되어야 한다. 여기서 발생하는 책임의 문제는 더욱 복잡해진다. 누가 이 결정에 책임을 져야 하는가? 프로그래머인가, 자동차 제조사인가, 아니면 사회 전체인가? 패트릭 린(Lin, 2015)은 이러한 알고리즘적 의사결정 과정에 다양한 가치관과 문화적 관점이 반영되어야 함을 강조했다. 인공지능이 운전하는 자동차의 상용화를 위해서는 자동차 구매 예정자나 대중들에게 이들 자율주행차에 프로그래밍이 된 '윤리적 원칙(ethical principles)'의 근거를 제시할 필요가 있다는 것이다. 그리고 이러한 인공지능 기반 기계의 장비 제작과 프로그래밍은 적어도 일반 대중의 도덕성(morality)을 분석하여 이루어져야 함을 이 연구팀은 전제하고 있다.

도덕적 기계 실험 연구는 온라인 실험 플랫폼 'Moral Machine'을 통해 진행되었고, 온라인 실험이라는 특성상 18개월 동안 전 세계 233개국 230만 명의 사람들이 참가하여 4천만 건의 딜레마 상황에서의 도덕적 판단을 수집하였으며, 결과 분석을 통해 국가별 그리고 전 인류적인 경향을 밝히고 있다. 이 연구는 세계 각국에서 수집된 대규모 도덕적 선택 데이터를 분석하여, 문화 및 사회적 배경이 인공지능 AI의 윤리 원칙에 어떤 영향을 미치는지 연구하는데 목적이 있다. 딜레마 상황의 특성상 상당히 복잡한 선택의 경우의 수들이 다차원적으로 제시되었다. 다수를 살리느냐, 소수를 살리느냐, 젊은이를 살리느냐, 나이 든 노인을 살리느냐, 신호를 잘 지킨 보행자를 살리느냐, 무단 횡당자를 살리느냐, 그리고 여기에 또 다른 다양한 경우를 조합하였다.

우선 다음 그림은 자율주행차의 선택 딜레마를 보여준다. 상황은 이렇다.

갑자기 브레이크가 고장이 났고, 진행 방향으로 계속 주행하게 되면 빨간 불에서 건널목을 건너고 있는 나이 든 여성 한 명과 나이 든 남성 두 명을 죽이게 된다. 이것이 왼쪽 그림이다. 그런데 진로를 바꾸기 위해 핸들을 왼쪽으로 돌리게 되면, 자동차 탑승객인 성인 남녀와 어린 남자아이, 이렇게 세 사람이 죽게 된다.

[그림] 도덕적 기계 딜레마 (Moral Machine dilemma)

자율주행차는 어떻게 행동해야 할까요?

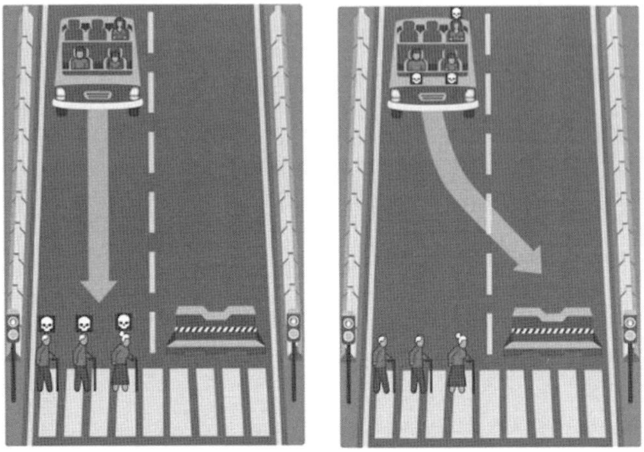

오른쪽 그림이다. 참으로 난감한 상황이다. 나 자신이 자동차 개발자라면, 이 자율주행차에 어떤 선택을 프로그래밍 하게 될까?

이러한 선택 상황은 사실 고전적인 트롤리 문제(Trolley Problem)의 현대적 변형이다. 철학자 필리파 풋(Philippa Foot)이 1967년에 제시한 이 사고실험은 공리주의적 관점과 의무론적 관점 간의 긴장을 보여준다. 그러나 자율주행차의 맥락에서는 단순한 철학적 질문이 아닌 실제적인 프로그래밍 문제로 전환된다. 독일은 2017년 세계 최초로 자율주행차의 윤리 지침을 발표했는데, 여기서는 인간의 생명이 항상 동물이나 재산보다 우선시되어야 하며, 인간 사이의 (나이, 성별, 사회적 지위 등에 따른) 차별은 허용되지 않는다고 명시했다. 그러나 이 원칙이 범죄자에게도 동일하게 적용되어야 하는지에 대한 명확한 지침은 없다.

앞선 선택 결정을 기반으로 연구자들은 9가지 다양한 변수 요인을 조합하여 딜레마 상황의 시나리오를 만들어 조사를 진행하였다. 그 9가지 변수는 '사람 대 반려동물', '진행 방향 주행 대 핸들 방향 돌리기', '승객 대 보행자', '다수 대 소수', '남성 대 여성', '젊은이 대 노인', '법을 지킨 보행자 대 무단횡단 보행자', '건강한 사람 대 그렇지 않은 사람', '사회적 지위가 높은 사람 대 낮은 사람'이었고,

딜레마 상황에서 어느 쪽을 살릴 것인가를 선택하는 것이었다. 여기에 추가로 범죄자, 임신부, 의사 등의 변수를 집어넣었다. 그리고 조사 결과를 실험 참여자들의 성별, 나이, 수입, 학력, 종교 및 정치 성향에 따라 나타나는 차이를 분석하기도 하였다. 물론 국가별 사회문화적 차이도 조사하여 클러스터 작업을 진행하였다. 실험의 결과, 9가지 선택에서 살려야 한다는 선호도는 표 (a)와 같이 나타났다.

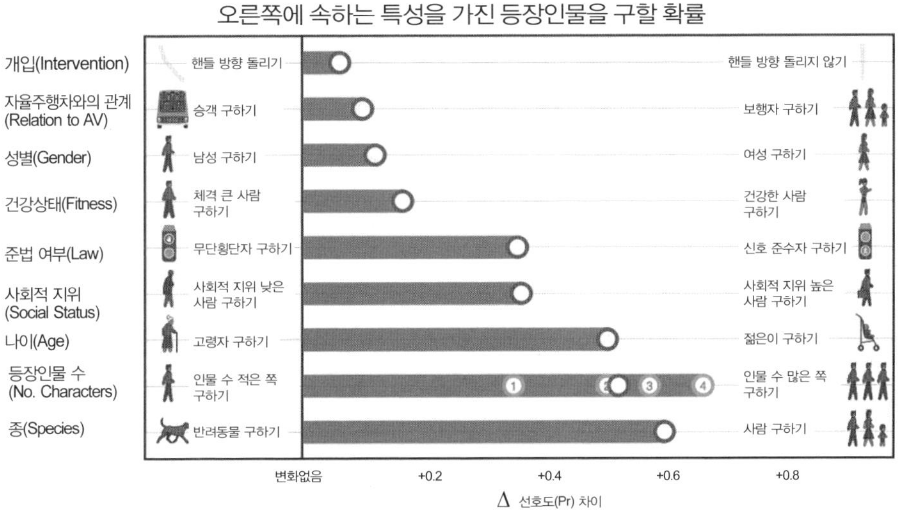

[표 (a)] 선호도에 대한 평균인과효과

선호도 조사 결과를 나타낸 표 (a)에서는 '평균인과효과(AMCE - Average marginal causal effect)'라는 지표를 통해 각각의 도덕적 선택 기준이 얼마나 영향을 미치는지 보여주고 있다. 구체적으로는 오른쪽에 제시된 속성을 가진 인물을 구할 확률과 왼쪽 속성을 가진 인물을 구할 확률의 차이를 나타내며, 이는 모든 다른 변수들을 통제한 상태에서 계산된 값이다. 예를 들어, '나이(age)' 항목에서는 '젊은이'를 구원할 확률이 '고령자'를 구할 확률보다 0.49 더 높다는 의미이다. 이 값이 크다는 것은 젊은이를 구하는 쪽으로 선택하는 경향이 강하다는 것을 보여준다. 숫자가 클수록 그 속성이 도덕적 판단에 더 큰 영향을 미친다고 볼 수 있다. 또한, '등장인물 수' 항목에서는 1명, 2명, 3명, 4명 추가된 캐릭터들에 대한 효과가 보여주며, 두 번째(2명 추가)의 효과는 다른 속성과 겹치는 것으로 나타났다.

결과를 살펴보면, 대부분의 실험 참가자는 '동물보다는 사람을, 소수보다는 다수의 사람을, 나이 든 사람보다는 젊은 사람을, 무단횡단 보행자보다는 신호를 지킨 보행자를, 사회적 지위가 낮은 사람보다는 높은 사람을, 건강하지 않은 사람보다 건강한 사람을, 남성보다는 여성을, 차량 탑승자보다는 보행자를, 그리고 진행 방향으로의 계속 진행보다는 핸들의 방향을 돌리는' 선택을 한 것으로 나타났다. 대체로 한쪽으로 의견이 모이기는 했지만, 국가나 지역에 따라 답변이 조금씩 달라 문화권별 차이를 들여다볼 기회가 되기도 했다. 그런데 조사 결과에서 매우 흥미로운 항목이 눈에 띈다. 이렇듯 중차대한 생사의 결정 상황에서 실험 참가자의 대다수가 고양이 보다는 개를 살리는 판단을 내려 고양이가 개보다 희생양으로 거론되는 경우가 많았다. 어떤 이유 때문인지 궁금해진다. 그런데 다음 표 (b)를 보면, 고양이보다 더 많이 지목되는 희생양이 있다. 바로 범죄자(criminal)이다.

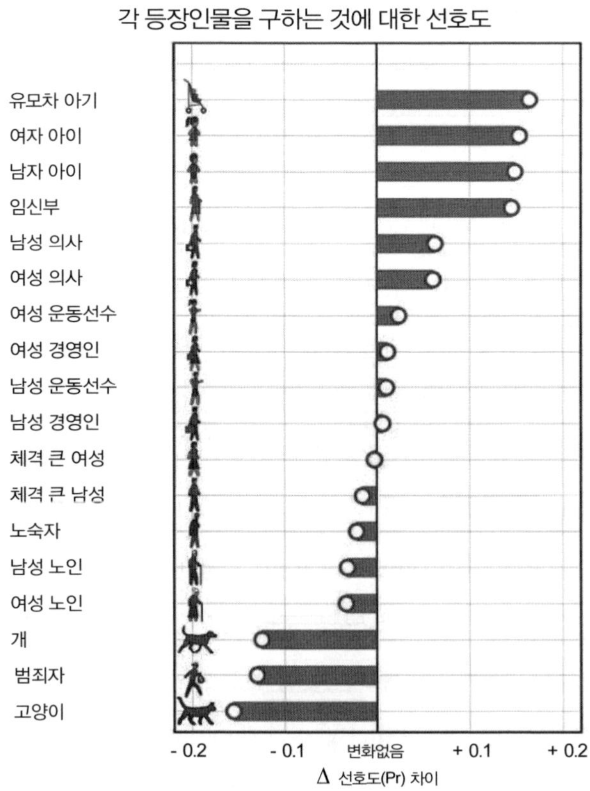

[표 (b)] '성인 남성 또는 여성' 대비 선호도 차이

표 (b)에서는 개별 캐릭터가 독립적으로 등장할 경우, 그 캐릭터를 구할 확률이 '성인 남성 또는 여성'보다 얼마나 높은지를 보여주고 있다. 예를 들어, '여자아이'를 구할 확률이 '성인 남성 또는 여성'보다 0.15 더 높다.

표 (b)에서 드러난 선호도 차이 조사결과는 범죄자에 대한 집단적 인식에 대해 심층적인 논의를 요구한다. 체사레 베카리아(Cesare Beccaria)는 18세기에 이미 『범죄와 형벌』이라는 에세이에서 범죄자도 사회의 구성원으로서 존엄하게 대우받아야 한다고 주장했다. 현대 형사사법 체계는 이론적으로는 응보보다는 재활과 사회 복귀를 지향하지만, 실제로는 여전히 범죄자를 사회적으로 배제하고 낙인찍는 경향이 강하다. 2023년 국제사면위원회(Amnesty International)의 보고서에 따르면, 전 세계적으로 범죄자의 인권침해 사례는 여전히 심각한 수준이며, 특히 사형제도를 유지하는 국가들에서는 범죄자의 생명권마저 부정된다.

개와 고양이 간에 어떤 선택의 기준이 있는지는 모르겠지만, 반려동물과 범죄자를 가르는 선택 기준은 오히려 쉽게 이해될 것도 같다. 범죄자는 인간도 아닌 존재, 아니 말 그대도 '짐승만도 못한 존재'로 여겨지는 것은 문화의 경계를 뛰어넘는 듯하다. 전 세계 응답자들을 대상으로 한 도덕적 기계 실험에서 드러난 선호도의 결과에 따라 머지않아 인공지능(AI)이 얼굴만 보고도 범죄 기록을 판별할 수 있다면, 범죄자는 개와 고양이보다 먼저 희생될지도 모르겠다. 여러분의 개인적인 생각은 어떠한지 궁금해진다.

그러나 여기서 기술 윤리의 중요한 문제가 제기된다. 인공지능이 외모만으로 범죄 성향을 예측하려는 시도는 이미 심각한 윤리적 문제를 일으키고 있다. 2016년 우와 장(Wu & Zhang)의 얼굴 특징을 기반으로 범죄자를 식별하는 연구는 과학계의 강한 비판을 받았다. 이러한 접근법은 19세기 골상학이나 범죄인류학과 같은 의사 과학의 현대적 부활이라는 우려를 낳았다. 범죄자로 분류된 인물에 대한 자동화된 차별은 기술적 결정론의 위험성을 보여주는 극단적 사례가 될 수 있다. 인공지능의 윤리에 관한 연구들(Rees 2020, Stahl et al., 2022)은 인공지능 알고리즘이 반영하는 것은 사회의 편견(bias)이지 객관적 진실이 아니라고 경고하며 기계 편견에 대한 문제를 제기하기도 했다.

우리가 이 책에서 '인권'을 이야기하고 '인성'을 이야기하는 이유는 무엇일까?

재미있어서 교양으로? 남으로부터 나의 권리를 지켜내는 방법을 알기 위해서? 아니면 앞선 자율주행 자동차의 도덕적 기준과 관련한 연구에서처럼 누구의 인권이 더 중요한지 명확히 해서 실제상황에 적용하기 위해서일까?

우리가 인권을 이야기하는 궁극적인 이유는 각자가 서로 존중받고 타인을 배려하여 누구나가 행복한 구성원으로 살아갈 수 있는 사회를 만드는 것이 아닐까 생각한다. 너무 거창한가. 하지만 이렇게 생각해 보자. 우린 인간인 이상 혼자 살아갈 수 없고 누군가와 함께 일하고 생활하면서 살아간다. 그런 과정에서 의식적이든 무의식적이든 다른 사람의 기분, 이익, 권리 등을 침해할 수도 있고 반대로 침해받을 수도 있다. 그러한 상황을 중재하기 위해 모든 사회는 법과 규칙이 있다. 하지만 법과 규칙은 구성원 사이에 문제가 발생하였을 때 객관적인(?) 기준으로 시시비비를 가리고, 경우에 따라 처벌을 해서 발생할 수 있는 구성원들의 갈등을 중재하기 위해 존재한다. 법과 규칙은 이러한 갈등이나 범죄를 예방하는 아주 강력한 수단은 되지 못한다.

이 지점에서 '법적 정의(legal justice)'와 '사회적 정의(social justice)'의 차이를 인식할 필요가 있다. '법적 정의'는 규칙 위반에 대한 처벌과 피해 보상에 초점을 맞추지만, '사회적 정의'는 구조적 불평등과 차별의 시정을 통한 모든 구성원의 존엄성 보장에 관심을 둔다. 인권은 단순히 법적 권리가 아니라 인간 존엄성에 기초한 도덕적 권리이며, 이는 범죄자에게도 적용된다. 마사 누스바움(Nussbaum, 2011)의 '역량 접근법(Capabilities Approach)'은 모든 사람이 인간으로서의 기본적 역량을 발휘할 수 있어야 한다고 주장하는데, 이 관점에서 범죄자의 재활과 사회 복귀는 단순한 선택이 아닌 사회적 의무가 된다.

범죄자 이야기로 다시 돌아가 보겠다. 물론 저자 역시 참혹한 범행을 저지른 범죄자의 인권 보호를 말하는 것에는 강한 거부감이 있다. 사회는 범죄자에게 법적인 절차에 의해 형벌을 내리게 된다. 우리는 이따금 사회적으로 물의를 빚은 범죄자에 대한 사법부의 가벼운 판결에 대해 분노하기도 한다. 2022년 'n번방 사건' 범인이 옥중에서 블로그 글을 올려 사회적으로 논쟁거리가 되기도 했다. 그런데 이런 공분을 사는 범죄자들을 영원히 사회로부터 격리하거나 피해자에게 행한 만큼의 인권침해를 되갚아 준다고 해서, 앞서 언급한 것처럼 우리가 이런 주제를 논의하는 궁극적인 이유, 즉 '서로 존중하고 배려받는 행복한 사회'가 될 수 있을까? 라는 생각을 해본다. 사회체계가 제 기능을 하기 위해서는 범죄의 경중에 맞게 합당한 처벌과 형량이 가해자에게 주어지고 범죄자에게 그에 상응하는 '취급'을 사회가 하는 것은 당연하다. 그렇다고 피해자가 받은 만큼 가해자(범죄자)를 취급한다고 해서 피해자의 인권이 다시 복원될 수 있을까? 그리고 최악의 경우에는 형을 마치고 나온 범죄자가 사회에 복수하기 위해 재범을 저지르는 경우들도 적지 않다. 참으로 어려운 문제인 듯하다.

이러한 딜레마는 '회복적 정의(restorative justice)' 개념을 통해 새로운 관점에서 접근할 수 있다. '회복적 정의'는 처벌보다는 피해 회복과 관계 복구에 초점을 맞추는 형사정의 패러다임이다. 노르웨이와 같은 국가들은 낮은 재범률(20% 미만)을 보이는데, 이는 교정 시스템이 처벌보다 재활과 사회 재통합에 중점을 두기 때문이다. 반면 응보적 접근을 강조하는 미국의 재범률은 약 70%에 이른다(Braithwaite, 2002). 피해자 중심 접근법도 중요하다. 피해자-가해자 중재 프로그램(Victim-Offender Mediation)은 피해자가 자신의 이야기를 전달하고 가해자가 책임을 인정하며 배상 방법을 모색하는 과정에서 양측 모두 치유의 기회를 가질 수 있다. 심각한 사례에서도 이러한 접근은 피해자의 트라우마 회복에 도움을 줄 수 있다는 연구 결과도 있다(Sliva et al, 2024).

2022년 SBS에서 방영된 드라마 〈악의 마음을 읽는 자들〉에는 잔혹한 범행을 저지르는 범죄자들이 등장하고 이들의 마음을 읽으려는 프로파일러의 이야기가 그려졌다. 물론 어떤 범죄도 정당화되고 미화될 수는 없지만, 드라마 속에서는 이들 가해자가 그러한 연쇄살인의 충동을 가지게 된 여러 가지 상황들이 나온다. 불우한 가정환경, 사회의 차가운 시선 등. 주인공은 이들의 이야기를 들으면서 참을 수 없는 분노를 느끼기도 하지만, 그들이 범죄를 저지르게 된 상황에 공감하려고 부단히 노력한다. 이성적인 판단을 넘어 감성적으로 그들의 입장이 되어 보려고 시도하는 것이다. 이 드라마의 주인공이 그랬던 것처럼, 인권 존중과 인권 보호의 시작은 바로 상대방의 상황과 처지를 이성과 감성으로 이해하려는 노력에서 시작된다. 즉, 범죄자가 사회로부터 격리되어 형을 받는 동안, 그들의 인권이 착취되는 대우를 받는 것보다는 그래도 사회가 자신을 교화하기 위해 관심을 가져주고 행동의 변화를 위해 노력하고 있다는 인상을 받는다면, 다시 사회로 돌아왔을 때 재범의 확률은 낮을 수 있지 않을까 생각된다.

범죄자에 대한 사회적 태도는 단순히 윤리적 문제가 아니라 실용적인 문제이기도 하다. 범죄 심리학자 토니 워드(Tony Ward)가 제안한 '좋은 삶 모델(Good Lives Model)'은 범죄자들이 긍정적인 정체성을 발전시키고 친사회적 방식으로 자신의 욕구를 충족시키는 법을 배우도록 돕는 것을 목표로 한다. 이 접근법은 범죄 위험 감소에 초점을 맞추는 전통적 모델보다 효과적이라는 증거가 늘고 있다(Takker et al., 2014). 또한 핀란드, 스웨덴과 같은 북유럽 국가들의 '개방형 교도소' 모델은 재소자들에게 책임감과 자율성을 부여하며, 그 결과 낮은 재범률과 높은 사회 재통합률을 보이고 있다. 반면 엄격한 처벌 중심의 접근법은 종종 범죄자의 분노와 사회적 소외감만 키우는 결과를 낳는다.

도덕적 기계 실험의 결과에 따르면, 응답자의 대부분은 차량 탑승자보다는 보행자, 남성보다는 여성, 노인보다 어린이를 구하고, 법을 준수하는 사람보다 법을 지키지 않은 사람(무단횡단)을 희생시키고, 동물보다는 인간을 살려야 한다는 의견이 많았다. 결국, 이 조사 결과는 인공지능과 같은 기계는 이를 만든 사람의 도덕적 기준과 철학을 반영한다는 차원에서 시사하는 바가 크다. 여기서 중요한 것은 실험의 결과에서처럼 동물인 고양이보다 사람인 범죄자의 인권이 무시되고 침해되어도 되느냐의 문제였다. 사회가 제대로 기능하기 위해서는 범죄자에게 합당한 처벌을 가하는 것은 중요하지만, 그들의 인권까지 몰수한다고 해서 재범률을 낮출 수 있느냐의 문제가 제기된다. 인권 존중과 인권 보호의 시작은 상대방이 범죄자였다고 할지라도 그 사람의 상황과 처지를 이성과 감성으로 이해하려는 노력에서 시작된다.

참고문헌 및 인용 자료

마이클 샌델 (2010),『정의란 무엇인가』, 이창신 역, 김영사.

체사레 베카리아 (2022),『베카리아의 범죄와 형벌: 법은 누구를 위해 존재하는가』, 김용준 역, 이다북스.

Awad, E., Dsouza, S., Kim, R., Schulz, J., Henrich, J., Shariff, A., Bonnefon, J. F., & Rahwan, I. (2018), The Moral Machine experiment. *Nature*, 563, 59-64.
The Moral Machine Platform. https://www.moralmachine.net/

Beccaria, C. (1764/1995), *On crimes and punishments*. Cambridge University Press.

Braithwaite, J. (2002), *Restorative justice and responsive regulation*, Oxford University Press.

Ethics of Artificial Intelligence, In: Internet Encyclopedia of Philosophy. A Peer-Reviewed Academic Resource.
https://iep.utm.edu/ethics-of-artificial-intelligence/

Haslam, N. (2006), Dehumanization: An integrative review, *Personality and Social Psychology Review*, 10(3), 252-264.
https://doi.org/10.1207/s15327957pspr1003_4

Lin, P. (2015), Why ethics matters for autonomous cars. In Autonomous driving, M. Maurer et al. (eds.), *Autonomes Fahren: Technische, rechtliche und gesellschaftliche Aspekte,* Springer, 69-85.

Nussbaum, M. C. (2011), *Creating Capabilities: The Human Development Approach*, Harvard University Press.

Rees, C. (2020), The Ethics of Artificial Intelligence. Strous, L., Johnson R., Grier, D. A., & Swade, D., *Unimagined Futures - ICT Opportunities and Challenges*, Springer International Publishing, 55-69.

Sliva, S. M., Samimi, C., Han, T. M., & Albright, K. (2024), Effects of victim offender dialogue on mental health and trauma appraisals among victims of violence. *Contemporary Justice Review*, 27(4), 277-297.
https://doi.org/10.1080/10282580.2024.2444905

Stahl, B. C., Schroeder, D. & Rodrigues, R. (2023), *Ethics of Artificial Intelligence: Case*

Studies and Options for Addressing Ethical Challenges, Springer. https://doi.org/10.1007/978-3-031-17040-9

Thakker, J., Ward, T., & Chu, C. M. (2014), The good lives model of offender rehabilitation: A case study, W. T. O'Donohue (eds.), *Case studies in sexual deviance: Toward evidence-based practice*. Routledge, 79-101.

Ward, T., & Maruna, S. (2020), *The good lives model of offender rehabilitation.* Routledge.

Wu, X., & Zhang, X. (2016), Automated inference on criminality using face images. arXiv preprint arXiv:1611.04135.

2. 일상의 차별과 인권

인성교육진흥법에 제시된 인성 함양을 위한 '4율'과 '차별'이라는 주제와의 관련성을 살펴본다. 일상에서 접하게 되는 타인과의 갈등 문제는 사람을 구분 짓는 '차별'과 관련이 되어 있음을 정리해 본다. '차별'의 사전적 의미를 살펴보고, 차별의 부정적 의미와 긍정적 혹은 중립적 의미를 살펴본다. 일상 속 사례들을 통해 사람을 구별 짓는 행위가 어떻게 차별이 될 수 있는지 이해한다.

인성교육진흥법은 자신의 내면을 바르고 건전하게 가꾸며, 타인과 공동체 그리고 자연과 더불어 사는 데 필요한 인간다운 성품과 역량을 기르는 것을 인성교육이라고 정의한다. 인성 함양을 위해 필요한 것은 자기 자신, 타인, 공동체 그리고 자연과의 조율을 의미하는 네 가지 능력 4율이다. 4율은 자신, 타인, 사회 속에서 관계를 조율하는 자기조율, 관계조율, 공익자율에 '자연조율'이 포함되는 개념이다. 자연과의 바람직한 상호작용을 의미하는 자연조율과 함께 이 나머지 3율은 자기 자신의 다양한 감정과 욕구의 조율을 기반으로 타자와의 관계 속에서 나아가 사회집단의 구성원으로서 이성적 도덕적 언행을 할 수 있는 능력이다. 이러한 자기조율을 기반으로 타인과 사회 속에서 행복한 관계를 만들어가고 사회적 공익에 기여할 수 있는 성품과 역량을 기르는 것이 중요하다.

현대 사회에서 우리는 다양한 배경과 신념을 가진 사람들과 함께 살아가고 있다. 우리 인간은 혼자 살아갈 수 없기에 그리고 타인과 사회 속에서 자신의 정체성을 찾고 만들어가는 존재이기에 '관계조율'과 '공익조율', 나아가 '자연조율'이 인성 함양에 있어 중요한 요소이다. 특히 지구화와 디지털 기술의 발전으로 국경과 문화의 경계가 허물어지면서, 다양한 배경을 가진 사람들과의 상호작용은 더욱 일상화되고 있다. 그런데 우리는 나 혼자가 아닌 다양한 사람들과 특정 집단과 사회 속에서 서로 부대끼며 살아간다. 그런 과정에서 의식적이든 무의식적이든 다른 사람의 기분, 이익, 권리 등을 침해할 수도 있고 반대로 침해받을 수도 있는 것이다. 유사성보다는 차이에 기반하는 정체성을 가진 타자와의 관계 과정에서 상대방의 권리를 침해하는 갈등은 언제든 발생할 수 있다. 이러한 갈등은 종종 인권의 문제로 발전하기도 한다. 인권이란 인간으로서 당연히 가지는 기본적 권리로, 어떤 경우에도 침해되어서는 안 되는 가치이다. 더군다나, 이주와 이동이 자유로운 지구화 시대 다양한 국적, 성적 지향, 종교, 식습관 등을 가진 사람들 사이의 만남과 소통은 더욱 빈번해지고 있다.

구체적인 예를 들어서 설명해 보겠다. 우리나라의 대표적인 주거 형태는 공동주택인 아파트이다. 최근 아파트는 이전과는 달리 점점 더 고층화되고, 이웃끼리도 이웃사촌은 옛말이 되어 서로 같은 층에 살아도 인사도 잘 하지 않는 익명화의 모습들이 나타나고 있다. 이러한 개인주의 흐름에 따라 공동주택인 아파트에서도 이웃 간의 크고 작은 문제가 발생하기도 한다. 그 대표적인 예가 층간 소음으로 인한 갈등이라고 할 수 있다. 아파트 층간 소음 문제로 이웃과 얼굴을 붉히며 싸우기도 하고, 정말 심각한 경우에는 살인까지 일어나는 무서운 경우가 발생했다는 소식을 뉴스를 통해 어렵지 않게 접하기도 한다.

이러한 갈등과 싸움의 출발점은 우리 자신의 개인적인 입장만을 고수하고 나를 중심으로 해서 상대방과 상대방의 말과 행동을 판단하고 평가하는 행위라고 할 수 있다. 이것은 우리가 본능적으로 사람을 구분 짓는 행위인 '차별'이라는 키워드와 맞닿아 있다. 위층에 초등학교 남자아이들과 젊은 부모가 살고 있다고 가정해 보겠다. 아래층 거주자는 그들에 대한 암묵적 인식과 이미지를 투영하여 층간 소음의 문제에 접근할 가능성이 클 것이다. 쉽게 말하면, '초등학교 남자아이들은 별나다.', '젊은 부모들은 개념이 없다.' 등과 같은 사회적 통념을 기반으로 그들을 삐딱하게 보기 시작하고 이것은 결국 분쟁을 초래할 가능성이 크다. 이에 반해 위층에 거주하는 사람들은 아래층에 거주하는 노부부가 지나치게 예민하다고 생각할 가능성이 크다. 왜냐하면, 되도록 조심해서 걷고 아이들에게 될 수 있으면 소음을 일으킬 수 있는 행동을 하지 않도록 주의를 환기하였음에도 때에 따라 아주 가끔 일어날 수 있는 소음에 아래층 거주자들이 예민해한다는 느낌을 받는다. 그리고 아래층 거주자가 듣는 소음이 꼭 자기 집에서만 유발되는 것이 아니라고 생각한다.

층간 소음과 관련한 아래위층 거주민의 생각을 가정하여 입장을 대비시켜 봤다. 양쪽은 상대방의 나이와 가족 상황을 기반으로 우리가 가진 사회적 통념을 적용하여 사람을 구분하고 있다. 우리는 이렇게 사람을 구별하는 행위를 사전적으로는 '차별'이라고 말한다.

국립국어원표준국어대사전에 나온 '차별'의 정의는 다음과 같다.

- 차별(差別):
「명사」 둘 이상의 대상을 각각 등급이나 수준 따위의 차이를 두어서 구별함.

그리고 이 정의 속에 등장하는 차별과 유사한 의미인 '구별'의 뜻은 다음과 같다.

- 구별(區別):
「명사」 성질이나 종류에 따라 차이가 남. 또는 성질이나 종류에 따라 갈라놓음.

표준국어대사전에 나온 '차별'의 정의는 우리가 인식하고 있는 것처럼 그렇게 부정적인 뉘앙스를 담고 있지 않은 것으로 보인다. 차별은 둘 이상의 사람이나 대상물을 특정한 기준에 따라 차이를 두어 구별한다는 의미이다. 이 속에는 우리가 '남녀차별', '인종차별', '신분차별' 등에서 의미하는 지극히 부정적인 의도가 숨어 있지는 않는다.

차별이라는 단어는 언제부터인가 부정적인 어감을 가지게 되었다. 어떤 행위를 '차별'이라고 부르면 이를 비판하고 그것이 틀렸다고 주장하는 의미가 된다. 하지만 차별이라는 단어는 긍정적인 의미로도 쓰인다. 예술, 와인, 문학 등에서 'discriminating'이라는 표현은 '뛰어나다'라는 의미로 일종의 찬사이다. 자기 분야를 빈틈없고 능수능란하게 다루는 사람을 자주 이렇게 표현한다. 그런데도 전체적으로 보면 '차별'이라는 단어는 부정적인 의미를 연상시키는 경우가 압도적으로 많아서 긍정적인 쓰임은 미미하게 느껴진다. (헬먼 2016: 18)

일상에서 '차별'이라는 단어가 사용되는 맥락은 대부분 부정적이다. 특히 현대 사회에서 차별은 인간의 존엄성과 평등권을 침해하는 행위로 인식되며, 이는 곧 인권 문제와 직결된다. 세계인권선언 제1조는 "모든 인간은 태어날 때부터 자유로우며 그 존엄과 권리에 있어 동등하다"라고 명시하고 있다. 이러한 관점에서 차별은 인권의 기본 원칙에 위배되는 행위라고 볼 수 있다.

그렇다면 우리 일상에서 무심코 던지는 말과 표현이 어떻게 차별을 불러일으킬 수 있는지 살펴보겠다.

첫 번째 예시로, 이주민에게 칭찬의 의미로 '한국인이 다 되셨네요.'라는 말을 던지는 상황을 생각해 보겠다. '한국인이 다 되셨네요.'라는 표현 속에는 '당신은 한국인으로 인정 받을 만하다'라는 긍정과 칭찬의 의미를 내포하고 있긴 하지만, 우리가 그 사람을 진정한 한국인으로 받아들이지 않는다는 뜻도 담겨 있어 당사자에게는 모욕적일 수 있다. 더구나 그 사람이 한국인이 되길 갈망한 것도 아닌데 왜 우리는 그런 말을 칭찬으로 받아들여야 할까? 때로는 그 사람이 한국에서 태어나 자란 '한국인'일 수도 있다.

두 번째 예시로, 장애인에게 '희망을 가지세요.'라는 말을 건넨다고 해보자. 이는 현재의 삶에 희망이 없다는 전제를 깔고 있다는 의미일 수 있다. 장애인들의 삶에는 당연히 희망이 없다고 가정하는 것은 모욕적일 뿐 아니라 근본적으로 타인의 삶을 우리의 기준으로 판단하는 것이다.

세 번째 예시로, 선원들이 경험하는 차별을 살펴보자. 많은 사람들이 선원직을 '3D(Dirty, Dangerous, Difficult) 직업'으로 간주하며, 이러한 인식은 선원들의 인권과 존엄성에 부정적 영향을 미친다. '배 타는 일 힘들지 않으세요?'라는 질문은 겉으로는 관심을 표현하는 것처럼 보이지만, 그 직업의 가치를 평가절하하는 의미를 내포할 수 있다. 특히 외국인 선원들은 종종 언어적, 문화적 차이로 인해 이중의 차별에 직면하기도 한다. 이들은 직업적 차별과 함께 국적, 인종, 민족에 따른 차별까지 경험하는 경우가 많다.

네 번째 예시로, 성별에 따른 무의식적 차별을 들 수 있다. '여학생이 왜 항해사 일을 하려고 해요?'라는 질문이나 '남자답게 행동해'라는 표현은 성별에 따른 고정관념을 강화하고, 개인의 자율성과 선택을 제한하는 차별적 발언이다. 이러한 표현들은 해당 성별에 속한 모든 사람이 동일한 특성과 능력을 가져야 한다는 편견을 내포하고 있다.

그렇다면 한 가지 질문을 던져보겠다. 지금까지 우리는 살아가면서 앞선 예시들처럼 생각 없이 한 말이나 행동으로 상대방을 기분 나쁘게 만들거나 상처를 준 적은 없었을까?

아마 이 책을 읽기 전까지 여러분에게 이 질문을 던졌다면, '저는 의도적으로 누군가를 차별하거나 상처 주지 않았어요'라고 대답했을 가능성이 클 것이다. 왜냐하면, 우리의 말과 행동이 언제나 의식적 흐름을 통해 이성적으로 작동하지 않기 때문이다. 그리고 차별로 인한 불편함은 그것을 행한 사람의 몫이 아니라 당한 사람의 몫이기에 이에 대한 의식적 성찰이나 누군가의 지적이 없으면 차별을 한 사람은 의식하지 못한다.

> 누군가를 정말 평등하게 대우하고 존중한다는 건 나의 무의식까지 훑어보는 작업을 거친 후에야 조금이나마 가능해질 것 같다. 내가 인정하고 싶지 않은 부끄러운 나를 발견하는 일 말이다. (김지혜 2019: 13)

김지혜(2019)의 말처럼, 진정으로 누군가를 평등하게 대우하고 존중하려면 우리의 무의식까지 탐색해야 한다. 이는 인성교육진흥법에서 강조하는 '자기조율'의 핵심이기도 하다. 자신의 편견과 선입견을 인식하고 조율함으로써 타인과의 관계에서 진정한 존중이 가능해진다. 우리 스스로 부끄러운 부분을 발견하는 일이 중요하며, 둘러싼 세상을 인식하고 우리 자신을 돌아보며 진정한 평등을 찾아가는 과정이 필요할 것이다.

특히 선원들과 같이 고립된 환경에서 장기간 근무하는 직업군에서는 이러한 차별 문제가 더욱 심각하게 나타날 수 있다. 좁은 선박 내에서 다양한 국적과 문화적 배경을 가진 사람들이 함께 생활하면서 발생하는 갈등은 종종 차별로 이어지기도 한다. 이러한 환경에서 인권 감수성과 상호 존중의 문화를 형성하는 것은 매우 중요하다.

결론적으로, 일상에서의 차별은 단순히 개인 간의 불편함을 넘어 인권의 문제로 확장된다. 인성교육의 4율(자기조율, 관계조율, 공익조율, 자연조율)을 바탕으로 자신의 편견을 인식하고, 타인을 존중하는 태도를 기르는 것이 중요하다. 이는 단지 선원들뿐만 아니라 모든 인간관계에서 적용되어야 할 보편적 가치이다.

참고문헌 및 인용 자료

국립국어원 (2023), 표준국어대사전.
https://stdict.korean.go.kr/main/main.do

김비환 외 (2010), 『인권의 정치사상: 현대 인권 담론의 쟁점과 전망』, 이학사.

김지혜 (2019), 『선량한 차별주의자』, 창비.

데버러 헬먼 (2016), 『차별이란 무엇인가』, 김대근 역, 서해문집.

UN 총회 (1948), 세계인권선언 (Universal Declaration of Human Rights).

홍성수 (2018), 『말이 칼이 될 때: 혐오표현은 무엇이고 왜 문제인가』, 어크로스.

3. 차별 퍼즐 '부당한 차별 vs 정당한 차별'

차별이라는 행위는 우리 사회에서 끊임없이 논쟁거리가 되는 주제 중 하나이다. 사람을 구별 짓는 이 행위가 과연 '긍정적'인지 '부당한' 지를 판단하기는 쉽지 않다. 우리는 종종 자신의 행동이 '부당한' 차별이 아니라고 믿지만, 실제로는 그렇지 않을 수 있음을 깨닫는 경우가 많다. '차별'이 일상적인 현실로 자리 잡은 우리 사회를 비판적으로 바라보고 개선하기 위해 노력하는 것이 우리의 인권을 지키는 방법이라는 것을 인지해야 한다. 이러한 우리 사회의 '차별' 개념을 분석하기 위해 학생들을 대상으로 조사한 결과를 소개한다. 우리는 이 조사 결과를 통해 사람을 분류하거나 구분하는 행위로서의 '차별'이 '긍정적'인가 '부당한'가 판단하기 어렵다는 것을 인지할 수 있을 것이다. 이는 우리 개개인의 '인성'과 밀접히 관련된 부분이다. 조사 내용을 보면서 여러분도 이것을 경험할 수 있기를 기대한다. 우리가 생각했던 것보다 더 많은 경우에서 우리가 '부당한' 차별이 아니라고 생각하는 때도 실제로는 그렇지 않을 수 있음을 깨닫게 되는 시간이 될 것이다.

우리가 무심코 사용하는 말이나 표현, 또는 특정 집단에 대한 일반적인 진술은 사실은 주류집단의 입장에서 이해되는 표현이나 진술이라는 것을 인식하는 것이 중요하다. '차별'이 우리 사회에서 일상화된 부분을 찾아내고, 비판적으로 검토하며 개선하기 위한 노력이 우리 자신의 권리를 지키는 방법이라고 생각한다. 더 나아가, 일상에서 벌어지는 차별적 행위들이 선원들의 생활과 권리에 어떤 영향을 미칠 수 있는지 성찰해 보는 기회가 되기를 바란다. 이는 더욱 평등하고 포용적인 사회를 만들기 위한 중요한 과제이다.

학생들이 제시한 의견을 극히 일부분 발췌하였다. 아쉽게도 지면 관계상 모든 내용을 인용하지는 못했다. '부당한' 차별에 대한 논거와 그렇지 않은 논거를 텍스트로 정리하였으니, 설문에 참여한 학생들의 다양한 의견을 통해 여러분의 차별에 대한 이해를 더욱 폭넓게 확장해 나가는 계기가 되길 바란다. '차별' 개념에 대한 이해를 바탕으로 진행된 설문 조사에서 도출된 결과를 토대로, 부당한 차별과 긍정적 차별에 대한 실험적인 고찰이 이뤄졌다. 설문 조사에 참여한 85명의 학생 중, 남학생 68명(80%)과 여학생 17명(20%)이 포함되어 있다. 따라서, 성비의 불균형이 조사 결과에 반영되어 있음을 미리 밝힌다. 〈차별 퍼즐: '부당한 차별'과 '긍정적 차별'〉이라는 제목으로 진행된 설문은 객관식과 서술형 문항으로 구성되어 있었으며, 다양한 속성을 바탕으로 사람들을 분류하는 9가지 사례를 다루었다. 이번 연구에서는 사례별로 '부당한 차별'이 어떤 경우인지, 그리고 '긍정적 차별'로 해석될 수 있는 사례는 무엇인지에 대해 설문 참가자들의 의견을 조사하고자 했다. 차별이라는 퍼즐 속에서 부당함과 긍정성을 어떻게 해석하며 이를 극복할 방안을 모색하고자 하는 이 설문 조사는 우리 사회에 깊게 박힌 차별 문제에 대한 새로운 시선을 제시할 것이다.

설문 목적

- 사람을 구별 짓는 행위인 '차별'이 '긍정적' 차별인지 '부당한' 차별인지 판단하기가 쉽지 않음을 인식한다.
- 평소 우리가 '부당한' 차별이 아니라고 생각하는 때도 차별을 받는 사람에게는 차별일 수 있음을 인식한다.
- '차별'이 일상화된 우리 사회 현실을 비판적으로 고찰하고 개선하려고 부단히 노력하는 것이 '부당한' 차별로부터 우리 인권을 지키는 방법임을 인식한다.

'차별' 개념 이해 수업 기반 설문 진행

○ 참여 인원: 85명

○ 학생 구성: 한국해양대학교 해사대학 - 항해융합 1학년 83명, 해사수송 4학년 1명, 해양인문사회대학 1학년 1명

○ 남녀 비율: 남학생 68명(80%), 여학생 17명(20%)

○ 진행 기간: 2022년 4월 6일 - 4월 12일

○ 차별 퍼즐: '부당한 차별과 긍정적 차별'

○ 설문 구성: 객관식 9문항, 서술형 9문항

9개의 사례는 모두 성별, 외모, 능력, 출신 지역, 출신 가정, 나이 등의 속성에 근거하여 사람들을 구분 짓고 있다.

1) 과연 어떤 경우의 구별(또는 차별)이 부당한지, 그리고 부당하다면 왜 그런지 생각해 보자.
2) 어떤 사례가 '긍정적' 차별에 속할 수 있는지, 왜 그렇게 생각하는지 말해보자.

차별 퍼즐 **9개 사례 설문 문항**

1. 학기 초 새 학급의 출석부는 1번부터 20번은 남학생, 20번 이후가 여학생으로 구분되어 있다. 담임선생님은 학생들에게 앞에서부터 번호순으로 앉도록 지시한다.

1-1. 선택 이유를 간단히 적어주세요.

2. A 항공사에서 여성 승무원들은 반드시 머리를 묶고 치마로 된 유니폼을 입어야 하고, 남성 승무원은 반드시 넥타이를 매야 한다고 규정한다.

2-1. 선택 이유를 간단히 적어주세요.

3. 여성 고객이 대다수인 어느 양로원에서 고객의 목욕과 화장실 출입을 도와줄 남성 간호조무사 고용을 거부한다.

3-1. 선택 이유를 간단히 적어주세요.

4. 벼룩시장 개인광고란에 '여성 구함'이라는 제목으로 다음과 같은 광고가 실린다. "장기 교제 혹은 결혼 전제 30세에서 40세 사이의 미혼여성 구함. 여성스러운 분 원함. 화장하고 옷 잘 입는 날씬한 분 선호."

4-1. 선택 이유를 간단히 적어주세요.

5. 생물학적으로는 남성이지만 여성처럼 옷을 입고 생활하는 종업원이 고용주에게 남녀공용 화장실을 만들어주거나 자기가 여자 화장실을 사용할 수 있도록 허락해달라고 요구한다. 고용주는 종업원의 요청을 거절하고 남자 화장실을 이용하라고 지시한다.

5-1. 선택 이유를 간단히 적어주세요.

6. 어느 사립 초등학교 4학년 '수학 영재교육 프로그램'에 학생의 지능지수 IQ와 초등 고학년 수준의 수학 시험 결과에 따라 입학생을 선발한다.

6-1. 선택 이유를 간단히 적어주세요.

7. 부산의 모기업은 부산경남울산 지역대학 출신 구직자를 우대한다.

7-1. 선택 이유를 간단히 적어주세요.

8. 어느 회사에서 20세에서 40세 사이 여성은 고용하지 않으려 한다.

8-1. 선택 이유를 간단히 적어주세요.

9. 어느 대학에서 부모 중 한 명이 이주민일 때 해당 학생에게 '다문화 학생 멘토링' 프로그램에 참여하도록 권고한다.

9-1. 선택 이유를 간단히 적어주세요.

문항 1. 학기 초 새 학급의 출석부는 1번부터 20번은 남학생, 20번 이후가 여학생으로 구분되어 있다. 담임선생님은 학생들에게 앞에서부터 번호 순으로 앉도록 지시한다.

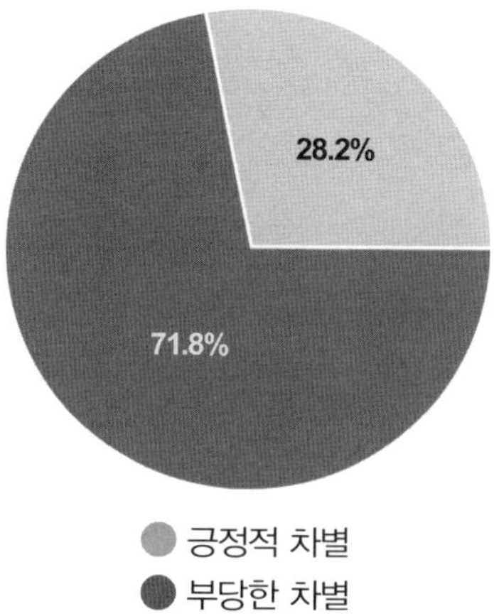

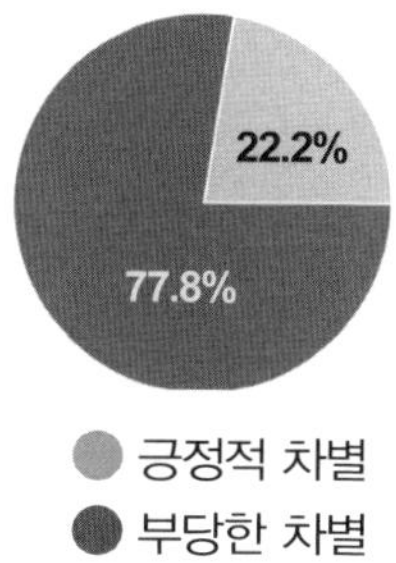

[40대 대상 문항 1 설문 결과]

〈문항 1-1〉 선택 이유 선별 발췌

"정당한 방법으로 자리를 배정하는 것이 가장 옳은 방법이라고 생각이 든다. 예를 들어 가위바위보를 하여 배정한다든지 아니면 제비뽑기를 통해 배정한다든지 등등 여러 가지 방법이 있다."

"선생님의 개인적인 생각으로 모두에게 선호하는 자리를 앉을 기회 또한 제공해 주지 않고, 선생님 개인의 결정으로 기회조차 얻지 못하는 것은 부당한 차별이라 생각한다."

1번 문항에 대한 학생들의 응답을 살펴보면, 부당한 차별이라는 의견이 70%를 넘었으나, 부당한 차별이 아니라는 의견도 30% 가까이 나왔다. 이는 학교라는 공간에서 오랫동안 당연시되어 온 관행이 실제로는 성별에 따른 차별적 요소를 내포하고 있음을 보여준다. 학생들은 자리 배정이 단순히 행정적 편의를 위한 것이 아니라, 성별에 따른 구분과 위계를 암묵적으로 강화하는 측면이 있다고 인식하고 있다. 이러한 인식은 교육환경에서의 성평등 의식이 점차 확산되고 있음을 시사한다.

문항 2. A 항공사에서 여성 승무원은 반드시 머리를 묶고 치마로 된 유니폼을 입어야 하고, 남성 승무원은 반드시 넥타이를 매야 된다고 규정한다.

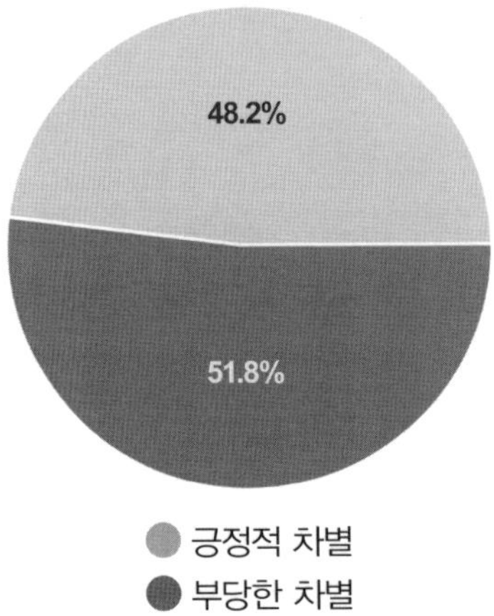

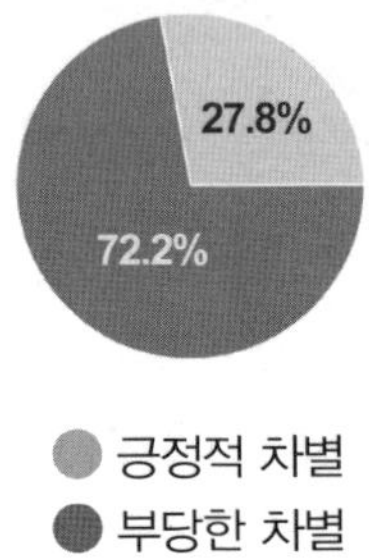

[40대 대상 문항 2 설문 결과]

〈문항 2-1〉 선택 이유 선별 발췌

"고객을 응대하고, 서비스를 제공해야 하는 직업 특성상 유니폼의 착용은 필요하다고 생각한다. 그리고 유니폼의 착용 목적은 단정한 옷차림과 통일성을 위함이어야 한다. 그러나 이 목적을 달성하기 위해서 여자가 치마를 입어야 할 필요성이 존재하지 않는다. 여자 유니폼이 치마 여야만 하는 이유는 없다."

"우리는 고객센터에 전화하거나 음식을 시킬 때 여자 목소리를 들으면 편안하나 남자 목소리를 들으면 말하기 조금 딱딱해진다. 이것은 본능적인 것으로 항공사들은 그런 남녀의 강점을 극대화하려고 여자와 남자의 유니폼을 규정하게 된 것이다. 그래서 부당한 차별이 아니라고 생각한다."

2번 문항의 경우, 부당한 차별이라는 의견이 근소하게 많이 나오긴 했지만, 긍정적인 차별이라는 의견 역시 50% 가까이 차지했다. 비교를 위해 40대 표본을 대상으로 조사한 결과를 보면, 그림에서처럼 이 조사와는 상당히 다른 결과가 나왔다. 40대 표본 조사에는 오히려 부당한 차별이라는 의견이 72.2%로 월등히 높게 나타났다. 이런 결과의 차이를 어떻게 이해하면 좋을까. 물론 20대냐, 40대냐를 기준으로 세대를 인위적으로 구분하여 일반화를 시도하는 것은 문제가 있을 수 있다. 그럼에도 두 결과를 통해 우리는 조사에 참여한 20대 응답자가 오히려 회사 규정이나 방침을 따르려는 성향이 40대 응답자에 비해 높게 나타났다는 점에서 이들 응답 학생 집단의 선호 가치관을 반영함을 부인할 수는 없다. 즉, 조사에 참여한 20대 응답자 85명 중 83명이 상선 사관의 진로를 선택하여 특수목적 교육을 받는 한국해양대학교 해사대학 학생들이었다는 점에서 제복과 규율에 대해 비교적 관대한 성향을 보인다고 할 수 있을 것이다. 또한, 이런 응답자의 특수성과 더불어 현재 20대가 가진 일반적인 성향이 반영된 것으로 조사 결과를 해석할 수도 있을 것이다. 다시 말해, 개인이 자신의 자유의지를 기반으로 직업을 선택했고 그 선택의 결과에 대해 각자가 책임을 다하고 권리를 누려야 한다는 입장이다. 이를 이 문항에 대입해 보면, 항공사 승무원에 대한 비교적 엄격한 복장과 서비스직에 대한 규율은 자신이 그 직업을 선택한 이상 이를 어느 정도는 감내해야 한다는 것이다. 이는 최근 몇 년간 항공사 승무원과 같은 특수직 인력들이 복장 및 외모 등에 대한 규제와 통제에 대해 자율성을 주장하는 흐름과는 별개의 사안이라 할 수 있다.

항공사 유니폼 규정에 관한 이 문항은 직업 환경에서의 성별 기반 복장 규정에 대한 학생들의 인식을 보여준다. 부당한 차별이라는 응답과 긍정적 차별이라는 응답이 거의 반반으로 나뉘었는데, 이는 '전문성'과 '성별 고정관념' 사이의 갈등을 반영한다고 할 수 있다. 특히 40대 표본과 비교했을 때 나타난 세대 간 인식 차이는 주목할 만하다. 조사 대상 학생 대부분이 해사대학 소속으로, 제복과 규율에 익숙한 환경에서 교육받고 있다는 점이 응답에 영향을 미쳤을 가능성이 높다. 이는 선원 직업군에서도 성별에 따른 역할 구분과 복장 규정에 대한 인식에 시사점을 제공하고 있다.

문항 3. 여성 고객이 대다수인 어느 양로원에서 고객의 목욕과 화장실 출입을 도와줄 남성 간호조무사 고용을 거부한다.

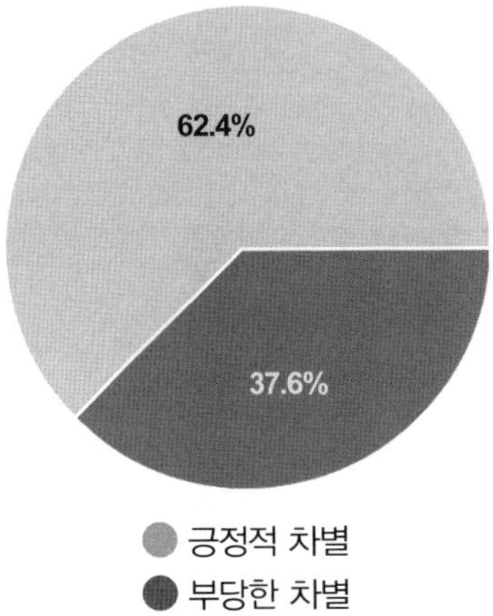

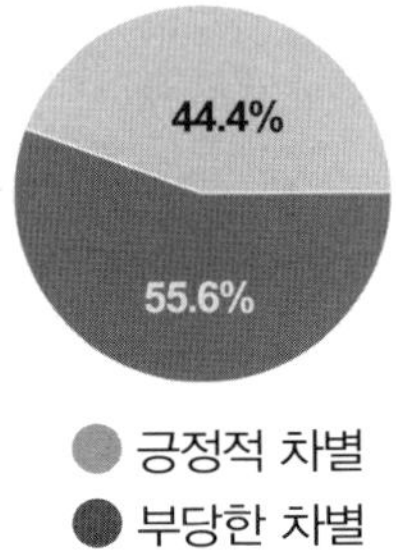

[40대 대상 문항 3 설문 결과]

〈문항 3-1〉 선택 이유 선별 발췌

"여성을 남성이 돌보는 게 좀 그렇다고 생각하는 거 자체가 차별적인 시선이라고 생각합니다. 양로원은 노인분들의 볼일 보는 것을 도와주고 혹은 직접 씻기는 것처럼 육체적인 일을 많이 하는 곳이므로 남성들이 큰 도움이 될 수 있는 곳인데 남성이라는 이유로 간호조무사 고용 거부는 엄연한 부당한 차별이라고 생각합니다."

"여성이 남성 목욕탕이나 화장실에 들어간 것은 실수로 인정해주고 남성이 여성 목욕탕이나 화장실에 들어간 것은 들을 것도 없이 성추행으로 취급하고 처벌하는 나라에서 바랄 걸 바라야 한다."

3번 문항의 경우, 부당한 차별이 아니라는 의견이 60% 이상으로 성별에 따른 업무와 고용의 문제에 대해 어느 정도 수용하는 양상이 나타나고 있다. 하지만 2번 문항과 유사하게 3번 문항에서도 40대 표본을 대상으로 한 결과와 확연한 차이가 드러나고 있다. 40대 응답자들의 경우, 여성 고객이 대다수인 양로원에 남성 간호조무사 고용을 거부하는 행위를 부당한 차별이라고 생각하는 비율이 55.6%로, 받아들일 수 있는 차별이라고 생각한다는 응답 44.4%보다 높게 나타났다. 결과적으로 20대 학생들이 40대 응답자들보다 성별에 기반한 차별적 고용을 더 자연스러운 것으로 받아들이는 것으로 보인다. 이들은 실력과 능력을 떠나 남녀 성별 구분이 당락에 영향을 미치는 것에 부정적으로 인식하고 있지만, 남성과 여성이 가진 물리적 조건으로 인한 업무적 특수성에 대해서 상당히 관대한 경향을 보인다. 다시 말해, 변화하는 사회적 통념상 남녀 차별에 대해 부정적인 인식을 보이는 40대 응답자에 반해 20대 응답자들은 차별과 구분의 구체적인 이유와 배경을 기반으로 정당성 유무를 판단하고 있다고 할 수 있다.

양로원의 남성 간호조무사 고용 거부 사례는 돌봄 직종에서의 성별 역할 고정관념을 잘 보여준다. 학생들의 60% 이상이 이를 부당한 차별이 아니라고 응답했는데, 이는 사생활 보호와 신체 접촉을 수반하는 업무의 특수성을 인정하는 경향을 보여준다. 그러나 40대 응답자들은 이를 부당한 차별로 인식하는 비율이 더 높았다. 이러한 차이는 돌봄 노동에 대한 세대 간 인식 차이를 보여주며, 전통적인 성 역할에 대한 젊은 세대의 보수적 태도가 오히려 두드러지는 흥미로운 결과이다. 선원 사회에서도 특정 업무에 대한 성별 적합성 논의와 연결될 수 있는 중요한 시사점이다.

문항 4. 벼룩 시장 개인광고란에 '여성구함'이라는 제목으로 다음과 같은 광고가 실린다. "장기 교제 혹은 결혼 전제 30세에서 40세 사이의 미혼여성 구함. 여성스러운 분 원함. 화장하고 옷 잘 입는 날씬한 분 선호."

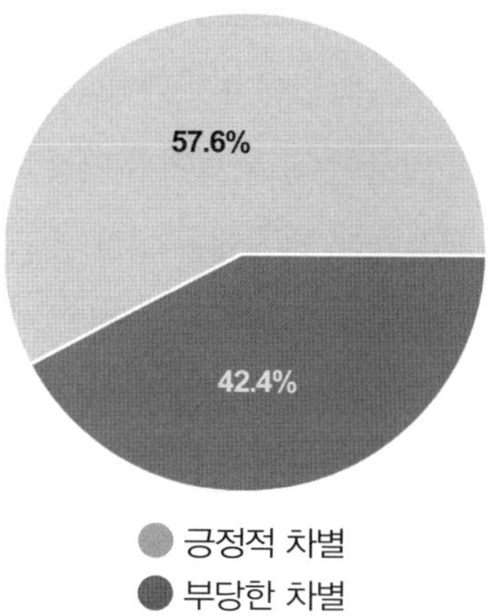

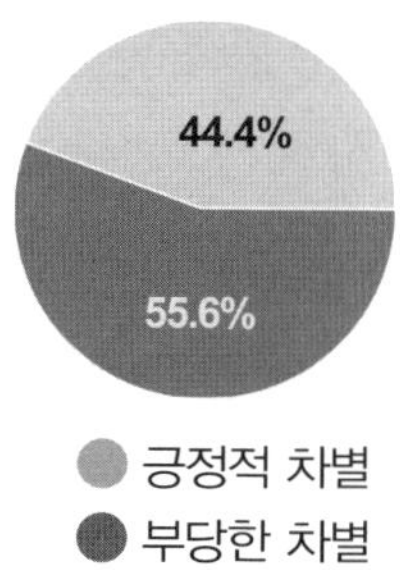

[40대 대상 문항 4 설문 결과]

〈문항 4-1〉 선택 이유 선별발췌

"단순히 벼룩시장 개인 광고에 올라왔다는 것은 강제성 없이 원하는 사람이 연락하도록 하는 시스템이라는 부분과 화장하고 옷 잘 입는 날씬한 분은 개인적 취향이라는 부분에서 긍정적 차별이라고 생각합니다. 장기 교제를 하는 데 있어서 개인적 취향은 존중해야 한다."

"결혼은 인생에서 가장 경제적인 선택이라고 할 수 있다. 개인광고란에 해당 내용을 공지하는 건 전혀 문제없다."

"개인광고란에 자신이 찾고 있는 이상형에 부합한 여성의 이미지를 적어 올리는 건 개인의 자유라고 생각한다. '소개팅에 나가서 상대방이 못생겼다고 차는 게 부당한 차별인가 아닌가?' 라는 질문과 같다고 생각하는 데 이를 보고 부당한 차별이라고 생각하는 사람은 없을 것 같다."

4번 문항의 경우, 부당한 차별이 아니라는 의견이 60% 가까이 나타났고 부당한 차별이라는 의견도 40%를 넘어서고 있다. 즉, 남성이 개인광고에 여성에 대한 개인적인 취향을 공개적으로 밝히는 행위를 부당하지 않다고 생각하는 비율이 높게 나타난 것이다. 이 문항에서도 흥미로운 것은 이 결과가 40대 응답자의 응답 비율과 거의 상반되게 나타난다는 것이다. 40대 응답자들의 경우, 부당하다고 생각하는 비율이 55.6%로 긍정적으로 바라본 비율 44.4%에 비해 높게 나타났다. 개인적인 취향에 대한 명확한 의사 표현과 호불호에 대한 직설적인 20대의 성향이 반영된 것이라 볼 수도 있을 것이다. 물론 개인적인 선호도를 기반으로 지극히 사적인 광고를 게시하는 것은 개인의 자유라는 측면에서 바라볼 수 있겠지만, 어쩌면 '성(性)의 상품화 및 대상화'하는 것이 일상이 된 사회에서 이것이 그리 부적절해 보이지 않는 것은 당연하지 않을까 생각한다. 과거에는 이런 광고의 소통 플랫폼이 벼룩시장이었다면, 요즘은 데이팅 앱, SNS 등 모바일 기반의 다양한 온라인 매체에서 이런 유사 광고나 구애 문구를 볼 수 있으니, 오늘날의 현실에서 보면 그리 대단한 성차별적 광고로 읽히지 않을 가능성이 크다. 이와 유사한 내용을 여고 앞에 게시한 50대 남성의 이야기가 사회적으로 이슈화되기도 했다.[3)]

3) JTBC 뉴스 2022년 3월 16일. "할아버지 아이 낳을 여성분" 현수막 들고 또 여고 간 50대

문항 5. 생물학적으로는 남성이지만 여성처럼 옷을 입고 생활하는 종업원이 고용주에게 남녀 공용 화장실을 만들어주거나 자기가 여자 화장실을 사용할 수 있도록 허락해 달라고 요구한다. 고용주는 종업원의 요청을 거절하고 남자 화장실을 이용하라고 지시한다.

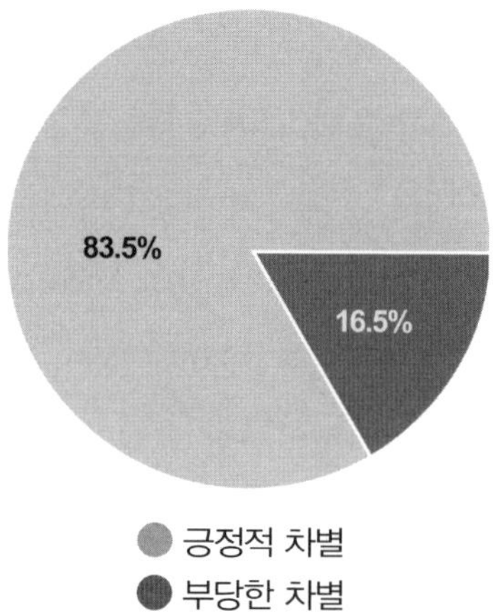

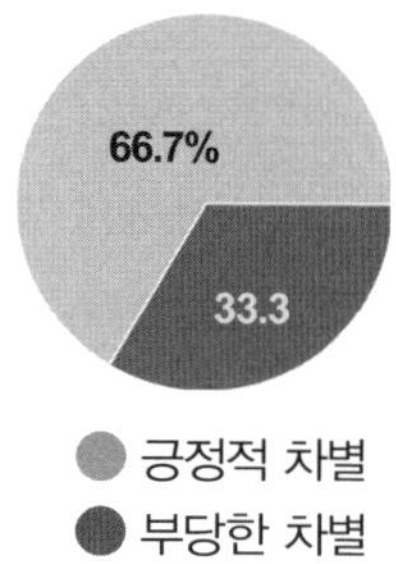

[40대 대상 문항 5 설문 결과]

〈문항 5-1〉 선택 이유 선별 발췌

"남성이 여성처럼 옷을 입는다고 여성 취급을 해주면 인간이 개처럼 굴면 개 취급을 해야 하나 생각이 듭니다. 그리고 여성처럼 옷을 입는다는 정의도 궁금합니다. 치마를 입는 것이 여성처럼 입는 것이면 바지를 입은 여성은 여성처럼 입지 않은 것인지 의문이 들고 '남성이지만 여성처럼 옷을 입고 생활하는' 이 문장 자체가 차별적으로 느껴집니다. 저 남성이 여자 화장실에 들어가면 모든 여성이 당황할 수 있고 수치심이 들 수 있으므로 고용주의 지시는 긍정적 차별이라 생각합니다."

"[…] 화장실의 경우에도 각 생물학적 성에 맞는 성별의 사람들이 불편함 없이 이용할 수 있도록 나누어 놓은 것입니다. 해당 종업원이 만약 본인의 정신적 성별이 여성이므로 여자 화장실을 이용한다면, 다른 여성 종업원들이 불편함을 느껴 피해를 보게 하는 행위이기에 혼자만의 편의를 위해 다수의 편의를 해치는 것은 옳지 않으므로, 해당 종업원의 요구를 거절한 것을 매우 긍정적인 차별이라고 생각합니다."

---

https://news.jtbc.joins.com/article/article.aspx?news_id=NB12051155

5번 문항의 경우, 20대 응답 학생 대다수인 83.5%가 여전히(?) 생물학적으로 남성인 사람에게 여자 화장실을 사용하도록 하는 것에 대해 거부감을 가지고 있는 것으로 드러났다. 하지만 개인의 성 정체성 결정권이라는 관점에서 이를 부당한 차별이라고 생각하는 학생들도 16.5%라는 점도 눈여겨볼 만하다. 40대 기성세대의 경우, 당연히 남자 화장실을 사용하도록 해야 한다는 응답이 학생들에 비해 적은 66.7%로 나타났다. 앞선 두 문항만큼이나 세대 간의 차이를 보이는 문항이다. 그렇다고 40대가 다양한 성 정체성에 대해 더 개방적이다고 판단할 수는 없을 것이다. 이 결과는 아마도 20대 학생들이 가지고 있는 자신의 이해관계를 침해하는 것에 대해 상당히 민감해하는 경향과 관련이 있는 것으로 보인다. 즉, 성 정체성의 문제를 떠나 누군가의 돌발적인 행동이나 배경으로 인해 자기 개인의 권리를 침해받는 것에 대한 예민함을 반영하고 있다. 이 문항의 경우를 보면, 아직 남성이라는 성 정체성을 가진 남성이 여자 화장실을 사용하면 빚어지게 될 문제가 자기 자신에게 영향을 미치는 상황 자체를 꺼리는 것으로 보아야 할 것이다. 이에 반해, 40대 응답자들은 이 문항에서도 변화해 가고 있는 성 정체성에 대한 우리 사회의 고민을 반영하고 있다고 할 수 있다.

5번 문항과 유사한 주제를 다루고 있는 국내 어느 대학의 '모두의 화장실' 설치와 관련한 기사가 온라인에서 이슈화되기도 했다.[4)] 이에 대해 네티즌들 역시 상당히 상반된 의견을 보이는 것으로 나타났다.

4) 〈관련 기사〉
연합뉴스, 2022년 3월 16일. 성공회대, '모두의 화장실' 설치… 국내 대학 중 최초
https://www.yna.co.kr/view/AKR20220315113700004

문항 6. 어느 사립 초등학교 4학년 '수학 영재교육 프로그램'에 학생의 지능지수 IQ와 초등 고학년 수준의 수학 시험 결과에 따라 입학생을 선발한다.

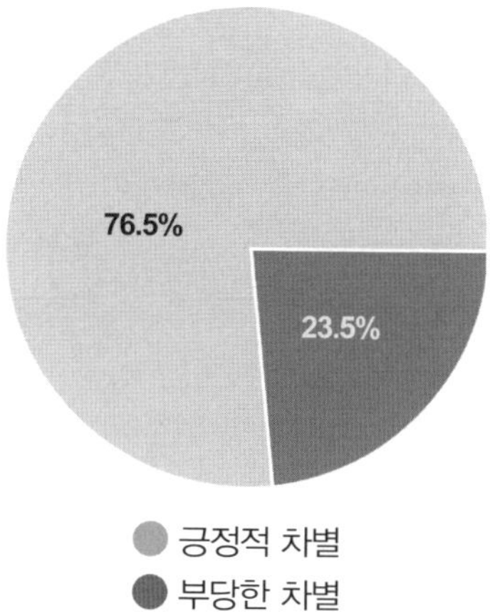

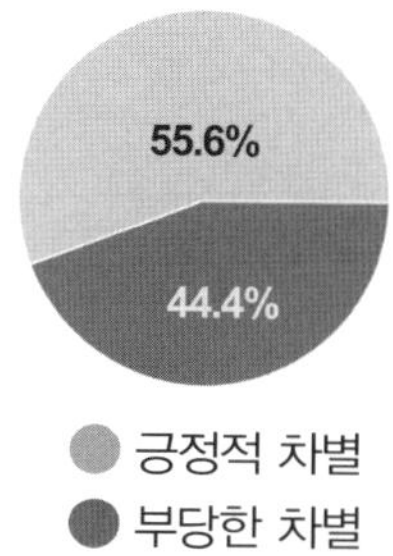

[40대 대상 문항 6 설문 결과]

〈문항 6-1〉 선택 이유 선별 발췌

"보통 사람들이 사회는 약육강식이라고 합니다. 지능지수와 수학 시험 결과에서의 결과로 입학생을 선발하는 것이 몇 없는 자원을 배분하는 효율적인 방법이라고 생각합니다. 제가 생각하기에는 성적은 노력의 결과 + 재능의 영역이라서 개인이 얼마나 공부를 하느냐에 따라 바뀔 수 있다고 생각합니다. 그래서 몇 없는 사립 초등학교에 다니기 위해서는 개인이 노력해야 한다고 생각해서 긍정적 차별이라 생각합니다."

"공립초등학교가 아니고 사립초등학교에서 학부모가 학교에 더 많은 돈을 내기 때문에 학부모들이 원한다면 부당한 차별은 아니라고 생각한다."

"지금 우리가 사는 사회는 경쟁 사회이다. 학생 때도 마찬가지로 공부와 성적으로 경쟁을 한다. 그래서 시험 결과에 따라서 입학생을 선발하는 과정은 딱히 이상하지 않다."

6번 문항은 역시 5번 문항과 유사하게 두 집단의 응답이 큰 흐름에서는 유사하게 나타났지만, 자세히 보면 미세한 견해 차이를 볼 수 있다. 영재교육 프로그램에서 지능지수와 선행학습을 요구하는 선발기준에 대해 20대 학생들은 76.5%가 당연한 것으로 생각했으며, 23.5%만이 부당하다는 의견을 표명하였다. 언급한 대로 흐름은 같지만 40대의 경우 당연하다고 생각하는 응답자의 비율이 55.6%

로 20대 응답자에 비해 20% 이상 낮게 나타나서 이를 부당하다고 여기는 응답자의 비중도 44.4%를 차지했다. 세대 간의 관점에서 본다면, 초등학생의 학부모 세대인 40대가 경쟁교육에 투자해야 하는 사교육비 부담과 과열된 입시 위주 교육에 대해 20대보다 거부감을 더 가지고 있는 것이라고 해석할 수 있을 것이다. 또한 20대의 경우, 엄격한 기준과 시험의 결과를 통해 개인이 겪어야 하는 차별은 지극히 당연하다는 생각 그리고 이것은 '공정'한 것이라 입장이 지배적이라고 할 수 있다.

하지만 20대든 40대든 우리 사회의 고질적인 입시경쟁 위주의 교육체계는 초등학교 4학년 학생에게 고학년의 선행학습을 요구하고 이를 기반으로 경쟁 선발하는 행위를 부당하다고 생각하지 않을 만큼 우리 머릿속 깊숙이 자리하고 있는 것으로 보인다. 우리 사회에서 익숙한 평가와 시험은 어떤 기준을 설정하고 그것을 기반으로 학생들을, 서열을 나누어 구분 짓는 행위인 것이다. 우리는 그것이 당연하다고 암묵적으로 배웠다. 아울러 공립이 아닌 사립학교이고, 일반교육이 아닌 '영재' 교육이라 이러한 기준은 부당하지 않다는 의견이 다수였다. 하지만 이러한 입시 위주 교육체계와 경쟁 중심 사회 분위기가 빚어내고 있는 '한국식 능력주의(K-Meritocracy)'("개인의 능력 차이는 명백하다. 그래서 불평등은 당연하다.")(박권일 2021)의 병폐에 대해 한국을 살아가는 우리는 조금 성찰해 봐야 하지 않을까 싶다.[5)]

---

5) 〈관련 기사〉
세계일보, 2022년 4월 17일. "저학력이 벼슬"… 박지현 논란이 드러낸 한국식 능력주의 민낯
http://m.segye.com/view/20220411519544

문항 7. 부산의 모기업은 부산경남울산 지역대학 출신 구직자를 우대한다.

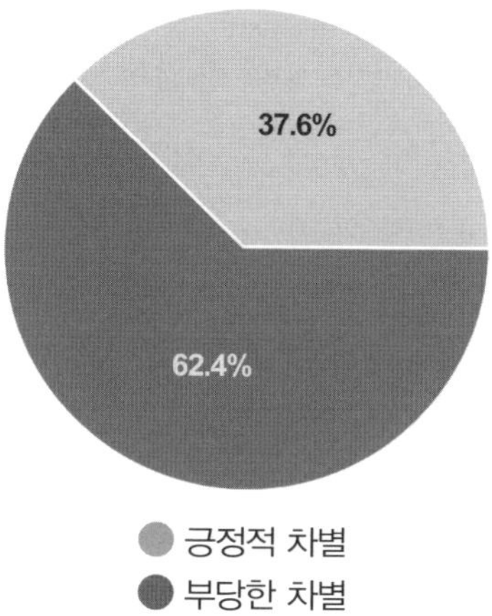

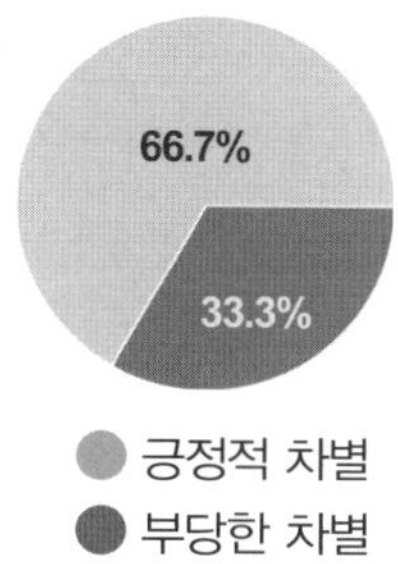

[40대 대상 문항 7 설문 결과]

〈문항 7-1〉 선택 이유 선별 발췌

"성과나 능력이 아닌 호감만으로 우대하는 것은 지역에 대한 차별이다."

"지역대학 출신으로 구직자를 우대하는 것은 부당하다고 생각한다. 왜냐하면, 지역 간의 갈등을 조장할 수도 있고, 대학의 수준이나 취준생의 수준을 보는 것이 아니라 지역 대학 출신을 보고 우대한다는 것은 터무니없다는 생각이 들기 때문이다."

"지역대학을 나온 거랑 일을 수행하는 것은 아무 상관이 없다고 생각한다."

7번 문항은 최근 '지방대학 및 지역인재 육성에 관련한 법률' 등에 기반하여 우리 사회에서 활발히 논의되고 있는 주제이다. 설문 전 지역에 있는 대학에 재학하고 있는 학생들의 경우 대부분이 지역 출신 지원자를 우대한다는 것에 대해 긍정적으로 평가할 것으로 예상했다. 하지만 결과를 보면, 20대 응답자의 62.4%가 이는 부당한 차별이라고 판단했으며, 40대 응답자들은 33.3%만이 부당하다고 생각하는 것으로 드러났다. 이번 문항은 세대 간의 결과 차이가 뚜렷하게 나타난다. 앞선 문항들에서처럼 20대 응답자들에게 중요한 것으로 지역인재에 대해 가산점을 주는 것이 중요한 것이 아니라 그로 인해 피해를 보게 되는 사람이 발생한다는 점에 더 방점을 두고 있는 것으로 보인다. 즉, 경쟁은 공정해야 하는데 단지 특정 지역의 대학 출신이라는 이유만으로 능력에 상관없이 우대한다는 것은 이들이 생각하는 '공정'과는 거리가 멀다는 입장이다. 반면, 40대 응답자들의 경우, 본인들의 취업 경쟁 경험을 뒤돌아보며, 우리 사회 내 뿌리 깊은 지역과 수도권 사이의 격차와 이로 인해 지역의 소외 현상에 대한 고민이 반영되어 있다고 할 수 있다. 실제로 최근 몇 년간 지역대학 출신에 대한 가산점이나 공공기관 지역 할당제 등과 관련한 논의와 논쟁이 우리 사회에 있었다.[6)]

문항 8. 어느 회사에서 20세에서 40세 사이 여성은 고용하지 않으려 한다.

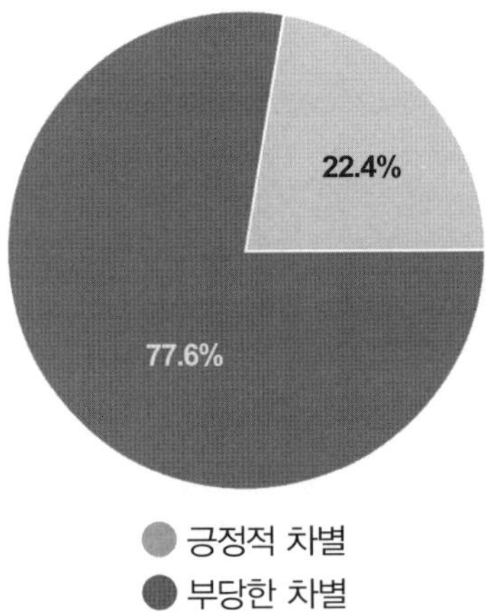

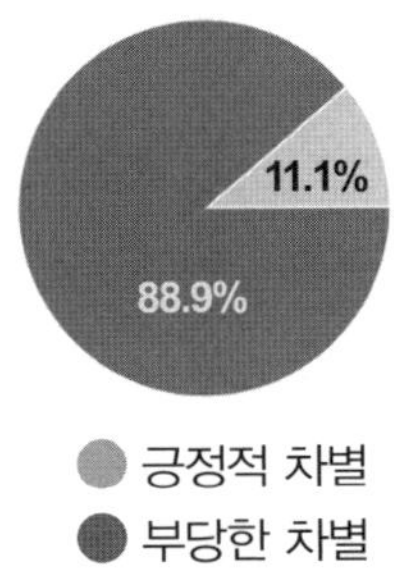

[40대 대상 문항 8 설문 결과]

---

6) 〈관련 기사〉
매일경제, 2018년 10월 24일. 블라인드 채용인데 '지방대 가산점'… 역차별에 뿔난 서울 취준생
https://www.mk.co.kr/news/society/view/2018/10/664472/
동아일보, 2015년 8월 1일. 公기관 공채때 지역인재 우대범위 넓힌다
https://www.donga.com/news/Economy/article/all/20150731/72816175/1
한겨레, 2021년 9월 8일. 공공기관 지역할당 딜레마
https://www.hani.co.kr/arti/area/yeongnam/1010879.html

〈문항 8-1〉 선택 이유 선별 발췌

"어떤 목적을 가지고 일을 하는 회사냐에 따라서 필요한 조건들이 있을 것이라는 전제하에 부당하다고 보긴 어렵다."

"어느 회사가 무슨 회사인지는 모르겠지만 20~40세 사이의 여성을 고용하는 것이 회사에서는 득보다는 실이라고 판단했기에 앞서 말한 것처럼 원하는 구직자를 고용하는 것이 기업 입장에서는 권리라고 생각하기에 긍정적 차별이라고 생각합니다."

"옳다 아니다 라는 차별을 구별할 수 없는 것 같다. 기업은 최대 이윤을 창출하는 집단이기에 기업이 여성을 원치 않으면 고용을 하지 않는 것은 기업 마음이다."

8번 문항의 경우, 많은 학생이 회사에 대한 구체적인 정보와 차별의 사유가 명확하지 않아 조금 유보적인 자세를 보이고 있다. 다시 말해, 해당 업무나 기업의 사업 분야에 따라 주어진 조건의 여성에게 맞지 않는 자리일 경우 이러한 기준을 부당한 차별이라 보기 어려울 수 있다는 입장이다. 이번 문항 역시 40대 결과와 비교했을 때, 동일한 흐름을 보이고 있긴 하나 약간의 인식 차이를 드러내고 있다. 20대 응답자들의 경우, 이를 부당하고 생각하는 비율이 77.6%인데 반해, 40대 응답자의 88.9%가 이를 부당하다고 간주하였다. 즉, 40대가 20대보다 고용에 있어 남녀 구분과 연령 제한에 대해 부정적으로 생각하는 것으로 나타났다. 물론 문항에 구체적인 남녀 구분과 연령 제한 사유를 명시했다면, 결과가 어떠했을지 정확히 알 수는 없으나 이번 문항 역시 두 세대 간의 인식 차이를 보여주고 있는 것은 확실하다. 이번 문항의 우리 사회 내 젠더 갈등과 이를 둘러싼 다양한 논쟁 및 이슈들과 그 궤를 같이하고 있는 것으로 보인다. 특히, 고속 성장 이후 1990년대와 2000년대 이후 태어난 세대들의 경우 구직시장에서의 경쟁이 이전 세대의 그것보다 훨씬 치열하게 인식될 수 있고, 또 이를 정치권이나 다양한 사회 이해관계자들이 자기 집단의 이익을 위해 이용하여 오히려 20대의 젠더 갈등을 부추긴 결과라고 볼 수도 있다.[7)]

7) 〈관련기사〉
한겨레, 2020년 6월 3일. 가임기 여성만 신혼부부?

문항 9. 어느 대학에서 부모 중 한 명이 이주민인 경우 해당 학생에게 '다문화 학생 멘토링' 프로그램에 참여하도록 권고한다.

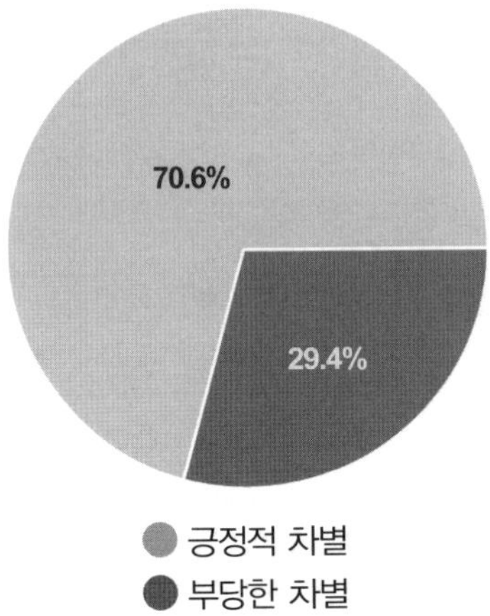

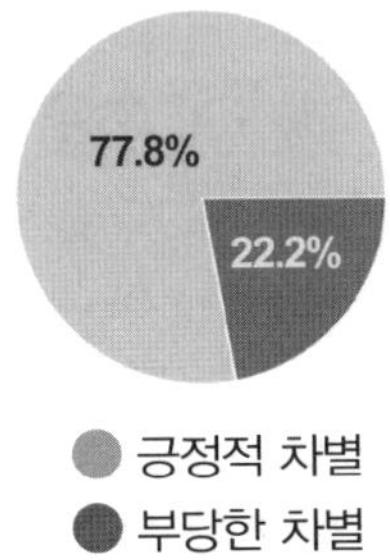

[40대 대상 문항 9 설문 결과]

〈문항 9-1〉 선택 이유 선별 발췌

"다문화 학생이라도 자신이 다문화라고 생각하며 살아오지 않았을 수도 있기 때문이고 또한 다문화 가정에서 살아오며 많은 것을 경험했더라도 자신이 그렇게 살아온 것을 대외적으로 드러내고 싶지 않을 수 있기 때문이다."

"'다문화 학생 멘토링'의 목적을 알 수 없으나, 부모 중 한 명이 이주민이라는 이유로 프로그램 참여를 권고하는 것은 애초부터 이주민을 기존 사회구성원과 분리, 배척의 의미를 내포하고 있으므로 부당하다."

"학생이 참여하고 싶다고 의사를 밝히면 문제가 되지 않는데, 학생이 참여 의사를 밝히지도 않았는데 권고하게 되면 그 학생에게 불쾌감을 줄 수도 있고, 만약 공개적으로 이 발언을 하게 되면 사람들의 구설에 오르내리게 되고 당사자 학생에게 2차 손해를 끼칠 수도 있어서 부당한 차별이라고 생각합니다."

---

https://www.hani.co.kr/arti/society/women/947696.html
한국일보, 2022년 2월 26일. '구조적 성차별'의 결과물, 바로 윤석열세대다
https://www.hankookilbo.com/News/Read/A2022022316270002426

마지막 문항은 실제 많은 대학에서 시행하고 있는 프로그램을 주제로 잡았다. 조사 결과, 70.6%의 학생들이 이를 부당한 차별이나 구별이라 할 수 없다는 의견이었다. 그리고 특히 문항의 표현 중 '권고'라는 문구에 집중하고 있다. 즉, '강제'나 '의무'가 아닌 '권고'라는 문구는 딱히 '차별'과 연관되지 않는다는 것이다. 이 문항 역시 40대 응답자의 결과와 비율 면에서 조금 다르게 나타났는데, 부당한 것이 아니라는 비율이 40대에서는 77.8%로 조금 더 높게 나타났다. 이를 기반으로 두 집단의 차이를 언급하기는 무리가 있을 것으로 보인다.

물론 이 문항에서도 사전에 '이주민'이나 '다문화 가정' 등의 개념에 대한 명확한 명시가 있었다면, 이에 대한 두 집단의 입장을 보다 명확히 알 수 있었을 것으로 보인다. 그럼에도 우리 사회에서 이미 '다문화', '이주민'이라는 표현 자체가 말 그대로의 중립적 의미를 상실한 상황에서 가시적으로 드러나는 부모의 배경이나 사회적 정체성을 기반으로 특정 집단에 대해 호의를 베푸는 것으로 착각하게 하는 정책이나 프로그램이 존재하는 것은 아닌지 하는 성찰이 필요하지는 않을까. 그러한 측면에서 의무가 아니라 '권고'를 받은 해당 학생의 입장을 한번 생각해 보면 어떨지 생각해 본다.

설문 결과 시사점 및 결론

이 절에서 다룬 설문은 직장인 40-50대 28명(남성 10명, 여성 18명)을 대조군으로 하여 한국해양대학교 해사대학 학생들의 차별에 대한 인식을 분석하였다. 세대 간, 성별 간 차별에 대한 인식의 차이는 우리 사회의 변화하는 가치관과 고정관념을 보여주는 중요한 지표일 것이다.

본 설문 조사 결과는 차별에 대한 인식이 세대, 성별, 직업 환경에 따라 달라질 수 있음을 보여준다. 특히 주목할 만한 점은 20대 학생들의 경우, '공정'과 '능력주의'에 대한 가치를 중시하며, 개인의 능력과 노력에 따른 평가를 중요시하는 경향이 드러났다는 것이다. 그러나 동시에 성별 역할과 관련된 일부 차별적 관행에 대해서는 비교적 관대한 태도를 보이기도 했다.

이번 설문의 첫 번째 목적인 '차별의 긍정적 측면과 부당한 측면을 구분하는 것이 쉽지 않음'을 인식하는 과정에서, 학생들은 각 사례에 대해 심층적으로 고민하며 차별의 복잡성을 경험했다. 특히 항공사 유니폼 규정(2번 문항)이나 지역대학 출신 우대(7번 문항) 등에서 의견이 크게 나뉘었던 점은 차별 판단의 어려움을 잘 보여준다.

두 번째 목적인 '우리가 부당하지 않다고 생각하는 것도, 차별받는 당사자에게는 차별일 수 있음'을 인식하는 데도 의미 있는 결과가 도출되었다. 학생들이 무해하다고 생각한 출석번호 배정(1번 문항)이나 다문화 학생 멘토링(9번 문항)도 당사자 입장에서는 분리와 낙인효과를 가져올 수 있다는 점을 깨닫는 계기가 되었다.

세 번째 목적인 '차별 현실을 비판적으로 고찰하고 개선하려는 노력이 인권 보호의 방법'이라는 인식은 설문 과정 자체가 학생들에게 자신의 무의식적 편견을 돌아보는 기회를 제공했다. 특히 기존에 당연시되던 관행들(성별에 따른 자리 배정, 외모 기반 선호 등)에 대한 비판적 성찰은 향후 선원 사회에서도 중요한 인권 감수성의 기초가 될 것이다.

본 연구 결과에서 드러난 주요 시사점은 다음과 같다:

첫째, 학생들은 '가위바위보' 또는 '제비뽑기'라도 명확한 기준에 입각한 '공정한' 경쟁을 선호하는 경향이 뚜렷하다. 이는 규칙과 절차의 투명성이 실질적 결과의 평등보다 중요시되는 가치관을 반영한다.

둘째, 개인의 이익이나 이해관계가 손상되는 것 또는 개인의 영역이나 자유를 침범하는 것에 대해 상당히 민감한 반응을 보였다. 이는 개인주의적 가치관이 강화되는 사회적 흐름과 맞닿아 있다.

셋째, 'K-능력주의(Meritocracy)'에 대한 맹목적 신뢰가 두드러진다. "개인의 능력 차이는 명백하다. 그래서 불평등은 당연하다"라는 관점이 특히 영재교육 프로그램(6번 문항)에 대한 응답에서 강하게 나타났다.

넷째, 자기 자신 또는 자신의 내집단과 직접적으로 관련된 문제가 아니라면, 우리 사회 내 존재하는 일상화된 차별(성소수자, 이주민 등)에 대해 별로 관심이 없고 매우 둔감하며, 경우에 따라 기성세대보다 보수적인 가치관을 구현하는 모습을 보였다.

그러나 주목해야 할 점은, MZ세대의 이러한 성향이 기성세대가 만들어 놓은 살인적 경쟁 위주 시스템의 결과물이라는 것이다. 오늘날의 청년들은 극심한 경쟁 환경에서 성장했고, 그 과정에서 형성된 가치관이 차별에 대한 인식에도 영향을 미치고 있다.

이러한 결과는 선원 인권과 인성교육에 중요한 함의를 제공한다. 선박이라는 제한된 공간에서 다양한 배경을 가진 구성원들이 함께 생활하며 일하는 환경에서, 차별적 관행과 인식이 어떻게 작용하고 변화해야 하는지에 대한 논의가 필요하다. 특히 성별, 국적, 연령 등에 따른 차별이 아닌, 능력과 인격을 중심으로 한 평등한 관계 형성이 선원 사회의 건강한 발전을 위해 중요할 것이다.

선원들은 좁은 공간에서 장기간 함께 생활하며 다양한 국적과 문화적 배경을 가진 사람들과 협업해야 하는 특수한 환경에 있다. 이러한 환경에서 무의식적 차별과 편견은 심각한 갈등과 인권침해로 이어질 수 있다. 이번 설문은 미래 선원이 될 학생들이 차별에 대한 인식을 높이고, 다양성을 존중하는 문화를 형성하는데 기여할 수 있는 기초 자료로서 의의가 있다.

'부당한 차별'과 '정당한 차별'을 구분하는 것은 단순한 문제가 아니며, 사회적 맥락과 개인의 가치관이 복잡하게 얽혀 있다. 특히 20대와 40대의 인식 차이에서 볼 수 있듯이, 세대에 따라 차별에 대한 감수성과 판단기준이 상이할 수 있으며, 이는 세대 간 갈등의 원인이 되기도 한다. 이러한 갈등을 건설적으로 해결하기 위해서는 서로의 관점을 이해하고 존중하는 대화가 필요하다.

특히 선원 사회에서는 위계질서와 규율이 강조되는 특성으로 인해 차별이 구조화될 위험이 있다. 이러한 환경에서 인성교육은 단순한 개인의 품성 함양을 넘어,

다양성을 존중하고 인권을 보호하는 조직 문화를 형성하는 핵심 요소가 되어야 한다. 구별 짓기 행위인 '차별'이 언제 도덕적으로 문제가 되고, 언제 그렇지 않은가를 판단하는 것은 개인의 인성과 직접적으로 연관된 문제이다. 인성 함양을 기반으로 제대로 된 판단력을 갖춘 시민 역량이 차별과 부정의로부터 안전한 사회를 만들어 낼 수 있는 것이다.

미래 선원들이 국제적 환경에서 다양한 문화와 배경을 가진 사람들과 조화롭게 협력하기 위해서는, 자신의 무의식적 편견을 인식하고 차별적 행위를 지양하는 태도가 필수적이다. 따라서 차별 문제에 대한 지속적인 성찰과 논의가 필요하며, 이는 인성교육의 중요한 부분이 되어야 할 것이다.

참고문헌 및 인용 자료

국가인권위원회 (2021),『2020 국가인권실태조사』.

김지혜 (2019),『선량한 차별주의자』, 창비.

데버러 헬먼 (2016),『차별이란 무엇인가』, 김대근 옮김, 서해문집.

박권일 (2021),『한국의 능력주의: 한국인이 기꺼이 참거나 죽어도 못 참는 것에 대하여』, 이데아.

아이리스 매리언 영 (2017),『차이의 정치와 정의』, 김도균·조국 역, 모티브북. (원서출판 1990).

최경호 (2018),『데이터에 기반한 입법평가(I) - 남녀고용평등과 일·가정 양립지원에 관한 법률상 육아휴직제도』, 한국법제연구원.

홍성수 (2018),『말이 칼이 될 때: 혐오표현은 무엇이고 왜 문제인가』, 어크로스.

[언론 기사 자료]

JTBC 뉴스 2022년 3월 16일. "할아버지 아이 낳을 여성분" 현수막 들고 또 여고 간 50대 https://news.jtbc.joins.com/article/article.aspx?news_id=NB12051155

동아일보, 2015년 8월 1일. 公기관 공채때 지역인재 우대범위 넓힌다 https://www.donga.com/news/Economy/article/all/20150731/72816175/1

매일경제, 2018년 10월 24일. 블라인드 채용인데 '지방대 가산점' … 역차별에 뿔난 서울 취준생 https://www.mk.co.kr/news/society/view/2018/10/664472/

세계일보, 2022년 4월 17일. "저학력이 벼슬" … 박지현 논란이 드러낸 한국식 능력주의 민낯 http://m.segye.com/view/20220411519544

연합뉴스, 2022년 3월 16일. 성공회대, '모두의 화장실' 설치 … 국내 대학 중 최초 https://www.yna.co.kr/view/AKR20220315113700004

한겨레, 2020년 6월 3일. 가임기 여성만 신혼부부? https://www.hani.co.kr/arti/society/women/947696.html

한겨레, 2021년 9월 8일. 공공기관 지역할당 딜레마 https://www.hani.co.kr/arti/area/yeongnam/1010879.html

한국일보, 2022년 2월 26일. '구조적 성차별'의 결과물, 바로 윤석열세대다 https://www.hankookilbo.com/News/Read/A2022022316270002426

4. 차별과 인성

우리 사회의 이슈가 되었던 성차별 관련 사례를 살펴본다. 역사적으로 인류가 '차이'에 대해 접근했던 방식을 정리하며 현대 사회 우리의 대응 방식 역시 유사함을 고찰해 본다. 이를 통해 사람을 특정한 속성을 기준으로 구분 짓는 행위인 '차별'이 부당한 것인지의 여부는 개인의 도덕적 판단과 밀접히 연관되어 있음을 살펴본다.

우리 사회에서 일어나는 성차별 관련 논쟁들은 개인적 가치관과 사회적 규범 사이의 갈등을 잘 보여준다. 한국일보(2021.03.09)에 따르면, 2020년 한 제약회사 면접에서 여성 지원자가 "여자들은 군대를 안 가니까 남자보다 월급을 적게 받는 것에 동의하느냐"와 같은 질문을 받은 사례가 있었다. 이 지원자는 면접 과정에서 같이 면접을 본 남성 지원자들과는 달리 '병풍 취급'을 받았다고 주장했으며, 이러한 행위가 단순한 불쾌한 경험이 아닌 조직 문화와 연결된 차별적 행태라고 지적했다. 이 사례는 SNS를 통해 빠르게 확산되어 사회적 논란이 되었다.

또 다른 사례로, 매일경제(2022.12.20)는 직장 내 당직 근무 편성에 관한 국가인권위원회의 결정을 보도했다. 모기업의 IT 센터에서 여성에게는 주말과 휴일 일직을, 남성에게는 야간 숙직을 전담하게 한 것이 남성 차별이라는 진정이 제기되었으나, 인권위는 이를 기각했다. 인권위는 "불평등한 성별 권력관계 속에서 여성들이 느끼는 공포와 불안감을 고려할 때, 형식적 평등보다는 실질적 상황을 고려해야 한다"고 설명했다. 이 결정은 네티즌들 사이에서 여성 편향적이라는 비판을 받기도 했다.

두 가지 논쟁은 최근 우리 사회에서 일어난 남녀 갈등의 양상을 여실히 보여주고 있다. 우리는 자신이 남성인지, 여성인지, 아니면 어떤 조직에서 어떤 신분으로 업무하고 생활하는지, 나아가 개인적으로 살아온 환경과 경험에 따라 이 두 논쟁에 대한 각자의 생각과 입장은 매우 다를 것이다.

이처럼 우리는 나와는 다른 범주나 다른 특성을 가진 사람들과의 차이에 대해 상당히 민감해한다. 어쩌면 인류의 역사는 이러한 '차이'에 대한 접근의 역사라고 해도 과언은 아닐 듯하다. 원시 시대부터 오늘날까지 우리 인간의 역사, 보다 구체적으로 인간들 사이의 '차이'에 대한 접근의 역사를 살펴보면, 그리 밝지는 않았던 것 같다. 인류의 역사는 원시 시대로 거슬러 가보면, 유사성이 높은 종족과 이질적인 종족이 서로 갈등하고 반목하면서 각자의 영토를 나누고 경계를 짓는 과정이었다. 즉, '차이'에 대한 첫 번째 반응은 그것을 피하거나 거부하는 것이었다.

한번 상상해 보자. 여러분은 어느 원시 부족에 속해 있고, 그날 잡은 사냥감을 불에 구워 모닥불 앞에서 부족 구성원끼리 맛있게 나누어 먹고 있었다. 이때, 다른 부족 집단이 나타나 여러분 쪽으로 다가온다. 여러분은 어떻게 반응했을까? '이질적인 것', '다른 것'은 좋은 것이니 '여기 와서 같이 먹읍시다'라고 했던 부족은 아마도 거의 없지 않았을까 생각된다. 당시 원시 부족사회에서 이런 상황이면 대개 만만해 보이면 힘으로 제압하기 위해 싸우거나 그렇지 않으면 도망을 치는 방법을 선택했을 것이다.

그런데 흥미로운 것은 '차이'에 대응하는 방식에 있어 현대 사회의 우리도 당시 원시 부족사회의 사람들과 그렇게 다르지 않다는 점이다. 어쩌면 지금은 물리적인 힘을 과시하며 싸우는 것뿐 아니라 온라인 소셜미디어 등 다양한 문명의 도구를 통해 나와는 다른 상대들과의 싸움과 갈등은 더욱 첨예화되거나 잔인해졌는지도 모른다. 따라서 문명화, 산업화한 오늘날의 사회와 국가 간 경쟁 역시 원시 시대와 별반 다르지 않아 보인다.

역사적으로 보면, 다른 집단을 피하는 것이 어려운 상황에 직면하게 되면, 그들을 바꾸거나 그들에 굴복하여 우리가 어쩔 수 없이 바뀌게 되는 경험을 했다. 그래서 정치, 경제, 종교적으로 상대 집단에게 우리의 신념과 가치를 강요하거나 강요받아 왔다. 그리고 그것이 현실적으로 불가능한 경우, 전쟁을 통해 그들을 힘으로 제압했다. 그래서 우리는 제노사이드, 대량 학살과 같은 끔찍한 역사를 경험하기도 했다.

결국 '내 주변에 나와 같은 사람들만 있으면 만사가 편안하다'라는 이상적인 논리이다. 이러한 현상은 이주민과 외국인 증가를 경험하고 있는 다양한 다문화 국가사회에서도 발견되고, 어떠한 기준에 따라 다수와 소수 집단이 나뉠 수밖에 없는 상황에서 어쩔 수 없이 원시 시대 힘의 논리가 작동하는 모습을 우리는 매일 보며 살아가고 있다. 특히 선박과 같은 폐쇄적 환경에서는 이러한 '차이'와 그에 따른 갈등이 더욱 극명하게 드러나기도 한다. 다국적 선원이 함께 근무하는 선박에서 언어, 문화, 종교적 차이로 인한 갈등은 일상적으로 발생하며, 이는 종종 특정 국적 선원에 대한 차별로 이어지기도 한다. 최근에는 특정 집단에 대한 차별적 '혐오범죄', '정치테러' 등을 통해 자신과 다른 특성이나 정체성을 가진 불특정 다수에 대한 무차별적 혐오와 폭력이 자행되고 있는 현실을 목격하기도 한다.

우리 사회는 남녀, 노사, 청년세대/장년세대, 좌파/우파의 극단적 정치 성향, 한국인/외국인, 한국인/탈북민 그리고 또 수도권/지역 간의 수많은 갈등을 경험하고 있다. 첨예한 대립으로 인해 살벌한 언행이 난무하고 서로 공존할 수 없는 존재들인양 갈등한다. 넘쳐나는 혐오 표현은 이 모든 갈등의 깊이를 고스란히 보여준다. 그럼 이러한 집단 간, 개인 간, 국가 간의 차이로 인해 구별이 발생하는 상황에서 우리는 어떻게 접근하는 것이 올바른 것일까?

앞서 살펴본 남녀 직원의 당직 근무 논쟁에서처럼 우리는 언제나 사람들을 구별하여 역할과 업무를 부여하고 그에 상응하게 대우하며 또 대우받으며 살아간다. 즉, 사람들을 어떤 기준과 종류에 따라 구분해야 하는 상황에 직면하게 되면, 특정 구성원들은 해당 상황을 차별로 인식할 수밖에 없는 상황에 직면할 수 있다. 그래서 우리는 언제 차별이 도덕적으로 허용되고, 언제 그렇지 않은지를 판단할 수 있어야 한다. 하지만 이는 결코 쉬운 일이 아니다. 사람은 누구나 인종, 나이, 성별, 외모, 능력, 신장, 체중, 목소리, 이름, 종교, 정치 성향 같은 다양한 특성을 갖는다. 이러한 특성과 관련해서 중요한 것은 특정 상황 안에서 그것이 갖는 사회적 의미일 것이다. 특정 상황에서 특정 속성에 따라 사람을 구분 짓는 것은 사회적 의미가 있지만, 다른 속성에 따라 구별하는 것은 그렇지 않을 수 있기 때문이다. 예를 들어, 이름으로 학생들을 구별하는 것은 부모 중 한 명이 외국인인지 여부를 가지고 나누는 것과는 상당히 다른 느낌을 준다. 또 '여성 전용'이라는 문구가 마트 주차장에 있을 때와 대중 사우나 앞에 있을 때 다를 수 있다. 마찬가지로, 선박에서 업무를 배정할 때 업무능력과 근무 경력에 따라 구분하는 것과 출신 국가나 인종에 따라 구분하는 것은 그 사회적 의미와 영향력이 완전히 다르다.

사람이 갖거나 갖지 못한 속성에 따라 그들 사이에 구별을 짓는 행위가 어떤 경우에 도덕적으로 허용되는가? 특정 상황 속에서 특정 속성을 근거로 사람들 사이를 구별 짓는 경우를 보면서 부당하다는 어느 정도 고착된 느낌을 가질 수 있다. 하지만 어떤 이유로 이런 경우들이 부당한지를 다른 부당한 차별과 허용되는 차별에까지 통하게끔 일관되게 설명하기란 어려운 일이다. 그럼 차이로 인해 구별이 발생하는 상황에서 우리는 차이에 대해 어떻게 접근하는 것이 올바른 것일까? 특정한 구분이나 구별의 부당성 여부는 그 상황의 맥락과 우리 사회의 문화 속에서 그러한 구별 짓기의 오늘날의 의미 속에서 결정될 수밖에 없다.

어떤 구별로 인한 결과나 영향만으로는 해당 구별이 비하인지 여부를 좌우하지는 않는다. 어떤 구별은 그로 인해 영향을 받는 사람이 비하 되고 낙인찍히고 피해를 보았다고 생각하는지와 상관없이 다른 이를 비하하는 결과를 가져오는 일도 있다. 따라서 부당한 것인지의 본질은 차별로 인해 입은 손해가 아니라 도덕적인 허용 불가능성에 달린 것이다.

'차별하다(discriminate)'는 특정 특성의 존재 혹은 부재를 근거로 사람을 구별 짓는 행위를 의미한다. 예를 들어, 자동차 운전면허를 취득하려면 만 18세가 되어야 한다는 법률적 요건이 있다. 따라서 만 18세 미만인 사람과 만 18세 이상이 사람을 특정 속성에 따라서 구별지어 차별하고 있다.

이렇듯 우리는 사람을 구별하고 그 결과로 다르게 대우하는 것이 허용되고 가능한 경우들도 있다. 하지만 사람의 동등한 도덕적 가치라는 원칙 침해로 허용되지 않는 경우도 있다. 앞서 본 남녀 성차별 논쟁 사례에서처럼 우리는 언제나 사람들을 구별하는 상황에 직면하게 되고 그렇기 때문에 언제 차별이 도덕적으로 허용되고 언제 그렇지 않은지를 판단할 수 있어야 한다. 모기업의 인사 팀장이 여성 지원자에게 남성 편향적인 질문을 던진 행위가 '부당한 차별'인지 아닌지 여부는 여러 가지 측면에서 분석이 필요하다. 우선 해당 기업의 인력 선발 지침과 채용 방침이 남성 중심이 아니라고 한다면, 그저 해당 인사팀장의 개인적인 일탈일 수 있다. 하지만 개인 차원이 아니라 기업조직 전체의 차원에서 이러한 여성 지원자에 대한 차별적 질문이 용인되는 상황이었다면, 문제는 달라질 수 있을 것이다.

마찬가지로, 해운업계에서도 여성 선원에 대한 차별적 관행이 종종 문제가 되고 있다. 국제운송노동자연맹(ITF)에 따르면, 글로벌 선원 인력의 2% 이하만이 여성이며, 이들 중 상당수가 성희롱이나 직무 배정 시 차별을 경험하는 것으로 나타났다(ITF, 2022). 한국 해운업계에서도 '여성은 체력이 약해 갑판부 업무에 적합하지 않다' 또는 '장기간 해상 근무는 여성에게 부적합하다'와 같은 편견이 여전히 존재한다. 이러한 편견이 개인의 자질이나 역량에 대한 평가 없이 단지 성별만을 이유로 누군가를 배제할 때, 이는 부당한 차별에 해당한다고 볼 수 있다.

앞선 여성 지원자의 면접 사례가 '부당한 차별' 행위인지 밝히는 것이 이번 절의 목적은 아니다. 여기서 중요한 문제는 사회의 성평등 관련 법률이나 해당 기업조직 인사정책의 제도적인 측면을 넘어서, 사람과 사람을 '구별 짓는 행위'가 언제 도덕적으로 문제가 되고, 언제 그렇지 않은지를 판단하는 것이다. 그리고 이러한 판단력을 갖춘 시민 역량이 차별과 불공정으로부터 안전한 사회를 만들어 낼 수 있는 것이다. 따라서 이러한 차별의 퍼즐을 풀어내는 데 필요한 도덕적 판단력은 결국 각 개인의 인성과 밀접히 관련되어 있다.

해당 사례 속에서 인사 팀장의 질문은 기업과 사회적 측면을 넘어 면접관으로서 지켜야 할 도덕적 기준과 자신의 질문이 지원자에게 어떤 감정을 불러일으킬지에 대한 공감과 성찰이 부재했기 때문이라고 할 수 있다. 우리는 적어도 사람을 구별 지어야 하는 상황에서 우리가 내뱉는 말이나 행하는 행동이 상대방의 입장에서 어떻게 받아들여질지에 대해 말과 행동을 하기 전에 '의식적으로' 고민해 봐야 한다.

특권과 차별

명절 연휴가 되면 많은 사람이 다른 지역으로 이동하기 위해 시외버스를 이용한다. 하지만 우리는 비행기의 비즈니스석을 타지 않는 이상, 이런 시외버스와 같은 교통수단을 이용할 수 있다는 것을 '특권'이라고 생각하지 않는다. 시외버스 좌석에 앉아서 자신이 특권을 누리고 있다고 의식하는 사람은 거의 없을 것이다. 휠체어를 사용하는 누군가가 시외버스 탑승을 요구하기 전까지는 말이다. 아직 우리나라에는 휠체어 탑승 설비를 장착한 시외버스가 많지 않기 때문에, 휠체어를 타고 생활하는 사람들은 차표를 사도 버스를 원하는 시간에 이용하여 원하는 곳으로 이동할 수가 없다. 타인은 갖지 못하고 나는 가진 어떤 것, 여기서는 시외버스를 이용할 수 있는 기회가 특권이다. 휠체어를 타는 사람들은 우리 사회에서 소수자에 속한다. 휠체어를 타지 않는 사람들은 주류 또는 다수 집단에 속하고 이들은 소수 집단에 비하면, 고속버스 탑승 가능이라는 일종의 특권을 누리고 있다고 말할 수 있다.

이와 유사한 맥락에서, 선원 사회에서도 특권의 문제를 발견할 수 있다. 예를 들어, 선박에서 특정 국적(대개 선주국 출신) 선원들이 더 나은 숙소와 식사를 제공받거나, 승진 기회에서 우대받는 경우가 있다. 필리핀, 인도네시아 등 개발도상국 출신 선원들은 동일한 자격증을 소지하고 있음에도 불구하고 주로 하급 직책에 배치되며, 임금도 선진국 출신 선원보다 낮게 책정되는 경우가 많다. 이러한 차별은 종종 '시장 가격'이나 '효율성'이라는 명목으로 정당화되지만, 본질적으로 특정 국적 선원들이 갖는 특권의 문제라고 볼 수 있다.

그럼, 이제 주류 또는 다수 집단의 특권과 차별시정 시도에 대해 살펴보자. '특권(privilege)'은 주어진 사회적 조건이 자신에게 유리해서 누리게 되는 온갖 혜택을 의미한다. 특권은 말하자면 '가진 자의 여유'로서, 가지고 있다는 사실조차 느끼지 못하는 자연스럽고 편안한 상태이다. 특권을 알아차리는 확실한 방법은 그 특권이 흔들리는 경험을 하는 것이다. 예를 들어, 한국인 선원이 다수나 주류가 아닌 선박에 한국인으로 승선하는 경우, 소수인 한국인 선원은 다수인 다른 국적 선원들로부터 보이지 않는 차별과 멸시의 대상이 될 수 있다. 더는 주류가 아닌 상황이 될 때, 그래서 전과 달리 불편해질 때, 지금까지 누린 특권을 비로소 발견할 수 있다. 한국인으로서 한국에서 주류로 생활하다가 외국에서 이방인으로서 불안하고 두렵고 화나는 경험을 한 적이 있다면 이해가 쉬울 것이다. 우리는 대개 이런 경험 이후 우리 사회에서 자연스럽게 누리고 영위했던 다양한 권리가 주류에 속하지 않은 사람들에게는 특별한 권리가 될 수 있음을 인식할 수 있다. 하지만 특정 성별이나 특정 인종에 대한 차별과 같이 상황과 맥락을 인위적으로 바꾸더라도 경험해 보기 어려운 조건이라면 평생 그 특권을 모르고 살 수도 있다. 그래서 내가 바꿀 수 없는 내가 가진 정체성과 특성으로 인해 부당한 차별을 받는 상황은 당사자에게 너무나 가혹한 일이다.

차별 개선을 위한 노력과 저항

지난 정부부터 '교통약자법' 개정을 통해 기존 저상버스와 함께 휠체어 탑승 설비를 장착한 버스에는 국가나 지자체 등 정부예산을 지원하도록 장려하고 있다. 또한, 장애인 단체가 고속·시외버스에 휠체어 탑승 장치를 설치하지 않은 것은 차별이라며 소송을 제기하여 일부 지자체에서는 휠체어 탑승이 가능한 시외버스를 시범 운영하고 있다. 하지만 그마저도 탑승 장치 도입지원 사업에 참여한 업체가 없어 사업 진행조차 어려운 상황에 놓이기도 한다. 업체의 측면에서 보면, 휠체어 탑승 가능한 차량으로 개조하기 위해 장비를 지원받더라도 이로 인한 좌석 손실로 인한 비용(휠체어 좌석 하나당 우등버스 3개, 일반 고속버스 기준 6개 일반좌석 공간 차지)과 휠체어 미사용 탑승자들의 예상 가능한 민원이라는 현실에 부딪힐 수밖에 없다.

이것이 우리 사회의 주류집단이 '시외버스 탑승'이라는 특권을 쉽게 포기하지 않으려는 이유일 것이다. 우리는 대개 고통받고 억압받는 상태에서도 부정의를 잘 인식하지 못한다. 우리가 부정의를 의식하는 때는 기존에 익숙하고 자연스럽게 생각했던 상태가 자신에게 불리하게 변할 때이다. 즉, 우리 자신에게 직접적인 손실이나 불이익이 발생하는 경우 즉각적으로 인식하게 된다. 기존에 이용하던 시외버스에 휠체어 탑승 장비가 설치되어 좌석 수가 줄어들고 그로 인해 고향 가는 차표 구하기가 더욱 힘들어 지면, 뭔가 이치에 맞지 않음을 인식하기 시작한다. 대개는 휠체어를 타는 사람들의 입장에서가 아니라 휠체어를 타지 않는 사람의 입장에서 시외버스의 개조가 부당하게 다가온다. 우리는 대개 이러한 손실을 회피하려는 본능이 있다. 회피는 우리가 어떠한 문제에 직면했을 때 가장 먼저 행하는 방어 행동이다. 행동경제학에서는 이를 '손실 회피 편향(loss aversion bias)'이라고 말하며, 주로 손실 상황에서 비록 작은 손실일지라도 '확실한 손실'을 싫어하는 성향을 일컫는다.

이러한 손실 회피 심리는 해운업계에서도 관찰된다. 예를 들어, 선내 다문화 환경이 증가함에 따라 다양한 문화와 종교적 요구를 수용하기 위한 변화(예: 기도실 설치, 다양한 식단 제공 등)가 필요해졌지만, 이를 도입하는 과정에서 기존 상태를 유지하려는 저항이 나타나기도 한다. 특히 선박이라는 제한된 공간에서 특정 집단을 위한 편의시설을 마련하는 것은 다른 집단의 공간이나 편의가 줄어든다는 인식을 낳을 수 있다. 이는 객관적 손실보다 심리적으로 인지된 손실이 더 크게 작용하는 현상을 보여준다.

손실 회피 심리와 차별 인식

주류경제학에는 '기대효용이론'이 있다. 사람들은 어떤 선택의 상황에 직면했을 때, 기댓값 또는 기대 효용이 가장 큰 대안을 선택한다는 것이다. 물론 이성적인 판단이 작동한다는 전제하에서이다. 이러한 전제하에서 대부분 사람은 기대 효용의 극대화를 추구한다는 것이다. 예를 들어, 우리는 90만원을 받을 확률이 100%인 대안보다는 1000만원을 받을 확률이 10%인 대안을 더 선호한다는 것이다. 왜냐하면 기댓값으로 보면, 전자의 경우 90만원이고, 후자의 경우 1000만원의 10%이기 때문에 기댓값이 100만원이기 때문이다. 하지만 실제로 이러한 이성적인 판단은 작동하지 않는다.

커너먼과 트버스키(Kahneman & Tversky, 1979)는 이러한 기대효용이론의 주장과 달리, 사람들은 실제로 어떤 선택을 할 때 특정 선택지의 기댓값보다는 해당 선택지가 얼마나 확실한가를 중요시한다고 주장했다. 따라서 10%의 확률로 1000만원을 받는 선택지보다는 100%의 확률로 90만원을 받는 선택지를 더 선호할 가능성이 높다는 것이다. 하지만 흥미로운 것은 이러한 이득 상황이 손실 상황으로 바뀌면 대부분 사람이 위험 선호적으로 변한다는 것이다. 즉, 확실한 90만원 손실보다는 10%의 확률로 1000만원을 잃을 위험이 있는 선택지를 더 선호하게 된다. 즉, 기대 손실은 더 크지만 위험 선호적으로 되는 것이다. 이는 확실한 손실을 피하고 싶은 마음과 관련이 있다.

따라서 기존에 특권을 가진 사람들에게는 사회가 평등해지는 것이 손실로 느껴질 수 있다. 즉, 시외버스에 휠체어를 타는 사람들을 위한 좌석을 마련하여 가시적 평등이 실현되면, 기존에 특권을 누리던 휠체어를 타지 않는 사람들의 좌석이 그만큼 줄어들기 때문이다. 이러한 심리는 다양한 분야에서 관찰되는데, 예를 들어 일부 선박에서 여성 선원을 위한 별도 시설이나 정책이 도입될 때, 남성 선원들이 이를 자신들의 '권리 침해'로 인식하는 현상도 유사한 맥락에서 이해할 수 있다. 실제로는 평등한 기회의 제공이지만, 기존에 독점하던 공간이나 기회가 나눠지는 것을 손실로 인식하는 것이다.

표면적 평등과 실질적 평등의 간극

'교통약자법'과 같이 차별금지나 평등권의 가치가 사회적으로 대두되고, 정부 차원에서 이러한 차별받는 집단에 대한 개선 노력을 기울이게 되면, 개선된 인프라와 국가정책은 사회적으로 받아들여져야 하겠지만, 기존에 특권을 가지고 있던 주류집단은 이에 저항할 가능성이 높다. 이러한 정부 차원의 개선은 일종의 '토크니즘(Tokenism)'이다. '토크니즘'이란 역사적으로 배제된 집단 구성원 가운데 소수만을 받아들이는 명목상의 차별시정 정책을 말한다. '토크니즘'은 차별받는 집단의 극소수만 받아들이고서도 차별에 대한 분노를 누그러뜨리는 효과가 있다고 알려져 있다. 기회가 열려 있는 것처럼 보이고, 노력하여 능력을 갖추면 누구나 성취할 수 있다는 기대를 주기 때문이다.

토크니즘의 개념은 1975년 로자베스 모스 켄터(Rosabeth Moss Kanter)가 처음 도입한 것으로, 실질적 변화보다는 상징적 조치를 통해 변화의 환상을 만들어 내는 현상을 설명한다. 토크니즘은 근본적인 구조적 불평등을 해결하지 않으면서 표면적으로만 평등을 추구하는 접근법이다(Kanter, 1977). 해운업계에서도 이러한 토크니즘의 사례를 찾아볼 수 있는데, 예를 들어 여성 선원을 몇 명 채용하여 다양성 정책을 시행하고 있다고 홍보하지만, 실제로는 이들이 결정권이 있는 고위직에 진출하지 못하거나 특정 부서에만 배치되는 경우가 있다(해양수산부, 2021).

현실은 이상적인 평등의 상황과는 거리가 먼 상태임에도 평등이 달성되었다고 여기는 일종의 착시 현상이다. 예를 들어, 선원 이주노동자의 주거 지원, 휴게 시설 설치, 법률 지원 등의 복지 정책을 시행함으로써 외국인 선원에 대한 차별이 개선되었다고 생각하는 현상도 일종의 토크니즘이다.

인성과 차별 인식의 변화

그렇다면, 개인이 차별과 편견에서 벗어나기 위해 어떤 노력을 해야 할까? 우리와 외모나 사고방식이 매우 다른 집단이나 그 구성원을 진정으로 평등하게 대우하고 존중하기 위해서는 자신의 무의식까지 철저히 점검해야 한다. 무심결에 한 말, 예를 들어 '여성분이 힘이 세시네요', '한국어를 유창하게 하시네요', '베트남 출신이니 쌀국수를 좋아하시겠어요' 등이 상대방에게 불쾌감을 줄 수 있다는 점을 인식해야 한다. 마찬가지로 신박에서 '필리핀 선원은 엔진실 청소를 잘한다'

또는 '동유럽 출신은 항해사로 적합하다'와 같은 일견 긍정적으로 보이는 고정관념 역시 상대방을 개인이 아닌 특정 집단의 구성원으로만 바라보는 차별적 시각일 수 있다(Storgård et al., 2020). 일상에 숨어있는 무의식적 차별을 줄이기 위해서는 먼저 자신의 부끄러운 면을 인정하고 반성하는 것에서 시작해야 한다. 주변 환경을 새롭게 인식하고 자아를 성찰하며 평등을 추구하는 과정이 차별을 감소시키는 방법이다. 의도하지 않았거나 무의식적이었다 하더라도, 타인을 억압하는 데 일조한 언행과 태도에 대해서는 개인과 제도 모두 책임을 져야 한다. 이때 '책임'이란 처벌을 받는다는 의미가 아니라, 자신의 무의식적 행동을 깊이 되돌아보고 기존의 습관과 사고방식을 변화시키는 것을 뜻한다. 우리 삶의 여정에서 진정 중요한 것은 관점의 전환이다. '내가 차별받지 않기 위해 노력하는 것'에서 '내가 타인을 차별하지 않기 위해 노력하는 것'으로 우리의 관심과 실천에 옮겨가는 것이 필요할 것이다(김지혜 2019).

차별에 대한 이러한 인식 전환은 인성교육의 핵심 요소가 되어야 한다. 인간의 존엄성에 대한 존중, 공감 능력의 함양, 비판적 사고력 등은 단순히 도덕적 가치를 넘어 차별 없는 사회를 만들기 위한 필수적인 역량이다. 특히 선원과 같이 다양한 문화적 배경을 가진 사람들과 긴밀히 협력해야 하는 직업군에서는 이러한 인성교육이 더욱 중요하다.

사람에 대한 인정은 단순히 인간이라는 공통점을 인정하는 것을 넘어, 개개인의 다양성과 차이를 받아들이는 것을 포함한다. '공정'을 표방하는 접근 방식이 오히려 특정 그룹을 소외시킬 수 있다. 이른바 '중립적'이라고 여겨지는 관점은 실제로는 주류집단을 기준으로 삼아 다른 집단을 비정상화하고 억압하는 편견적인 기준일 수 있다.

역설적이게도, 높은 교육 수준과 풍부한 경험을 가진 사회 지도층이 오히려 평등한 사회 구현에 가장 큰 걸림돌이 될 수 있다. 더욱이 성별, 인종, 민족, 장애, 성적지향, 성 정체성 등과 같은 개인의 고유한 특성들이 사회적 불평등을 고착화시키는 요인이 된다. 이런 상황에서 소수자들은 불공평한 기준을 충족시키기 위해 추가적인 노력을 요구받곤 한다. 예를 들어, 여성 지원자에게 군입대 의사를 묻는 것과 같은 상황이 이에 해당한다. 이처럼 불평등한 사회가 힘든 이유는 구조적인 문제를 개인의 노력으로 해결하라고 강요하기 때문이다.

우리는 불평등한 현실을 유지하는 데 힘쓸 것인지, 아니면 평등한 사회를 만들기 위한 불편함을 감수할 것인지 선택해야 한다. 의도하지 않았더라도 억압에 기여한 행동과 태도에 대해 개인과 제도는 책임을 져야 한다. 여기서 말하는 '책임'은 무의식적으로 행한 행동을 돌아보고 습관과 태도를 개선하는 것을 의미한다. 우리의 삶에서 중요한 것은 '차별받지 않기 위한 노력'에서 '차별하지 않기 위한 노력'으로 초점을 옮기는 것이다.

해운업과 선원 사회에서의 차별 극복을 위한 인성교육

해운업은 본질적으로 글로벌하고 다국적·다문화적인 환경이다. 글로벌 선원 인력 시장에서 서로 다른 국적, 문화, 종교를 가진 선원들이 제한된 공간에서 장기간 함께 생활하며 근무한다. 이러한 환경에서 차별과 편견은 단순한 갈등을 넘어 안전사고와 직결될 수 있는 심각한 문제이다. 해사안전법과 STCW(선원의 훈련, 자격증명 및 당직근무의 기준에 관한 국제협약)에서도 선원들의 효과적인 의사소통과 협력의 중요성을 강조하고 있다.

선원 인성교육은 단순히 개인의 도덕성 함양을 넘어, 다양성을 존중하고 효과적으로 협력할 수 있는 역량을 기르는 과정이어야 한다. 국제해사기구(IMO)에서도 문화적 다양성에 대한 이해와 존중이 해상 안전의 중요한 요소임을 강조하고 있다. 이러한 맥락에서 한국해양대학교 등 해기교육기관에서는 '선상 문화교섭의 이해', '인성과 선원인권', '글로벌 해사협상론' 등의 과목을 통해 인성교육을 강화하고 있다.

특히 선원들이 경험하는 차별의 문제는 단순히 개인 간의 갈등을 넘어 구조적 차원에서 접근할 필요가 있다. 예를 들어, 선원의 국적에 따른 임금 차별, 승진 기회의 불평등, 생활 공간의 분리 등은 개인의 인식 변화만으로는 해결하기 어려운 문제이다. 따라서 해운회사와 국제기구 차원의 정책적 노력과 함께, 선원 개개인의 인성 함양이 병행되어야 한다(국제운수노련 ITF, 2023).

우리는 모두 나이, 성별, 국적, 사회적 지위 등 다양한 특성을 가지고 있으며, 이를 바탕으로 타인을 구분한다. 그러나 이러한 구분 과정에서 부당한 차별이 발생할 수 있음을 인식해야 한다. 사람들을 구분 짓는 행위가 언제 윤리적으로 문제가 되는지 판단하는 것은 법과 제도를 넘어서, 개인의 도덕성과 인격에 깊이 연관되어 있다.

참고문헌 및 인용 자료

김지혜 (2019),『선량한 차별주의자』, 창비.

우양호 (2021), 우리나라 '선원' 직업은 남성의 전유물인가? - 현직 해기인력의 성불평등 실태와 인식 연구,「해양정책연구」37(2), 1-30.

우양호 (2022), 선원직업 선택 동기의 성별 비교연구: 남녀 해기사 교육생을 중심으로,「해항도시문화교섭학」27, 1-30.

이철주 (2023), 인성교육의 현황과 과제,「교원교육」특별호, 71-85.

정상우·문희진 (2024), 외국인선원(E-10)의 인권 침해 실태와 개선방안,「인권법평론」32, 187-228.

최진이 (2023), 선원 직업윤리의 법적 기초와 직업윤리 강화방안 연구,「인문사회과학연구」24(2), 417-436.

Andersen, C. B. & Barrow, J. (2024), All Aboard Alliance Insights 2024. *Global Maritime Forum.* https://assets.ctfassets.net/gk3lrimlph5v/2nEINBOAwTralK4afH5Hzc/293c99ddff0bef4547a2b13c215999d9/All_Aboard_Alliance_insights_2024.pdf

Baier-Fuentes, H., Hormiga, E., Miravitlles, P., & Blanco-Mesa, F. (2023), Diversity and inclusion at sea: Challenges and opportunities for women in shipping. *Maritime Policy & Management*, 50(2), 211-228.

International Chamber of Shipping (2020), ICS Diversity Tracker. https://www.ics-shipping.org/wp-content/uploads/2020/11/ICS-Diversity-Tracker-compressed.pdf

국제운수노련(ITF) (2023),『ITF Human Rights Due Diligence Guidance: Respecting The Human Rights Of Seafarers In Global Supply Chains』. 런던: ITF. https://www.itfglobal.org/sites/default/files/node/resources/files/ITF-HRDD_Guidance.pdf

Kahneman, D., & Tversky, A. (1979), Prospect theory: An analysis of decision under risk. *Econometrica*, 47(2), 263-291.

Kanter, R. M. (1977), Men and women of the corporation, New York: Basic Books.

[언론 기사 자료]

매일경제, 2022.12.20.

"인권위, '남자 직원만 숙직' 차별 아냐 … 네티즌들 '부글부글'"

https://www.mk.co.kr/news/politics/10574429

한국일보, 2021.03.09.

"동아제약, 성차별 면접 진행해 놓고 불쾌한 경험 정도로 치부하나"

https://www.hankookilbo.com/News/Read/A2021030907390001232?did=NA

5. 우리가 세상을 이해하는 방식

특정 집단에 대한 개인의 인식은 사회화 과정을 통해 획득된 결과물임을 밝힌다. 그리고 이렇게 내면화된 '고정관념'이 타자에 대한 시선뿐만 아니라 자신을 바라보는 시선에도 영향을 미치는 원리를 살펴본다. 인간이 세상을 범주화하는 경향은 필연적으로 선택적인 시선과 인식을 만들 수밖에 없음을 고찰해 본다.

필자의 경험 사례를 소개하며 시작해 보겠다. 여기 두 가지 질문과 답변이 있다.

"일본어 할 줄 아세요?" → "저는 한국 사람이에요."

"중국에서 오셨나요?" → "저는 한국 사람이에요."

나는 독일의 뮌헨이라는 곳에서 유학하였다. 우리와 비슷한 동아시아권이 아니라 도서관이건 강의실에서건 나는 언제나 주류집단, 즉 독일 학생들과는 다른 외모로 눈에 띌 수밖에 없었다. 그래서 학교 어디서건 나를 처음 만나는 사람들은 물론 그렇지 않은 때도 있었지만, 내가 어느 나라 사람인지 궁금해서 '중국에서 왔니?'라고 묻거나 '일본어 할 줄 아니?'라고 묻는 경우가 많았다. 그럴 때마다 앞선 답변처럼 '나 한국 사람이야.'라고 대답했다.

두 가지 다른 물음에 내가 선택했던 같은 답변 '저는 한국 사람이에요'는 과연 무슨 의미를 내포하고 있는 것인가. 상대방이 묻는 말에 한국인이기 때문에 '일본어를 할 줄 몰라요.'나 '중국 사람이 아니에요.'를 대신하는 답변이라고 할 수 있겠다. 그런데 왜 당시 나는 각 질문의 의미에 충실한 답변을 하지 않고, '저는 한국 사람이에요.'라고 답했을까. 지금 와서 생각해 보니, 질문자는 지극히 가치 중립적이라 생각하고 던졌던 질문을 내가 왜곡된 의미로 받아들여 나의 불편한 심기를 '나 한국 사람이야.'라는 답변을 통해 상대에게 내보이려 했던 것 같다. 적어도 내가 인지한 질문의 배경은 이랬다. 내가 유학하던 2000년대 초반만 해도 한국인, 중국인, 일본인을 쉽게 구분하지 못하는 독일인들에게 (사실 우리도 구별하기는 쉽지 않다) 한국은 언론 노출 빈도나 문화적 인지도가 중국과 일본보다는 현저히 낮은 먼 나라였다. 그러니 동아시아인으로 보이는 내가 중국인이나 일본인으로 인식될 가능성이 훨씬 높았다. 그래서 아무 의도 없이 그런 질문을 내게 던진 것이다. 이를 삐딱하게 받아들인 내가 문제였을지 모른다. 독일에서 동아시아 3개국 중 중국과 일본에 비해 인지도가 낮은 한국의 현실이 불만스러웠고, 그래서 무턱대고 나를 중국인이나 일본인으로 생각하고 말을 걸어오는 현지 사람들이 불쾌했던 것이다. 그래서 나는 '나 한국 사람이야.'라는 답변을 통해 '이렇게 생긴 사람 모두가 중국인이나 일본인은 아니야'라고 강조하고 싶었다.

이러한 개인적 경험은 사실 우리가 모두 일상에서 마주하는 고정관념의 힘을 보여주는 작은 사례에 불과하다. 내가 경험한 불편함은 단순히 개인적 감정의 문제가 아니라, 사회적으로 형성된 인식 체계와 범주화 과정에서 비롯된 것이다. 이는 우리가 세상을 이해하고 분류하는 방식에 대해 더 깊은 질문을 던지게 한다.

우리가 특정 집단이나 범주의 사람들에 대해 가지게 되는 고정된 이미지와 생각은 어떻게 만들어지는 것인가. 특히, 사회 내 특정 집단에 대한 부정적 이미지는 사회 구성원들이 공유하고 있는 기억, 나아가 역사와 관련이 깊다. 따라서 특정 집단의 사람들에 대한 부당한 차별 평가에 있어 사회 구성원들이 공유하고 있는 공동의 기억은 매우 중요하다고 할 수 있다. 특정 집단의 역사나 현재의 지위가 실제로 사람들이 그런 구별을 짓는 과정에서 하는 행위에 영향을 미친다는 사실에 주목해야 하는 것이다. 특정한 특성에 기초해 규정되는 어느 집단의 역사나 현재의 사회적 지위가 도덕적 차이를 만들어낸다. 우리가 특정 사회에서 태어나고 자라면서 사회화 과정을 통해 습득한 특정 집단이나 속성에 대한 인식은 개인의 행동과 언어에 영향을 미친다.

그렇다면 우리가 조직 안에서 자신의 경험이나 다른 사람들로부터 전해 들은 다른 국적 또는 다른 집단 사람들의 일반적인 성향 진술이 어떻게 차별적인 요소를 담은 고정관념이나 편견이 될 수 있는지 살펴보도록 하겠다. 우리는 인간을 '호모 카테고리쿠스(Homo categoricus)'라고도 부른다. 즉, 인간은 항상 어떤 사물이나 상대를 범주화하는 경향이 있다는 말이다.

인간의 시각과 관점은 제한적이다. 그리고 인간은 쉬운 것과 편리함을 쫓는 존재이다. 그래서 지구상에는 수많은 국가사회, 또 그 개별 사회마다 나이, 직업, 종교 등에 따라 다양한 집단이나 개인이 존재하지만, 이 수많은 대상을 이해하기 위해 우리는 단순화된 '국가별 특징', '세대별 특징', '직업별 특징', '특정 사회집단의 특징'으로 유형화하여 인지한다. 사람들은 고정관념에 부합하는 정보를 선택적으로 더 잘 흡수하고, 이는 우리의 판단을 편향시킨다.

이러한 우리 인간의 범주화 경향에 대한 이해를 바탕으로 '고정관념'에 대해 더 자세히 살펴보겠다. 고정관념은 영어로 '스테레오타입(stereotype)'이라고 한다. 인지심리학에서는 우리 인간은 머릿속에 생소하거나 분류하는 데 도움을 주는 '인지도식(schema)'을 가지고 있다고 말한다. 일종의 정신적 표상인 인지 도식을 통해 우리는 복잡한 것, 낯선 것, 생소한 것을 분류하고 구분하게 된다. 그리고 그러한 과정에서 자신에게 알려진 것과 그렇지 않은 것을 비교하게 된다. 사실 '고정관념'의 개념은 1700년대 신문 지면과 같은 페이지를 통째로 찍어내는 금속 인쇄판을 지칭하는 단어로 처음 등장했다. 즉, 작은 금속 조각에 잉크를 바르기만 하면, 그 타입은 다른 프레임에서 동일하게 복제되는 인쇄의 역사적 발전에서 그 유래를 찾아볼 수 있다. 월터 리프먼 『여론』이라는 책에서 '사람들은 머릿속에 각인된 그림을 가지고 경험하지 않은 세상을 그린다'고 언급한다.

이러한 어원을 기반으로 스테레오타입의 개념은 변하지 않는 어떤 것에 대한 고정된 또는 경직된 인식을 의미하게 되었다. 우리는 모든 사람이 '이것 아니면 저것'이라고 단정하는 경향이 있다. 그리고 그 견해가 견고해지고 융통성 없이 지속적으로 적용하고 사용하게 되면 위험해질 수밖에 없다. 만약 우리가 어떤 사람을 만나거나 어떤 집단에 대한 글을 읽는다면, 그가 속한 집단의 모든 사람이 그와 같으리라 생각하게 되는 것이다. 문제는 이렇게 단순화하는 과정에서 오류가 생긴다는 점이다. 일부 특징을 과잉 일반화한 결과, 편견(prejudice)이 만들어지게 된다.

고정관념은 특정 집단의 모든 구성원이 동일한 특성을 공유한다고 생각할 때 형성된다. 이러한 모든 유형의 스테레오타입은 사람들 간의 상호작용에서 여러 가지 심각한 문제를 야기할 수 있다. 첫째, 스테레오타입은 타인에 대한 왜곡된 이해를 제공한다. 긍정적이든 부정적이든 스테레오타입은 단지 부분적인 진실만을 반영할 뿐이다. 둘째, 스테레오타입은 자기실현적 예언으로 작용할 수 있다. 즉, 우리의 기대가 실제로 그 결과를 만들어낼 수 있다는 것이다. 마지막으로, 앞서 언급한 바와 같이 스테레오타입은 편견으로 굳어질 위험이 있다. 이는 특정 집단에 대한 부정적인 태도나 감정으로 발전할 수 있다.

이러한 이유로 인해 스테레오타입은 인간관계와 사회적 상호작용에 있어 매우 해로운 영향을 미칠 수 있으며, 우리는 이를 인식하고 극복하기 위해 노력해야 한다.

다음은 어느 국제결혼업체의 홈페이지에 담긴 '국가별 신부들의 장점'을 정리한 내용의 일부이다.

〈우즈베키스탄 여성의 특징〉

우즈베키스탄은 지정학적으로 중앙아시아로서 아시아와 유럽, 아랍 문화가 어우러진 다민족 사회로서 동서양의 혼합된 정서를 가지고 있으며 여성의 외모는 서구적으로 매우 아름다우며 대부분이 고학력자로서 언어능력이 뛰어납니다. 다양한 다민족 사람들과 어울려 성장하여 새로운 환경에서도 잘 적응하며 인종적 이질감이 전혀 없으며 또 이슬람의 영향으로 아직도 남존여비의 사고방식이 자리 잡고 있으며 30~40년 전 우리나라 여성들이 가졌던 때 묻지 않은 순수함과 소박함과 남편을 존중하고 가정을 생각하는 여필종부 형의 신부들이 많습니다.

〈베트남 여성의 특징〉

베트남은 오랜 세월 중국의 한자, 불교, 유교의 영향으로 우리나라와 문화와 풍습이 비슷하며 여성의 외모는 동남아시아 중에서 우리나라 여성과 가장 비슷합니다. 또한 모계 사회로 여성들 대부분이 농사일을 하고 집안일을 이끌어 나갈 정도로 생활력이 강하여 대부분의 정서와 가치관이 남편에게 순종하고 웃어른을 공경하고 지극한 모성애와 자식에 대한 높은 교육열과 한번 시집가면 일부종사 한다는 우리 어머님 세대의 전통적인 가치관을 갖고 있습니다. 또한 베트남인의 가족구성은 3대가 한집에서 같이 살거나 가까운 곳에 사는 대가족 사회여서 시집 온 후 시부모님과 함께 살아도 부모님을 잘 모시고 갈등 또한 적습니다. 또한 한류열풍(한국 남성의 근면함과 성실함)으로 인하여 한국 남성들을 최고의 신랑감으로 생각하는 여성들이 많습니다.

〈중국(한족 여성) 여성의 특징〉

중국 여성은 문화적으로 우리와 같은 한자, 불교, 유교 문화권에서 성장하여 우리나라 여성의 정서와 성격이 비슷하며 타국에 비해 이질감이 덜하여 한국에 와서도 잘 적응합니다. 특히 (한족 여성)들은 사회주의 체제에서 성장함으로써 부지런하고 검소하며 어려운 여건하에서도 참고 이겨내는 인내력이 뛰어납니다. 결혼에 있어서 남성과의 나이 차이도 서로 간의 애정만 있으면 문제가 되지 않는 모습은 사회주의 체제의 중국 여성의 활발한 사회 활동과 사회주의 체제의 신분 평등에서 오는 자연스러운 현상입니다. 중국은 장래에 미국을 능가하는 유일한 정치. 경제. 군사 대국으로서 이러한 나라의 여성을 아내로 맞이하는 것은 결혼 외적으로의 긍정적인 측면이 있으며 머지않은 장래에 중국어를 구사하는 아내와 자녀는 다른 사람에 비해 한발 앞선 삶을 살 것입니다.

〈키르기스스탄 여성의 특징〉

중앙아시아 여성 중 가장 많이 몽골리안의 피가 섞여 있다. 그러다 보니 생김새가 한국 여성과 같은 사람도 많다. 60%는 완전 몽골리안이고, 20%는 백인과 몽골리안의 혼혈이다. 10%는 완전 러시아 백인이고 10%는 이슬람과 몽골리안의 혼혈이다. 학력 수준은 높은 편이며 영어는 다들 중간 정도의 수준이며 2세의 외모나 교육 때문에 국제결혼을 망설이는 분이라면 추천할 만하다. 사회규범은 남성지배적 사회이며 상호 의존적 대가족 제도이고 가족이나 친구에 대한 책임감이 강하고 연장자나 성직자에 대한 존경심이 대단하다. 키르기스스탄의 국민성은 보수적이며 수동적이고 야망이 적으며 자족하고 조용하고 평화로운 성격에다 조화로운 관계를 중시하고 항상 좋은 말씨로서 가능한 대결을 회피한다. 키르기스인들은 대단히 친절한 민족으로 어느 경우에도 손님 접대를 잘하고 한국의 옛날 풍습과 비슷한 점이 많고, 순수하고 솔직하며 가난하게 산다.

〈네팔 여성의 특징〉

네팔 여성들은 아직도 때 묻지 않은 순수함을 지니신 아름다운 분들이십니다. 한국의 약 30년 전과 같은 60~70년대의 우리들의 어머니상으로서 한 남편만을 섬기는 순수한 분들이고 가족제도를 중하게 여기며 성실하고 진실합니다. 네팔은 한반도의 2/3 정도 되는 면적을 가지고 있지만 60개 소수 민족을 이루는 다민족 국가입니다. 네팔의 모든 민족 수를 나열하기 어렵지만 크게 나누어 보면 아시아계(티벳, 몽골, 중국계), 인도계, 중동계 등으로 볼 수 있고 그중에 아시아계 여성들은 한국인과 외모가 거의 똑같습니다. 거기에 과거 인도와 마찬가지로 영국 식민지를 거쳤던 나라로 고유 언어와 초등학교부터 영어를 배웠기 때문에 중등교육 이상 교육을 받았다면 영어로 대화를 나누는 데도 큰 어려움이 없습니다.

[출처: 아이비국제결혼]
http://ivykwed.com/pages.php?id=54

이 글에서 볼 수 있는 것처럼 우리는 아무렇지도 않게 특정 집단에 대한 고정관념을 퍼뜨리고 소비하고 있다. 이 결혼정보업체에 실린 설명은 국가별 여성들에 대한 고정관념을 강화하고 있으며, 이는 다음과 같은 문제점을 내포하고 있다.

- **과도한 일반화**: 각 국가의 여성들을 단일한 특성으로 묘사하고 있다. 이는 개인의 다양성을 무시하고 전체 집단을 하나의 이미지로 단순화시키는 오류를 범하고 있다.
- **편향된 시각**: 대부분의 설명이 한국 남성의 관점에서 '이상적인 아내'상을 기준으로 서술되어 있다. 이는 여성을 독립적인 개인이 아닌 남성의 필요를 충족시키는 대상으로 보는 편향된 시각을 반영한다.
- **문화적 우월주의**: 일부 국가의 여성들을 '때 묻지 않은 순수함'이나 '30-40년 전 우리나라 여성들'과 같이 표현함으로써, 해당 국가의 문화를 후진적으로 묘사하고 있다.

❍ **성차별적 관점**: '남존여비의 사고방식', '남편에게 순종' 등의 표현은 성차별적인 관점을 반영하고 있으며, 이는 평등한 관계가 아닌 종속적인 관계를 암시한다.

❍ **경제적 이해관계의 반영**: 일부 설명에서는 해당 국가 여성과의 결혼이 가져올 수 있는 경제적, 언어적 이점을 언급하고 있어, 결혼을 순수한 인간관계가 아닌 실리적 관점에서 바라보고 있다.

❍ **인종적 스테레오타입**: 외모에 대한 언급('한국 여성과 비슷함', '서구적으로 아름다움' 등)은 인종적 스테레오타입을 강화할 수 있다.

이러한 고정관념은 개인의 고유성을 무시하고, 문화 간 이해를 방해하며, 불평등한 관계를 조장할 수 있다. 또한 이러한 설명은 현실을 왜곡하고 오해를 불러일으킬 수 있으며, 결과적으로 건강한 인간관계 형성에 장애가 될 수 있다.

앞서 언급한 대로 고정관념은 특정 집단이나 개인에 대해 일반화된 믿음이나 기대를 의미한다. 그런데 이러한 믿음과 기대는 긍정적일 수도 있고, 부정적일 수도 있다. 다시 말해, 고정관념은 긍정적 고정관념과 부정적 고정관념으로 나눌 수 있다.

'긍정적 고정관념'은 특정 집단에 대해 유리한 편견을 형성하는 경우를 말한다. 예를 들어, 명문대학 출신자들은 종종 '똑똑하고 능력 있는 사람'이라는 인식을 받게 된다. 이러한 인식은 실제로 그들의 삶에 긍정적인 영향을 미칠 수 있다. 사회 구성원들이 이들에게 호의적으로 대하고 다양한 기회를 제공하기 때문이다. 결과적으로 이들은 더 많은 성장과 능력 발휘의 기회를 얻게 되며, 이는 다시 긍정적인 고정관념을 강화하는 순환 구조를 만들어낸다. 반면, '부정적 고정관념'은 특정 집단에 대해 불리한 편견을 형성하는 경우를 의미한다. 예를 들어, 지방대 출신이나 대학에 진학하지 않은 사람들은 때로 '덜 우수하거나, 덜 성실하거나, 노력이 부족할 것'이라는 선입견에 직면하게 된다. 이러한 부정적인 고정관념은 해당 집단에 속한 개인들에게 실질적인 불이익을 초래할 수 있다. 사회가 이들에게 상대적으로 적은 기회를 제공하거나, 동일한 성과에 대해 저평가하는 경향이 있기 때문이다. 이로 인해 개인의 성장과 발전이 저해될 수 있으며, 이는 다시 부정적인 고정관념을 강화하는 악순환으로 이어질 수 있다.

두 종류의 고정관념 모두 현실을 왜곡하고 개인의 잠재력을 제한할 수 있다는 점에서 주의가 필요하다. 사회는 이러한 고정관념의 영향을 인식하고, 개인을 그들의 실제 능력과 노력에 따라 평가하는 더 공정한 시스템을 구축하기 위해 노력해야 한다.

지금까지 '고정관념'의 개념의 우리가 특정 집단의 구성원을 바라보는 시선에서 고찰했다면, 이러한 고정관념, 다시 말해 '내가 속한 집단에 대한 외부의 시선'이나 자신의 내면에 어떻게 영향을 주는 살펴보겠다.

집단에 대한 고정관념은 외부의 시선에서 시작되지만, 그 구성원들이 자기 자신을 바라보는 내면의 시선이 되기도 한다. 그래서 고정관념은 단순히 외부의 시선에 그치지 않고, 개인의 내면에도 깊은 영향을 미친다. 이러한 현상을 '고정관념 압박(stereotype threat)'(Steele & Aronson 1995)이라고 부른다. 이는 특정 집단에 대한 사회적 고정관념이 그 집단 구성원들의 자아 인식과 행동에 영향을 주는 과정을 설명하고 있다. 개인은 자신이 속한 집단에 대해 사회가 가진 고정관념을 내면화하게 된다. 이 과정에서 사회적 정체성(social identity)이 형성되며, 개인은 집단에 대한 고정관념을 자신의 특성으로 받아들이게 된다. 특히 부정적인 고정관념의 경우, 이를 극복해야 한다는 심리적 압박감이 생기고, 이로 인해 실제 수행 능력이 저하되는 악순환이 발생할 수 있다.

예를 들어, 성별에 따른 전공선택의 차이를 들 수 있다. 아래 한국과 미국의 통계자료에서 공통적으로 나타나는 현상으로, 교육학, 미술, 간호, 심리 등의 분야에서는 여학생의 비율이 높고, 정치, 체육, 경영, 공학 분야에서는 남학생의 비율이 높다. 이는 단순한 개인의 선호 차이라기보다는 사회적 고정관념이 개인의 선택에 영향을 미친 결과로 볼 수 있다.

[그림] 고정관념 압박 예시 "성과 전공선택의 인과관계"

(단위: 명)

		전체			국·공립			사립		
		전체	남	여	소계	남	여	소계	남	여
전체	전체	330,439	169,388	161,051	76,262	44,062	32,200	254,177	125,326	128,851
	인문	38,554	14,504	24,050	7,393	3,103	4,290	31,161	11,401	19,760
	사회	78,479	36,454	42,025	12,495	6,184	6,311	65,984	30,270	35,714
	교육	14,697	5,294	9,403	4,776	2,079	2,697	9,921	3,215	6,706
	공학	93,264	69,379	23,885	28,258	21,456	6,802	65,006	47,923	17,083
	자연	38,711	18,134	20,577	14,981	7,793	7,188	23,730	10,341	13,389
	의약	28,298	10,179	18,119	3,713	1,607	2,106	24,585	8,572	16,013
	예·체능	38,436	15,444	22,992	4,646	1,840	2,806	33,790	13,604	20,186

출처: 한국교육개발원 '계열별 설립별 성별 입학생수' (2023)
https://kess.kedi.re.kr

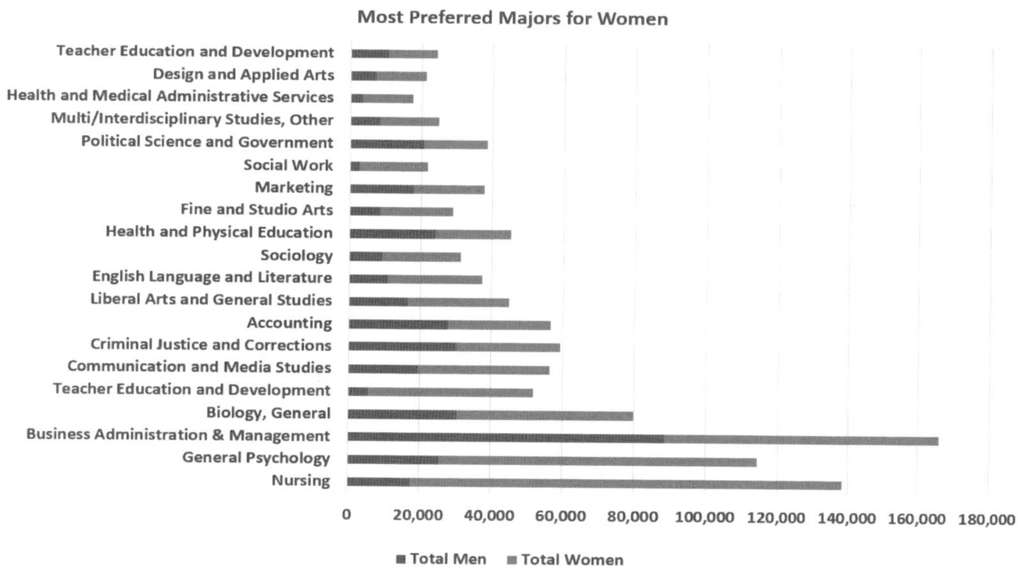

출처: The Most Popular Majors for Women & Men (2017)
https://inside.collegefactual.com/stories/the-most-popular-majors-for-women-men

위 자료는 한국과 미국의 성별에 따른 전공선택 비율을 보여주고 있다. 이를 통해 사회적 고정관념이 개인의 선택에 영향을 미치고 있음을 알 수 있다. 어빙 고프만(Erving Goffman)은 이러한 현상을 '낙인(stigma)의 내면화'로 설명했다. 개인은 사회의 부정적인 시선을 내면화하여 자신을 평가하게 되고, 이는 개인의 행동을 제한하는 결과를 낳는다. 그 결과는 개인적인 수준에만 머무는 것이 아니라 타인들이 노골적으로 차별하지 않아도 본인 스스로 소극적으로 행동하면서 사회적으로 자연스럽게 차별적인 구조가 유지되게 된다는 것이다. 따라서 차별을 받는 것을 알면서도 스스로 열등하기 때문이라고 생각해서 저항하지 않게 된다는 것이다.

인간은 자신이 소속되지 않은 집단, 즉 '타인'을 단순화하는 경향이 있다. 자신의 집단은 다양성과 복잡성을 지닌 것으로 인식하는 반면, 외부 집단은 획일적이고 덜 인간적인 것으로 여긴다. 이러한 내집단(ingroup)과 외집단(outgroup) 간의 차이를 과대평가하는 경향이 있으며, 이는 '그들'에 대한 고정관념과 편견을 형성하는 원인이 된다. 그러므로 '우리'와 '그들'을 구분 짓는 경계는 실제로는 객관적 사실보다는 주관적 인식에 기반한다. 국적, 성별, 직업, 나이 등의 요소들은 단지 표면적인 구분일 뿐, 진정한 경계는 개인의 인식에 따라 달라지는 것이다. 때로는 사회적 기대에 부응하기 위해 의도적으로 자신의 정체성을 숨기거나 변형하는 일종의 '커버링(covering)' 현상도 발생한다. 예를 들어, 취업 면접 시 자신의 본래 모습보다는 면접관이 원하는 이미지에 맞추려 노력하는 경우가 이에 해당한다.

정치학자 존 롤스의『정의론』에 등장하는 '무지의 장막(veil of ignorance)' 개념은 우리 사회의 이러한 고정관념과 편견을 극복하는 데 유용한 통찰력을 제공한다. 이 개념은 만약 우리가 자신의 사회적 지위나 조건을 모른 채 사회규범을 정립한다면, 보다 공정하고 평등한 결과를 얻을 수 있다는 것을 시사한다. 이는 우리가 선입견에서 벗어나 더 정의로운 사회를 만들기 위한 사고 실험으로 활용될 수 있다.

'무지의 장막' 뒤에서는 개인이 어떤 계층에 속하게 될지 알 수 없으므로, 사람들은 특정 계층에 유리하거나 불리하지 않은 조화로운 사회규범을 만들고자 할 것이다. 우리가 자신의 성별, 인종, 능력, 경제적 지위 등을 모른 채 사회질서를 정립한다면, 개인의 이해관계를 초월하여 모두에게 공정한 규칙을 찾을 수 있을 것이다. 이는 우리가 고정관념과 편견에 사로잡히지 않고, 모든 사람의 권리와 기회의 평등을 보장하는 사회를 만드는 데 도움이 될 수 있다.

예를 들어, 우리 자신이 남성인지 여성인지, 난민인지 원주민인지 모르는 상황에서 양성평등 정책이나 난민 수용에 대해 어떤 입장을 취할지 생각해 볼 수 있다. 만약 우리가 성별이나 출신에 대한 정보 없이 이러한 문제를 바라본다면, 모든 사람의 기본적 권리와 기회의 평등을 보장하는 방향으로 의사 결정을 내릴 가능성이 높다는 것이다. 또한, 우리가 극빈층 가정이나 부유층 가정에서 태어날지 모른다면, 사회보장 정책 확대에 대해 어떤 견해를 가질지 고민해 볼 수 있다. 만약 자신의 경제적 지위를 모른 채 이 문제를 바라본다면, 우리는 모든 사람이 인간다운 삶을 영위할 수 있도록 최소한의 사회안전망을 보장하는 정책을 지지할 가능성이 높아질 것이다.

'무지의 장막'은 이처럼 가설적 상황인 '원초적 입장(original position)'에서 모든 조건을 백지화하고 따져보자는 실험적 아이디어다. 현실에서 정의의 개념에 합의하거나 정의를 달성하기가 어려운 이유는 개인의 지위나 부의 정도, 정치적인 입장이 다르기 때문이다. 하지만 어떤 정책이나 가치를 판단할 때 자신이 아직 그 누구도 아니라고 가정하면 문제는 조금 달라진다. 기득권이 보장되지 않는다면, 심지어 모든 기득권을 잃게 될 가능성이 절반 이상이라면 대다수는 최악을 방지하는 선택을 하기 마련이다. 다수는 기득권자의 권리를 조금 더 떼어내어 기득권 없는 이들에게 나누자고 할 가능성이 크다는 뜻이다.

롤스는 '무지의 장막' 하에서는 대부분의 사람이 남녀 평등, 소득 분배, 정치적 다양성이 보장되는 사회를 지향하리라 예측한다. 이는 자신의 이해관계를 초월하여 모두에게 공정한 사회를 만들고자 하는 인간의 본성에 기인한 것일 수 있다. 하지만 이러한 사고 실험의 결과를 현실에 그대로 적용하기는 어려울 것이다. 많은 사람들은 자신의 믿음에 집착하고, 본질적인 문제에 대해 깊이 생각하지 않는 경향이 있기 때문이다. 또한, 기득권을 가진 개인이나 집단은 자신의 권리를 쉽게 포기하려 들지 않을 것이다.

따라서 우리는 자신의 견해가 항상 옳다고 가정하기보다는, 다양한 관점에서 문제를 바라보고 이해하려 노력해야 한다. 우리가 내린 결론이 성별, 사회적 지위, 경제적 수준, 정치적 입장 등에 관계없이 여전히 유효한지 되돌아볼 필요가 있다. 또한, 우리가 모든 정보를 가지고 있지 않다는 사실을 인식하고, 항상 열린 자세로 타인의 관점을 이해하려 노력해야 한다.

'무지의 장막' 개념은 우리에게 고정관념과 편견에서 벗어나, 모든 사람의 기본적 권리와 기회의 평등을 보장하는 공정한 사회를 만들기 위해 노력해야 함을 일깨워준다. 비록 현실 세계에서 이를 완벽하게 구현하기는 어려울 수 있지만, 우리는 이러한 이상을 향해 끊임없이 전진해 나가야 한다. 이를 위해서는 개인과 사회 모두의 의식 변화와 노력이 필요하다. 우리 각자가 '무지의 장막' 뒤에서 세상을 바라보는 연습을 한다면, 우리 사회는 조금씩 더 공정하고 정의로운 방향으로 나아갈 수 있을 것이다.

우리가 세상을 이해하는 방식은 사회화 과정을 통해 내면화된 사람이나 사물에 대한 인식을 바탕으로 범주화한다. 이러한 범주화는 선택적 인지를 통해 편향성을 낳으며 고정관념을 형성함을 알 수 있었다. 고정관념은 타자에 대한 시선뿐만 아니라 자신을 바라보는 시선에도 영향을 미쳐 자신이 속한 집단에 대한 고정관념이 압박으로 다가오는 '고정관념 압박'을 경험한다. 결국 인간이 가진 인식의 한계와 실체를 부단히 성찰함으로써 이를 극복할 수 있다.

[고정관념 압박] 관련 논의 주제
"선원의 출신 배경과 직무 배치의 인과관계"

- ○ 선원의 출신 국가와 선내 직무 배치의 관계를 어떻게 봐야 할까? 과연 차별일까?
- ○ 유럽 선사들이 동유럽 출신을 일등 또는 이등항해사로, 북유럽 출신을 선장으로, 필리핀 출신을 부원으로 배치하는 경향이 단순한 자격과 경험의 결과인지, 아니면 고정관념에 따른 결과일까?
- ○ 출신 국가에 따른 승진 기회와 직무 배치 및 임금의 차이는 '사회적 차별'과 무관한 것인가?

[무지의 장막] 관련 논의 주제
"선원의 영어 구사력"

- ○ 상선 선원 평가 기준으로 전문적 영어 구사력의 비중을 결정해야 하는 경우, 당신이 영어 모국어 사용자인지 비영어권 출신인지 모르는 상태라면 어떤 결정을 하겠는가?
- ○ 갑판부와 기관부 직무에 따라 영어 의사소통 능력의 중요도를 다르게 평가해야 할까? 만약 그렇다면 어떤 기준으로?
- ○ 국제 항해 상선에서 영어가 필수적이라면, 비영어권 출신 선원들에게 언어 역량 외에 전문 기술, 안전 관리 능력, 선내 경험 등 다른 평가 요소의 가중치를 높이는 것은 공정한가?

참고문헌 및 인용 자료

어빙 고프만 (2018), 『스티그마: 장애의 사회심리학』, 윤선길·정기현 역, 한신대학교 출판부.

월터 리프먼 (2021), 『여론』, 이동근 역, 커뮤니케이션북스.

존 롤스 (2003), 『정의론』, 황경식 역, 이학사.

클로드 M. 스틸 (2014), 『고정관념은 세상을 어떻게 위협하는가. 정체성 비상사태』, 정여진 역, 바이북스.

한국교육개발원 (2023), 계열별 설립별 성별 입학생수. https://kess.kedi.re.kr

Allport, G. W. (1954), *The nature of prejudice*, Addison-Wesley.

Bates, C. (2017), The Most Popular Majors for Women & Men. College Factual. https://inside.collegefactual.com/stories/the-most-popular-majors-for-women-men

Devine, P. G. (1989), Stereotypes and prejudice: Their automatic and controlled components. *Journal of Personality and Social Psychology*, 56(1), 5-18.

Goffman, E. (1963), *Stigma: Notes on the Management of Spoiled Identity*, Prentice-Hall.

Rawls, J. (1971), *A Theory of Justice*, Harvard University Press.

Steele, C. M., & Aronson, J. (1995), Stereotype threat and the intellectual test performance of African Americans. *Journal of Personality and Social Psychology*, 69(5), 797-811.

Tajfel, H., & Turner, J. C. (1986), The social identity theory of intergroup behavior. S. Worchel & W. G. Austin (Eds.), *Psychology of intergroup relations*, Nelson-Hall, 7-24.

6. 인형실험과 고정관념 압박

1940대 진행된 미국 흑인 심리학자 부부의 '인형실험'의 배경과 내용을 살펴본다. '인형실험' 결과를 분석하고 실험이 밝혀낸 사실과 시사점을 정리한다.

물리학자 알베르트 아인슈타인이 이런 말을 했다고 한다:

"편견을 깨는 것보다 원자를 깨기가 더 쉽다.
It is easier to break an atom than a prejudice."

우리는 물리 시간에 '더 이상 분리할 수 없는 물질의 기본단위'를 원자라고 배웠다. 그런데 편견을 깨는 것이 그 원자를 깨기보다 더 어렵다는 아인슈타인의 말은 특정 사람이나 사물의 집단에 대해 우리 인간이 가지고 있는 치우친 생각이나 인식이 얼마나 끈질긴 생명력을 가졌는지 다시 한번 질문해 보게 되는 계기를 만들어 주는 것 같다. 여기서는 1940년대 진행되었던 심리학의 한 실험에 관해 이야기를 나누어 볼까 한다. 그리고 이를 통해 아인슈타인의 원자 깨기보다 어려운 편견 깨기에 대한 '이론'이 정말 맞는 것인지도 확인해 보자.

미국 흑인 심리학자 부부 케네스 클라크(Kenneth B. Clark)와 매미 클라크(Mamie P. Clark)는 '인형실험(Doll test)'으로 유명하다. 이들은 1939년~1940년 사이 아이들의 정체성 인식에 대한 여러 편의 논문을 발표했다. 이들이 진행한 실험은 이렇다.

실험에 참여한 흑인 아이들은 두 개의 인형을 받는다. 그 인형들은 피부색과 머리 색을 제외하고 모두 완벽히 똑같았다. 한 인형은 노란색 머리카락을 가진 흰색 피부의 백인 인형이었고, 다른 인형은 검은색 머리카락을 가진 갈색 피부의 흑인 인형이었다. 연구자들은 실험에 참여한 흑인 아이들에게 다음과 같은 질문을 던져 아이들에게 둘 중 하나의 인형을 선택하도록 요구한다.

[인형실험 실험 원본 영상]

[출처] Clark Doll experiments
https://www.youtube.com/watch?v=PZryE2bqwdk&t=4s

1) 어떤 인형을 가지고 놀고 싶니? 어떤 인형이 가장 좋니?

2) 어떤 인형이 착해 보이니?

3) 어떤 인형이 나빠 보이니?

4) 어떤 인형이 예쁜 색깔을 가졌니?

5) 백인 아이와 닮은 인형은 어떤 것이니?

6) 유색인종 아이와 닮은 인형은 어떤 것이니?

7) 흑인 아이와 닮은 인형은 어떤 것이니?

8) 그리고 마지막으로 너와 닮은 인형은 어떤 것이니?

놀랍게도 착해 보이는 인형, 가지고 놀고 싶은 인형 등에 대한 질문에, 실험에 참여한 모든 흑인 아이가 백인 인형을 선택하였다. 특히, 아이 중 일부는 흑인 인형을 집어 들면서 화를 내기도 했다고 한다. 실험에 참여한 흑인 아동들은 자신이 거부한 인형과 자신을 동일시해야 하는 상황 속에서 일종의 정체성 갈등을 경험했기 때문이다. 클라크 부부의 연구는 아이들의 정체성 형성이 사회문화적 요인들에 영향을 받는다는 사실을 보여주었다. 특히, 인종차별적인 사회 분위기 속에서 흑인 아이들은 어려서부터 정체성 갈등을 겪게 되고, 억압적이고 차별적인 인종 개념의 내재화 과정을 통해서 반항 심리를 갖게 된다는 것이었다.

1940년대 인종차별과 분리주의 분위기가 극심했던 시기, 인형실험을 통해 클라크 부부는 인간의 정체성 형성에 사회문화적 요인들이 지대한 영향을 미침을 밝혀냈다. 이전까지 통념으로 받아들여졌던 정적인 자아개념이 틀린 것임을 실험을 통해 입증한 것이다.

[인형실험 재연실험 영상]

[출처] Doll test. The effects of racism on children
https://www.youtube.com/watch?v=QRZPw-9sJtQ

최근에도 클라크 부부의 실험을 재연한 연구에서 유사한 결과가 나오고 있다. 이는 특정 사회가 가진 집단에 대한 고정관념이 개인의 사회화 과정에 여전히 큰 영향을 미치고 있음을 시사한다. 주목할 점은 이 인형실험이 단순한 학술적 호기심에서 그치지 않고, 미국 사회의 중요한 전환점을 가져왔다는 것이다. 클라크 부부의 연구 결과는 1954년 미국 대법원의 획기적인 판결인 '브라운 대 교육위원회(Brown v. Board of Education)' 사건에서 핵심 증거로 활용되었다. 이 판결은 "분리되었지만 평등하다(separate but equal)"라는 교육 원칙이 위헌이라고 선언하며, 공립학교에서의 인종 분리 정책을 폐지하는 데 결정적 역할을 했다(Kluger, 2004). 이는 심리학 연구가 사회 변화와 정책 결정에 미친 중요한 사례로 평가받고 있다.

이 실험은 우리 사회에 만연한 편견과 고정관념이 개인의 정체성 형성에 얼마나 깊은 영향을 미치는지 보여준다. 아인슈타인의 말처럼, 편견을 깨는 것은 절대 쉽지 않은 과제이다. 하지만 우리는 이러한 편견과 고정관념의 영향력을 인식하고, 이를 극복하기 위해 노력해야 한다. 모든 사람이 평등하고 존중받는 사회를 만들기 위해서는 우리 각자가 내면의 편견과 맞서 싸워야 할 것이다.

필자는 수업을 듣는 수강생들에게 '인형실험'을 재연한 실험 영상을 보여주고, 자신이 살아오면서 직접 경험하거나 느낀 '고정관념 압박'과 관련된 사례를 말해 달라고 요청하였다. 학생들의 이야기를 살펴보면, 인종, 성별, 학문 분야, 신체적 특징, 출신 지역 등 다양한 영역에서 편견과 차별의 양상이 나타났다.

- 수학 관련 학과 과목을 수강할 때마다 어렴풋이 들리는 '문과 출신들한테는 힘들다더라', '이과 출신 애들은 어려움 없이 쓱쓱 풀어댄다고 하더라.' 제가 부족한 점도 있긴 있었지만, 그런 이야기들을 들을 때마다 위축되는 것은 사실
- 사회적 지위에 따라서 사람을 평가하는 경향
- 문과생은 생각이 깊은 사람, 이과생은 간결하고 딱딱하며 결과만 중요시하는 사람이라는 기준
- 상담 선생님께서는 내 꿈이 항해사라는 이야기를 듣자, 여자에게는 어려운 직업이라고 꿈을 포기하고 다른 진로를 생각해 보라고…

- (군대) 공익을 받은 사람은 남들보다 편히 의무 복무를 한다.
- 여자들은 남자보다 힘이 약하다. 운동을 못 한다. 글씨를 잘 쓴다.
- 인간이라는 종의 한계를 뛰어넘지 않는 한, 편견과 불편한 동거를 계속해야 할 것이다. 어떻게 슬기롭게 살아갈 것인지는, 편견과 깊은 대화를 해볼 필요가 있겠다.
- 장애를 가진 친구보다 장애가 없는 일반적인 사람들이 더 나은 사람이라는 생각
- 초등학교 미국 유학경험
- 여자는 당연히 꾸며야한다는 그런 고정관념
- 나는 선천적으로 평발로 태어났다.
- 일본여행을 가기 전 일본 사람들이 규칙적이고 정적이고 정이 없는 이미지를 가지고 있었다.
- 야구 시합을 하던 날, 쿠바에서 온 친구가 나에게 이렇게 말하였다. '너 한국인이니까 야구 잘하겠네?'
- '부모가 곧 자식, 자식이 곧 부모'와 같은 고정관념에서 비롯된 말이라고 할 수 있다. 이러한 칭찬 같은 말들은 조금만 내가 다른 행동을 하면 '넌 대체 누구를 닮아서 이렇게 말썽을 피우니?' 등과 같은 말들로 돌아올 수도 있던 말이기 때문이다. 이러한 말들은 성별이나 혈통처럼 태어나면서 주어진 조건과 환경에 낙인을 찍는 말이나 마찬가지인 것이다. 이러한 낙인은 커서 사람들의 고정관념을 비롯한 '가벼운' 칭찬임을 깨닫기 전에는 큰 부담으로 다가오는 것 같다.
- 영상을 보면서 다른 하나의 영상이 떠올랐습니다. 바로 '흑인은 공부를 잘하면 안 된다'와 관련된 영상이었습니다. 이 말만 보면 흑인이 아닌 다른 누군가가 한 말처럼 보이지만 놀랍게도 저 말은 흑인들이 직접 한 말이라는 것입니다. 어떤 동네에서 흑인이 공부를 잘하면 다른 흑인들이 차별한다는 것입니다.
- 여자애가 왜 그렇게 남자아이처럼 하고 다니니
- 남자가 설거지를 왜 해
- 항해사라는 직업과 여성에 대한 편견
- 아시아 사람들은 마늘을 많이 먹어 마늘 냄새가 난다.
- 언더도그마(underdogma)라는 '약자는 무조건 선 한가?'라는 철학적인 내용이 이 사건(전장연 지하철 시위)과 절묘하게 맞아떨어지는 것

- 초등학교 시절에 부모 중 한 명이 동남아인인 다문화 가정 친구가 한 명 있었는데 그 친구와 거리를 좀 두자고 생각
- 고등학교 시절에 문과에 대한 차별
- 우리나라에는 지역별로 고정관념이 있다.
- 한 선생님께서 첫 수업 때 '1학년 3반은 매년 터가 안 좋아서 항상 장난꾸러기도 많고 선생님 말씀을 잘 안 듣는다'라고 말씀하셨다. (계속 그런 말을 해서 진짜 그렇게…)
- 자사고를 나왔으니, 공부를 잘할 것이다.
- 서양인이 우리 동양인에게 하는 비하

학생들이 공유한 다양한 고정관념 압박 경험을 분석해 보면, 크게 다음과 같은 범주로 분류할 수 있다:

❍ 전공계열 및 교육 영역의 고정관념: '문과는 수학을 못 한다.', '이과생은 딱딱하다.', '자사고 출신은 공부를 잘 한다.' 등 학업 능력과 성향에 관한 편견

❍ 성별에 따른 고정관념: '여성은 항해사가 되기 어렵다', '여성은 꾸며야 한다', '남성은 가사 일을 하지 않는다' 등 성 역할에 관한 편견

❍ 신체적 특성에 관한 고정관념: '평발', '장애' 등 신체적 특성에 따른 차별적 인식

❍ 국적 및 인종에 관한 고정관념: '한국인은 야구를 잘한다.', '아시아인은 마늘 냄새가 난다.', '일본인은 정이 없다.' 등 특정 국가나 인종에 대한 편견

❍ 지역 및 출신 배경에 관한 고정관념: '특정 지역 출신에 대한 편견', '다문화 가정에 대한 선입견' 등

이러한 고정관념 압박 경험은 단순한 개인적 불편함을 넘어 심리적, 사회적으로 큰 영향을 미친다. 특히 주목할 만한 점은 많은 학생들이 이러한 고정관념을 내면화하여 자신의 가능성과 선택을 스스로 제한하는 경향을 보인다는 것이다. '문과생이라서 수학을 못 한다.'라는 고정관념은 실제로 문과 출신 학생들이 수학 과

목에서 위축감을 느끼게 만들고, '여성은 항해사가 되기 어렵다.'는 인식은 여학생들의 진로 선택을 제한할 수 있다.

이는 '고정관념 압박'과 밀접하게 관련된다. Steele & Aronson(1995)의 연구에 따르면, 특정 집단에 대한 부정적 고정관념이 존재할 때, 그 집단의 구성원들은 그러한 고정관념을 확인시킬지 두려워하며 실제 수행 능력이 저하될 수 있다고 한다. 예를 들어, '여성은 수학을 못 한다.'라는 고정관념이 있는 상황에서 여성들은 수학 시험에서 실제로 더 낮은 점수를 받는 경향이 있다는 것이다.

'인형실험'은 사회적 편견과 고정관념이 어린아이들의 정체성 형성에 미치는 영향을 극명하게 보여주는 연구이다. 이 실험은 인종차별적 사회 분위기 속에서 흑인 아이들이 겪는 정체성 혼란과 자아존중감 저하를 실증적으로 입증했다(Clark & Clark, 1947). 이는 우리 사회에 만연한 차별과 편견의 심각성을 일깨우며, 이를 극복하기 위한 노력의 필요성을 시사한다.

대학생들이 겪은 '고정관념 압박'의 사례들은 인종, 성별, 학문 분야, 신체적 특징, 출신 지역 등 다양한 영역에서 나타나는 편견과 차별의 양상을 보여준다. 이러한 고정관념은 개인의 능력과 잠재력을 평가하는 데 있어 부정적인 영향을 미치며, 당사자들에게 심리적 압박감과 위축감을 안겨준다. 예를 들어, 문과 출신 학생들이 수학 관련 과목을 수강할 때 느끼는 압박감, 여성이 항해사라는 직업을 선택하는 데 있어 겪는 편견, 장애인에 대한 차별적 인식 등은 모두 사회적 고정관념이 개인의 선택과 발전을 제한하는 사례라 할 수 있다. 또한, 인종이나 출신 지역에 따른 차별, 외모나 신체적 특징에 대한 편견 등은 개인의 정체성과 자아존중감에 부정적인 영향을 미칠 수 있다. 고정관념 압박은 소수 집단 구성원의 수행에 부정적 영향을 미치는 것으로 나타났다(Steele & Aronson 1995). 이는 사회적 편견이 개인의 잠재력 발현을 저해할 수 있음을 시사한다.

또한, 고정관념과 편견은 개인의 정체성과 자아존중감에도 부정적 영향을 미칠 수 있다. Tajfel & Turner(1979)의 '사회 정체성 이론(Social Identity Theory)'에 따르면, 개인은 자신이 속한 집단에 대한 사회적 평가를 내면화하여 자아개념을 형성한다. 따라서 특정 집단에 대한 부정적 고정관념은 그 집단 구성원들의 자아존중감을 저하시킬 수 있다.

이러한 고정관념과 편견은 '인형실험'에서 볼 수 있듯이 어린 시절부터 내면화되기 시작한다. 아이들은 사회적 통념과 차별적 인식을 무의식적으로 받아들이며, 이는 이후 그들의 정체성 형성과 자아개념에 지대한 영향을 미친다(Bigler & Liben, 2007). 따라서 우리 사회가 더욱 평등하고 공정한 모습으로 나아가기 위해서는 이러한 고정관념과 편견을 깨뜨리기 위한 노력이 필요하다.

이를 위해서는 개인과 사회 모두의 인식 변화가 요구된다. 우리 각자가 내면에 자리 잡은 편견과 고정관념을 돌아보고, 이를 극복하기 위해 노력해야 한다. 동시에 교육, 미디어, 제도 등 사회 전반에 걸쳐 평등과 다양성의 가치를 확산시켜야 한다. Banks(2004)는 다문화 교육의 중요성을 강조하며, 학교에서 다양성을 존중하는 교육과정과 교수법을 도입해야 한다고 주장했다. 또한, 미디어에서 소수 집단에 대한 긍정적 재현을 늘리고, 차별금지법 등의 제도적 장치를 마련하는 것도 중요한 과제라 할 수 있다.

'인형실험'과 대학생들의 경험은 우리 사회에 만연한 차별과 편견의 실태를 보여주는 동시에, 이를 극복하기 위한 변화의 필요성을 일깨워준다. 고정관념의 굴레에서 벗어나 모든 개인의 가능성과 잠재력이 공정하게 평가받을 수 있는 사회를 만들어 나가는 것, 그것이 우리 모두의 과제일 것이다. 이를 위해 우리는 개인, 교육, 미디어, 제도 등 다양한 차원에서 평등과 다양성의 가치를 실현하기 위해 노력해야 할 것이다.

해운산업 분야 고정관념 압박

특별히 주목할 만한 점은 학생들의 경험 중 '항해사라는 직업과 여성에 대한 편견'이 언급된 부분이다. 해운산업과 해사 분야는 전통적으로 남성 중심적 산업으로 인식됐으며, 이는 여성들의 진입과 발전에 장벽으로 작용해 왔다. 국제해사기구(IMO)의 통계에 따르면, 전 세계 선원 중 여성의 비율은 2% 미만에 불과하며, 이 중 대부분은 크루즈 선에 승선하고 있다(IMO, 2019). 이러한 불균형은 단순히 개인의 선택 문제가 아니라 사회적 고정관념과 구조적 장벽의 결과이다. '여성은 항해사가 되기 어렵다'라는 인식은 실제로 많은 여성들이 해양 분야 진로를 고려하지 않게 만들고, 이 분야에 진입한 여성들도 추가적인 장벽과 편견에 직면하게 한다.

그러나 다양성은 해운산업과 해사 분야의 혁신과 발전을 위해 필수적이다. 다양한 배경과 관점을 가진 인력은 문제 해결과 의사결정에 있어 더 창의적이고 효과적인 접근을 가능하게 한다. Momoko Kitada(2013)의 연구에 따르면, 선박에서의 성별 다양성은 팀워크와 의사소통 개선, 작업 환경 개선 등 여러 긍정적 효과를 가져올 수 있다.

여러분은 지금까지 살아오면서 어떠한 크고 작은 '고정관념 압박'을 경험하셨나요? 클라크 부부가 1940년대 미국에서 진행한 '인형실험'의 결과는 충격적이었다. 인종차별적 사회 분위기 속에서 흑인 아이들이 겪는 정체성 혼란과 자아존중감 저하를 실증적으로 보여주었기 때문이다. 하지만 더욱 충격적인 것은 그 실험을 오늘날 똑같이 재연한 실험에서도 실험 결과가 동일했다는 점이다. 이는 우리 사회에 만연한 차별과 편견의 문제가 여전히 해결되지 않았음을 시사한다.

인간의 행동을 설명하는 세 가지 이론인 유전자 결정론, 환경 결정론, 인지 이론 중에서 '인형실험'의 결과는 '환경 결정론'에 더 무게를 실어주는 것 같다. 하지만 우리는 '나의 행동이나 말은 내 선택의 결과물'이라는 사실을 잊지 말아야 한다. 나치 수용소에서 살아 돌아온 정신의학자 빅터 프랭클(Victor Frankl)은 인간이 고통에서 벗어나는 방법은 삶 자체의 무의미함을 깨닫고 삶에 스스로 의미를 부여하는 것이라고 말했다(프랭클, 2020). 그는 수용소와 같은 절망적인 상황에서도 삶의 의미를 찾기 위해 노력했으며, 이는 인간이 왜 살아야 하며, 어떻게 살아야 하는지를 끊임없이 성찰하는 것이 중요함을 보여준다.

이러한 관점에서 볼 때, '고정관념 압박'으로부터 자유로워지기 위해서는 바람직한 행동과 생각을 할 수 있도록 자아를 강화하고, 우리의 모든 행동과 말을 지속해서 성찰하는 삶을 사는 것이 필요할 것이다.

선원 인권과 고정관념 압박

해사 분야, 특히 선원 직업에서의 고정관념 압박은 선원 인권과 직접적으로 연결된다. 전통적으로 선박은 위계적이고 폐쇄적인 조직 구조를 가지고 있으며, 이는 다양한 형태의 차별과 편견이 발생할 수 있는 환경을 조성한다. 국적, 인종, 성별, 종교 등에 따른 차별은 선원들의 인권을 침해하고 직업적 발전을 제한할 수 있다.

국제노동기구(ILO)의 2006년 '해사노동협약(Maritime Labour Convention, MLC)'은 선원들의 기본권을 보장하고 차별 없는 근로 환경을 조성하기 위한 국제적 노력의 일환이다. 그러나 법적, 제도적 장치만으로는 뿌리 깊은 고정관념과 편견을 완전히 해소하기 어렵다. 진정한 변화를 위해서는 해운산업 전반의 문화적 변화와 인식 개선이 필요할 것이다.

참고문헌 및 인용 자료

빅터 프랭클 (2020), 빅터 프랭클의 죽음의 수용소에서: 죽음조차 희망으로 승화시킨 인간 존엄성의 승리, 이시형 역, 청아출판사. (원서출판 1946)

Banks, J. A. (2004), Multicultural education: Historical development, dimensions, and practice, J. A. Banks & C. A. M. Banks (Eds.), *Handbook of research on multicultural education* (2nd ed.), San Francisco, CA: Jossey-Bass, 3-29

Bigler, R. S., & Liben, L. S. (2007), Developmental intergroup theory: Explaining and reducing children's social stereotyping and prejudice, *Current Directions in Psychological Science*, 16(3), 162-166. https://doi.org/10.1111/j.1467-8721.2007.00496.x

Clark, K. B., & Clark, M. P. (1947), Racial identification and preference in Negro children, T. M. Newcomb & E. L. Hartley (Eds.), *Readings in Social Psychology,* New York, NY: Henry Holt, 169-178.

International Maritime Organization(IMO) (2019), Women in Maritime: IMO's gender programme, London: IMO. https://www.imo.org/en/ourwork/technicalcooperation/pages/womeninmaritime.aspx

Kitada, M. (2013), Code of behaviour at sea: Women seafarers' shipboard identity management, *WMU Journal of Maritime Affairs*, 12(2), 213-227.

Kluger, R. (2004), *Simple justice: The history of Brown v. Board of Education and Black America's struggle for equality*, New York: Vintage Books.

Steele, C. M., & Aronson, J. (1995), Stereotype threat and the intellectual test performance of African Americans, *Journal of Personality and Social Psychology*, 69(5), 797-811.

Tajfel, H., & Turner, J. C. (1979), An integrative theory of intergroup conflict, W. G. Austin & S. Worchel (Eds.), *The Social Psychology of Intergroup Relations,* Monterey, CA: Brooks/Cole, 33-47.

[변화하는 바다, 변화하는 세대]

해운업계의 세대 간 소통과 공존 모색

1. 전후 한국 사회의 교육 흐름 변화와 승선 인식 변화

한국은 한국전쟁이 끝난 후 불과 한 세대 만에 어마어마한 발전을 이루어낸 나라이다. 그야말로 기적 같은 경험을 했다. 그 기적의 밑바탕에는 한국인들이 가진 교육에 대한 열의와 부모 세대의 자녀에 대한 헌신과 희생이 뒷받침되었기에 가능한 것이었다. 조벽교수는 한국전쟁 시기부터 한국의 교육 흐름을 세 단계로 나누어 설명하고 있다.

1) 한국전쟁 단계 - 3W (Whenever · Wherever · Whoever)

한국인들은 포탄이 날아다니는 전쟁의 상황 속에서도 교육만은 놓지 않으려 노력하였다. 그래서 교실이 없으면 천막이라고 치고 피난을 다니면서도 자녀를 가르쳤다. 전쟁 당시 제대로 된 인프라도 없었지만, 언제, 어디서든, 누구이건 받을 수 있는 3W 교육이었다.

2) 산업화 단계 - 3S (Same Time · Same Place · Same Age)

전쟁이 끝나고 재건의 과정에서도 교육열은 지속된다. 전국에 많은 초·중등 및 고등교육 기관을 세웠고 산업화를 통해 축적된 자본을 교육 인프라에 엄청나게 투자했다. 이 시기는 같은 장소에서 같은 시간에 그리고 같은 또래의 학생들을 대상으로 한 3S 교육이 이루어진다.

3) 산업화 이후 단계 - 3A (Anytime · Anywhere · Anyone)

3차 산업혁명 이후 정보통신기술의 발전으로 시간과 장소에 구애받지 않고 아무 때에 아무 장소에서 아무나 교육을 받을 수 있는 3A 교육환경이 구축된다. 이러한 교육환경의 변화는 단순히 학습 방식의 변화를 넘어, 지식의 가치와 의미, 교육의 목적과 방향성에 대한 근본적인 인식 변화를 불러왔다. 특히 디지털 환경에 익숙한 세대들에게는 전통적인 위계적 교육 방식보다 상호작용과 즉각적 피드백이 가능한 학습 형태가 더 효과적으로 작용하게 되었다.

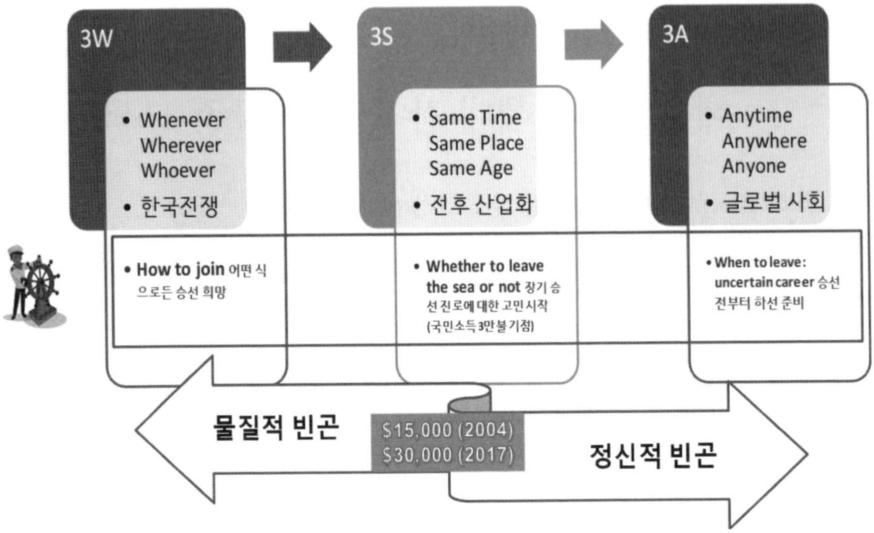

참고출처: 조벽 2016,『인성이 실력이다』, 해냄.
이재우 2021,『선원없이 한국없다』, 문경출판사.

〈한국전쟁 이후 교육흐름 변화와 승선 인식 변화〉

전후 한국 사회의 급격한 교육 흐름 변화에 따라, 상기 3개 단계별로 다른 환경과 조건에서 교육을 받고 성장해온 세대들 간의 가치관, 삶의 질, 인생관 등의 차이는 오늘날 우리 사회의 다양한 조직에서 경험하고 있는 세대 간 갈등과 소통 단절의 문제로 이어지고 있다.

우리나라 해기교육의 흐름 역시 이러한 전후 3단계에 걸친 교육 흐름의 변화와 밀접히 맞물려 변화를 거듭하고 있다.

1) '어떻게 하면 승선할 수 있을 것인가(How to join)'의 단계

전후 세계 최대 빈국에 속했던 한국에서 선원직, 나아가 상선 사관의 위상은 교육인프라 등 여건이 턱없이 부족했음에도 선망의 대상이 될 정도로 높았으며, 산업화 과정에서는 선원 해외송출 등을 통해 벌어드린 외화는 1960-70년대 한국 산업화의 일등공신 역할을 하였다. 이 시기까지 선원직과 승선에 대한 인식은 서울대학 진학보다 해양대 진학을 선호할 정도로 그 열기가 뜨거웠으며, '마도로스'로 대변되던 선원직에 대한 이미지는 기성세대를 중심으로 공고히 구축되었다. 특히 이 시기에는 선원직이 '국가 경제 발전의 주역'이라는 자부심과 함께, 가족의 경제적 생계를 책임지는 '가장'으로서의 책임감이 직업정체성의 핵심을 이루었다. 당시

선원들에게 있어 바다는 단순한 일터가 아닌, 국가와 가족을 위한 희생과 헌신의 공간으로 인식되었다.

2) '바다를 떠날지 말지를 고민하는(Whether to leave the sea or not)' 단계

산업화 과정을 통해 1인당 국민소득 15,000달러(2004)에 진입하면서 국민 대다수가 '물질적 빈곤'의 상황에서 벗어나 '정신적·영적 빈곤'을 경험하는 단계에 직면한다. 이로 인해 선원직과 해상업무에 대한 인식과 이미지는 급격한 변화를 경험한다. 선원을 양성하는 해기 교육과정에 입학하는 학생들은 이 시점부터 무턱대고 장기승선으로 진로를 설정하기보다는 승선 경험을 기반으로 진출할 수 있는 유관 육상업무로의 전직을 모색하기 시작한다. 이 시기는 한국 사회 전반에 걸쳐 '삶의 질'에 대한 관심이 높아지던 때로, 장기간 가족과 분리되는 승선 생활에 대한 재평가가 이루어졌다. 해운회사들도 이러한 변화를 인식하며 '승선-육상 순환근무제'와 같은 대안적 경력 경로를 모색하기 시작했으나, 여전히 산업 구조와 문화는 전통적 패러다임에 머물러 있었다.

3) '언제 떠날 것인가: 불확실한 경력(When to leave: uncertain career)'의 단계

한국사회는 1인당 국민소득이 3만 달러(2017)를 넘어서고 본격적인 후기 산업사회로 진입하였고, 한국전쟁 이후 원조 수혜국에서 원조 공여국이 된 시점에서 1단계 전후 세대, 2단계 산업화 세대와는 확연히 다른 성장환경을 경험한 세대가 출현한다. 일반적으로 1990년대 이후 선진 산업화한 한국에서 성장하고 사회화된 경험을 가진 'MZ세대'로 대변되는 현세대에게는 물질적 풍족함보다는 '일과 삶의 균형'과 '삶의 질'에 대한 목마름과 고민이 더 깊어지기 시작한다. 따라서 이들 새로운 세대가 추구하는 '워라밸' 욕구를 제대로 충족하지 못한다는 선원직에 대한 인식은 승선업무의 이미지를 더욱 부정적으로 변화시킨다. 지금의 학생들은 입학과 동시에 승선해야 할지를 고민하는 상황이 되었다. 즉, 승선 전부터 하선 이후의 미래 진로를 고민하는 단계로 접어든 것이다. 이는 단순한 직업 선호도의 변화가 아니라, 직업에 대한 근본적인 가치관의 전환을 의미한다. MZ세대에게 직업은 더 이상 '평생을 바치는 소명'이 아닌, '자아실현과 개인적 성장을 위한 하나의 경로'로 인식되고 있다. 해기 교육기관들은 이러한 변화에 대응하여 '승선 중심'에서 '해사산업 전반의 인재 양성'으로 교육목표를 재설정하는 움직임을 보이고 있다.

〈한국해양대 해사대생 학년별 마음가짐과 학업자세〉

학년	학기	마음가짐	학업자세
1학년	1학기	아침운동, 인원점검, 위생점검, 귀교집합 등 뭐 이렇게 할 게 많지… 그냥 좀 놔두면 안되나…	선박 관련 과목이 흥미롭지만 도대체 무슨 말인지 모르겠고… 당장은 학교생활 적응하기도 벅차다…
	2학기	지금이라도 반수에 도전해서 학교를 나가는게 맞을까…? 합리적인 지적만 할 것이지, 불필요한 군기 정말 싫다.	공부가 문제가 아니라 잠이 우선이다. 공강 시간만 생기면 일단 잠부터 챙기자.
2학년	1학기	드디어 나에게 후배가 생기는구나! 사조직, 동아리 등 활동 좀 활발히 해봐야겠다!	슬슬 뭐 배우는 건지 감은 오는데 여전히 어렵기만 하다.
	2학기	실습 잘 할 수 있을까? 선사지원 점수 정보만 얻고 뒤통수치는 동기만 없기를…!	학점, 토익 미리 잘 챙길 걸… 당장 내년부터 내가 배를 탄다고? 강의 좀 열심히 들어볼까?
3학년	1학기	드디어 배를 타는 구나… 적응만 잘하자!	진짜 실전이다. 열심히 배우자!
	2학기	한 학기만 버티면 드디어 백두다!	저학년때 열심히 공부해둘 걸… 그럼 배를 더 잘 이해할 수 있었을 텐데…
4학년	1학기	4학년 생활, 생각보다 더 괜찮네…! 즐기자~~	취업 전 마지막 기회다. 유종의 미를 거두자!
	2학기	취업만 잘 하면 되지… 더 이상 간섭 하지마…	취업도 확정되었는데 왜 나는 강의와 과제를 수행해야 하는가…

* 해사대 학생 인터뷰 기반 작성

이러한 승선에 대한 부정적 인식과 떨어진 동기부여는 한국해양대와 같은 해기 전문 교육기관의 해기 교육과정에 임하는 예비사관들의 학업 자세와 학업 동기에도 직접적으로 영향을 미치고 있다. 그래서 3학년 실습 전 희망하는 선사에 외부 실습을 가기 위한 학점 관리 공부와 토익 공부, 4학년 1학기까지의 면허시험 및 학점 관리 공부를 제외하면 대학생으로서의 갖추어야 할 다양한 대인관계 속에서의 성찰 경험과 외부 활동 경험뿐만 아니라 학습과 공부의 경험조차 부족한 상황이 되었다. 학생들 사이에서도 이러한 취업과 승선에 대한 안이한 생각과 태도가 상당히 만연된 것으로 보인다. 학교에서의 이러한 마음가짐과 자세는 졸업 이후 승선 과정에서 맺게 되는 동료나 시니어 사관과의 인간관계의 문제로까지 이어진다. 따라서 지금은 한국 해운의 '해기전승'의 문제를 학교와 산업계가 함께 고민해야 하는 시점에까지 이르고 있다.

구체적으로 학년별 특성을 살펴보면, 1학년 시기에는 해기에 대한 기초지식과 함께 해운산업의 비전에 대한 교육이 이루어지지만, 많은 학생이 이미 '해기사 자격증 취득 승선 후 빠른 육상직 전환'이라는 경력 계획을 마음에 품고 있다. 2학년 시기에는 전공 심화학습과 함께 실습선사 선택을 위한 경쟁이 본격화되면서, 학점 관리와 영어 성적 향상에 집중하는 경향을 보인다. 3학년은 승선실습이 이루어지는 중요한 시기로, 실제 선박 환경에 첫발을 내딛게 되지만, 기대와 현실 사이의 괴리를 경험하며 진로에 대한 고민이 깊어지는 시기이기도 하다. 4학년은 해기사 면허 취득과 취업 준비에 집중하는 시기로, 상당수 학생이 해운회사 외에도 공기업, 대학원 진학, 군 복무 등 다양한 진로를 탐색하는 특징을 보인다.

2. MZ세대 가치관의 특징과 배경

전쟁 이후 불과 50~60년 사이에 진행된 변화는 발전만큼이나 압축적 성장과 급격한 변화로 인해 사회 내 세대갈등, 안전불감증으로 인한 대형 참사와 사고, 급격한 고령화와 출산율 저하 등 한국 사회 내 다양한 문제를 양산하고 있다. 수백년에 걸친 서구사회의 산업화 과정을 짧은 시기에 압축적으로 경험하게 됨으로써 한국의 교육은 급속한 기술발전과 함께 21세기 교육환경을 구축한 것에 반해, 교육의 철학과 방향은 여전히 산업화 시대의 그것을 유지하고 있다.

우리 교육은 여전히 좋은 대학, 좋은 직장을 가기 위한 수단으로서의 도구적 목적에 취해 있다. 그래서 3차 산업혁명 단계에서 중시되던 사람 사이의 공감과 소통을 중시하는 '소프트 역량'인 감성지능(EQ), 사회지능(SQ), 문화지능(CQ), 나아가 4차 산업혁명 시대에 필요한 '디지털지능(DQ)'을 함양할 수 있는 교육체계 조차도 정립하지 못하고, 여전히 2차 산업혁명 단계에 필요했던 지식 암기와 시험공부 위주의 '지적지능(IQ)' 함양에 매몰된 교육을 하고 있다. 이는 입시 위주의 교육제도가 가진 폐단이다.

특히 해기교육 분야에서는 이러한 격차가 더욱 두드러진다. 전통적으로 해기교육은 실무 중심의 기술 훈련과 엄격한 위계질서 속에서의 규율 교육에 중점을 두었다. 그러나 현대 해운업이 직면한 복잡한 도전들(국제 규제 강화, 환경 문제, 다문화 선원 관리, 사이버 보안 등)은 단순한 기술적 숙련을 넘어선 창의적 문제 해결 능력과 다양한 상황에서의 적응력을 요구한다. 이러한 역량은 기존의 교육 방식으로는 충분히 개발되기 어려운 것들이다.

이러한 교육환경에서 성장한 MZ세대들은 다음과 같은 특징을 보인다.

1) 'K-능력주의'에 대한 맹목적 신뢰

- 대학수학능력시험과 같은 공식적인 시험이나 경쟁 등 명확한 기준에 입각한 경쟁을 선호한다.
- 개인별 능력 차이는 명백하다고 인식하여 이 차이에 따른 불평등한 대우를 당연시한다. 이로 인해 약자에 대한 배려심이 부족한 편이다.
- 부모 직업이나 출신 배경 등에 기반한 타인의 특혜로 인해 자신이 손해 보는 것을 극도로 싫어하며, 그들이 생각하는 '공정한' 경쟁을 선호한다.
- 이러한 경향은 산업화 이후 한국 경제가 지식서비스 기반으로 바뀌고 '디지털 전환'의 패러다임 대전환 시점에서 취업과 사회진출의 가능성이 좁아지게 됨으로써 더욱 심화된다.
- 해운업계에서는 이러한 특성이 '자격증과 실무능력 중심의 역량 평가'에 대한 강한 선호로 나타난다. 단순한 선임자의 경험이나 관행보다는 객관적으로 검증 가능한 지식과 기술을 더 신뢰하는 경향이 있으며, 이는 때로 선박에서 중요한 암묵적 지식(tacit knowledge)의 가치를 간과하는 결과를 낳기도 한다.

2) 타인에 대한 배려보다 나를 중심으로 사고

- 경쟁 위주의 교육환경은 타인에 대한 배려와 공감보다는 나 개인의 이익과 이해관계를 중심으로 사고하는 '습속(habitus)'을 형성한다.
- 개인의 이익과 이해관계에 손해를 입히는 행위나 개인의 영역 또는 개인의 자유를 침범하는 행위에 대해 상당히 민감한 편이다.
- 자신이 속하거나 연관된 집단과 직접 관련되지 않은 문제에 대해서는 별로 관심을 두지 않는다. 따라서 예전 세대에 비해 자신과 직접 관련이 없다면, 정치나 사회적 약자 문제에 관심이 덜 한 편이다.
- 선박이라는 제한된 공간에서 이러한 성향은 '공동체 의식의 약화'로 이어질 수 있다. 전통적으로 선박은 구성원 모두가 서로의 안전과 복지에 깊이 관여하는 긴밀한 공동체였으나, 최근에는 '각자의 업무와 영역'을 중시하는 경향이 강화되고 있다. 특히 국제선박관리자협회(InterManager)의 2023년 보고서에 따르면, 젊은 선원들은 '업무 외 시간'과 '개인 공간'에 대한 명확한 경계 설정을 중요시하는 것으로 나타났다.

3) 조직에 대한 충성도 및 직업의식

- 상시 구조조정과 비정규직 일자리 양산, 플랫폼 형태로의 직업변화, 삶의 질 중시 풍토 등 직장과 업무를 둘러싼 사회적 가치관 변화 양상은 회사 조직에 대한 충성보다는 자기 개인과 자신의 미래에 대한 투자를 더욱 중시하는 경향을 낳는다.
- 예를 들어, 휴가 기간이 아직 며칠 남아 있는 시점에 배승 계획이 고지되거나, 하선휴가 중 직무교육에 강제로 참석하도록 하는 것과 같이 회사 차원에서 개인의 안위에 직접 손상을 입히는 것을 극도로 싫어하는 편이다.
- 따라서 공무원 시험, 진학 준비 등 승선 중 하선 이후의 개인 미래를 위해 시간을 투자하는 경향이 적잖이 목격되고 있다. 이는 해운산업에 심각한 인재 유출 문제를 야기한다. 해사계열 졸업생의 평균 승선 기간은 점차 감소하는 추세를 보이고 있으며, 5년 이상 승선하는 비율은 2010년 47%에서 2023년 31%로 감소했다. 이러한 '경력 단절'은 해기 전승과 해운산업의 지속가능성에 중대한 위협 요소로 작용한다.

하지만 잊지 말아야 할 것은 이상에서 기술한 특징은 비단 'MZ세대'에 속하는 구성원뿐만 아니라 1970년대 이후 성장한 한국인들에게 어느 정도는 내면화되어 있다고 보는 것이 옳을 것이다. 따라서 선원 사회의 세대 갈등은 단순한 '젊은 세대의 문제'가 아니라, 급변하는 사회적·기술적 환경 속에서 해운업 전체가 직면한 구조적 도전으로 이해해야 한다. 궁극적으로는 기성세대의 경험과 MZ세대의 디지털 역량, 새로운 관점이 상호 보완적으로 작용할 때 한국 해운의 지속 가능한 발전이 가능할 것이다. 그러므로 지금의 문제를 단순히 마치 별종이 세상에 나온 듯 세대별 편 가르기를 시도하는 '세대론'에 기대어 해석하는 것은 무리가 있다. 오히려 세대 간 차이를 조직 혁신과 산업 발전의 원동력으로 활용하는 접근이 필요하다.

3. 디지털 전환 시대의 선원직

현대 선박은 급속도로 디지털화, 자동화되고 있으며, 이는 선원들의 업무 환경과 필요 역량에도 큰 변화를 가져오고 있다. 국제해사기구(IMO)의 자율운항선박(MASS) 도입 로드맵과 함께 스마트십(Smart Ship)의 확산은 과거 물리적 기술과 경험에 의존하던 선원의 업무를 데이터 기반 의사결정과 시스템 관리 중심으로 변화시키고 있다(한국해양수산개발원, 2022). 이러한 변화는 디지털 네이티브인 MZ세대 선원들에게 새로운 기회가 될 수 있다.

대표적으로 선박정비관리시스템(PMS, Planned Maintenance System)의 디지털화, 위성통신 기반 원격 모니터링, 통합 항해시스템(INS, Integrated Navigation System)과 같은 기술적 변화는 과거 아날로그 방식의 선박 운항과는 다른 역량을 요구한다. 이러한 환경에서 성장한 MZ세대는 디지털 기술 활용에 있어 기성세대보다 우위에 있으며, 이는 세대 간 역량 격차를 만들어내기도 한다. 하지만 동시에 이들은 실무 경험과 해기 전통 측면에서는 부족함을 보이기도 한다.

구체적인 예로, 최신 ECDIS(Electronic Chart Display and Information System)와 같은 항해 장비는 과거의 종이해도에 비해 훨씬 정교한 항로 계획과 항해 모니터링이 가능하지만, 이를 효과적으로 활용하기 위해서는 디지털 인터페이스에 대한 높은 이해도가 필요하다. 마찬가지로 선박 엔진 모니터링 시스템은 센서 데이터를 통한 실시간 분석과 예측 정비가 가능하도록 발전했으나, 이는 데이터 해석 능력과 소프트웨어 활용 능력을 전제로 한다. 이러한 영역에서 디지털 원주민(Digital Native)인 MZ세대는 기술 적응에 있어 상대적 우위를 점할 수 있다.

그러나 디지털 시스템이 완벽하지 않고 예기치 않은 상황이 발생할 경우, 기초적인 해기 지식과 경험에 기반한 판단이 여전히 중요하다. 2022년 덴마크 해사청(Danish Maritime Authority)의 연구에 따르면, 선박 사고의 23%가 디지털 시스템에 대한 과도한 의존과 기초 항해술의 부족에서 기인한 것으로 나타났다. 이는 전통적 해기 지식의 전승과 함께 새로운 디지털 역량의 개발이 병행되어야 함을 시사한다. 에릭슨(Erikson & Gratton, 2007)의 연구에 따르면, 기업들은 '멘토십 프로그램'을 도입하여 세대 간 지식 전수와 상호 이해를 촉진하고 있다. 즉, 해운선사에서도 '디지털 역량 교류 프로그램'을 통해 젊은 선원의 디지털 능력과 시니어 선원의 경험을 상호 교환하는 시스템을 구축할 수 있다.

또한, 디지털 기술은 선원들의 삶의 질 향상에도 크게 기여할 수 있다. 과거에는 제한적이었던 인터넷 연결성과 통신 환경이 개선되면서, 승선 중에도 가족 및 친구들과의 연결, 온라인 교육 기회 활용, 엔터테인먼트 접근성 등이 향상되고 있다. 선원 복지 측면에서 이러한 변화는 특히 MZ세대에게 중요한 요소로, '디지털 연결성(Digital Connectivity)'은 이들의 직업 만족도와 직결되는 요소로 자리잡고 있다. 카디프 대학 연구팀 조사(Sampson & Ellis 2019)에 따르면, 선원들은 정신 건강과 웰빙 향상을 위해 고용주가 제공할 수 있는 가장 중요한 지원으로 무료 인터넷 접속을 꼽았다. 이와 함께, 근로 조건, 선내 인간관계, 신체 건강, 거주 공간 및 휴식 시설 등 다양한 영역에서 고용주가 선원들의 정신적 웰빙을 지원하기 위한 조치를 취할 수 있다고 언급했다. 이러한 요소들은 현대 선원, 특히 MZ세대 선원들의 직업 만족도와 정신 건강에 직접적인 영향을 미치는 핵심 요인으로 작용한다. 양질의 인터넷 접근성이 있는 선박에 승선한 선원들의 정신건강 지표가 그렇지 않은 선박의 선원들보다 평균 27% 높게 나타났다.

4. 세대 간 차이 극복을 위한 제언

1) 소통 방식의 변화

MZ세대와의 효과적인 소통을 위해서는 기존의 위계적 명령 방식에서 벗어나 '이유와 맥락'을 함께 설명하는 접근이 필요하다. 전통적인 해기 사회에서는 '지시-복종'의 관계가 당연시되었으나, 현대의 젊은 세대는 '왜 그래야 하는가'에 대한 이해가 선행될 때 더 적극적으로 업무에 임하는 경향이 있다. 이는 단순히 '권위에 도전'하는 것이 아니라, 업무의 의미와 목적을 이해함으로써 더 주도적으로 참여하고자 하는 욕구의 표현이다.

구체적인 실행 방안으로는 '브리핑-피드백 순환 구조'의 도입을 고려할 수 있다. 이는 업무 지시 전 간략한 배경 설명(브리핑)과 업무 완료 후 결과에 대한 의견 교환(피드백)을 포함하는 구조로, 명령-복종의 일방향 소통에서 벗어나 쌍방향 소통으로 전환하는 효과가 있다.

2) 해기 교육 시스템의 재구조화

해기 교육 시스템은 이론 중심의 교육에서 벗어나 실무 역량과 소프트 스킬을 강화하는 방향으로 개편될 필요가 있다. 특히 팀워크, 갈등 관리, 문화적 다양성 대응 능력과 같은 '인간관계 역량'을 함양하는 교육이 강화되어야 한다. '인성 기반 해기 교육과정'을 도입하여 기술적 역량과 함께 의사소통, 리더십, 문화적 감수성을 체계적으로 교육하는 모델이 개발되어야 한다. 세계 주요 해기 교육기관들은 이미 이러한 변화를 선도하고 있다. 싱가포르 해양아카데미(Singapore Maritime Academy)는 '통합 리더십 프로그램(Maritime Leadership Programme)'을 정규 과정에 포함시켜 기술적 역량과 인성적 역량을 균형 있게 개발하고 있으며, 네덜란드 로테르담 해사대학은 '문화 간 의사소통(intercultural communication)' 과목을 필수 과정으로 지정하여 다문화 선박 환경에서의 효과적인 소통 능력을 배양하고 있다.

더불어, 교육 방법론에 있어서도 혁신이 필요하다. 강의식 교육에서 벗어나 시뮬레이션, 프로젝트 기반 학습(PBL), 증강현실(AR) 및 가상현실(VR) 기술을 활용한 실감형 교육 등 학습자 중심의 참여형 교육 방식을 확대해야 한다.

3) 해상업무 환경 및 조건의 현대화

MZ세대가 중시하는 '워라벨'과 '개인 존중'의 가치를 반영하여 선박 내 근무 환경을 개선할 필요가 있다. 구체적으로는 ① 예측 가능한 승하선 일정 제공, ② 개인 공간과 프라이버시 보장 강화, ③ 인터넷 연결성 개선을 통한 소통 기회 확대, ④ 자기계발 기회 제공 등이 포함될 수 있다. 국제선원복지위원회(ISWAN)의 2023년 보고서에 따르면, 이러한 환경 개선은 선원 이직률을 평균 18% 감소시키는 효과가 있는 것으로 나타났다. 선박의 물리적 환경도 중요한 요소이다. 최신 선박들은 선원 거주구역의 설계에 있어 개인의 사생활과 쾌적성을 중시하는 추세를 보이고 있다. 개인 캐빈(cabin)의 확대, 고품질 인터넷 연결, 운동 및 레크리에이션 시설 확충, 건강한 식단 제공 등은 선원 만족도에 직접적인 영향을 미친다. 북유럽 해운기업들이 도입한 '해사분야 인간 중심 설계(Human-Centered Design in the Maritime Domain)' 개념은 이러한 변화를 선도하고 있으며, 선원 복지와 운항 효율성을 동시에 향상시키는 결과를 보여주고 있다.

4) 해기 전통과 현대 가치의 균형

선박은 안전이 최우선시되는 특수한 공간으로, 위계질서와 규율이 반드시 필요하다. 동시에 MZ세대의 자율성과 창의성을 존중하는 문화도 중요하다. 이러한 균형을 위해 '자율 속의 규율'이라는 새로운 패러다임을 구축할 필요가 있다. 전통적인 안전 규율을 유지하면서도 현장 선원들의 자율적 개선 제안을 적극 수용하는 균형적 접근이 가능한 조직문화 형성이 필요하다.

'자율적 안전 문화(Autonomous Safety Culture)'란 개념은 이러한 균형을 표현하는 중요한 패러다임이다. 이는 필수적인 안전 규정과 절차는 엄격히 준수하되, 그 실행 방식과 개선 과정에 있어서는 현장 선원들의 자율성과 창의성을 존중하는 접근법이다. 또한, '포용적 리더십(Inclusive Leadership)' 모델의 도입도 중요하다. 이는 전통적인 위계적 리더십에서 벗어나, 구성원들의 다양한 관점과 의견을 수용하고 의사결정에 반영하는 리더십 스타일이다. 특히 다양한 세대와 문화적 배경을 가진 선원들로 구성된 현대 선박에서는 이러한 리더십이 효과적일 수 있다.

마지막으로, 해운업계 전반에 걸친 '세대 간 대화 플랫폼'의 구축이 필요하다. 이는 단순한 일회성 행사가 아닌, 지속적이고 체계적인 소통 채널로서 기능해야 한다. 전 세계 해운업계의 다양한 세대가 모여 해운의 미래에 대한 비전을 공유하고 협력 방안을 모색하는 장을 마련할 필요가 있다. 이러한 대화의 장은 세대 간 이해 증진뿐만 아니라, 산업 혁신을 위한 창의적 아이디어가 교류되는 중요한 거점으로 작용할 수 있다.

참고문헌 및 인용 자료

이재우 (2021),『선원없이 한국없다』, 문경출판사.

조벽 (2010),『조벽 교수의 인재혁명: 대한민국 인재 교육을 위한 희망선언』, 해냄.

조벽 (2016),『인성이 실력이다』, 해냄.

Erikson, T., & Gratton, L. (2007), What it means to work here. *Harvard Business Review*, 85(3), 104-112.

Estimo, E. T., Garcia, E. V., Araya, Z. B., Flores, K. M., Estrabo, S. V. P. & Lacson, J. B. (2020), Millennial Seafarers as Today and Tomorrow's Generation of Marine Officers: Implications and Future Directions, *Journal of Shipping and Ocean Engineering* 10, 18-28.

Sampson, H. & Ellis, N. (2019), *Seafarer's Mental Health and Well-being*. Seafarers International Research Centre, School of Social Sciences, Cardiff University.

III 일상 속 차별과 다양성

1. 인종 놀리기와 혐오 표현

최근 우리 사회에서 발생한 인종 관련 이슈를 살펴보고, 사회 곳곳에 번지고 있는 '혐오 표현'에 내재된 차별적 요소를 짚어본다. 숨어있는 권력구조와 코로나19 등 다양한 사회적 요인들이 복합적으로 작용하여 발생하는 인종차별 현상을 심층적으로 고찰해 본다.

코스프레나 패러디 졸업사진을 찍는 졸업 전통을 가진 의정부고등학교 3학년 학생들이 2020년 '관짝소년단'이라는 이름으로 당시 인터넷에 유행하던 가나의 전통 장례문화 중 하나인 '코핀댄스(coffin dance)'를 흉내 내어 흑인 비하 논란이 일어난 적이 있다. 당시 학생들은 코핀댄서를 패러디하기 위해 얼굴에 검은색을 칠하고 관을 어깨에 짊어지고 코핀댄서들의 의상을 모방해 갖춰 입고 포즈를 취했다. 문제는 학생들이 코핀댄서를 패러디하면서 얼굴을 검게 칠하는 이른바 '블랙페이스(black face)' 분장을 했다는 것이다. 블랙페이스는 흑인이 아닌 사람이 흑인을 흉내 내기 위해 얼굴을 검게 칠하는 것을 말한다. 특히, 미국 사회에서 19세기 중반부터 백인 배우가 얼굴을 검게 색칠하고 흑인을 조롱하며 부정적 고정관념을 강화하는 '민스트럴 쇼(minstrel show)'에서 유래된 이 블랙페이스는 인종차별적 행위로 인식되기 시작했고, 1950-60년대 흑인 인권운동을 촉발하는 주요 요인 중 하나가 되었다. 미국에서는 흑인 인권운동이 일어나면서 인종차별이라는 비판을 받으며 점차 사라졌고, 오늘날에는 흑인을 비하하려는 의도가 없었다 해도 차별행위라는 인식이 자리 잡게 됐다.

[출처] 샘오취리 SNS 계정

비판이 일자 의정부고 측은 “(해당 학생들은) 흑인을 비하하거나 폄하할 의도는 전혀 없었다”라고 해명했지만, 온라인상에서는 패러디의 인종차별 여부를 두고 누리꾼들의 논쟁이 벌어졌다. 패러디를 옹호하는 이들은 해당 학생들이 비하 의도를 갖고 패러디한 것이 아니며, 코핀댄서의 모습을 정확히 재현하기 위해 피부를 검게 칠했을 뿐 과장된 묘사를 한 것은 아니기에 문제가 될 것이 없다고 주장한다. 일부에서는 학생들의 졸업 퍼포먼스에 대해 “특별한 졸업의 추억 만들기 아닌가? 뭐가 문제인가요?”라는 반응을 보였다.

반면 패러디를 비판하는 이들은 해당 학생들이 흑인을 비하하려는 의도를 갖고 패러디를 하지 않았다는 데는 동의하면서도 ‘의도가 없었다는 것이 행위의 해로운 결과를 정당화하지는 못한다’라고 비판하였다. 즉, 차별적 행위는 행위자의 의도보다 그 행위가 대상에게 미치는 영향과 결과에 초점을 맞춰 판단해야 한다는 ‘결과 중심적 접근’을 강조한 것이다. 의도와 상관없이 차별이라는 ‘결과’가 발생했다는 것이다. 그런데 이 논쟁은 가나 출신 방송인 샘 오취리가 논쟁에 뛰어들면서 오취리 개인을 둘러싼 논쟁으로 비화하였다. 샘 오취리는 자신의 SNS에 ‘관짝소년단’을 패러디한 졸업사진을 공유하며 흑인 비하라고 비판했다. 샘 오취리는 "참 2020년에 이런 것을 보면 안타깝고 슬퍼요. 웃기지 않습니다! 저희 흑인들 입장에서 매우 불쾌한 행동입니다. 제발 하지 마세요! 문화를 따라 하는 것 알겠는데 굳이 얼굴 색칠까지 해야 돼요?"라고 반응했다. 그런데 샘 오취리의 반응에 대해 많은 한국 네티즌은 오히려 당시 방송에 출연하여 인지도를 높여가던 그에 대한 인신공격과 신상털기를 시작했다. 그의 과거 동양인 비하 발언들이 재조명되며 비난의 대상이 되었고, 결국 오취리는 방송에서 하차하는 결과를 맞이했다. 이는 마치 '네가 우리를 공격했으니, 우리도 너를 공격하겠다'라는 식의 보복성 대응이었으며, 이 과정에서 정작 중요한 인종차별 문제에 대한 성찰과 논의는 뒷전으로 밀려났다.

인종차별 논란을 불러일으킨 이 사건은 우리 사회에 만연한 일상의 (인종) 차별과 혐오에 대해 다시 한번 생각해 보는 계기가 되었다. 우리 사회는 영구, 맹구, 시커먼스 등 장애인이나 흑인을 소재로 한 개그에 이미 오래전부터 익숙해져 있다. 그런데 왜 지금 와서 문제가 되는가? 그때는 맞고 지금은 틀린 것일까? 차별에 대한 인식은 시대와 환경, 그리고 사회적 감수성의 변화에 따라 달라진다. 과거에는 인식하지 못했던 차별적 요소가 사회가 발전하고 다양성에 대한 이해가 깊어짐에 따라 비로소 드러나게 되는 것이다.

1990년대나 2000년대 초반까지만 해도 우리 방송에 한국에서 살아가는 외국인이 직접 등장하거나 이웃에서 쉽게 외국인을 볼 수 있는 그런 환경은 아니었다. 2022년 기준 이주 배경 인구는 220만 명 이상으로 전체 인구의 4.3%를 차지하고 있고, 저출산 현상과 더불어 앞으로 외국인이 연간 5만 명 이상 지속 유입되어 20년 뒤인 2042년에는 이주 배경 인구가 전체 인구의 8%를 넘을 것이라 통계청은 전망하고 있다.

그러니 우리 주변에서 잘 볼 수 있는 사람들을 코스프레를 통해 희화화하는 행위는 더 이상 개그 소재가 아니라 법적인 문제로 비화할 수 있는 상황에 이르렀다. 특히, 해당 집단이 사회적 소수자이거나 역사적으로 차별 받아온 집단일 경우, 이들을 소재로 한 유머는 의도와 상관없이 기존의 불평등한 권력관계를 강화할 위험이 있다. 하지만 우리 머릿속의 인식은 급격히 변화하는 시대와 환경을 쉽게 따라가지 못한다. 이제는 이러한 개그 소재가 웃음을 주는 요소가 아니라 차별에 대한 우리 사회의 인식 변화를 일깨우고 있다. 어쩌면 우리 사회가 변화된 환경만큼이나 다인종, 다문화 사회에 더욱 성숙했다면, 오취리가 방송에서 하차까지 해야 하는 상황으로 치닫지는 않았을 것이다. 여기서 누군가의 잘잘못을 따지는 것이 아니라 적어도 오늘을 살아가는 우리 주변의 다양한 사람들의 정체성과 다름에 대한 감수성이 우리의 인식 속에 자리 잡고 있었다면, '관짝소년단' 퍼포먼스 해프닝에 대한 논의는 달라지지 않았을까 생각한다.

이 사건은 우리 사회에 중요한 성찰의 계기를 주고 있다. 우리는 아직 다인종, 다문화 사회에 익숙하지 않으며, 이에 대한 체계적인 교육도 미흡한 실정이다. 또한, 오랜 세월 열강의 틈바구니에서 차별을 받아온 역사적 경험이 있음에도 불구하고, 역설적으로 우리 스스로가 다른 집단에 대한 차별에 둔감한 것은 아닌지 깊이 돌아볼 필요가 있다.

남성이라는 이유로, 여성이라는 이유로, 장애인이라는 이유로, 외국인이라는 이유로, 우리는 때로 누군가를 혐오하며 때론 혐오의 대상이 되기도 한다. 스스로 바꿀 수 없는 정체성이나 요인으로 인해 혐오의 대상이 되는 것은 정말 비참하고 무서운 일이다. 우리 사회에는 다양한 종류의 혐오 표현이 존재하며, 이는 특정 집단을 향한 차별과 편견을 조장하고 있다. 예를 들어, '똥남아', '외노자', '개슬람', '중궈', '흑형' 등의 표현은 특정 인종, 민족, 종교를 비하하고 혐오하는 차별 표현이다. 반면 '갓양남'과 같은 표현은 서양 백인 남성을 찬양의 대상으로 보는 인식을 반영한다. 이러한 혐오 표현은 주로 인터넷 커뮤니티와 포털사이트의 댓글을 통해 만들어지고 유통되며, 약자 집단을 향한 언어유희의 현상으로 나타나는데, 이는 단순한 말장난이 아닌 사회적 권력구조를 반영하는 심각한 문제이다(이정복 2017).

우월성 이론(superiority theory)에 따르면, 사람들은 자신이 동일시하는 집단을 우월하게 느끼게 하는 농담, 달리 말하면 자신이 동일시하지 않는 집단을 깎아내리는 농담을 즐기는 경향이 있다. 이는 유머가 단순한 재미를 넘어 집단 간 권력관계를 강화하는 도구로 작용할 수 있음을 시사한다(Martin 2007). 유머 심리학자들은 이러한 우월성에 기반한 유머가 내집단(in-group)의 결속력을 강화하는 동시에 외집단(out-group)에 대한 편견을 공고히 하는 이중적 기능을 한다고 설명한다. 하지만 만일 상대 집단에 감정이입이 일어나면 그 농담은 더 이상 재미있지 않게 된다. 상대를 나와 관계없는 사람, 별로 중요하지 않은 사람이라고 여겨야만 농담을 즐길 수 있는 것이다. 그래서 우리는 외국에서 활약하는 우리나라 선수에 대한 인종차별 행위와 발언에 대해 분노한다. 하지만 우리 옆에 있는 외국인이나 이주민들에게 우리 역시 차별적 발언과 행동을 일삼는다.

해외토픽

손흥민 또 인종차별 당했다…"첼시전 조사 착수"

2022.08.18 09:35

토트넘 팬 커뮤니티 등에 공유되고 있는 인종차별 행위 사진(왼쪽)과 지난 14일(현지시간) 첼시전에 나선 손흥민(오른쪽). [트위터(왼쪽), AP(오른쪽)]

[헤럴드경제=민성기 기자] 손흥민(30·토트넘)이 잉글랜드 프리미어리그(EPL) 경기 중 인종차별 행위로 피해를 입었다는 현지 보도가 나왔다.

스포츠 전문 매체 디애슬레틱은 18일(한국시간) "잉글랜드 프로축구 프리미어리그(EPL) 첼시가 토트넘과의 경기에서 손흥민을 겨냥한 인종차별 행위가 발생한 정황을 포착하고 조사에 착수했다"고 전했다.

헤럴드경제, **2022**년 **8**월 **18**일. 손흥민 또 인종차별 당했다…"첼시전조사 착수"
http://news.heraldcorp.com/view.php?ud=20220818000111

비하성 유머의 소재로 쉽게 이용되는 집단과 그렇지 않은 집단이 있다는 점에서, 권력관계에 따라 유머의 영향이 다르게 나타남을 알 수 있다. 사회적 권력구조 속에서 상대적으로 약자의 위치에 있는 집단이 유머의 대상이 될 때, 그것은 단순한 장난이 아닌 차별을 강화하는 기제로 작용할 수 있다. 다수와 소수, 교사와 학생, 고용주와 피고용인, 상사와 부하직원, 남성과 여성, 선주민과 이주민 등 다양한 권력관계에서 유머의 영향은 서로 다르게 나타나며, 선박 조직 내에서도 마찬가지이다.

따라서 특정 국적의 외국인 선원의 성향에 대해 이야기할 때, 또는 우리나라 선원들 사이에서 경험을 통해 전달되고 있는 '필리핀 선원', '미얀마 선원', '조선족 선원' 등의 특징을 언급할 때는 주의가 필요하다. 이러한 집단적 특성화는 개인의 고유한 능력과 자질을 무시하고 국적이나 인종에 따른 고정관념을 강화할 위험이 있기 때문이다. 개인의 경험을 바탕으로 한 진술이라 할지라도, 특정 집단 전체를 대상으로 일반화하거나 차별적 고정관념을 강화할 수 있기 때문이다.

다음은 우리나라 선원들이 외국인 선원들에 대해 언급한 내용이다. 어떤 진술이 고정관념 또는 편견이 될 수 있는지 또 그 이유는 무엇인지 생각해 보시기 바란다.

먼저, 필리핀 선원에 대해 "상대적으로 후진국이라 부원들이 눈치를 많이 보는 것 같다"라는 진술이 있다. 이는 국가의 경제적 발전 수준과 개인의 행동 특성을 연결 짓는 전형적인 고정관념으로, 개인의 성격이나 행동 양식이 국적이나 출신 지역에 의해 결정된다는 잘못된 믿음을 반영한다. 이는 필리핀의 경제 수준과 선원들의 행동 양식을 연결 짓는 고정관념을 반영하고 있다. 하지만 개인의 성향과 태도는 국가의 경제 수준과 무관할 수 있으며, 이러한 일반화는 편견으로 이어질 수 있다. 조선족 선원에 대해서는 "조선족 선원들은 언어가 통하고 일을 상대적으로 잘해서 좋았다. 하지만 나이가 대부분 저보다 많았기 때문에 나이가 한참 많은 사람에게 일을 시켜야 하는 약간의 부담감이 있었다"라는 의견이 있었다. 이는 조선족 선원들의 언어능력과 업무능력에 대한 긍정적인 평가를 보여주지만, 동시에 나이에 따른 위계 의식이 업무 지시에 부담으로 작용할 수 있음을 시사한다.

반면 미얀마 선원에 대해서는 "미얀마 선원의 경우에는 영어로 대화했기 때문에 나이의 많고 적음을 떠나 오히려 업무 지시에 훨씬 수월하였다(언어로 존대가 필요하지 않기 때문)"라는 진술이 있었다. 이는 언어적 차이로 인해 나이에 따른 위계 의식이 약화될 수 있음을 보여준다.

조선족 선원에 대해 "한국사관, 부원들과 의사소통이 원활하고 일 처리 능력이 뛰어남. 시키지 않은 일도 찾아서 하는 성실한 사람이 많다"라는 평가가 있는 반면, 미얀마 선원에 대해서는 "대체로 조용하고 순한 사람들이 많아 지시에 잘 따른다. 다른 선원들에 비해 위생 관념이 약하여 질병에 취약한 경우가 많다"라는 의견도 제시되었는데, 이는 개인의 위생 습관을 국적과 연결 짓는 위험한 일반화로, 이러한 표현은 해당 국적 선원 전체에 대한 부정적 이미지를 형성할 수 있다. 이는 국적에 따른 선원들의 성향과 업무 태도에 대한 일반화된 인식을 보여주고 있다.

필리핀 선원에 대해서는 "낙천적인 성격을 지니고 있고 긍정적인 에너지를 발산하여 선내 분위기를 좋게 만든다. 하지만 위생 관념이 부족하고 시키는 일만 하여 능률이 떨어진다"라는 평가와 함께, "친하게 대해주면, 직급이 낮지만, 예의에 어긋난 행동을 하는 경우가 있기 때문에 공적으로만 대해야 한다"라는 의견이 제시되었다. 이는 필리핀 선원 개인의 행동을 국적에 따른 특성으로 일반화하며, 직급과 권위에 대한 특정 문화적 기대를 다른 문화권 출신 선원들에게도 동일하게 적용하는 문제점을 보여준다.

이러한 진술들은 한국 선원들의 경험을 바탕으로 한 주관적 인식을 반영하지만, 특정 국적 선원 전체를 대상으로 일반화하는 오류를 범하고 있다. 이러한 고정관념은 선내에서 외국인 선원들을 개인이 아닌 '특정 국적'의 일원으로만 바라보게 만들어, 실제 개인의 역량과 가능성을 제한하는 선입견으로 작용할 수 있다. 개인의 능력과 태도는 국적이나 인종과 무관하게 다양할 수 있으며, 같은 국적의 선원이라 할지라도 개인차가 존재할 수 있다.

따라서 선내 구성원들은 상대방의 국적이나 인종에 따른 고정관념이나 편견을 지양하고, 개개인의 역량과 태도에 초점을 맞추어 업무를 수행하는 것이 바람직하다. 아울러 서로 다른 문화적 배경을 가진 선원들 간의 원활한 소통과 협력을 위해서는 상호 이해와 존중의 자세가 필요하다. 선내 교육 프로그램을 통해 다양한 문화권에 대한 이해를 높이고, 다문화 감수성을 기르는 노력이 필요할 것이다. 문화적 다양성을 인정하고 포용하는 태도는 선내 구성원들의 단합과 업무 효율성을 높이는 데 기여할 수 있다. 나아가 다국적 선원들로 구성된 선박 조직의 특성을 고려할 때, 문화 간 이해와 소통을 증진하기 위한 교육과 훈련 프로그램을 도입하는 것도 고려해 볼만하다. 이를 통해 선원들은 문화적 차이에서 오는 갈등을 줄이고, 서로의 강점을 인정하며 협력하는 방법을 배울 수 있을 것이다.

개개인의 능력과 특성은 국적이나 인종과 무관하게 다양할 수 있다. 따라서 업무 지시나 의사소통 과정에서 상대방의 국적이나 인종보다는 개인의 역량과 태도에 초점을 맞추는 것이 바람직할 것이다. 아울러 선내 구성원 간의 원활한 소통과 협력을 위해서는 서로의 문화적 차이를 이해하고 존중하려는 자세가 필요할 것이다.

우리 사회에는 여전히 다름을 쉽게 수용하지 못하고, 외국인을 '잘 사는 자'와 '못 사는 자', '백인'과 '유색인'으로 구분 지어 차별하며, 특정 국가를 대놓고 비난하는 모습이 존재한다. 그 외에도 한국 사회는 다음과 같은 특징들이 존재하는 사회이다.

- '국민통합'이 정치 구호가 되는 사회
- 정치의 좌우 양극단의 치열한 대립이 현실인 사회
- 외국인을 '잘 사는 자'와 '못 사는 자'로 나누어 취급하는 사회
- 한국인 및 (피를 썩은) 한국계 외국인의 세계적 성공에 열광하는 사회
- 전 세계가 한국에 열광하고 있다고 믿는 사회
- 자신에겐 관대하지만, 남에게는 너무나도 엄격한 '내로남불'이 미덕인 사회

이러한 모습은 오랜 침략의 역사를 통해 형성된 '한국식 민족주의(ethnic nationalism)'와 1990년대 초반 '세계화(segyehwa)'를 기치로 '한국식 글로벌화'를 국정 과제로 삼아 서구 기술에 한국의 터치를 넣어 '한국적인 것을 세계적인 것'이라 외치던 흐름의 결과물이라고 볼 수 있다(Shin 2006). 한국의 민족주의는 단일민족 신화와 혈통적 순수성을 강조하며 발전해 왔으며, 이는 국가 정체성 형성에 중요한 역할을 했지만 동시에 다문화 사회로의 전환 과정에서 새로운 도전 요소가 되고 있다.

물론 이런 한국적 민족주의와 세계화가 오늘날 한국의 경제발전과 K-문화의 인기를 낳은 결과물임은 분명하다. 그러나 개발원조 부문에서 원조 수혜국에서 공여국으로 전환된 첫 번째 나라로서 이제는 보다 성숙한 단계로 우리의 가치를 높여야 할 것이다. '글로컬라이제이션(glocalization)' 시대에 진정한 세계 시민으로 나아가기 위해서는 자문화중심주의를 넘어 다양한 문화와 가치를 존중하는 열린 태도가 필요하다. 우리 것을 세계적인 것으로 생각한다면, 남의 것도 세계적인 것이며 가치가 있는 것임을 잊지 말아야 한다.

지금 한국 사회에서 인종 놀리기와 혐오는 결코 용납될 수 없는 가치이다. 우리는 모두 평등한 인간으로서 존엄성을 가지고 있기 때문이다. 다름을 인정하고 서로를 이해하려는 노력은 단순히 도덕적 당위를 넘어, 빠르게 다양화되는 우리 사회의 지속 가능한 발전을 위한 필수 조건이다. 이는 비단 이주 배경을 가진 한국인과 외국인에 대해 가져야 할 포용의 자세가 아니라 같은 한국인 사이에서도 반드시 필요한 덕목이다. 이를 위해서는 어릴 때부터 체계적인 인권 교육과 다문화 감수성 훈련이 이루어져야 하며, 미디어와 교육 현장에서 다양한 문화적 배경을 가진 사람들의 목소리가 균형 있게 반영되어야 한다. 사회적 약자에 대한 배려와 존중을 실천하는 문화가 자리 잡아야 한다. 또한 우리 스스로가 내 안에 내재한 차별의식을 깨닫고 극복하기 위해 노력해야 한다. 자신에게는 관대하지만, 남에게는 엄격한 이중잣대를 버리고, 상대방의 입장에서 생각해 보는 공감 능력을 기를 필요가 있다. 나부터 조금씩 노력한다면, 차별과 혐오가 없는 더 나은 사회를 만들어갈 수 있을 것이다.

국내 거주 외국인과 이주노동자가 증가함으로써 이들의 국적과 외모 등에 따라 상대방을 비하하고 혐오하는 표현들이 생겨나기 시작했고, 이것이 결국 인종차별로 이어지고 있다. 인종 비하성 유머는 단순한 장난이 아니라 사회적 권력구조와 밀접히 연관되어 있으며, 이러한 표현들은 소수자와 약자를 향한 차별을 정당화하고 공고히 하는 기제로 작용한다. 국적이나 인종을 기반으로 하는 차별과 갈등은 코로나19 창궐 이후 세계적으로 더 빈번해지고 있다.

참고문헌 및 인용 자료

이정복 (2017), 한국어와 한국 사회의 혐오, 차별 표현.「새국어생활」27(3), 9-31.

오마이뉴스, 2020년 9월 10일. 결국 도려내진 샘 오취리 … 참담하고 부끄러웠던 한 달 - [주장] 그의 〈대한 외국인〉 하차가 우리에게 던지는 질문 http://star.ohmynews.com/NWS_Web/OhmyStar/at_pg.aspx?CNTN_CD=A0002674611

YTN 사이언스, 2024년 04월 11일. 이주배경인구, 20년 뒤 두 배 늘어 총인구의 8.1% https://science.ytn.co.kr/program/view.php?mcd=0082&key=202404111606169897

헤럴드경제, 2022년 8월 18일. 손흥민 또 인종차별 당했다 … "첼시전 조사 착수" http://news.heraldcorp.com/view.php?ud=20220818000111

Martin, R. A. (2007), *The Psychology of Humor: An Integrative Approach.* Elservier Academic Press.

Shin, G. W. (2006), *Ethnic Nationalism in Korea - Genealogy, Politics, and Legacy.* Stanford University Press.

2. 이주와 다문화

국내 체류 외국인 증가 현상과 더불어 국적선 선원 구성의 다국적화 배경과 다문화 현상을 살펴본다. 이주민, 이민자, 이주노동자 등의 핵심 개념을 국제기구의 정의에 기반하여 체계적으로 정리하고, 국내외 다양성 수용성 조사 결과를 바탕으로 우리 사회의 외국인 차별 실태와 경향을 분석한다.

한국 사회는 급속한 다문화화를 경험하고 있다. 법무부 출입국·외국인 정책본부의 최신 통계에 따르면, 2024년 12월 말 기준 국내 체류 외국인은 약 2,650,783명으로 전년 대비 5.7% 증가하였다. 이는 2007년 100만 명, 2016년 200만 명, 2020년 250만 명을 돌파한 이후 증가 추세를 보인다. 물론 전체 인구 대비 체류 외국인 비율은 코로나19의 영향으로 2019년 4.87%에서 2021년 3.79%까지 감소하기도 하였으나 2023년 4.89%, 2024년 5.2%로 다시 증가하였다.

국내 체류외국인 수 (단위: 천명)

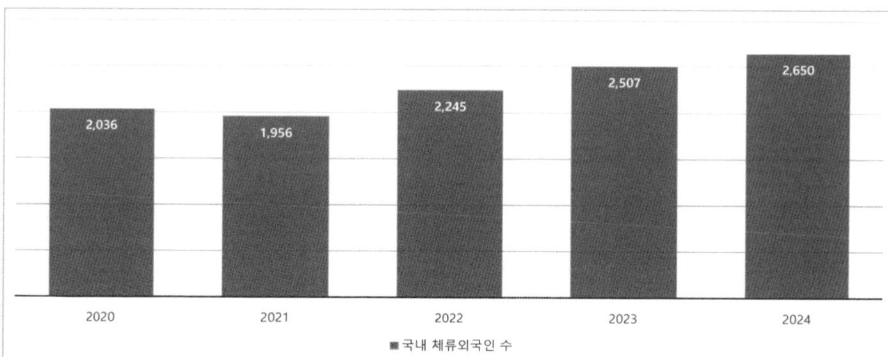

[법무부] 2020-2024 연도별 체류 외국인 현황
https://www.moj.go.kr/moj/2412/subview.do

해양수산부 발간 '2024년 선원통계연보'에 따르면, 2023년 말 기준으로 우리나라 취업 선원은 총 61,023명이며, 한국인 선원은 30,587명으로 전년 대비 4%가량인 1,280명이 감소하였다. 외국인 선원은 전년 대비 2,155명 증가하여 30,436명이고, 국내 총 선원의 49.87%로 작년 대비 3% 정도 증가하였다. 이는 1984년 통계 작성 이후 가장 높은 비중으로, 외국인 선원의 비율이 곧 50%를 넘어설 것으로 예상된다. 한국인 선원 감소의 원인으로는 인구 감소에 따른 경제활동인구의 감소, 일과 가정의 양립을 위한 직업 가치관의 변화, 가족·사회와의 단절된 근로 환경, 육상 근로자와의 임금 차이 감소 등 선원 직업의 상대적으로 낮은 매력도 등이 지적된다.

한국인 · 외국인선원 현황 (단위: 명)

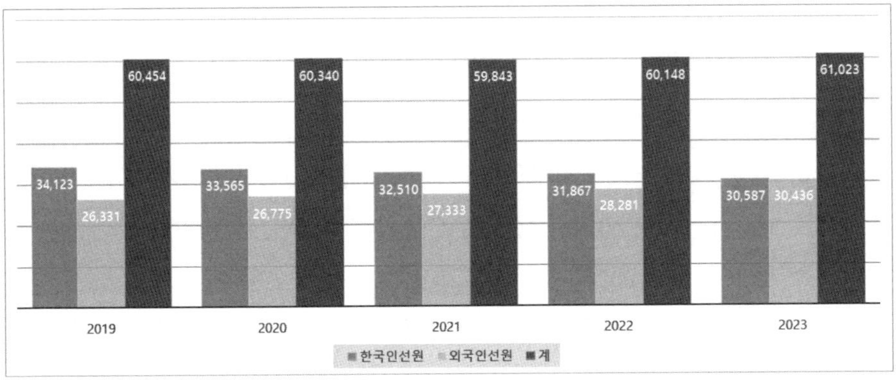

[2024 선원통계연보] 2019-2023 선원 현황

외국인 선원은 2005년 1만 2,777명의 2배 이상, 1992년 192명보다 158배 이상 늘어난 수치다. 한국인 선원은 최근 10년 동안 연평균 약 0.5%씩 지속적으로 감소하고 있지만, 외국인 선원은 매년 약 12%씩 증가하고 있는 것으로 나타나 뚜렷한 대조를 보인다. 이러한 추세는 해운업계의 글로벌화와 함께 인력 수급의 국제적 의존도가 높아지는 세계적 현상을 반영한다. 단계적인 외국인 선원 고용정책으로 국적선의 외국인 선원 승선은 지난 1991년 58명의 조선족 출신 중국 부원의 승선으로 시작된 이래 꾸준히 증가하였다. 특히, 2000년대 중·후반 선원 고용 개방정책이 급진전하면서 고용인원이 많이 증가하고 있다.

국내 체류 외국인 통계와 외국인 선원 고용 증가를 통해 우리 사회에서 소위

'다문화화' 현상이 급격하게 진행되고 있음을 확인할 수 있다. 특히 국적선 선원의 절반 정도가 외국인이라는 사실도 '외국인', '다문화', '이주민' 등의 키워드는 우리 해운업계와 떼려야 뗄 수 없는 주제로 자리 잡은 것이다.

그럼, 이제 이와 관련한 몇 가지 용어들을 한번 살펴보겠다. 이주자, 이민자, 이주노동자, 다문화의 정확한 의미는 무엇일까.

UN 통계에 따르면, 2020년 기준 세계 이주민의 수는 2억 8천100만 명에 달하며 이는 세계 인구의 3.6%에 해당한다고 한다. 우리는 지구화를 통해 사람과 물자의 이동이 활발해졌고 또 일상이 되었다고 말하지만, 정작 자신이 태어난 도시, 지역, 국가를 떠나 살아가는 사람이 세계 인구의 3.6% 정도밖에 되지 않는다는 사실은 놀랍게 다가온다. 이는 아마도 우리 머릿속의 '지구화'와 실제 현실에서의 '지구화'가 가진 간극에서는 오는 결과가 아닐지 생각된다. 다시 말해, 이동을 위한 물리적인 조건과 환경은 좋아졌지만, 이동의 결과로 발생할 수 있는 달라진 정서적·정신적 조건과 환경에 세계는 아직 익숙하지 않은 듯하다. 그래서 이민자나 이주노동자를 보내는 국가와 수용하는 국가의 입장 그리고 이에 따라 빚어지는 복잡한 이슈들에 대해 세계는 고민하고 있다. 실제로 이주민 통합 정책과 관련된 국제적 지표들을 살펴보면, 국가마다 매우 다양한 접근법과 양상을 보이고 있으며, 이는 각 국가의 역사적, 문화적, 사회적 배경에 따라 크게 차이가 난다(OECD & EU, 2023). 그런 관점에서 우리가 일상에서 사용하고 있는 사람의 이동과 관련된 세 가지 개념을 정리해 보는 것은 의미 있는 일일 것이다.

이주자(Migrant), 이민자(Immigrant), 이주노동자(Migrant Worker)의 개념과 차이

이주자, 이민자, 이주노동자는 이동과 관련된 개념이지만, 목적, 체류 기간, 맥락에 따라 구분된다. 각 개념은 국제기구의 정의와 일상적 언어 사용에서 다르게 해석될 수 있으며, 정책적, 학술적, 사회적 맥락 따라 의미와 개념이 중요하다.

1. 이주자(Migrant)의 정의

UN 이민국(국제이주기구, IOM)에 따르면, '이주자(Migrant)'란 상습적인 거주지를 떠나 국제 국경을 넘거나 한 국가 내에서 이동했거나 이동 중인 모든 사람을 의미한다. 즉, '이주의 성격과 원인 또는 체류 기간과 관계없이 국경을 넘어 본래 거주지를 떠나는 사람'으로 정의되는데, 여기에는 8,200만 명 이상의 전쟁 및 경제 난민과 자발적 이민자, 즉 노동자, 학생 등 광범위한 이주 형태가 모두 포함된다.

이 정의는 다음과 같은 요소와 관계없이 포괄적으로 적용된다:

○ 당사자의 법적 지위(합법적/비합법적)
○ 이동이 자발적인지 비자발적인지 아닌지 여부
○ 이동의 원인(노동, 유학, 망명 등)
○ 체류 기간의 길이(단기/장기)

일상적 언어 사용에서는 이주자를 '최종 목적지에 아직 도달하지 않은 상태를 내포하며, 한 장소에서 다른 장소로 이동하는 사람'으로 간주하여 이동의 일시성을 강조하기도 한다. 예를 들어, 계절노동자, 유목민, 또는 일시적으로 다른 지역으로 이동하는 사람들이 이에 해당한다. 이주자는 국내 이동과 국제 이동을 모두 포함하는 포괄적인 개념이다.

2. 이민자(Immigrant)의 정의

'이주자(migrants)'의 개념이 '이동'에 초점을 맞추고 있다면, '이민자(immigrants)'의 개념은 '영구적 정착을 전제로 한 이동'을 강조한다. UN 경제사회국 인구부(UN Population Division)의 정의에 따르면, '이민자'란 자신이 태어난 국가나 시민권을 가진 거주지(보통 거주 국가)가 아닌 다른 국가로 이동한 사람으로, 최소 12개월 이상 해당 체류 국가에 거주하여, 이 체류 국가가 자신의 새로운 거주지로 살아가는 사람을 의미한다.

이러한 정의는 이주의 영구성과 목적지 국가에서의 정착을 강조한다(UN DESA, 2019). 따라서 '이민자'는 한 거주지(국가 또는 지역)를 떠나 다른 곳으로 이동하여 그 곳에 영구적으로 거주할 목적을 가진 사람을 의미한다. 세부적으로는 결혼이민자, 외국인 근로자, 영주권자, 유학생, 북한 이탈주민 등 다양한 유형으로 분류할 수 있다.

이는 주로 국제적 이동 및 정착에 초점을 맞추며, 새로운 거주지에서 장기적 또는 영구적으로 살 의도가 있는 경우를 포함한다. 예를 들어, 가족 이민이나 취업 이민을 통해 한 국가에서 다른 국가로 이주하여 영구히 정착하려는 사람들이 이에 해당한다.

UN 통계국(UN Statistics Division) 또는 국제노동기구(ILO)에서는 '국제 이주자(International Migrant)'를 "자신의 상습적인 거주지가 아닌 다른 국가로 이동하여 최소 1년(12개월) 이상 거주하며, 결과적으로 그 목적지 국가가 새로운 상습적 거주지가 되는 사람(A person who moves to a country other than that of his or her usual residence for a period of at least a year (12 months), so that the country of destination effectively becomes his or her new country of usual residence.)"으로 정의한다. 이는 이민자의 개념과 밀접하게 연결되며, 영구적 정착 의도와 체류 기간(1년 이상)이 중요한 기준으로 작용한다.

3. 이주노동자(Migrant Worker)의 정의

'이주노동자(Migrant Worker)'는 '이주자'의 하위 범주로, 노동 또는 경제적 활동을 목적으로 자신의 상습적인 거주지(국가 또는 지역)를 떠나 다른 국가나 지역으로 이동하여 임금 노동에 종사하는 사람을 의미한다. 특히, UN의 '모든 이주노동자와 그 가족의 권리 보호에 관한 국제협약(ICRMW)' 제2조에서는 이주노동자를 "국적국이 아닌 국가에서 유급 활동에 종사할 예정이거나, 이에 종사하고 있거나, 종사해 온 사람"으로 정의하고 있다(OHCHR, 2020). 이 개념은 국제노동기구(ILO)와 UN

이민국(IOM)에서 정의하며, 다음과 같은 특징을 가진다:

- ❍ 노동 목적: 이동의 주요 목적이 일자리 찾기, 임금 노동, 또는 경제적 기회 추구이다. 이는 관광, 유학, 가족 재결합 등 다른 목적의 이동과 구분된다.
- ❍ 일시적 또는 장기적: 체류 기간은 일시적일 수도 있고(예: 계절노동자), 장기적일 수도 있다(예: 다년간 계약직 노동자). 하지만 영구적 정착 의도가 없는 경우가 많아 이민자와 구분될 수 있다.
- ❍ 법적 지위: 이주노동자는 합법적 노동자(예: 노동 비자 소지자)와 비합법적 노동자(예: 불법 체류자)로 나뉠 수 있지만, 이주노동자라는 개념 자체는 법적 지위와 관계없이 적용된다.
- ❍ 국제 및 국내 이동: 이주노동자는 국제 이주노동자(예: 필리핀 노동자가 사우디아라비아에서 건설 노동자로 일하는 경우)와 국내 이주노동자(예: 중국 내 농촌에서 도시로 이동하여 공장에서 일하는 노동자)를 모두 포함한다.

국제기구의 정의를 살펴보면, 국제노동기구(ILO)는 이주노동자를 "경제적 활동을 위해 자신의 출신 국가를 떠나 다른 국가에서 일하는 사람"으로 정의하며, 이들의 권리 보호를 위한 협약(예: ILO 협약 제97호, 제143호)을 통해 노동 조건, 사회보장, 차별 금지 등을 강조한다. 특히, ILO는 '이주노동자를 위한 괜찮은 일자리(Decent Work for Migrant Workers)' 개념을 도입하여 이주노동자들의 노동권과 기본적 인권 보장을 강조하고 있다(ILO, 2022). 또한, UN의 "모든 이주노동자와 그 가족의 권리 보호에 관한 국제협약(1990)"에서는 이주노동자를 "임금 노동 또는 경제적 활동을 위해 상습적 거주지 외부에서 일하는 사람"으로 정의하며, 합법적·비합법적 지위와 관계없이 이들의 기본적 인권을 보호해야 한다고 명시하고 있다. 국제이주기구(IOM)는 이주노동자를 "노동을 목적으로 국경을 넘거나 국내에서 이동하는 사람"으로 정의하며, 이들의 이동 경로, 노동 조건, 사회적 통합 등을 연구하고 지원한다.

우리나라에서는 이주노동자를 법률적으로는 '외국인 근로자'로 부르고 있으며, "대한민국 국적을 갖지 않은 사람으로서, 국내에 있는 사업 또는 사업장에서 임금을 목적으로 근로를 제공하고 있거나 제공하려는 사람"(외국인 근로자 고용 등에 관한 법률 제2조)을 말한다. 한국의 고용허가제(Employment Permit System)는 2004년부터 시행되어 제조업, 건설업, 농축산업, 어업, 서비스업 등 다양한 분야에서 외국인 노동자를 합법적으로 고용할 수 있는 제도적 틀을 제공하고 있다(한국산업인력공단, 2023). 이주노동자는 종종 취약한 위치에 놓이며, 다음과 같은 문제에 직면할 수 있다:

- 노동 착취: 저임금, 초과 근무, 위험한 노동 조건.
- 법적 보호 부족: 비합법적 지위로 인해 사회보장, 의료 서비스, 법적 지원에서 배제.
- 차별과 배제: 언어, 문화적 차이로 인한 사회적 배제 또는 차별.
- 인권 침해: 강제 노동, 인신매매, 폭력 등.

이러한 문제들로 인해 이주노동자의 권리 보호와 노동 조건 개선은 국제 사회의 중요한 과제이다. 특히, ILO의 '공정한 이주 의제(Fair Migration Agenda)'와 UN의 '안전하고 질서 있고 정규적인 이주를 위한 글로벌 컴팩트(Global Compact for Safe, Orderly and Regular Migration)'는 이주노동자의 권리 보호를 위한 국제적 프레임워크를 제공한다(UN, 2018). ILO, UN, IOM과 같은 기관은 이주노동자의 정의와 보호를 위한 기준을 제시하며, 각국 정부와 협력하여 이들의 권리를 증진하고 있다.

이상에서 살펴보았듯이, 이주자, 이민자, 이주노동자 이 세 개념은 목적, 체류기간, 쟁점에서 많은 차이가 있다. 주요 차이점을 요약하면 다음과 같다:

구분	Migrant (이주자)	Immigrants (이민자)	Migrant Worker (이주노동자)
이동목적	목적 다양(노동, 유학, 망명 등)	영구적 정착	노동 또는 경제적 활동
체류기간	단기 또는 장기	장기적 또는 영구적	일시적 또는 제한적
범위	모든 이동자를 포괄(국내/국제)	주로 국제적 이동 및 정착에 초점	노동에 종사하는 이주자에 한정
법적 정책적 초점	이동성과 관련된 일반적 문제	정착, 시민권, 사회 통합 등	노동 조건, 권리 보호, 착취 방지 등
예시	계절 노동자, 유학생, 난민	가족 이민 또는 취업 이민으로 정착한 사람	건설 노동자, 가사 노동자, 계절 농업 노동자

4. 언어적·문화적 뉘앙스와 주의 사항

이주자, 이민자, 이주노동자의 개념은 학술적·정책적 정의와 일상적 언어 사용에서 다르게 해석될 수 있다.

Migrant(이주자)와 Immigrant(이민자)의 차이는 이동의 목적, 기간, 그리고 맥락에 따라 구분된다. UN 이민국(국제이주기구, IOM)에 따르면, '이주자(Migrant)'란 정주 거주지를 떠나 국가의 경계를 넘거나 한 국가 내에서 이동했거나 이동 중인 모든 사람을 의미하며, 이는 그 사람의 법적 지위, 이동이 자발적인지 비자발적인지 아닌지 여부, 이동의 원인, 체류 기간의 길이와 관계없이 포괄적으로 정의된다. 반면, 일상적 언어 사용 또는 특정 맥락에서 '이주자(Migrant)'는 한 장소에서 다른 장소로 이동하는 사람을 지칭하며, 최종 목적지에 아직 도달하지 않은 상태를 내포하여 이동이 일시적일 수 있음을 강조하는 용어이다. 예를 들어, 계절노동자, 유목민, 또는 일시적으로 다른 지역으로 이동하는 사람들이 이에 해당한다.

이에 비해, '이민자(Immigrant)'는 한 거주지(국가 또는 지역)를 떠나 다른 곳으로 이동하여 그곳에 영구적으로 거주할 목적을 가진 사람을 의미한다. 이는 주로 국제적 이동 및 정착에 초점을 맞추며, 새로운 거주지에서 장기적 또는 영구적으로 살 의도가 있는 경우를 포함한다. 예를 들어, 가족 이민이나 취업 이민을 통해 한 국가에서 다른 국가로 이주하여 영구히 정착하려는 사람들이 이에 해당한다. 특히, UN 통계국(UN Statistics Division) 또는 국제노동기구(ILO)와 같은 기관에서는 '국제이주자(International Migrant)'를 자신의 상습적인 거주지가 아닌 다른 국가로 이동하여 최소 1년(12개월) 이상 거주하며, 결과적으로 그 목적지 국가가 새로운 상습적 거주지가 되는 사람으로 정의한다.

주요 차이점을 요약하면, '이주자(Migrant)'는 최종 목적지가 불명확하거나 이동이 일시적일 수 있는 포괄적인 개념으로, 국내외 이동을 모두 포함하며 법적 지위와 관계없이 사용된다. 반면, '이민자(Immigrant)'는 영구적인 정착을 목적으로 하며, 주로 국제적 이동과 장기적 거주에 초점을 맞춘 개념이다. 다만, 이러한 구분은 일상적 언어 사용 또는 특정 맥락에서의 뉘앙스를 반영한 것이며, 공식적인 맥락에서는 UN이나 IOM과 같은 기관의 정의를 참조하는 것이 적절하다. 또한, 일부 국가에서는 "immigrant"가 법적 지위(예: 영주권자, 시민권자)를 강조하는 데 사용될 수 있으며, 'migrant'와 'immigrant'의 사용이 맥락에 따라 다를 수 있으므로 문화적, 법적 맥락을 고려해야 한다.

이주자나 이민자가 이동한 지역에서 삶 자체를 영위하는 것이라면 이주노동자는 노동에 종사하며 경제활동을 주로 하고 문화적, 사회적으로는 원래 살던 곳에 터전을 두는 경우가 많다. 특히, 이주노동자는 노동이라는 특정 목적에 초점이 맞춰져 있어 일반 이주자나 이민자와 구분되며, 이들의 취약성을 고려한 정책적 접근이 필요하다.

결론적으로, 이주자(migrant)는 이동하는 모든 사람을 포괄하는 가장 넓은 개념이며, 이민자(immigrant)는 영구적 정착을 목적으로 하는 이주자의 하위 범주로 볼 수 있다. 반면, 이주노동자(migrant worker)는 노동 또는 경제적 활동을 목적으로 이동하는 이주자의 하위 범주로, 일반 이주자 및 이민자와는 달리 노동이라는 특정 목적에 초점이 맞춰져 있다. 이주노동자는 일시적 또는 장기적으로 체류할 수 있으며, 법적 지위와 관계없이 정의되지만, 영구적 정착 의도가 없는 경우가 많아 이민자와 구분된다.

이 세 개념은 서로 겹치는 부분이 있지만, 목적, 체류 기간, 정책적 초점에서 차이를 보인다. 이주자는 이동성과 관련된 일반적 문제를 다루는 데 초점이 맞춰졌지만, 이민자는 정착, 시민권, 사회 통합과 같은 장기적 이슈에, 이주노동자는 노동 조건, 권리 보호, 착취 방지와 같은 노동 관련 이슈에 초점이 맞춰져 있다. 이러한 차이를 이해하는 것은 이주와 관련된 정책 수립, 인권 보호, 사회적 통합을 논의하는 데 필수적이다. 특히, 이주노동자는 노동 착취, 법적 보호 부족, 차별, 인권 침해와 같은 문제로 인해 취약한 위치에 놓이는 경우가 많아, 이들의 권리 보호와 노동 조건 개선은 국제 사회의 중요한 과제이다. 국제노동기구(ILO), UN, UN 이민국(IOM)과 같은 기관은 이주노동자의 정의와 보호를 위한 기준을 제시하며, 각국 정부와 협력하여 이들의 권리를 증진하고 있다. 예를 들어, ILO는 노동 조건과 사회보장을 보장하기 위한 협약을, UN은 이주노동자와 그 가족의 인권을 보호하기 위한 협약을 통해 이들의 권리를 강화하고 있다. 마지막으로, 이주자, 이민자, 이주노동자의 개념은 학술적·정책적 정의와 일상적 언어 사용에서 다르게 해석될 수 있으며, 각 용어가 가지는 뉘앙스와 맥락적 차이를 이해하는 것이 중요하다.

다문화 개념

앞서 살펴본 바와 같이, 한국 사회에서 이주자, 이민자, 외국인 근로자의 수가 급증하면서 '다문화'에 대한 논의가 활발히 이루어지고 있다. 다문화주의(multiculturalism)에서 파생된 '다문화(multiculture)'는 특정 사회에 존재하는 다양한 문화의 상호 존중과 공존을 강조하는 개념으로, 각자의 정체성을 인정하고 평등한 관계를 전제로 한다. 그러나 '다문화'라는 용어가 가진 이러한 본래의 의미와는 달리, 한국에서는 이 용어가 특정 집단, 즉 이주 배경을 가진 사람들만을 지칭하는 것으로 사용되고 있다. 이는 다문화주의의 이상과는 거리가 먼 것으로, 한국 사회의 '국민', '민족', '인종', '국가'에 대한 인식과 밀접한 관련이 있다.

2000년대 초반, 한국 사회 내 국제결혼의 급격한 증가로 인해 가족 내 문화적 다양성에 대한 우려가 대두되었다. 이와 더불어 국제결혼 가족의 경제적 어려움이 사회적 관심사로 부상하면서, 한국 정부는 이들을 '다문화가족(multicultural family)'으로 지칭하고 2006년부터 이들에 대한 사회적 지원을 강화하기 시작했다. 그런데 문제는 2006년 이후 시행된 다문화정책이 '법적 지위'가 확실하고 사회 통합의 필요성이 있는 결혼 이주자들만을 정책 대상으로 삼아왔다는 점이다. 다시 말해, 다른 이주자들에 대해서는 필요한 노동력은 확보하되, 이들을 사회 구성원으로 통합하는 데 드는 비용은 최소화하는 정책을 추진해 왔다. 이러한 정부의 다문화정책은 "주류 한국인이 기획하고 이주민은 선별적으로 호명되며, 정해진 역할과 위치에 배치되는 사회"(한건수 2011: 29)를 만들어냈다. 한국의 다문화 담론은 다문화가족 지원 정책과 '구분'되지 않은 채, 혼재되어 사용되고 있다. 한국의 다문화 담론과 다문화정책은 인종주의적 메타포를 적극 차용함으로써 인종주의를 환기하게 하는 효과를 갖게 되었다. 즉, 한국의 다문화가족이나 다문화가족 아동에 대한 담론도 일종의 '인종화(racialization)' 담론이라 해석할 수 있다(김현미 2014: 9).

'인종화(racialization)'는 '인종'이라는 개념의 역사적 발현과 그 이후의 적용 및 재생산을 의미한다(Miles & Brown 2004). Miles & Brown은 인종화를 인간의 생물학적 특성에 기반하여 사람들 간의 사회적 관계를 만들어 내는 범주화 과정으로 정의하며, 이는 차별화된 사회적 집합성을 구조화하고 정의한다. 그러나 인종화 과정은 반드시 '신체적 특징'을 필요로 하는 것은 아니며, 담론적이고 문화적인 과정이기도 하다. 인종 구분과 유사한 의미와 가치를 환기시킴으로써, 인종화의 과정은 소수 집단을 인종과 연관 지어 표시하고 낙인찍는 것이다.

한국 사회에서 '다문화'는 주류집단인 '한국인'과 신체적, 문화적, 담론적으로 구분되는 '비정상적인', '비주류', '소수' 집단을 가리키는 말로 쓰이고 있다. 이는 다문화주의의 본래 취지와는 거리가 먼 것으로, 특정 집단을 차별하고 배제하는 결과를 낳고 있다. 실제로 한국에서는 인종, 피부색, 종교, 출신 국가 등을 이유로 차별하는 사례가 빈번하게 발생하고 있으며, 이는 법적 규제의 부재로 인해 더욱 심화되고 있다. 다문화주의는 각자의 정체성을 존중하는 평등한 관계를 전제로 한다. 따라서 특정 문화를 우위에 놓거나 일방적으로 선을 긋고 배척하는 행동은 맞지 않다. 한국 사회에서 '다문화'라는 말은 모든 사람이 다양한 문화를 가졌다는 뜻이 아니라, 문화적 소수자(특히, 특정 가정 출신의 사람)만을 지칭하는 용어로 사용된다. '진짜' 한국인이 아닌 사람을 구분하는 용어로 쓰이는 것이다. 이때의 다문화라는 말은 주류집단인 '한국인'을 기준점으로 삼아서 다르다는 것으로서, 사실상 '정상'에서 벗어난다는 의미를 내포한다. 따라서 '다문화'라는 용어의 사용에 특별히 신중해야 할 필요가 있다.

몇 년 전 대중 목욕 시설의 주인이 인종, 피부색, 종교, 출신 국가 등을 이유로 손님을 거부하는 일이 발생하였다. 하지만 이러한 차별행위를 규제할 만한 법적인 장치가 우리 사회에는 없다. 어떤 사우나는 아예 '내국인 전용 찜질방'으로 영업한다. 우즈베키스탄 출신 귀화 한국인 구수진씨는 집 근처 사우나를 찾았다가 '에이즈에 걸렸을 수 있다'라는 이유로 문전박대를 당했다(연합뉴스 2011). 그녀처럼 외모가 외국인처럼 생기면 거부당한다. 그래서 한국에서 태어나 한국 국적을 가지고 평생을 한국에 살아가도 외국인으로 대한다. 혹은 외모로는 전혀 구분되지 않는데 부모 중 이주민이 있다는 사실 때문에 외국인 취급을 당하기도 한다.

이러한 문제는 한국 사회의 '국민', '민족', '인종', '국가'에 대한 인식과도 밀접한 관련이 있다. 한국은 오랫동안 단일민족 국가라는 인식에 따라 '순수한 혈통'을 강조해 왔으며, 이는 다양성을 인정하고 포용하는 데 걸림돌이 되고 있다. 외모나 부모의 출신 배경 등을 이유로 차별하는 것은 이러한 인식의 연장선에 있다고 볼 수 있다.

이러한 문제를 해결하기 위해서는 '다문화'라는 용어의 사용에 주의를 기울이는 한편, 다양성을 인정하고 포용하는 사회로 나아가기 위한 노력이 필요하다. 이를 위해서는 '국민', '민족', '인종', '국가'에 대한 개념을 재정의하고, 모든 구성원의 권리와 존엄성을 보장하는 제도적 장치를 마련해야 할 것이다. 또한 다문화 감수성 교육, 반차별 캠페인 등을 통해 사회 전반의 인식 개선을 도모하는 것도 중요하다.

국내외 연구 사례를 살펴보면, 한국의 다문화 담론과 정책이 '동화주의'에 기반하고 있다는 비판이 제기되고 있다(김현미, 2007; 설동훈, 2011). 이는 소수자 집단이 주류 사회에 일방적으로 적응하도록 요구하는 것으로, 다양성을 인정하고 상호 이해를 도모하는 다문화주의의 이상과는 거리가 멀다. 또한 국제 사회에서도 한국의 이주민 정책과 사회적 차별 문제가 지적되고 있는데, UN 인종차별 철폐위원회는 한국 정부에 포괄적 차별금지법 제정을 권고한 바 있다(UN CERD, 2018).

결론적으로, 한국 사회에서 '다문화'라는 용어가 특정 집단을 지칭하고 차별하는 방식으로 사용되고 있는 것은 다문화주의의 이상에 부합하지 않으며, 사회 통합을 저해하는 요인이 될 수 있다. 이를 해결하기 위해서는 인식의 전환과 더불어, 제도적·사회적 차원의 노력이 필요할 것이다. 다양성을 인정하고 포용하는 진정한 의미의 다문화 사회로 나아가기 위해서는 우리 모두의 노력과 성찰이 요구된다.

다문화 수용성과 차별

'다문화수용성(Multicultural Acceptance Index)'은 다문화 사회로의 변화와 서로 다른 인종·문화적 배경을 가진 집단을 한 사회의 성원으로 받아들이는 수용의 정도를 말한다. 다문화수용성은 '다양성(diversity)'와 '관계성(relationship)'의 두 축으로 구성되어 있다. 첫번째, 다양성의 축은 나와 다른 여러 집단의 문화나 가치를 우리 문화와 동등하게 인정하거나 그들 문화에 대한 부정적 고정관념이나 편견을 갖지 않고, 나아가 차별적 행동을 하지 않은 태도를 뜻한다. 두번째, 관계성의 축은 주류 집단과 이민자 집단 간의 관계 설정 및 거리감에 연관된 축이다. 즉, 이민자 집단과 가까운 관계를 맺고자 하는 정도와 관련되는 것으로, 적극적으로 통합의 관계를 맺고자 하는지에 대한 개념이다. 다문화수용성 지수는 다양성, 관계성, 보편성의 세 차원, 8개의 하위 구성요소로 구성되어 있어 국민의 다문화수용성을 종합적으로 파악할 수 있는 동시에, 차원이나 구성 요소별 수용성 수준을 입체적으로 파악할 수 있다.

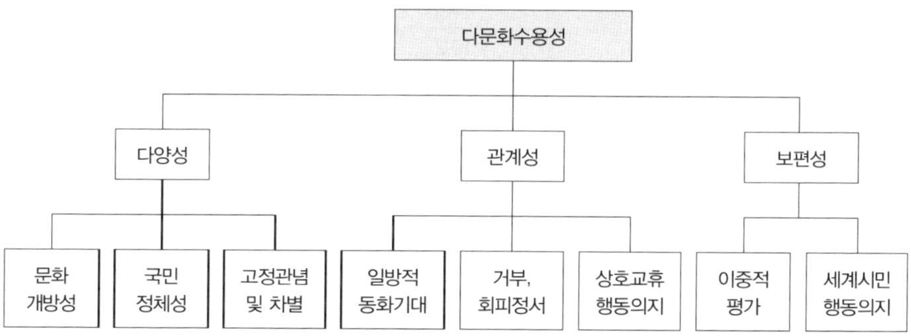

2021년 우리나라 국민의 다문화수용성은 52.27점으로 2018년 대비 0.54점 하락하였다. 2012년 51.17점에서 2017년 53.95점으로 상승한 이후 낮아지는 추세를 보이고 있다. 다문화수용성을 구성하는 8개 하위 요소 가운데 고정관념 및 차별과 거부·회피 정서 측면의 수용성이 높고, 그 뒤를 이어 세계시민행동 의지도 높은

편인 반면, 교류 행동 의지는 가장 낮은 수준인 것으로 나타났다.

다문화 수용성은 자국민이 사회의 외집단이라고 규정하는 이주민 또는 외국인 근로자와 경쟁 환경이나 위기 상황에서 달라질 수 있다. '일자리가 귀할 때 자국민을 우선 고용하겠는가?'라고 질문했을 때, 찬성 비율이 가장 높은 국가는 대만(89.7%)이었다. 반면 찬성 비율이 가장 낮은 국가는 스웨덴(14.5%)이었다. 한국의 경우, 2015년(60.4%)과 2018년(66.9%) 결과를 기준으로 전체 비교 대상 국가 중에서 중간 수준에 해당한다. 상승 추세가 이어지면서 2021년에는 79.6%의 찬성 비율을 나타냈다. 2018년까지는 일본(67.2%), 싱가포르(68.5%) 등 다른 아시아 국가들과 유사한 수준이었으나, 2021년에는 이들 국가보다 훨씬 높은 찬성 비율을 보인다.

구분	찬성(%)	중립(%)	반대(%)	사례 수(명)
호주	51.0	22.1	26.9	1,463
독일	41.5	23.7	34.9	2,038
일본	67.2	28.6	4.2	2,255
중국	68.8	18.2	13.0	2,103
네덜란드	38.4	22.7	38.9	1,778
스페인	55.0	12.8	32.2	1,142
스웨덴	14.5	11.6	73.9	1,192
미국	50.5	25.9	23.6	2,121
뉴질랜드	51.6	19.2	29.2	806
싱가포르	68.5	21.8	9.7	1,971
러시아	73.9	15.8	10.3	2,463
칠레	68.0	16.7	15.3	981
콜롬비아	80.8	7.1	12.1	1,502
멕시코	61.0	16.2	22.8	1,992
터키	63.2	14.7	22.1	1,583
이집트	85.0	12.7	2.3	1,523
대만	89.7	3.8	6.5	1,213
한국 2015	60.4	35.2	4.5	4,000
한국 2018	66.9	29.7	2.8	4,000
한국 2021	79.6	18.5	1.9	5,000

자료 : World Value Survey 6th(2010-2014) Wave.
여성가족부, 2015-2021. 국민 다문화수용성조사

2021년 국민 다문화수용성 조사 결과, 우리나라의 수준이 다른 국가들에 비해 그렇게 높지 않다는 사실을 확인할 수 있다. 그렇다면 한국 사회에서 외국인에 대한 차별은 어떠한 모습으로 나타나고 있는지 국가인권위원회의 연구를 통해 한번 살펴보겠다. 그리고 외국인 어선원을 대상으로 선박 내 외국인 선원 인권상황에 대한 실태조사 내용도 같이 살펴보겠다.

국가인권위원회 '한국 사회의 인종차별 실태와 인종차별 철폐를 위한 법제화 연구' 결과 발표에 따르면, 이주민 10명 중 7명이 한국에 인종차별이 존재한다고 답변했다. 이주민 338명에 대한 설문 조사 결과, 응답자 중 68.4%가 '한국에 대체로 인종차별이 존재한다'라고 생각하고 있었다. 차별 사유로 인종(44.7%)·민족(47.7%)·피부색(24.3%) 보다, 한국어 능력(62.3%)과 한국인이 아니라서(59.7%) 등의 사유가 더 높은 비율로 나타났다.

국가인권위원회 '2012년 어업 이주노동자 인권상황 실태조사' 결과 발표에 따르면, 조사 결과 선원 이주노동자 169명 중 93.5%가 욕설이나 폭언 피해 경험이 있고, 42.6%가 폭행 경험이 있으며, 10.1%는 감금 경험이 있다고 답하였고, 특히 폭행 피해를 호소한 응답자의 59.7%는 2010년 이후 입국한 선원 이주노동자로 분석되었다. 제한된 인원으로 배 위에서 일을 해야 하는 외국인 선원의 실태는 육상의 작업장보다 더 심각한 것으로 드러났다.

이상에서 살펴본 바와 같이, 한국은 체류 외국인 260만명 시대를 맞이하고 있으며, 해운산업의 경우 국적선 내 지난 10여 년간 외국인 선원의 비율이 급격히 증가하여 선원 전체의 절반 정도가 외국인이라는 통계를 기반으로 외국인 선원은 선박에 없어서는 안 될 인력이 되었다. 그리고 2021년 국민 다문화수용성 조사 결과를 바탕으로 우리 국민의 외집단 즉, 외국인이나 이주민에 대한 수용도가 다른 아시아 국가나 유럽 국가들과 비교하면 그리 높지 않다는 사실도 알 수 있었다. 이러한 수치는 국내에서 발생하는 이주민과 외국인 선원에 대한 차별 실태조사에서 드러나고 있다.

참고문헌 및 인용 자료

국가인원위원회 https://www.humanrights.go.kr/

국가인권위원회 (2019),『한국 사회의 인종차별 실태와 인종차별 철폐를 위한 법제화 연구』

국가인권위원회 (2012),『2012년 어업 이주노동자 인권상황 실태조사』

김현미 (2014), 인종주의 확산과 '국가없음',「2014 인종차별 실태 보고대회 자료집」, 8-12.

법무부 출입국·외국인정책본부 (2024), 2020-2024 연도별 체류외국인 현황. https://www.moj.go.kr/moj/2412/subview.do

여성가족부 (2021),『2021년 국민 다문화수용성 조사』

연합뉴스 2011년 10월 13일. "에이즈 우려" 귀화 외국인 사우나서 문전박대. https://www.yna.co.kr/view/AKR20111013127800052

윤인진 (2008), 한국적 다문화주의의 전개와 특성: 국가와 시민사회의 관계를 중심으로.『한국사회학』42(2), 72-103.

한건수 (2011), 한국의 다문화사회 이행과 이주노동자,「철학과 현실」91, 21-31.

한건수 (2012), 한국사회의 다문화주의 혐오증과 실패론,「다문화와 인간」1(1), 113-143.

한국산업인력공단 (2023), 고용허가제 운영현황.

해양수산부 (2024), 2024 선원통계연보.

ILO (2022), *ILO Global Estimates on International Migrant Workers: Results and Methodology*. Geneva: International Labour Organization.

International Organization for Migration (2023), A Global Overview of Human Migration. IOM World Migration Report 2023. https://www.statista.com/chart/28351/global-net-per-capita-migration-by-country/

Miles, R. & Brown, M. (2004), *Racism*, 2nd Edition, Routledge.

OECD & EU (2023), *Settling In 2023: Indicators of Immigrant Integration*. Paris: OECD Publishing.

OHCHR (2020), *International Convention on the Protection of the Rights of All Migrant Workers and Members of Their Families*. Geneva: Office of the United

Nations High Commissioner for Human Rights.

UN Committee on the Elimination of Racial Discrimination (CERD). (2018), Concluding observations on the combined seventeenth to nineteenth periodic reports of the Republic of Korea. CERD/C/KOR/CO/17-19.

UN DESA (2019), *International Migration Stock 2019: Documentation*. New York: United Nations Department of Economic and Social Affairs, Population Division.

UN DESA (2023), *International Migration 2023: Highlights*. New York: United Nations Department of Economic and Social Affairs, Population Division.

United Nations (2018), *Global Compact for Safe, Orderly and Regular Migration*. New York: United Nations.

United Nations (2022), Who is a migrant? https://www.un.org/en/fight-racism/vulnerable-groups/migrants#:~:text=Who%20is%20a%20migrant%3F,the%20person's%20legal%20status

3. 성차별과 성 인지 감수성

다양한 측면에서 '성'의 개념을 정리해 보고, '성 역할 고정관념'과 '성차별'에 대해 알아본다. 이를 통해 우리 사회 성 역할에 대한 가치관 변화의 필요성을 살펴본다. 마지막으로 '성 인지 감수성'을 어떻게 정의할 수 있을지 고민해 본다.

이번 장의 주제에 대한 본격적인 논의에 앞서 주제와 관련한 간단한 퀴즈를 하나 드리겠다. 재미있는 이야기이니 도대체 어떤 일이 일어난 것인지 생각해 보시기 바란다.

퀴즈 철길 건널목 사고

아버지와 아들이 야구 경기를 보러 가기 위해 집을 나섰다. 그런데 아버지가 운전하던 차의 시동이 기차선로 위에서 갑자기 꺼졌다. 달려오는 기차를 보며 아버지는 시동을 걸려고 황급히 자동차 키를 돌렸지만 소용이 없었고, 결국 기차는 차를 그대로 들이받고 말았다. 아버지는 그 자리에서 죽었고 아들은 크게 다쳐 응급실로 옮겨졌다. 수술을 하기 위해 급히 달려온 외과의사가 차트를 보더니 "난 이 응급환자를 수술할 수 없어. 얘는 내 아들이야!"라며 절규하는 것이 아닌가?

무슨 일이 일어난 것일까? 혹시 이 외과의사가 거짓말을 하거나 착각한 건 아닐까? 아니면, 혹시 죽은 아버지의 영혼이 의사의 몸으로 부활한 것일까? 그것도 아니라면, 죽은 아버지는 양아버지이고 이 외과의사가 친아버지인 것일까? 도대체 그것도 아니라면, 이 상황을 어떻게 설명할 수 있을까?

혼자서 해답을 찾을 때까지 계속 곰곰이 생각해 봅시다! 누구나 알 수 있는 문제이니 걱정하지 마세요.

무슨 일이 벌어진 것인지 인지하셨나요? 물론 처음부터 쉽게 정답을 맞히신 분도 계실 것이고 그렇지 않은 분도 계셨을 것이다. 정답을 맞힌 유무를 떠나 우리가 이 이야기의 상황을 쉽게 파악하지 못하는 이유는 무엇일까? 사실은 상황 속 외과의사는 아이의 '어머니'였다. 그런데 우리는 이 사고 속 외과의사는 '아버지'라고 무의식적으로 전제하고 접근하기 때문에 사고 이후의 상황을 설명하기가 상당히 어려워지는 경험을 하게 된다. 그렇다면 우리는 왜 '외과의사 = 남자 또는 아버지'라는 등식에 익숙해져 있는 것일까? 이 장에서는 특정 성에 대한 고정관념과 성 인지 감수성 그리고 선박과 같은 조직에서의 업무에서 성 인지 감수성의 중요성 등에 대해 함께 살펴보도록 하겠다.

인권을 이야기하며, 특히 성차별과 성 인지 감수성을 논할 때, 성소수자[8] 문제는 빼놓을 수 없는 중요한 주제이다. 오랫동안 한국 사회는 성소수자들의 삶에 무관심하거나, 심지어는 배척하는 경향을 보여왔다. 그들의 존재를 인정하기보다는, 편견과 무지로 인해 그들을 정신병자로 취급하는 경우도 있었다. 하지만 시대가 변하면서 성소수자에 대한 논의가 활발하게 이루어지고 있다. 우리 사회는 더 이상 막연한 상상과 편견에 갇혀있어서는 안 된다. 그들이 현재 어떤 어려움을 겪고 있는지, 무엇을 절실하게 필요로 하는지, 그리고 그들의 삶이 어떻게 펼쳐지는지에 대해 진지하게 관심을 가져야 한다. 예를 들어, 2017년 대선 당시 특정 후보의 발언처럼, 다수의 지지를 받는 권력자가 특정 소수자를 '좋아하지 않는다'고 공개적으로 언급하는 것은, 단순한 개인의 취향을 넘어 그 소수자를 사회의 공공 영역에서 밀어내는 신호가 될 수 있다.

사실 성소수자에 대한 차별과 성차별은 같은 뿌리에서 비롯된다고 볼 수 있다. 둘 다 생물학적 성별이나 성 정체성에 따라 특정 행동, 역할, 표현이 '정상'이거나 '비정상'이라고 규정하는 경직된 성별 규범에서 기인한다. 여성이 직장에서 차별받는 것이나 남성성이 부족하다고 여겨지는 남성이 비난받는 것, 또는 성소수자가 사회적으로 배제되는 현상은 모두 엄격한 성별 이분법과 성 역할 고정관념의 산물이다. 따라서 성차별을 해소하고 성 인지 감수성을 높이기 위해서는 단순히 남

8) 사실은 성소수자 안에도 다양한 정체성이 존재한다. 레즈비언(Lesbian), 게이(Gay), 양성애자(Bisexual), 트랜스젠더(Transgender)를 합쳐 LGBT라고 부르며, 여기에 무성애자(Asexual), 간성(Intersex), 그리고 자신의 성 정체성에 의문을 품는 사람(Questioner)을 더해 LGBTAIQ라고 부르기도 한다. 더 나아가 범성애자(opensexual 또는 pansexual)와 크로스드레서(crossdresser)를 포함하여 LGBTAIQOC라는 용어를 사용하기도 한다.

녀 간의 불평등만이 아니라, 다양한 성별 정체성과 성적 지향을 포괄하는 폭넓은 이해가 필요하다.

이러한 다양한 정체성을 이해하고 존중하는 것은 성차별과 성 인지 감수성을 높이는 데 필수적이다. 다음 질문들을 통해 우리의 생각을 더 깊이 탐구해 보자.

- ○ 당신은 남성과 여성을 구별하는 기준이 무엇이라고 생각하는가?
- ○ 성 소수자 중 상당수가 화장실을 불편한 공간으로 느낀다고 한다. 학교나 공공시설에 '남녀공용 화장실'을 설치하는 것은 어떨까?
- ○ '커밍아웃'을 고민하는 성소수자는 과감하게 나서기가 너무 어렵다. 당신은 성소수자의 '아웃팅'에 대해 어떻게 생각하는가?

동성애자이자 민법학자인 켄지 요시노(2017: 38)는 그의 저서『커버링』에서 성 소수자들이 겪는 성 정체성에 대한 경험 과정을 자신의 경험에 비추어 '전환(conversion)', '패싱(passing)', '커버링(covering)'이라는 세 가지 개념으로 설명했다. 이성애자가 되려고 노력했던 '전환', 자신의 정체성을 숨기는 '패싱', 그리고 커밍아웃을 한 후에도 자신의 성적 지향을 드러내지 않는 '커버링'의 경험은, 주류 사회에서 살아가는 성소수자들이 겪는 복잡한 심리적 갈등을 보여준다.

요시노(2017: 48f.)는 민권은 '주류'라는 개념이 허구임을 인식하는 데서 시작한다고 주장한다. 그의 말처럼 "동성애자보다는 이성애자가 주류다"라는 말에서와 같이 특정 정체성에 관해서는 '주류'라는 단어가 의미가 있을 수 있다. 하지만, 과연 '주류'라는 개념은 얼마나 타당하며, 우리 사회는 어떻게 이 '주류'라는 허상을 넘어 다양성을 존중하는 사회로 나아갈 수 있을까?

'주류'라는 개념은 인간 전체를 아우르는 표현으로 사용될 때는 무의미해진다. 사람은 다양한 정체성을 가지고 있기 때문에, 주류는 고정된 집단이 아닌 유동적인 연합체이며, 결국 누구도 완벽하게 주류에 속할 수 없다. 완벽한 정상은 존재하지 않는 것이다. 우리는 모두 자신을 표현하기 위해 노력하며, 동시에 사회적 기대에 맞춰 자신을 가리는(covering) 모습도 가지고 있다. 따라서 민권 신장은 인간 전체의 번영을 위한 보편적인 과업으로 여겨져야 한다는 것이다. 민권 운동은 비합리적인 편견으로 인해 어려움을 겪는 특정 집단을 보호하고 그들의 번영을 지키기 위해 노력해 왔다. 이러한 노력은 특정 집단에 국한되지 않고, 인류 전체의 번영을 위한 방향으로 나아가야 한다.

많은 사람들이 겉으로 드러나는 장애만을 장애로 여기는 경향이 있지만, 이는 편견일 뿐이다. 우리 모두 각자 말 못 할 어려움이나 비밀을 가지고 살아가며, 이러한 것들이 개인의 삶에 영향을 미치는 낙인이 될 수 있다. 결국, 어떤 의미에서 우리는 모두 각자의 방식으로 장애를 안고 살아가는 셈이다.

어빙 고프만(2009)은 사회심리학적 관점에서 장애를 분석하며, 장애인이 사회에 적응하는 문제를 다뤘다. 그는 “정상인”과 “낙인자”라는 구분은 개인의 본질적인 문제가 아니라, 사회적 관점의 문제라고 주장했다. 즉, 우리는 사회적 상황에 따라 정상인과 낙인자의 역할을 번갈아 수행하며, 상황에 따라서는 낙인찍히는 존재가 될 수 있다. 고프만은 특정 속성이 장애를 만들어 내는 것이 아니라, 그 속성이 개인이 한쪽의 역할(예를 들어, 낙인자의 역할)을 얼마나 자주 수행하게 되는지, 즉 사회적 상호작용에서 어떤 위치에 놓이게 되는지를 결정한다고 보았다.

따라서 우리 사회는 장애와 정상의 개념을 이러한 관점에서 접근해야 한다. 어떤 특성을 바람직하지 않다고 여기거나, 그 특성이 정상인과 낙인자 사이의 갈등을 유발할 가능성은 사회의 변화에 따라 달라질 수 있다는 점을 인지해야 한다.

토론 주제 **한국 사회의 성소수자 인권과 성 인지 감수성에 관한 성찰**

아래 기사들은 한국 사회에서 트랜스젠더가 직면하는 현실적 어려움과 구조적 차별을 생생하게 보여주고 있다. 숙명여대 트랜스젠더 합격생의 입학 포기와 변희수 하사의 비극적 사망은 단순한 개인적 사건이 아닌, 우리 사회의 성 인지 감수성과 인권 의식을 되돌아보게 하는 중요한 계기를 마련해주고 있다.

관련 기사 1 (한겨레신문 2020.02.08)
숙대 트랜스젠더 합격생 결국 입학 포기 "신상유출 등 무서움 컸다"
http://www.hani.co.kr/arti/society/society_general/927386.html

관련 기사 2 (BBC뉴스 2020.02.07)
트렌스젠더 입학생 결국 입학 포기
https://www.bbc.com/korean/news-51396615

관련기사 3 (뉴스1 2020.01.22)
성전환 변희수 하사 "여군으로 남고 싶다 … 끝까지 싸울 것"
https://www.news1.kr/articles/?3823627

관련기사 4 (뉴시스 2021.02.01)
인권위 "성전환 변희수, 하사 전역처분 취소하라" 권고
https://www.newsis.com/view/?id=NISX20210201_0001325797

관련기사 5 (동아일보 2021.03.03)
변희수 전 하사 청주 자택서 숨진 채 발견
https://www.donga.com/news/article/all/20210303/105706819/1

숙명여대 트랜스젠더 학생이 합격 후 입학을 포기한 이유는 "신상 유출 등 무서움이 컸다"는 점이다. 이는 자신의 성 정체성에 따라 교육받을 권리를 추구했을 뿐인 한 개인이 사회적 낙인과 혐오로 인해 기본적 권리를 포기해야 했던 현실을 보여준다. 이러한 상황은 우리 사회가 다양한 성 정체성을 이해하고 존중하는 문화를 형성하지 못했음을 방증하고 있다.

변희수 하사의 사례는 더 비극적이다. 성전환수술 후에도 "여군으로 남고 싶다"라는 그의 소망은 제도적 장벽에 부딪혔고, 국가인권위원회가 전역 처분 취소를 권고했음에도 불구하고 사회적 압박과 고립 속에서 결국 생을 마감했다. 한 개인의 정체성과 존엄성이 사회적 편견과 제도적 경직성으로 인해 심각하게 훼손된 사례이다.

이러한 사건들은 다음과 같은 질문을 던진다:

- 우리 사회는 왜 다양한 성 정체성을 가진 구성원들에게 안전하고 포용적인 환경을 제공하지 못하는가?
- 성별 이분법에 기반한 현행 제도들은 모든 시민의 기본권을 보장하는가?
- 성 인지 감수성 향상을 위해 우리 사회가 나아가야 할 방향은 무엇인가?

진정한 성 인지 감수성은 단순히 남성과 여성 간의 불평등을 인식하는 것을 넘어, 다양한 성 정체성을 지닌 모든 개인의 존엄성을 인정하고 존중하는 데서 시작된다. 이는 제도적 변화뿐만 아니라 사회 구성원들의 인식 전환을 요구한다.

트랜스젠더와 같은 성소수자들이 겪는 어려움은 단순히 '소수자의 문제'가 아닌 우리 사회의 인권 의식과 민주주의의 성숙도를 반영하는 지표이다. 다양성이 존중받고 모든 개인이 차별 없이 자기 잠재력을 발휘할 수 있는 사회를 만들기 위해서는, 성 정체성과 성적 지향에 대한 편견을 넘어서는 교육과 대화가 필요하다.

이러한 비극적 사례들이 반복되지 않기 위해서는, 법과 제도의 개선뿐 아니라 일상에서 작은 변화와 인식의 전환이 함께 이루어져야 한다. 우리가 모두 타인의 정체성을 존중하고, 다양성이 존중받는 포용적인 사회를 만들어가는 데 동참할 때, 진정한 의미의 성 인지 감수성이 실현될 수 있을 것이다.

이제 우리 사회에서 성(性)을 정의하는 생물학적 측면과 사회적 측면을 살펴보고, 성 역할과 관련한 고정관념에 대해 알아보도록 하겠다.

생물학적 성별의 구분에서는 아이가 태어나면 보통 '아들이다' 또는 '딸이다'라는 표현을 하는 경우처럼, 생식기 특징을 근거로 남성과 여성을 구분하는 경우가 많다. 그러나 남성과 여성을 생물학적으로 구분하는 기준은 생식기 특징 이외에도 염색체, 호르몬 등 여러 가지이다. 그런 관점에서 남성과 여성을 생물학적으로 구분하는 데에도 여러 가지 측면이 고려되어야 함을 알 수 있다. '성 지정(性指定, sex assignment)'은 신생아로 태어날 때, 아이의 생물학적인 성을 지정하는 것을 말한다. 대부분 조산사나 산파, 친척, 의사 등에 의해 성별이 지정된다.

대부분의 사회에서 성 지정은 간단하다. 성 지정은 앞으로 길러질 성별이나 성 정체성을 함축한다. 하지만 어떤 특별한 경우에 대해서는 지정된 성별이 일치하지 않는 일도 있다. 드문 경우 부모가 해부학적 성별과 다르게 아이를 기르는 경우도 있고, 남녀 중간 몸의 경우에, 내성기와 외성기가 일치하지 않을 수도 있다. 또 생물학적 성의 구별과는 별도로, 한 개인이 스스로 자신을 남성 혹은 여성으로 느끼는 내적 느낌이 반영된 '성 정체성(gender identity)'도 존재한다.

남성과 여성 간의 육체적 기능, 성향(공격성, 사회성 등), 인간관계(부모와 자녀관계, 대인관계 등), 행동 등에서 차이가 있는지를 파악하는 연구가 진행되었다. 이 중에는 남녀 간 차이의 원인이 무엇인지에 관하여 살펴본 연구들이 많다. 연구 내용에는 남녀 간 차이의 원인이 남성과 여성의 생물학적 차이에 의한 것이라고 주장하는 경우도 있지만, 사회적인 측면에 의한 것이라고 주장하는 경우도 있다. 남녀 간의 차이가 사회적인 측면에 의한 것이라고 주장하는 관점에서는 남녀의 생물학적 차이에 대하여 사회적으로 의미 부여를 달리하고, 이를 바탕으로 사람들이 성 정체성과 관련하여 다르게 기대하게 되면서 또는 성 정체성과 관련하여 사회적으로 정해진 '남성다움(masculinity)'과 '여성다움(femininity)'을 학습하게 한 것이 차이의 원인이라고 본다. 우리는 일반적으로 사회화(socialization) 과정에서 특정 집단이나 사회 안에서 정해진 '남성다움'과 '여성다움'을 학습하게 된다. 생물학적 성과 구분하여 사회적 성을 '젠더(gender)'라고 표현한다.

성의 개념을 남녀 성 정체성을 지정하는 생물학적 측면과 남성과 여성의 성향과 외모 차이 등을 기반으로 하는 사회적인 측면에서의 남성성과 여성성의 개념을 살펴보았다. 특히 생물학적인 남녀 성(sex) 구분과 달리 사회적 성을 우리는 '젠더'라고 부른다는 사실도 알게 되었다. 그럼, 우리 사회가 남녀 각자에 대해 기대하는 성의 역할은 어떻게 만들어지게 되고 또 그것이 어떻게 '성 역할 고정관념'으로 이어지게 되는지 살펴보겠다.

먼저 성 역할의 개념과 이와 관련한 고정관념의 생성 배경을 알아보자.

성 역할 고정관념

'역할'은 개인이 속한 지위나 특성에 따라 사회가 요구하는 행동 방식을 의미한다. '고정관념'은 특정 집단의 구성원 개개인의 특성은 무시하고, 그 집단 전체에 획일적인 특징을 부여하여 기대하는 굳어진 생각이나 관념이다. 이는 종종 특정 집단을 차별하는 수단으로 작용한다. 그렇다면 '성 역할 고정관념'은 '사회에서 성별에 따라 다르게 기대하는 행동이나 특성에 대한 굳어진 생각'이라고 정의할 수 있다. 즉, '여자는 이래야 한다', '남자는 저래야 한다'와 같이 성별에 따라 기대되는 행동이나 특성에 대한 굳건한 사회적 인식을 가지고, 이를 바탕으로 성별에 따라 다른 역할을 기대하는 것이다. 예를 들어, "남자는 믿음직해야 한다", "여자는 애교가 많아야 한다"와 같은 인식이 이에 해당한다. 다른 고정관념과 마찬가지로, 성 역할 고정관념 역시 성차별의 사회적 기제로 작용한다. 따라서 사회마다 성별에 따라 기대하는 역할과 행동 특성이 존재한다. 이러한 성 역할 고정관념은 우리 무의식 속에 자리 잡고 있으며, 우리가 사회생활을 하며 살아가는 동안 자신을 압박하고, 우리의 행동과 사고에 큰 영향을 미친다.

토론 주제 한국 사회의 성 역할 고정관념

제시된 기사들은 우리 사회에 여전히 깊게 뿌리내린 성 역할 고정관념과 그 영향을 다양한 측면에서 보여주고 있다.

관련 기사 1 (서울신문, 2021.01.05)

"남편 밑반찬·속옷 챙겨둬라" …서울시의 임신 말기 꿀팁?

손지민 기자
입력 2021-01-05 21:15 | 수정 2021-01-05 23:29

서울시 임신·출산 정보센터
'가사노동은 여성 책임' 임신정보 성차별 논란

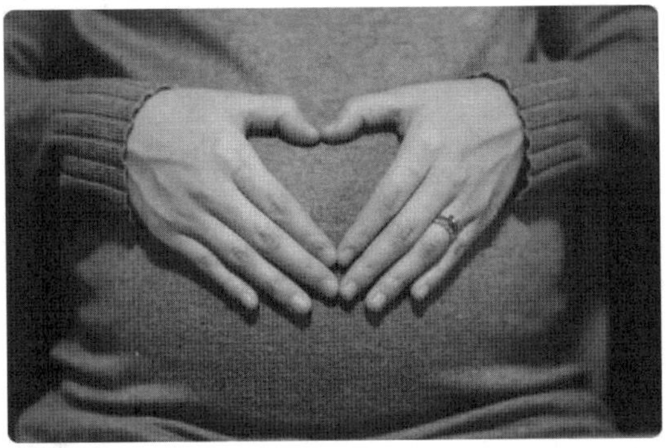

임신부. 서울신문DB

"남편 밑반찬·속옷 챙겨둬라" … 서울시의 임신 말기 꿀팁?
https://www.seoul.co.kr/news/newsView.php?id=20210105500201

관련 기사 2 (경향신문, 2019.05.21)

'여성 몸 ≠ 선정성' 그릇된 기호 바로잡는다

입력 : 2019.05.21 06:00 | 수정 : 2019.05.21 06:01 고희진·박채영 기자

영상 선정성 표시 픽토그램
"왜곡된 성관념" 잇단 제기
영등위, 새 디자인 마련 중

영상물등급위원회는 옆으로 비스듬히 앉은 여성을 '선정성 등급' 이미지로 사용하는 픽토그램(왼쪽)에 대한 수정 작업을 진행 중이다. 게임물등급위원회는 선정성 표시에 손과 남녀의 성별기호를 함께 넣은 픽토그램을 사용하고 있다.

'여성 몸·선정성' 그릇된 기호 바로잡는다
http://news.khan.co.kr/kh_news/khan_art_view.html?art_id=201905210600025

관련 기사 3 (미디어오늘, 2021.01.06)

▲대교어린이TV·AniOneTV·디즈니채널·챔프 채널 등은 지난해 '예뻐지고 싶어'라는 주제의 에피소드를 방송했다. 사진=안녕 자두야 방송화면 갈무리.

"못 생기면 결혼 못하는 세상" '안녕 자두야' 법정제재
http://www.mediatoday.co.kr/news/articleView.html?idxno=211293

토론 주제

1. 가사 노동과 돌봄의 성별화

- 출산과 육아 과정에서 가사 노동과 돌봄 책임이 여성에게 편중되는 현상은 어떻게 개선될 수 있는가?
- 공공기관의 정책과 정보 제공에서 무의식적으로 나타나는 성차별적 요소를 어떻게 식별하고 개선할 수 있을까?
- 가사 노동과 돌봄의 가치를 사회적으로 인정하고 성적으로 평등하게 분담하기 위한 실질적 방안은 무엇인가?

2. 미디어와 여성 신체의 재현

- 여성 신체에 대한 표현이 선정적으로 해석되는 이중잣대를 어떻게 극복할 수 있을까?
- 미디어에서 다양한 성별의 신체가 존중받고 객체화되지 않도록 하는 기준은 무엇이어야 하는가?
- 콘텐츠 제작자와 심의 기관, 그리고 시청자들의 성 인지 감수성을 높이는 방안은?

3. 외모 중심의 가치 평가

- 여성의 가치를 외모로 판단하는 사회적 인식이 형성되는 원인과 그 해결책은?
- 어린이 콘텐츠에서 나타나는 성차별적 메시지가 성장기 아동의 가치관 형성에 미치는 영향은?
- 외모 지상주의를 넘어 다양한 가치가 존중받는 사회문화를 조성하기 위한 교육적 접근법은?

4. 제도와 일상의 변화

- 성 역할 고정관념을 강화하는 콘텐츠에 대한 규제와 표현의 자유 사이의 균형은 어떻게 찾아야 하는가?
- 가정, 학교, 직장에서 성 역할 고정관념을 해체하기 위한 일상적 실천 방안은?
- 공적 영역과 사적 영역에서 성 인지 감수성을 높이는 효과적인 교육 방법은?

5. 세대와 성별 간 인식 차이

- 성 역할에 대한 인식에서 세대 간, 성별 간 차이는 어떻게 나타나며 이를 어떻게 좁힐 수 있을까?
- 전통적 가치관과 현대적 성평등 의식 사이의 갈등을 건설적으로 해소할 방안은?
- 다양한 관점을 존중하면서도 성차별적 요소를 개선해 나가는 사회적 대화의 방법은?

이러한 토론을 통해 우리 사회에 깊이 뿌리내린 성 역할 고정관념을 비판적으로 인식하고, 모든 사람이 성별과 관계없이 존엄성을 인정받는 사회로 나아가기 위한 실질적인 변화 방안을 모색할 수 있을 것이다.

성 개념의 다양한 측면과 성 역할 고정관념에 대한 이해를 바탕으로, 이제 '성인지 감수성'에 대해 논의를 시작해 보겠다.

성차별

우리 사회에서 흔히 접하는 '성차별'에 대해 알아보겠다. '차이'가 단순히 다름을 의미하는 것이라면, '차별'은 이러한 차이에 대해 합리적인 이유 없이 불공정하게 대우하는 것을 말한다. '성차별'은 성 역할 고정관념 등을 근거로, 사회적 제도, 법률, 일상적인 행위 등에서 여성이나 남성이라는 이유만으로 부당하게 차별하는 것을 의미한다. 예를 들어, "회사에서 신입사원을 뽑을 때 합리적인 이유 없이 특정 성별을 우대하는 경우"가 성차별에 해당한다.

앞서 살펴본 '성 역할 고정관념'의 개념을 통해, 사회마다 특정 성별에 대한 기대와 굳어진 가치관이 존재한다는 것을 알 수 있었다. 특히, 전통적인 유교적 가치관과 글로벌화로 인한 외국과의 교류 및 이동의 증가로, 우리 사회 구성원들의 남녀 성 역할에 대한 가치관은 최근 급격하게 변화하고 있다. 이러한 변화는 기성세대와 젊은 세대 간의 성 역할에 대한 가치관 갈등을 초래하기도 한다. 그렇다면, 우리 사회의 성 역할 고정관념은 이대로 괜찮은 것일까? 어떤 변화가 필요하며, 바람직한 변화를 위해서는 어떤 노력이 필요할까?

성 역할에 대한 인식과 가치관 전환

'성 역할 고정관념'은 주로 해당 사회의 문화와 구조, 특히 가부장적 사회체계와 같은 요인들에 의해 형성된다. 이러한 배경 때문에 성별에 따라 부여되는 성 역할 고정관념은 사회마다 독특한 양상으로 나타날 수 있다. 성 역할 고정관념은 비단 사회적, 문화적 맥락에서 형성되는 것에 그치지 않고, 구체적으로는 부모를 비롯한 양육자, 학교에서의 교육 내용, 그리고 미디어를 통해 전달되는 메시지 등을 통해 다음 세대에게 사회화 과정을 거쳐 전해지고, 점차 굳어지는 경향을 보인다. 이 과정에서 한 세대가 가지고 있던 성 역할 고정관념은 자연스럽게 다음 세대에게로 이어지게 된다. 더욱이 많은 사람들은 자신이 성 역할 고정관념을 가지고 있음에도 불구하고, 그것이 고정관념이라는 사실조차 인지하지 못한 채 살아가는 경우가 적지 않다. 성 역할 고정관념은 사회구조적으로 깊이 뿌리박혀 있기 때문에, 이를 개선하기 위해서는 제도적 개혁이나 법률 제정과 같은 실질적인 방안을 통해 사회 전반에 만연한 성 역할 고정관념과 그로 인한 성차별적 문화를 근본적으로 변화시키려는 노력이 필수적이다. 하지만 제도적, 법적 조치가 이루어진다고 하더라도, 일상생활 속에서 개인들의 태도와 행동을 통해 성 역할 고정관념과 성차별적 관행이 여전히 나타날 수 있다는 점을 간과해서는 안 된다. 따라서 교육을 통해 개인이 가진 성 역할 고정관념을 자각하고 이를 변화시키려는 지속적인 노력이 병행되어야 한다.

이와 같은 맥락에서, 이 장에서 핵심적으로 다루고 있는 개념인 '성 인지 감수성'은 무엇인지, 다양한 학자들의 정의와 관점을 바탕으로 탐구해 보는 시간을 가져보도록 하겠다.

성 인지 감수성의 개념과 중요성

'성 인지 감수성'은 흔히 '젠더 감수성'이라는 용어로도 불리며, 이는 성별과 관련된 사회적 문제와 불평등을 인식하고 이해하는 능력을 말한다. 다양한 학자들이 성 인지 감수성의 개념을 정의하며 서로 다른 관점을 제시하고 있지만, 그 핵심적인 내용은 대체로 일관성을 띠고 있다. 예를 들어, 강선미(2005: 12)는 성 인지 감수성을 '젠더 의식'과 동일시하며, 이를 "사회적으로 남녀를 구별 짓는 성차별적 관행으로 인해 발생하는 문제, 즉 젠더 이슈를 인지하는 능력"으로 정의한다. 그녀는 또한 성 인지 감수성이 "남성과 여성의 상이한 사회적 위치와 성 역할에서 비롯되는 여성들의 인식, 이해, 그리고 관심의 차이를 인지하는 능력"을 포함한다고 설명한다. 이와 유사하게, 이진영(2011: 3)은 성 인지 감수성을 "젠더 이슈를 감지하는 능력"으로 규정하며, 이는 단순히 성별 간 차이를 인식하는 것을 넘어 "그 차이가 초래하는 성차별과 젠더 불평등의 영향을 이해하는 광범위한 능력"을 포괄한다고 강조한다. 이러한 학자들의 논의를 종합해 보면, 성 인지 감수성의 핵심은 사회적 구조와 문화적 맥락에서 발생하는 젠더 이슈를 체계적으로 파악하고, 그로 인한 불평등과 차별을 인식하는 데 있다는 점을 알 수 있다.

성 인지 감수성은 단순히 개인적 차원의 인식에 머무는 것이 아니라, 사회적 맥락에서 성별에 따른 불평등과 차별이 어떻게 구조적으로 형성되고 유지되는지를 이해하는 데 중요한 역할을 한다. 예를 들어, 남성과 여성이 사회적으로 기대받는 역할이 다르게 설정되고, 이러한 역할이 고정관념으로 굳어지면서 개인의 삶과 기회에 불평등한 영향을 미치는 현상을 인식하는 것이 성 인지 감수성의 중요한 요소이다. 이는 특히 가부장적 사회구조나 전통적인 성 역할 규범이 강하게 작동하는 사회에서 더욱 두드러지게 나타난다. 또한, 성 인지 감수성은 단순히 문제를 인식하는 데 그치지 않고, 이러한 문제의 근본적인 원인을 분석하고, 나아가 사회적, 제도적 변화를 통해 문제를 해결할 수 있는 대안을 모색하는 능력까지 포함한다. 이는 현대 사회에서 성평등을 실현하기 위한 필수적인 역량으로 간주되며, 특히 교육, 정책, 미디어 등 다양한 영역에서 성 인지 감수성을 증진시키기 위한 노력이 강조되고 있다.

위의 논의와 학자들의 정의를 종합해 보면, '성 인지 감수성'은 일상생활 속에서 성 역할 고정관념이나 성차별이 드러나는 다양한 양상과 문제 상황을 민감하게 이해하고 분석하는 능력을 의미한다. 더 나아가, 이러한 문제들이 단순히 개인 차원에서 발생하는 것이 아니라, 사회적, 구조적 차별과 불평등에서 비롯된다는 점을 인식하고, 이를 바탕으로 문제 해결을 위한 사회적 대안을 구체적으로 구성해 내는 역량을 포함한다. 이는 단순히 성별 간 차이를 인식하는 것을 넘어, 그 차이가 사회적 불평등으로 이어지는 과정을 이해하고, 궁극적으로는 성적으로 평등한 사회를 만들기 위한 실질적인 행동으로 이어질 수 있는 능력이다. 이러한 성

인지 감수성은 개인의 인식 변화뿐만 아니라, 사회 전반의 구조적 변화를 촉진하는 데 중요한 역할을 하며, 특히 젠더 불평등 문제를 해결하기 위한 교육적, 정책적 접근에서 핵심적인 개념으로 활용되고 있다.

〈성 인지 감수성 자가진단〉 나의 성인지 감수성은?

숙명여자대학교 인권·성평등센터
성 인지 감수성 점검
https://wehelpu.sookmyung.ac.kr/self-diagnosis/gender-sensitivity-check/

성 인지 감수성은 앞서 논의된 성 역할 고정관념, 성차별, 그리고 이에 대한 사회적 인식과 태도에서 비롯되는 다양한 문제들을 민감하게 인식하고, 이를 해결할 수 있는 실질적인 능력을 의미한다. 이는 단순히 성별 간 차이를 인식하는 데 그치지 않고, 사회적, 문화적 맥락에서 성별에 따른 불평등과 차별이 어떻게 형성되고 유지되는지를 이해하며, 이를 개선하기 위한 방안을 모색하는 역량을 포함한다. 이러한 성 인지 감수성은 특히 다양한 성별, 성적 지향(sexual orientation), 그리고 사회적 배경을 가진 사람들이 함께 생활하고 일하는 환경에서 더욱 중요한 역할을 한다. 그렇다면, 남성과 여성 선원, 혹은 성적 지향이 서로 다른 선원들이 함께 승선하여 일하는 선박이라는 특수한 환경에서 성 인지 감수성은 어떤 의미를 가지며, 왜 중요한지 구체적으로 살펴보고자 한다.

선박 내 성 인지 감수성

선박은 일반적인 육상 기업조직과는 본질적으로 다른 특성을 지닌 업무공간이다. 선박은 항차(voyage)가 진행되는 동안 대양을 운항하며 외부 세계와 단절된 독립적인 작은 사회로 기능한다. 이러한 환경에서는 선원들이 일정 기간 동안 제한된 공간과 한정된 인간관계 속에서 업무와 생활을 동시에 영위해야 한다. 이러한 특수성 때문에 선박 내에서는 다양한 사회적, 문화적 배경을 가진 선원들이 함께 생활하며 발생할 수 있는 갈등과 문제를 예방하고 해결하는 데 있어 성 인지 감수성이 필수적인 역량으로 작용한다. 선원들은 단순히 자신의 업무를 수행하는 데 그치지 않고, 함께 생활하는 동료 선원들의 성적 권리와 인간으로서의 존엄성을 존중하고 보호할 수 있는 능력을 갖추어야 한다. 이는 성별, 성적 정체성, 그리고 성적 지향에 대한 건강한 이해와 지식을 바탕으로 이루어질 수 있다.

선박이라는 환경은 특히 성별과 성적 정체성에 대한 감수성이 중요한 이유가 몇 가지 더 있다. 첫째, 선박에는 이성 간의 성적인 요소뿐만 아니라, 출신 국적, 사회적 배경, 세대, 그리고 개인적 가치관에 따라 성에 대한 인식과 태도가 크게 다른 선원들이 함께 생활하게 된다. 예를 들어, 특정 문화권에서는 성 역할에 대한 전통적인 고정관념이 강하게 작용할 수 있으며, 이는 다른 문화권 출신의 선원들과 갈등을 유발할 가능성을 높인다. 둘째, 선박이라는 제한된 공간에서는 개인의 사생활이 상대적으로 보호되기 어려운 환경적 특성이 존재한다. 이러한 상황에서 성희롱, 성차별, 혹은 성적 지향에 대한 편견과 같은 문제들이 발생할 가능성이 높아질 수 있으며, 이는 선원들의 업무 효율성과 정신적 건강에 심각한 영향을 미칠 수 있다. 따라서 선박 내 구성원들이 성 인지 감수성을 바탕으로 서로의 차이를 이해하고 존중하는 태도를 갖추는 것은 필수 불가결이다. 이러한 관점에서 볼 때, 선원들의 성 인지 감수성은 단순히 개인 차원의 문제가 아니라, 선박 내에서 행복하고 생산적인 업무 환경을 조성하며, 나아가 선원들의 전반적인 삶의 질을 향상시키는 중요한 전제조건으로 작용한다.

이상으로 성 개념의 생물학적 측면과 사회적 측면에 대한 심층적인 이해를 바탕으로, 사회화 과정을 통해 개인에게 내재되는 성 역할과 사회적 정체성이 어떻게 개인의 정체성과 행동에 영향을 미치는지를 살펴보았다. 이러한 논의를 통해 도출된 '성 인지 감수성'의 개념은 단순히 성별 간 차이를 인식하는 능력을 넘어, 사회적 성 역할에 대한 이해와 가치관의 차이에서 비롯되는 다양한 성 관련 차별과 문제 상황을 객관적이고 체계적으로 인식하고, 이를 해결하기 위한 실질적인 방안을 모색할 수 있는 역량으로 정의할 수 있다. 이는 특히 선박과 같이 한정된 인간관계와 제한된 공간 속에서 업무와 생활을 동시에 영위해야 하는 선원들에게 있어 필수 불가결한 역량으로 간주된다. 선박이라는 특수한 환경에서는 성 인지 감수성이 부족할 경우, 성차별, 성희롱, 혹은 성적 지향에 대한 편견과 같은 문제들이 발생할 가능성이 높아지며, 이는 선원들 간의 신뢰와 협력을 저해하고, 나아가 선박 운영의 안전성과 효율성에도 부정적인 영향을 미칠 수 있다.

결론적으로, 성 인지 감수성은 선박 내에서 다양한 배경을 가진 선원들이 조화롭게 협력하고, 서로의 권리와 존엄성을 존중하며 생활할 수 있는 환경을 조성하는 데 필수적인 요소이다. 이를 위해서는 선원 개개인이 자신의 성 역할 고정관념과 편견을 자각하고, 다양한 성별과 성적 지향을 가진 동료 선원들에 대한 이해와 존중의 태도를 기르는 것이 중요하다. 또한, 선박 운영 조직과 교육 기관에서는 선원들의 성 인지 감수성을 향상시키기 위한 체계적인 교육 프로그램과 정책을 마련하여, 선박 내에서 성 평등한 문화가 정착될 수 있도록 지속적인 노력을 기울여야 할 것이다. 이러한 접근은 궁극적으로 선원들의 삶의 질 향상과 선박 운영의 효율성 증대라는 두 가지 목표를 동시에 달성하는 데 기여할 수 있을 것이다. 궁극적으로는 보다 포용적이고 평등한 사회를 만드는 데 기여할 수 있을 것이다.

참고문헌 및 인용 자료

강선미 (2005),『양성평등 감수성 훈련 매뉴얼』, 한국양성평등교육진흥원.

김경령·서은희 (2020), 젠더 감수성 측정을 위한 구인 탐색 및 척도 개발,「교육연구논총」41(4), 63-90.

김수경 (2016), 우리나라 대학의 양성평등교육 현황과 개선 방안,「교양교육연구」10(3), 349-381.

김현미 (2014),『젠더와 사회: 15개의 시선으로 읽는 남성과 여성』, 동녘.

박인숙 (2023),『현대사회와 젠더』, 동문사.

어빙 고프만 (2009),『스티그마: 장애의 세계와 사회적응』, 윤선길역, 한신대학교출판부.

이도경·김형빈 (2022), 성인지 감수성에 관한 국내 연구 동향 분석,「학습자중심교과교육연구」22(5), 567-581.

이재경 (2010),『국가와 젠더 : 성 주류화의 이론과 실천』, 한울아카데미.

이진영 (2011), 젠더감수성(Gender Sensitivity) 측정도구 개발에 관한 연구, 이화여자대학교 대학원 석사학위논문.

정광욱 외 (2013),『서울대 인권수업』, 미래의 창.

켄지 요시노 (2017),『커버링: 민권을 파괴하는 우리 사회의 보이지 않는 폭력』, 김현경 역, 민음사.

4. 선박 조직과 성폭력

성폭력의 개념을 살펴보고, 실제 선박에서 발생할 수 있는 사례를 기반으로 성폭력을 5가지 유형으로 분류하여 그 특징을 살펴본다. 이를 기반으로 선박이나 조직 안에서 성폭력 예방을 위해 필요한 조치는 무엇인지 논의해 본다.

해상이라는 격리된 환경에서 장기간 생활해야 하는 선박 조직은 다른 일반 조직보다 성폭력 문제에 더욱 취약한 특성을 가지고 있다. 선박은 물리적으로 한정된 공간 내에서 24시간 함께 생활해야 하는 환경적 특수성을 지니며, 이러한 공간적 제약은 성폭력 발생 시 피해자가 가해자로부터 물리적으로 분리되기 어렵게 만든다. 또한 선박 조직은 전통적으로 강한 위계질서를 바탕으로 운영되어 왔으며, 이러한 위계질서는 상급자가 하급자에게 성적 요구나 언동을 했을 때 저항하기 어려운 구조적 문제를 야기한다. 더불어 육지와 떨어진 고립된 환경은 성폭력 피해자가 즉각적인 도움이나 지원을 받기 어렵게 만드는 요인으로 작용한다.

최근 해운업계에서는 여성 인력의 참여가 점차 증가하고 있으나, 국제해사기구(IMO)의 2020년 보고서에 따르면 글로벌 해운산업에서 여성 선원의 비율은 여전히 2% 미만에 그치고 있다. 이러한 극심한 성비 불균형은 남성 중심적 문화를 강화하고, 성 인지 감수성이 낮은 환경을 조성할 수 있다. 또한 다국적 선원들이 함께 근무하는 경우가 많아 문화적 차이에서 오는 성에 대한 인식 차이가 갈등을 야기할 수도 있다. 이러한 환경적, 구조적 특성은 선박 내 성폭력 문제를 더욱 심각하게 만들 수 있으며, 문제 발생 시 적절한 대처가 이루어지지 않을 위험성도 높다. 따라서 선박 조직에서는 성폭력의 개념과 유형을 정확히 이해하고, 이에 대한 예방책을 철저히 마련하는 것이 안전한 근로환경 조성을 위한 필수적인 과제라고 할 수 있다.

퀴즈

다음은 선박에서 일어날 수 있는 상황을 전제로 한 가상의 상황들이다. 아래 14가지 상황 중 '성폭력'에 해당하는 경우를 모두 고르시오.

① 삼등항해사(남자)가 여성 실습 항해사를 예쁘다며 허락 없이 꼭 껴안았어요.
② 복도에서 손이나 머리, 어깨, 엉덩이 등을 슬쩍 스치고 지나갔어요.
③ 반항이 불가능한 상태에서 귓불, 목, 허벅지, 성기 등을 만졌어요.
④ 복장을 지적하면서 볼펜으로 허벅지, 가슴 등을 누르거나 찔렀어요.
⑤ 선장(남자)이 신임 삼등항해사(남자)에게 여자 친구와 진도는 얼마나 나갔는지 등을 구체적으로 질문하면서 성적 불쾌감이 드는 농담을 했어요.
⑥ 일등기관사가 삼등기관사의 여자 친구 사진을 보며, 특정 신체 부위나 외모에 대해 성적인 비유나 평가를 지속적으로 했어요.
⑦ 선장이 이등항해사에게 "남자는 자고로 '거시기'가 실해야 해, 그래야 남자야."라고 말했어요.
⑧ 폭행 또는 협박하며 가해자의 성기를 나(피해자)의 성기에 넣는 행위를 했어요.
⑨ 나(피해자)의 구강, 항문 등 신체(성기는 제외)의 내부에 가해자가 자신의 성기를 넣었거나 나(피해자)의 성기, 항문에 가해자의 손가락이나 도구를 넣었어요.
⑩ 이등항해사(남자)가 여성 실습 항해사에게 의사와 관계없이 일방적으로 자기와 사귀자고 계속 요구했어요.
⑪ 동의하지 않았는데 계속 저에게 연락하거나 방으로 찾아와서 두려움을 느끼는 상황을 만들었어요.
⑫ 내 신체(얼굴, 다리, 가슴, 뒷모습 등), 복장(치마 속 등), 사생활(용변 보는 행위, 성행위 등)을 카메라로 촬영했어요.
⑬ 내 사진을 SNS 등에 게시하거나 단체채팅방에 유포했어요.
⑭ 내 사진을 성적인 사진과 합성 후 유포했어요.

퀴즈 속 14가지 사례는 모두 선박 내 인간관계에서 발생할 수 있는 성과 관련한 불편한 상황들을 포함하고 있다. 과연 '성폭력'의 정의는 무엇이고 성폭력의 유형은 어떻게 분류할 수 있을까? 이 장에서는 이들 14가지 선박 내 사례들을 분석하면서 성폭력의 개념과 성폭력의 다양한 유형에 대해 살펴보도록 하겠다.

1) 성폭력의 개념

'성폭력'은 성(性)적인 행위로 타인에게 육체적·정신적 손상을 주는 물리적 강제력을 말한다. 상대방이 원하지 않는 성적 행동을 강제적으로 하는 행위, 강간, 추행, 성희롱 등 모든 신체적, 언어적, 정신적 폭력을 포괄하는 광범위한 개념이다.

성폭력은 단순히 물리적인 폭력을 수반한 성적 행위만을 의미하지 않는다. 현대 사회에서 성폭력은 상대방의 동의 없이 성적 자기 결정권을 침해하는 모든 언어적, 신체적, 정신적 행위를 포괄하는 광범위한 개념으로 이해되고 있다. 성폭력의 핵심은 '동의'의 부재에 있으며, 피해자가 자신의 의사에 반하여 성적 행위나 언동에 노출되었을 때 발생한다고 볼 수 있다.

전통적인 법적 관점에서 성폭력은 주로 폭행이나 협박을 수반한 강간 및 강제추행을 의미했으나, 최근에는 사회적, 법적 인식 변화에 따라 그 개념이 확장되고 있다. 현재는 명시적인 폭행이나 협박이 없더라도 상대방의 의사를 무시한 채 이루어진 성적 행위도 성폭력으로 인정하는 추세이다. 이는 피해자의 명시적인 거부 의사 표현이나 물리적 저항 여부와 상관없이, 진정한 동의가 없었다면 성폭력이 될 수 있음을 의미한다.

성폭력 개념의 핵심에는 '성적자기결정권(性的自己決定權)'이 있다. 성적자기결정권이란 모든 개인이 자신이 원할 때, 원하는 사람과, 원하는 방식으로 성적 행위를 결정할 수 있는 권리와 원치 않는 성적 행위를 거부할 수 있는 권리를 의미한다. 이러한 권리는 기본적 인권의 하나로 인정되며, 이를 침해하는 행위는, 그것이 신체적 접촉을 수반하든 언어적 행위에 그치든, 모두 성폭력의 범주에 포함될 수 있다.

숙명여대 인권·성평등센터
성 의사결정 능력테스트
https://wehelpu.sookmyung.ac.kr/self-diagnosis/sexual-self-determination-checklist-2/

특히 선박과 같이 위계질서가 뚜렷하고 폐쇄적인 환경에서는 명시적인 거부 의사 표현이 어려울 수 있다는 점을 고려해야 한다. 상급자와 하급자 간의 힘의 불균형은 하급자가 성적 언동이나 행위에 대해 불편함을 느끼더라도 이를 표현하기 어렵게 만들 수 있으며, 이러한 상황에서 진정한 의미의 '동의'가 이루어졌다고 보기는 어렵다. 따라서 직급이나 지위의 차이를 이용한 성적 언동이나 행위는 더욱 주의 깊게 살펴볼 필요가 있다.

2) 선박 내 성폭력 사례 분석

선박이라는 특수한 환경에서 발생할 수 있는 성폭력 상황을 이해하기 위해, 우리는 위 [퀴즈]에서 제시된 14가지 구체적인 사례를 살펴볼 필요가 있다. 이러한 사례들은 실제 선박 내에서 발생할 수 있는 상황들을 반영하며, 성폭력의 다양한 양상과 그 심각성을 이해하는 데 도움이 된다.

첫째, '신체적 접촉'을 수반하는 사례들이 있다. 삼등항해사가 여성 실습 항해사를 예쁘다며 허락 없이 껴안는 행위, 복도에서 신체 일부를 슬쩍 스치고 지나가는 행위, 반항할 수 없는 상태에서 귓불이나 목, 허벅지, 성기 등을 만지는 행위, 그리고 복장을 지적한다는 명목으로, 볼펜으로 허벅지나 가슴 등을 누르거나 찌르는 행위 등이 이에 해당한다. 이러한 행위들은 모두 상대방의 신체적 경계를 침범하는 것으로, 불쾌감과 수치심을 유발할 수 있다.

선박에서는 이러한 신체적 접촉이 '우연한 접촉'이나 '친밀감의 표현'으로 위장되는 경우가 많다. 좁은 복도나 작업 공간에서의 불필요한 신체 접촉이 일상화되기도 하며, 특히 여성 선원이나 실습생들은 이러한 상황에서 불편함을 느끼더라도 "예민하게 굴지 말라"는 분위기 때문에, 이의를 제기하기 어려울 수도 있다.

둘째, '언어적 성희롱'에 해당하는 사례들이 있다. 선장이 신임 삼등항해사에게 여자 친구와의 성적 관계에 대해 구체적으로 질문하거나 성적 불쾌감을 주는 농담을 하는 행위, 일등기관사가 삼등기관사의 여자 친구 사진을 보며 특정 신체 부위나 외모에 대해 성적인 비유나 평가를 지속적으로 하는 행위, 그리고 선장이 이등항해사에게 남성의 성기 크기를 언급하며 성적 발언을 하는 행위 등이 이에 해당한다. 이러한 언어적 성희롱은 신체적 접촉이 없더라도 피해자에게 성적 굴욕감과 혐오감을 줄 수 있다.

선박에서의 언어적 성희롱은 종종 "남자들의 대화"나 "농담"으로 정당화된다. 특히, 친목 도모를 위한 회식이나 비공식적 모임에서 성적인 농담이나 이야기가 오갈 때, 이에 불편함을 표현하는 사람은 "분위기를 망치는 사람"으로 낙인찍히기도 한다. 또한 다국적 선원들 간에는 언어적 성희롱이 문화적 차이나 의사소통 문제로 오인되거나 무시되는 경우도 있다.

셋째, 더욱 심각한 형태의 성폭력으로, 폭행이나 협박을 통해 성기를 삽입하는 '강간' 행위와 구강, 항문 등에 성기나 손가락, 도구를 넣는 '유사 강간' 행위가 있다. 이러한 행위들은 성폭력 중에서도 가장 심각한 형태로서, 피해자에게 장기적인 신체적, 정신적 트라우마를 남길 수 있다.

선박에서의 강간이나 유사 강간과 같은 중대한 성폭력은 피해자가 물리적으로 도망갈 공간이 없고, 즉각적인 신고나 도움 요청이 어렵다는 점에서 더욱 심각한 문제이다. 장기간 항해 중인 선박에서는 피해자가 가해자와 계속해서 같은 공간에 머물러야 하는 상황이 발생할 수 있으며, 이는 지속적인 트라우마와 안전 위협으로 이어질 수 있습니다. 국제해사노동협약(MLC)에서는 이러한 심각한 사건 발생 시 긴급 하선 및 의료 지원 접근권을 보장해야 함을 강조하고 있다.

넷째, '스토킹'에 해당하는 사례로, 이등항해사가 여성 실습 항해사에게 일방적으로 교제를 요구하는 행위와 동의 없이 지속적으로 연락하거나 방을 찾아가 두려움을 느끼게 하는 행위가 있다. 특히 선박과 같은 폐쇄된 공간에서는 스토킹 피해자가 가해자로부터 완전히 벗어나기 어렵기 때문에, 이러한 행위가 더욱 심각한 공포와 불안감을 야기할 수 있다.

선박에서의 스토킹은 피해자가 가해자를 완전히 피할 수 없는 환경적 특성 때문에 더욱 위험하다. 통상적인 육상 환경에서는 피해자가 다른 장소로 이동하거나 경찰의 도움을 요청할 수 있지만, 선박에서는 이러한 옵션이 제한된다. 선내 위계질서가 뚜렷한 환경에서는 상급자의 지속적인 접근이나 요구를 거부하기 어려울 수 있으며, 이는 실질적인 업무 수행과 경력 개발에도 부정적인 영향을 미칠 수 있다.

마지막으로, '디지털 기기를 이용한 성폭력' 사례들이 있다. 동의 없이 타인의 신체나 사생활을 카메라로 촬영하는 행위, 개인 사진을 SNS나 단체채팅방에 무단으로 유포하는 행위, 그리고 개인 사진을 성적인 사진과 합성 후 유포하는 행위 등이 이에 해당한다. 이러한 디지털 성폭력은 인터넷의 특성상 한번 유포된 콘텐츠를 완전히 삭제하기 어렵기 때문에, 피해가 지속적으로 확대될 수 있다는 점에서 매우 심각하다.

현대 선박에서는 인터넷 연결이 가능해지면서 디지털 성폭력의 위험도 증가하고 있다. 선원들 간의 메신저 그룹채팅방이나 SNS를 통해 부적절한 콘텐츠가 공유되는 사례가 보고되고 있으며, 특히 여성 선원의 사진이 무단으로 촬영되어 유포되거나 합성되는 문제도 발생할 수 있다. 또한 해외 항구 방문 시 촬영된 사진이나 영상이 동의 없이 공유되는 경우도 있어, 이에 대한 예방 교육과 엄격한 규정이 필요하다.

위에서 언급한 14가지 사례 모두는 현대적 관점에서 '성폭력'으로 간주된다. 각 사례는 상대방의 동의 없이 성적자기결정권을 침해했다는 공통점을 가지고 있으며, 이는 선박이라는 특수한 환경에서도 예외가 아니다. 실제로 선박 내에서는 장기간의 고립과 제한된 공간, 그리고 명확한 위계질서로 인해 이러한 성폭력 사례들이 더욱 심각한 형태로 나타날 수 있으며, 피해자가 적절한 도움을 구하기도 어려울 수 있다.

3) 성폭력의 유형

앞서 살펴본 14가지 선박 내 성폭력 사례를 바탕으로, 성폭력은 크게 다섯 가지 유형으로 분류할 수 있다. 각 유형은 서로 다른 특성을 가지고 있으며, 이에 따라 예방과 대응 방식도 달라질 수 있다.

강제추행

강제추행은 폭력이나 협박, 또는 상대의 명시적인 동의 없이 다른 사람의 신체에 접촉하여 성적 불쾌감을 주는 행위를 말한다. 앞서 언급한 사례 중 삼등항해사가 여성 실습 항해사를 허락 없이 껴안은 행위, 복도에서 신체 일부를 슬쩍 스치고 지나가는 행위, 반항이 불가능한 상태에서 신체 부위를 만지는 행위, 볼펜으로 허벅지나 가슴을 누르거나 찌르는 행위 등이 이에 해당한다.

강제추행의 가장 큰 특징은 신체적 접촉을 수반한다는 점이다. 이러한 접촉은 명백히 성적인 의도가 있는 경우도 있지만, 때로는 '장난'이나 '친밀감의 표현'이라는 이유로 정당화되기도 한다. 그러나 중요한 것은 행위자의 의도가 아니라 상대방의 동의 여부와 불쾌감 발생 여부이다. 특히 선박과 같이 위계질서가 뚜렷한 환경에서는 하급자가 상급자의 신체적 접촉에 대해 불편함을 표현하기 어려울 수 있으며, 이러한 점을 고려하여 더욱 주의가 필요하다.

강제추행은 선박 환경에서 특히 문제가 될 수 있는데, 좁은 공간에서의 불가피한 신체 접촉과 의도적인 추행 행위 사이의 경계가 모호하게 인식될 수 있기 때문이다. 또한 장기간 같은 공간에서 생활해야 하는 선원들 사이에서는 친밀감을 표현하는 방식이 때로는 부적절한 신체 접촉으로 이어질 수 있다. 국제해사기구(IMO)의 가이드라인에서는 이러한 문제를 예방하기 위해 모든 선원이 신체적 경계를 존중하고, 불필요한 접촉은 최소화할 것을 권고하고 있다.

강제추행은 일회성으로 끝나는 경우도 있지만, 반복적으로 발생하면서 점차 그 수위가 높아지는 경향도 있다. 초기에는 어깨를 툭 치거나 손을 슬쩍 만지는 정도로 시작했다가, 점차 더 민감한 신체 부위로 접촉 범위가 확대되는 경우가 많다. 따라서 초기 단계에서의 적절한 대응과 경계 설정이 중요하다.

성희롱

성희롱은 업무 관련 지위를 이용하여 언어적, 시각적 방법으로 상대방에게 성적 굴욕감이나 혐오감을 느끼게 하는 행위를 말한다. 선장이 삼등항해사에게 성적인 농담을 하거나, 일등기관사가 타인의 여자 친구 사진에 대해 성적인 평가를 하거나, 선장이 이등항해사에게 성기 크기에 관한 발언을 하는 등의 사례가 이에 해당한다.

성희롱의 가장 큰 특징은 직접적인 신체 접촉 없이도 발생할 수 있다는 점이다. 언어적 성희롱은 성적인 농담, 외모에 대한 성적인 평가, 사생활에 대한 불필요한 질문 등 다양한 형태로 나타날 수 있다. 시각적 성희롱은 성적인 이미지를 보여주거나, 음란한 행동을 하는 등의 방식으로 발생할 수 있다.

선박 환경에서의 성희롱은 종종 '선원 문화'나 '남자들의 세계'라는 명목으로 정당화되는 경향이 있다. 예를 들어, 성적인 농담이나 외설적인 언어 사용이 선원들 간의 결속을 다지는 방법으로 잘못 인식되기도 한다. 국제운수노동자연맹(ITF)의 조사에 따르면, 많은 여성 선원이 이러한 언어적 성희롱을 일상적으로 경험하고 있으며, 이는 그들의 직업적 만족도와 정신적 웰빙에 부정적인 영향을 미치고 있다. 한 연구에서는 여성 선원의 약 50%가 선박에서 어떤 형태로든 성희롱을 경험했다고 보고했다.

특히 선박과 같이 위계적이고 남성 중심적인 문화가 강한 환경에서는 성희롱이 '일상적인 대화'나 '친밀감의 표현'으로 잘못 인식되는 경우가 많다. 그러나 이러한 언행이 상대방에게 성적 불쾌감을 준다면, 그것은 명백한 성희롱이며, 직장 내 성희롱으로서 법적 제재의 대상이 될 수 있다. 또한 성희롱은 종종 '의도하지 않았다'는 변명으로 정당화되기도 하지만, 성희롱의 판단 기준은 행위자의 의도가 아니라 피해자의 주관적 느낌과 객관적인 상황 판단에 있다는 점을 인식해야 한다.

강간

강간은 폭행, 협박 또는 상대의 저항이 불가능한 상태를 이용하여 성관계를 강요하는 행위를 말한다. 앞서 언급한 사례 중 폭행이나 협박을 통해 성기를 삽입하는 행위와, 구강이나 항문 등에 성기나 손가락, 도구를 넣는 행위가 이에 해당한다.

강간은 성폭력 중에서도 가장 심각한 형태로 간주되며, 피해자에게 장기적인 신체적, 정신적 트라우마를 남길 수 있다. 전통적으로 강간은 성기 삽입을 포함하는 행위로 제한적으로 정의되었으나, 현대 법률에서는 성기 삽입 외에도 구강, 항문 등에 대한 삽입이나 도구를 이용한 삽입 행위도 강간으로 인정하는 추세이다.

선박에서의 강간 사건은 보고가 제대로 이루어지지 않아 정확한 통계가 부족하지만, 이는 발생하지 않는다는 의미가 아니다. 오히려 피해자가 신고를 꺼리거나, 신고해도 적절한 조사와 처리가 이루어지지 않는 경우가 많다. 2019년 크루즈선 산업에 대한 한 조사에서는 선원들 사이의 성폭력 사건이 상당수 발생하지만, 많은 경우 선사나 기국(flag state)의 관할권 문제로 인해 제대로 처리되지 않는다는 문제가 지적되었다.

특히 선박과 같이 폐쇄된 환경에서 강간이 발생할 경우, 피해자는 가해자로부터 물리적으로 분리되기 어렵고, 즉각적인 의료 지원이나 법적 지원을 받기도 어렵다는 점에서 더욱 심각한 문제가 될 수 있다. 또한 선박 내 위계질서로 인해 피해 사실을 신고하거나 도움을 요청하는 것 자체가 어려울 수 있으며, 이는 피해의 장기화로 이어질 수 있다.

스토킹

스토킹은 상대방의 의사에 반하여 지속적으로 접근하거나 연락을 취해 불안감과 공포를 유발하는 행위를 말한다. 이등항해사가 여성 실습 항해사에게 일방적으로 교제를 요구하는 행위나, 동의 없이 지속적으로 연락하거나 방을 찾아가 두려움을 느끼게 하는 행위 등이 이에 해당한다.

스토킹의 가장 큰 특징은 그 행위가 반복적이라는 점이다. 일회성 행위가 아니라 지속적이고 반복적으로 발생하면서 피해자에게 심리적 압박감과 공포감을 주게 된다. 또한 스토킹은 초기에는 별다른 해를 끼치지 않는 접근이나 연락으로 시작했다가, 점차 그 강도와 빈도가 높아지면서 결국 심각한 폭력으로 이어지는 경우도 많다.

선박에서의 스토킹은 피해자가 가해자를 완전히 피할 수 없는 물리적 환경 때문에 특히 위험하다. 일반적인 육상 환경에서는 스토킹 피해자가 경찰에 신고하거나, 접근금지명령을 받거나, 혹은 거주지나 직장을 바꾸는 등의 대응이 가능하지만, 장기간 항해 중인 선박에서는 이러한 옵션이 제한된다. 또한 선내에서는 개인의 일정이나 위치가 상대적으로 예측 가능하여 스토킹 행위자가 피해자를 쉽게 찾아낼 수 있다.

선박과 같이 제한된 공간에서의 스토킹은 특히 위험할 수 있다. 피해자가 가해자를 완전히 피할 수 있는 물리적 공간이 제한되어 있고, 장기간 같은 공간에서 생활해야 하기 때문에 지속적인 불안과 공포 속에서 생활할 수밖에 없다. 또한 선박이라는 폐쇄적 환경에서는 외부의 도움을 즉각 받기 어렵다는 점도 스토킹 피해를 더욱 심각하게 만드는 요인이다.

디지털 성폭력

디지털 성폭력은 디지털 기기를 이용하여 상대의 동의 없이 촬영, 유포, 합성 등을 행하는 성적 침해 행위를 말한다. 타인의 신체나 사생활을 동의 없이 촬영하는 행위, 개인 사진을 무단으로 유포하는 행위, 개인 사진을 성적인 사진과 합성 후 유포하는 행위 등이 이에 해당한다.

디지털 성폭력의 가장 큰 특징은 인터넷의 특성상 한번 유포된 콘텐츠가 완전히 삭제되기 어려워 피해가 지속적으로 확대될 수 있다는 점이다. 또한 익명성을 악용하여 가해자가 특정되지 않는 경우도 많으며, 이로 인해 피해자는 더욱 큰 불안감과 무력감을 느낄 수 있다.

현대 선박에서는 위성 인터넷과 스마트폰 사용으로 디지털 성폭력의 위험이 증가하고 있다. 선원들 간의 SNS 그룹이나 메신저 채팅방을 통해 부적절한 콘텐츠가 공유되는 사례가 보고되고 있으며, 특히 여성 선원이나 실습생의 사진이 무단으로 촬영되거나 유포되는 문제도 발생하고 있다. 또한 휴식 시간이나 개인 공간에서의 프라이버시 침해가 디지털 기기를 통해 발생할 수 있으며, 이는 선내 생활의 안전감을 크게 저해한다.

일부 사례에서는 선원들이 항구 방문 시 만난 현지인의 사진이나 영상을 동의 없이 촬영하고 공유하는 행위도 보고되었다. 이러한 행위는 윤리적 문제뿐만 아니라 선사와 선원의 명예를 훼손하고, 심각한 경우 국제적인 법적 문제로도 이어질 수 있어 더욱 주의가 필요하다.

선박 환경에서의 디지털 성폭력은 제한된 공간에서 발생하지만, 그 피해는 인터넷을 통해 전 세계로 확산될 수 있다는 점에서 매우 심각하다. 특히 현대 선박에서는 인터넷 연결이 가능한 경우가 많아, 촬영된 영상이나 이미지가 즉시 온라인상에 유포될 수 있는 위험성이 있다. 또한 선내 단체채팅방 등을 통해 피해 내용이 빠르게 공유될 수 있어, 피해자는 선내에서 더욱 고립되고 수치심을 느낄 수 있다.

4) 선내 성폭력 예방을 위한 조치

선박이라는 특수한 환경에서 성폭력을 예방하고 적절히 대응하기 위해서는 다양한 차원에서의 체계적인 접근이 필요하다. 이러한 접근은 조직문화 개선부터 구체적인 정책 및 규정 마련까지 포괄적으로 이루어져야 하며, 모든 선원의 적극적인 참여와 인식 변화가 동반되어야 한다.

조직문화 개선

성폭력 문제는 단순히 개인 간의 갈등이나 오해가 아닌, 조직 전체의 안전과 건강한 근로환경에 관한 중요한 문제로 인식되어야 한다. 많은 선박 조직에서는 성폭력 문제를 제기하는 구성원을 '분위기를 해치는 문제아'로 여기거나, 문제를 개인 간의 사적인 갈등으로 치부하는 경향이 있다. 이러한 인식은 피해자가 문제를 드러내고 도움을 요청하기 어렵게 만들며, 결국 성폭력 문제가 음성적으로 지속되는 원인이 된다.

국제해사기구(IMO)와 국제노동기구(ILO)는 최근 몇 년간 해운산업 내 성폭력과 괴롭힘 문제에 대해 더 많은 관심을 기울이고 있다. 2019년에 채택된 폭력과 괴롭힘 협약(ILO Convention 190)은 모든 근로환경에서 폭력과 괴롭힘을 근절하기 위한 국제적 기준을 제시하였으며, 이는 선박 환경에도 적용된다. 또한 IMO의 "해사 분야에서의 여성 통합을 위한 전략"은 선내 성평등 문화 조성을 위한 구체적인 가이드라인을 제공하고 있다.

또한 행위자에 대한 온정주의적 태도, 즉 '그동안 일을 잘해왔으니', '의도가 나쁘지 않았을 것이니', '술에 취해서 그랬을 뿐이니' 등의 변명을 수용하고 가해자를 보호하려는 경향도 지양해야 한다. 이러한 태도는 피해자에게 '네가 예민한 것이다', '대수롭지 않은 일을 크게 만들었다'라는 식의 메시지를 전달하며, 이는 피해자에게 2차 가해로 작용할 수 있다.

선박 조직 문화 개선을 위해서는 리더십의 역할이 결정적이다. 선장과 상급 사관들은 성폭력에 대한 무관용 원칙을 명확히 하고, 이를 일상적인 행동으로 보여주어야 한다. 북유럽 해운회사들의 사례를 보면, 선장과 관리직 사관들을 대상으로 한 특별 리더십 훈련 프로그램을 통해 포용적이고 존중하는 문화를 조성하고, 이를 통해 성폭력 발생률을 낮추는 성과를 거두었다.

건강한 조직문화 조성을 위해서는 모든 구성원이 서로를 인간으로서 존중하고, 성별이나 직급과 관계없이 모두가 안전하게 근무할 권리가 있다는 인식을 공유해야 한다. 선장을 비롯한 상급자들은 이러한 문화 조성에 있어 선도적 역할을 해야 하며, 자신의 언행이 조직문화에 미치는 영향을 인식하고 항상 모범을 보여야 한다.

교육 및 인식 제고

성폭력 예방을 위해서는 모든 선원을 대상으로 한 정기적이고 체계적인 교육이 필수적이다. 이러한 교육은 단순히 법적 의무를 충족하기 위한 형식적인 과정이 아니라, 실질적인 인식 변화를 이끌어낼 수 있는 내용으로 구성되어야 한다.

효과적인 성폭력 예방 교육은 단순한 정보 전달을 넘어 태도와 행동의 변화를 촉진해야 한다. 세계 최대 해운회사 중 하나인 Maersk에서 2022년 6월에 도입한 "On Our Respect Radar" 캠페인은 선원들이 모든 종류의 괴롭힘을 식별하고 이에 적절히 대응하는 방법을 교육하는 데 중점을 두고 있다.[9] 이 캠페인은 특히 리더십에 초점을 맞추어, 2,500명의 해상 리더와 관련 사무직 직원들에게 성폭력 및 성희롱 방지(anti-SASH) 교육을 제공했다. 2024년 전반에 걸쳐 모든 선박의 모든 승무원을 대상으로 성폭력 방지 교육이 진행되며, 고위 사관과 승무원들에게는 맞

9) Cultural transformation and prevention at sea
https://www.maersk.com/sustainability/our-esg-priorities/diversity-equity-inclusion/cultural-transformation-and-prevention-at-sea

춤형 e-러닝도 제공되고 있다. 이러한 포괄적인 접근 방식은 성폭력 문제에 대한 공통된 어휘를 확립하고, 선내 성폭력 신고 및 대응 메커니즘을 강화하며, 전반적인 근무 환경을 개선하는 데 효과적이라는 것이 입증되고 있다.

교육 내용에는 성폭력의 개념과 유형, 구체적인 사례, 그리고 성폭력 발생 시 대응 방법 등이 포함되어야 한다. 특히 앞서 살펴본 14가지 사례와 같이 실제 선박 환경에서 발생할 수 있는 상황들을 중심으로 상호작용 및 토론식 교육이 이루어진다면, 선원들이 성폭력 문제를 더욱 현실적으로 인식하는 데 도움이 될 것이다.

또한 교육은 상급자와 하급자 모두에게 적절한 내용으로 구성되어야 한다. 상급자에게는 자신의 지위와 권한이 성폭력의 수단이 될 수 있다는 점을 인식시키고, 책임감 있는 리더십을 발휘할 수 있도록 해야 한다. 하급자에게는 자신의 권리를 인식하고, 부당한 상황에서 적절히 대응할 수 있는 방법을 교육해야 한다.

더불어 성평등 의식 향상을 위한 워크숍이나, 다양한 문화와 배경을 가진 선원들 간의 상호 이해를 증진시키는 프로그램도 운영될 필요가 있다. 이러한 교육과 프로그램은 단순히 성폭력 예방뿐만 아니라, 더 넓은 차원에서 선내 인권 존중과 건강한 조직문화 형성에 기여할 수 있을 것이다.

신고 및 대응 체계 구축

성폭력 발생 시 피해자가 안전하게 신고하고 적절한 지원을 받을 수 있는 체계를 구축하는 것은 매우 중요하다. 선박이라는 환경의 특수성을 고려할 때, 이러한 체계는 더욱 세심하게 설계되어야 한다.

효과적인 신고 시스템은 접근성, 비밀보장, 그리고 신속한 대응을 핵심 요소로 합니다. 노르웨이 항만당국 등 북유럽이 도입한 "SafeSeaNet Norway" 보고시스템은 선내와 육상 모두에서 접근 가능한 익명 신고 플랫폼으로, 피해자나 목격자가 중간 관리자를 거치지 않고도 직접 신고할 수 있다. 이 시스템은 24시간 운영되며, 다양한 언어로 지원되어 다국적 선원들의 접근성을 높였다.

효과적인 신고 시스템은 접근성, 비밀보장, 그리고 신속한 대응을 핵심 요소로 한다. 노르웨이에서 운영하는 "SafeSeaNet" 시스템은 선박이 노르웨이 당국과 항만에 필요한 정보를 단일 창구를 통해 보고할 수 있는 국가 선박 보고시스템이다.[10] 이 시스템을 통해 보고된 정보는 노르웨이 해안 관리청, 해양 당국, 경찰, 세관, 군대, 환경청 및 항만과 같은 다양한 국가 기관에 자동으로 전송된다. 과거에는 선박들이 동일한 정보를 여러 당국에 중복 보고해야 했지만, SafeSeaNet은 이 과정을 단순화하여 연간 약 250,000개의 양식을 줄이는 효과를 가져왔다. 또한 이 시스템은 다른 EU/EEA 국가의 유사 시스템과 정보를 교환하여 국제적 연계성을 확보하고 있어, 해상에서 발생할 수 있는 다양한 사건에 대한 신속하고 체계적인 대응이 가능해졌다.

우선, 피해자가 비밀리에 신고할 수 있는 시스템이 마련되어야 한다. 선내에서는 모든 활동이 다른 선원들에게 쉽게 노출될 수 있기 때문에, 신고 과정에서 피해자의 신원이 보호되고 비밀이 유지될 수 있도록 해야 한다. 예를 들어, 선내에 비밀 신고함을 설치하거나, 육상 본부와 직접 연결되는 핫라인을 운영하는 방안을 고려할 수 있다.

또한 성폭력 신고가 접수되었을 때, 이를 처리할 수 있는 명확한 절차와 담당자가 지정되어야 한다. 이 과정에서 가장 중요한 것은 피해자 보호이며, 필요시 가해자와 피해자를 즉시 분리할 수 있는 조치가 마련되어야 한다. 선박이라는 제한된 공간에서 두 사람을 완전히 분리하는 것은 현실적으로 어려울 수 있으나, 최대한 접촉을 줄이고 피해자가 안전감을 느낄 수 있는 환경을 조성하는 것이 중요하다.

신고 후 조사와 대응 과정에서는 피해자 중심 접근법이 필수적이다. 이를 위해서는 조사자들이 성폭력의 특성과 트라우마에 대한 이해를 갖추고 있어야 한다. 영국 P&I 클럽에서 제공하는 "트라우마 인지 조사(Trauma-informed Investigation)" 가이드라인은 성폭력 사건 조사 시 피해자의 심리적 상태를 고려하고, 2차 피해를

10) SafeSeaNet Norway
https://www.kystverket.no/en/sea-transport-and-ports/safeseanet-norway/about-safeseanet-norway/

방지하는 방법을 제시한다. 이러한 접근법은 피해자의 신뢰를 얻고, 더 정확한 정보 수집과 공정한 조사를 가능하게 한다.

더불어 육상 지원 체계와의 연계도 필수적이다. 심각한 성폭력 사건이 발생했을 경우, 필요시 선박을 가장 가까운 항구로 이동시켜 피해자가 적절한 의료 서비스와 법률 지원을 받을 수 있도록 해야 한다. 또한 성폭력 피해자를 위한 심리 상담 서비스도 제공되어야 하며, 이는 원격으로도 가능하도록 준비되어야 한다.

마지막으로, 성폭력 사건에 대한 조사와 처리 과정은 공정하고 투명하게 이루어져야 한다. 이를 위해 독립적인 심의 기구를 운영하거나, 외부 전문가의 자문을 받는 것도 좋은 방안이 될 수 있다. 중요한 것은 피해자가 2차 피해를 입지 않도록 하면서도, 동시에 행위자에게도 공정한 절차를 보장하는 것이다.

물리적 환경 개선

선박 내 성폭력 예방을 위해서는 물리적 환경 개선도 중요한 요소이다. 특히 여성 선원의 비율이 증가하는 추세를 고려할 때, 이들의 안전과 프라이버시를 보장할 수 있는 시설 마련은 더욱 시급한 과제이다.

최근 선박 설계에서는 성폭력 예방을 위한 물리적 환경 요소가 점차 중요하게 고려되고 있다. 유럽 주요 크루즈선 건조업체들은 "Safe by Design" 원칙을 도입하여, 모든 공용 공간의 시야 확보, 충분한 조명 설치, 개인 공간의 보안 강화 등을 선박 설계 단계부터 반영하고 있다. 일본의 한 선사에서는 선내 CCTV 설치 위치를 결정할 때 여성 선원들의 의견을 적극 수렴하여, 안전 확보와 프라이버시 보호의 균형을 맞추는 시도를 하고 있다.

우선, 여성 선원을 위한 독립적이고 안전한 거주 공간이 확보되어야 한다. 기존의 많은 선박들은 남성 선원만을 고려하여 설계되었기 때문에, 여성 선원을 위한 별도의 생활 공간, 화장실, 샤워실 등이 부족한 경우가 많다. 이러한 시설들은 여성 선원의 프라이버시와 안전을 보장할 수 있도록 적절히 배치되고 관리되어야 한다.

또한 공용 공간에는 적절한 수준의 감시 체계(예: CCTV)를 설치하여 성폭력 예방과 증거 확보에 도움이 될 수 있도록 해야 한다. 다만, 이러한 감시 체계는 개인의 사생활을 침해하지 않는 선에서 신중하게 설치되어야 하며, 특히 개인 생활 공간에는 설치되지 않도록 주의해야 한다.

개인 생활 공간의 보안도 강화되어야 한다. 모든 거주 공간에는 안전한 잠금장치가 설치되어야 하며, 이러한 장치는 정기적으로 점검되어야 한다. 또한 개인의 프라이버시를 존중하는 문화가 정착되어야 하며, 타인의 생활 공간에 들어갈 때는 반드시 사전 동의를 구하는 것이 원칙이 되어야 한다.

마지막으로, 선박의 조명 시설을 개선하여 어두운 구석이나 사각지대를 최소화하는 것도 중요하다. 어두운 공간은 성폭력이 발생하기 쉬운 환경을 제공할 수 있으므로, 적절한 조명을 통해 선내 모든 공간의 가시성을 확보하는 것이 필요하다.

정책 및 규정 강화

성폭력 예방과 대응을 위한 명확한 정책과 규정을 수립하고 이를 철저히 시행하는 것은 매우 중요하다. 이러한 정책과 규정은 모든 선원에게 명확히 전달되어야 하며, 위반 시 어떤 결과가 따르는지도 분명히 인식되어야 한다.

우선, 선내 성폭력 예방 및 대응 매뉴얼을 개발하여 모든 선원에게 배포해야 한다. 이 매뉴얼에는 성폭력의 정의와 유형, 예방 수칙, 발생 시 대응 방법, 신고 절차 등이 상세히 기술되어야 한다. 특히 선박이라는 특수한 환경을 고려한 실질적인 내용으로 구성되어야 하며, 필요시 다양한 언어로 제공되어 모든 선원이 이해할 수 있도록 해야 한다.

또한 성폭력 행위에 대한 명확한 징계 기준도 마련되어야 한다. 이러한 기준은 행위의 심각성에 따라 단계적으로 설정되어야 하며, 경고, 교육 이수, 직위 강등, 해고 등 다양한 수준의 제재를 포함해야 한다. 중요한 것은 이러한 징계가 일관되게 적용되어야 한다는 점이며, 행위자의 지위나 능력에 따라 처벌의 수위가 달라져서는 안 된다.

더불어 성폭력 예방과 대응을 위한 정책과 규정은 정기적으로 검토되고 개선되어야 한다. 이를 위해 선원들의 피드백을 수렴하고, 국내외 관련 법규 및 지침의 변화를 주시하며, 필요시 외부 전문가의 자문을 받는 것이 좋다. 특히 국제해사기구(IMO)가 제시하는 가이드라인이나 국내 해운 관련 법규를 준수하는 것은 기본이 되어야 한다.

마지막으로, 이러한 정책과 규정이 단순히 문서상으로만 존재하는 것이 아니라 실제로 시행되고 있는지를 감독하는 체계도 필요하다. 정기적인 감사나 평가를 통해 성폭력 예방 정책의 이행 상황을 점검하고, 개선이 필요한 부분을 파악하여 즉시 조치를 취할 수 있어야 한다.

존중과 안전이 공존하는 선박 환경 구축

선박이라는 폐쇄적 환경에서 성폭력은 단순한 개인 간의 문제가 아닌 조직 전체의 안전과 건강한 근로환경에 직결되는 중요한 문제이다. 앞서 살펴본 바와 같이, 성폭력은 다양한 형태로 나타날 수 있으며, 유형마다 그 특성과 심각성이 다르게 나타난다. 따라서 성폭력 예방과 대응을 위해서는 이러한 다양성을 인식하고, 각 상황에 맞는 적절한 접근 방법을 마련하는 것이 중요하다.

성폭력 없는 안전한 선박 환경을 조성하기 위해서는 조직문화 개선, 교육 및 인식 제고, 신고 및 대응 체계 구축, 물리적 환경 개선, 정책 및 규정 강화 등 다양한 차원에서의 종합적인 접근이 필요하다. 이러한 접근은 단기적인 조치로 끝나는 것이 아니라, 지속적인 관심과 노력을 통해 유지되고 발전되어야 한다.

특히 중요한 것은 모든 선원이 서로를 인간으로서 존중하고, 성별이나 직급과 관계없이 모두가 안전하게 일할 권리가 있다는 기본적인 인식을 공유하는 것이다. 이러한 인식을 바탕으로 선내 구성원들이 적극적으로 성폭력 예방에 동참하고, 문제 발생 시 적절히 대응할 수 있는 문화가 정착된다면, 더욱 안전하고 건강한 선박 환경을 만들어갈 수 있을 것이다.

성폭력 없는 안전한 선박 환경은 선원의 인권 보장뿐만 아니라, 업무 효율성과 조직 신뢰도 향상에도 긍정적인 영향을 미친다. 모든 구성원이 서로를 존중하고 배려하는 문화가 정착될 때, 진정한 의미의 안전한 해상 근로환경이 구현될 수 있을 것이다. 이는 단순히 법적 의무나 규정을 준수하는 차원을 넘어, 모든 선원의 기본적 인권과 존엄성을 지키기 위한 우리 모두의 책임이자 의무라고 할 수 있다.

특히 중요한 것은 모든 선원이 서로를 인간으로서 존중하고, 성별이나 직급과 관계없이 모두가 안전하게 일할 권리가 있다는 기본적인 인식을 공유하는 것이다. 이러한 인식을 바탕으로 선내 구성원들이 적극적으로 성폭력 예방에 동참하고, 문제 발생 시 적절히 대응할 수 있을 때, 진정으로 안전하고 건강한 선박 환경이 조성될 수 있을 것이다.

최근 글로벌 해운산업에서도 다양성, 형평성, 포용성(DE&I, diversity, equity and inclusion)이 주요 의제로 부상하고 있다. 이는 단순히 윤리적 문제가 아니라, 다양한 배경과 관점을 가진 인력이 함께 일할 때 더 혁신적이고 효율적인 운영이 가능하다는 비즈니스적 가치에 대한 인식이 높아지고 있기 때문이다. 성폭력 없는 안전한 근무 환경은 이러한 다양성, 형평성 그리고 포용성을 실현하기 위한 기본 전제조건이며, 결국 해운산업의 지속가능한 발전을 위한 핵심 요소라고 할 수 있다.

학습 과제 선내 성폭력 인식과 대응

[사례] 선장의 농담

고추가 반찬으로 나온 어느 저녁, 식사 중 분위기를 즐겁게 하기 위해 남녀 사관이 모두 있는 자리에서 선장이 이런 농담을 한다.

"고추를 잘 키우려면 어떻게 해야 하는지 아나?" [잠시 후]

"비키니 입은 여자 사진을 앞에 걸어 놓으면 된다."

식사 자리는 선장의 농담으로 인해 급히 마무리 되었지만, 아무도 이 발언에 문제가 있었다고 말하지 못하고 웃을 수 밖에 없었다.

[분석 및 성찰 질문]

상황 분석하기

- 이 사례가 왜 성희롱에 해당되는지 구체적으로 설명해보세요.
- 선장(행위자)의 의도와 여성 사관 및 다른 선원들(피해자/목격자)이 느꼈을 감정을 대비하여 설명해 보세요.
- 선박이라는 특수한 환경이 이 상황에 어떤 영향을 미쳤는지 분석해 보세요.

감정 이입하기

- 여성 사관의 입장에서 이 상황에서 느꼈을 감정과 고민을 구체적으로 서술해 보세요.
- 다른 남성 사관들의 입장에서는 어떤 생각과 갈등이 있었을지 설명해 보세요.
- 당신이 이 상황의 목격자였다면, 어떤 감정을 느끼고 어떤 행동을 취했을지 솔직하게 성찰해 보세요.

대응 방안 모색하기

- 여성 사관이 이 상황에서 자신의 불편함을 표현할 수 있는 적절한 방법은 무엇이었을까요?
- 동료 선원으로서 이 상황을 목격했을 때 취할 수 있는 효과적인 개입 방법을 3가지 이상 제시해 보세요.

- 사건 이후 선장과의 관계를 훼손하지 않으면서도 유사한 상황의 재발을 방지할 수 있는 방안을 고민해 보세요.

예방 전략 수립하기

- 개인 차원에서 성 인지 감수성을 높이기 위한 구체적인 노력 방안을 제시해 보세요.
- 선내에서 부적절한 농담이나 발언이 나왔을 때, "재미있게" 대화를 전환할 수 있는 방법을 생각해 보세요.
- 선내 모든 구성원이 서로를 존중하는 문화를 조성하기 위해 당신이 실천할 수 있는 일상적 행동 3가지를 제시해 보세요.

조직적 방안 제안하기

- 선사 차원에서 이러한 사례를 예방하기 위한 정책과 교육 프로그램을 구체적으로 제안해 보세요.
- 피해자가 안전하게 신고할 수 있는 시스템을 어떻게 구축할 수 있을지 설명해 보세요.
- 선내 리더십 교육에 성 인지 감수성을 포함시키는 방안과 그 중요성을 논의해보세요.

* 참고: 이 학습 과제는 자가 성찰을 통한 학습을 목표로 한다. 정답이 정해진 것이 아니라, 진지한 고민과 토론을 통해 선내 성폭력에 대한 인식을 높이고 예방책을 모색하는 데 의의가 있다.

참고문헌 및 인용 자료

박유진·김승연 (2022), 해사대학 여학생들이 인식한 진로장벽이 진로결정수준에 미치는 영향에 관한 연구,「해양환경안전학회지」28(5), 764-779.

최진철 (2020),『선상 문화교섭의 이해: 바다 위의 삶』, 신아사.

한국여성인권진흥원 (2024),『여성폭력 피해자 통합지원 매뉴얼』

Cultural transformation and prevention at sea https://www.maersk.com/sustainability/our-esg-priorities/diversity-equity-inclusion/cultural-transformation-and-prevention-at-sea

ILO (2023), Women Seafarers: Global Employment Policies and Practices.

International Maritime Organisation (IMO) www.imo.org/en/OurWork/TechnicalCooperation/Pages/WomenInMaritime.aspx

International Maritime Organisation (IMO) (2024), Preventing and combatting violence and harassment in the maritime sector. https://www.imo.org/en/MediaCentre/PressBriefings/pages/Tackling-violence-and-harassment-in-maritime.aspx

SafeSeaNet Norway https://www.kystverket.no/en/sea-transport-and-ports/safeseanet-norway/about-safeseanet-norway/

Thomas, M., Bloor, M. & Little, K. (2013), Sexual risk among female workers on cruise ships, *WMU Journal of Maritime Affairs*, 12(2), 87-97.

Women Seafarers Report 2022 https://www.missiontoseafarers.org/wp-content/uploads/The-Mission-to-Seafarers-Women-Seafarers-Report-2022.pdf

5. 한국 사회의 젠더 갈등: 심화되는 분열과 그 사회적 맥락

최근 우리 사회의 뜨거운 화두로 자리 잡은 '젠더 갈등'과 관련한 이슈와 주제를 논의한다. 학생들의 다양한 의견을 살펴보며, 우리 사회 젠더 갈등의 원인을 정리해본다. 이를 기반으로 젠더 갈등에 대한 자신의 생각을 정리해 본다.

격화되는 갈등의 현주소

한국 사회에서 젠더 갈등은 단순한 사회적 이슈를 넘어 심각한 사회 분열의 양상으로 발전하고 있다. 특히 젊은 세대를 중심으로 이러한 갈등이 더욱 첨예하게 나타나고 있다는 점은 주목할 만하다. 한국리서치가 2022년 5월에 실시한 '집단별 갈등 인식' 조사에 따르면, 18~29세의 89%, 30대의 85%가 남녀 갈등이 심각하다고 응답한 반면, 40대는 74%, 50대는 57%, 60세 이상은 63%로 나타났다. 이러한 통계는 젠더 갈등이 특히 젊은 세대에게 더 심각한 문제로 인식되고 있음을 분명히 보여준다.

이러한 갈등은 단순히 개인 간의 의견 차이를 넘어 사회구조적인 문제로 확장되고 있으며, 정치, 교육, 취업, 문화 등 사회 전반에 걸쳐 영향을 미치고 있다. 정부의 여성가족부 폐지 논의, 성별 채용 할당제를 둘러싼 갈등, 페미니즘에 대한 대중의 반감 등은 이러한 젠더 갈등이 구체적으로 표출되는 현상들이다.

이 장에서는 필자의 수업에서 다룬 '젠더 갈등'에 관한 세 가지 토론 주제에 대한 학생들의 생각과 의견을 먼저 살펴보고자 한다. 이어서 이들 20대 학생들의 의견과 젠더 갈등과 관련한 다양한 언론 기사를 토대로 한국 사회의 젠더 갈등 양상과 원인, 그리고 해결 방안을 다각적으로 분석할 것이다.

토론 하기

1) 젠더 인식에 대한 2030세대의 성별 격차가 크고, 젠더 갈등 양상이 심각한 이유는 무엇이라고 생각하는가?
2) 숙명여대 트랜스젠더 합격생의 입학 포기는 여성이 '트랜스젠더 여성'을 배제한 결과이다. 이를 어떻게 설명할 수 있을까?
3) 한국 사회의 고속 성장과 획일화된 교육 제도는 현재 남녀 갈등과 같은 우리 사회 내 구성원들의 갈등과 차별에 어떤 역할을 한 것일까?

다음은 위 세 가지 토론 주제에 대한 학생들의 의견을 일부 발췌한 내용이다.

1) 2030세대 젠더 갈등 양상이 심각한 이유

○ 인터넷과 SNS에 능숙한 2030세대의 특성 덕분에 발생한 일이며 세대적 특성을 반영한다고 생각합니다. 하지만 인터넷 환경의 특성상 특정 집단이 다수의 의견을 내면서 모집단의 특성을 흐릴 수 있고 익명에 기대어 의견을 표출하는 등 불분명하고 부정확한 집단 간의 대결을 2030세대 전체의 젠더 갈등으로 보기에는 문제가 있다고 생각합니다.

○ 이러한 젠더 갈등 양상이 심각한 이유를 페미니즘이 떠오르면서 이를 이용해 먹으려는 집단들의 활동과 사회 분위기를 한쪽으로 몰고 가는 일부 선동가들 때문이라는 생각이 들었다.

○ 시대의 변화, 인터넷의 발달과 낮아진 공감 능력 그리고 일반화의 오류 때문이다.

○ 2030세대의 성별 격차가 큰 이유는 매체의 발달로 인한 커뮤니티의 발전과 정치적 목적을 위한 젠더 갈등 유발로 볼 수 있다.

○ 대졸 남성이 예전처럼 쉽게 좋은 일자리를 구하지 못하자 여성이나 소수자를 향해 화풀이하는 것이라고 생각한다. 우리나라의 경우에도 특히 2030세

대가 마주한 취업난으로 인해 남성이 여성정책을 이유로 들어 옛날 기성세대 남성보다 손해를 보고 있다는 박탈감으로 인해 이러한 갈등의 양상이 나타난다고 생각합니다.

❍ 이런 심각한 갈등에 대한 해결책을 하나 제안하자면 너무 여성들을 위한 정책만 펼칠 것이 아닌 '양성'이 실제 능력에 따라 사회적 배분이 이루어지고 그런 자리에서 '성별'을 따지지 않고 자신의 능력을 발휘할 수 있게 도와주는 정책이 좋은 방안이라 생각됩니다.

❍ 가부장 사회에서 나고 자란 이들은 여성을 배려해 줘야 하는 존재로 인지한다. 그러나 현재 구직시장에서 남녀는 동등한 존재이다. 오히려 남성이 져야 하는 의무가 더 크다. 그럼에도 남성에 대한 부당한 대우에 대한 반발은, 여성에 대한 호혜적 조치에 대한 반발은, 언론에서 백래시로 포장된다. 여성혐오를 이용해서 정치인은 표를 모으고, 언론은 관심을 끈다. 사회 전체에서 가장 힘이 약한 청년 남녀들은 이에 휘둘리고 서로를 헐뜯을 때, 사회 자리잡은 이들은 크게 개의치 않는다. 우리 사회의 장래가 어둡든 말든 무슨 상관이겠는가? 이미 가질 것 다 갖고 편하게 살다 갈 일만 남았으니 말이다.

❍ 이러한 젠더 갈등 양상 등을 해결하기 위해서는 군 복무, 임신과 같은 성별 간의 차이를 인정하며, 인격체 간의 존중과 배려하는 태도를 갖춰야 할 것이다. 또한, 이러한 문제점의 심각성을 느끼고 정부와 공교육이 다음 세대에 대한 젠더 교육에 문제가 없는 지 꼼꼼히 검수하여 관련 교육에 열을 올려야 비로서 한 층 성장한 시민 문화를 만들 수 있을 것이라고 생각한다.

❍ 첫째, 공통의 어젠다 부재 - 둘째, 온라인 커뮤니티의 확산 - 셋째, 경쟁 중심 사회구조

❍ 저는 젠더 갈등이 너무나도 진절머리가 납니다. 왜냐하면 젠더 갈등이 오랫동안 지속되어 왔기도하고, 이를 이용하여 그들을 옹호하는 척하며 표를 얻어가려는 정치인들이 너무나도 진절머리가 나기 때문입니다.

❍ 공정하게 해달라는 것을 단순히 성별이나 고용 형태 간 대립으로 보는 것이

아니라, 차별을 발견하고 해석하고 대항하며 평등을 이루기 위한 힘을 조직할 때 능력주의도 해소되면서 평등으로 한발짝 나아갈 수 있는 기회가 생긴다고 생각합니다.

❍ 과거 세대의 성별 고정적 관념이 선진화되지 못하고, 현재 세대까지 내려오는 것 또한 젠더 갈등의 원인이라고 생각한다.

❍ 언론과 인터넷의 익명성이 사람들에게 성적에 대한 싸움을 부추기고 잘못된 성교육은 아이들에게 성에 대한 불편함을 남긴다. 이로 인해 여성혐오, 남성혐오 범죄가 일어나 사회에서 성에 대한 싸움이 극대화되었다.

❍ 현대의 젠더 갈등은 일견 성별 간 갈등이라고 보이지만 그 이면에는 사회의 기득권으로 자리 잡은 4050 남성과 2030 남성의 세대 갈등이 있다.

❍ 백인이 흑인이 자신들과 피부색이 다르다고 욕하는 것처럼 남성과 여성도 자신들과 다른 점이 있기 때문에 욕한다고 생각한다.

❍ 현재 2030세대의 성별 격차와 성별 간의 갈등이 커진 것에 대한 저의 생각은 가장 큰 것은 젠더 간의 갈등을 정치적으로 이용했다는 점이 크다고 생각합니다.

❍ 2030세대에서의 젠더 갈등의 심화 양상은 쓸데없이 넘쳐나는 정보와 익명성에 의한 부정적 분위기의 주도, 부족한 판별력과 관련 정보를 너무나도 많이 알 수밖에 없는 사회적 분위기와 기술의 발달 등이 그 원인이 된다고 생각한다.

2) 숙명여대 트랜스젠더 합격생 이슈

❍ 여성이 여자대학교에 들어가는 이유로 남자가 불편하거나 무서워 남자를 피해 여자대학교에 진학했을 수도 있는데 생물학적으로 남자였던 사람이 대학에 입학하게 된다면 그 여성들의 입장에서는 굉장히 황당한 일일 것이다. 나는 위와 같은 이유로 숙명여대 학생들이 트렌스젠더를 배제했다고 생

각한다.

○ 저러한 단체들은 법적으로 모두 인정된 상태에서 그저 태생이 여성이 아니었었다는 이유 하나만으로 혐오적 표현을 퍼부었고 결국 해당 여성의 입학을 포기하게 만들었다, 이러한 행위는 명백한 혐오에 의해서 이루어진 것이며. 이런 자신들의 이익만을 채우기 위해 활동하는 이기주의자들이 여성주의를 내세우니, 진정한 여성주의는 점점 퇴보되어 가고, 대학이라는 지성을 성취하기 위해 모이는 이곳에서 색안경을 끼고 소수자를 혐오하며 성명까지 낸다는 것은 매우 잘못된 행위이다.

○ 숙명여대 트랜스젠더 합격생의 입학 포기 사건을 다른 시점으로 바라보니 엄연히 '다수'에 소속된다는 이유만으로 합격생의 성 정체성을 마음대로 판단하고, 규정했다고 생각합니다. 페미니스트, 졸업생뿐만 아니라 숙명여대 내부에서도 '여성'의 규정을 생물학적 기준으로만 정해야 한다는 사람들의 편견 또한 잘못되었다고 생각합니다.

○ 숙명여대 트렌스젠더 합격생의 입학 포기는 트렌스젠더 여성을 배제한 결과인데, 나는 이것을 어쩌면 당연한 것으로 생각된다.

○ 생물학적으로 여성이 소수자임을 고려한다면 본인들이 차별당하지 말아야 한다고 말하는 페미니즘 단체들이 트랜스젠더라는 소수자를 차별한 것은 전형적인 '내로남불'의 형태라고 볼 수 있습니다.

○ 특정의 낙인 속성이 낙인자를 만들어 내는 것이 아니라 사람들의 관점에 따라 낙인자가 결정된다는 것입니다. 그렇기 때문에 숙명여대 여학생들은 생물학적으로 다른 트렌스젠더 여성을 받아들일 수 없었던 것이고, 입학을 반대한 것입니다.

○ 혐오는 인간의 본능적인 성향이기 때문에, 소수자와 같이 낯선 사람들을 마주했을 때, 막연하게 거부감이 들기 마련이다. 이는 이번 숙명여대 입학 논란과 같이 우리 사회가 트랜스젠더에 대한 이슈를 직접 마주한 횟수가 적었기 때문에 생겨났다고 생각한다. 또한 여성의 안전에 대한 사회의 강력한 보

호막이 필요한 시점이다. 한국 사회가 여성의 안전을 제대로 보호하기 위해 적극적으로 나섰더라면 이런 사건은 생겨나지 않았을 것이기 때문이다.

- ❍ 왜 저 학생은 외국에 나가 수술을 할 정도로 여자가 되고 싶어 했는지, 사실 남성에서 여성으로 성전환수술을 하는 사람들이 왜 그 수술을 하는지 이해가 가질 않습니다.
- ❍ 트랜스젠더 여성에게 숙명여대 입학을 허락한다면, 트랜스젠더라는 성 정체성으로 이러한 것들에 대해서 악이용을 할 수 있는 사람이나 수단이 생길 수 있다고 생각합니다.
- ❍ 이 사건은 소수자에 대한 차별을 멈추고 본인의 권리를 되찾기 위해 연대하여 움직인다는 페미니스트와 성소수자 진영 내부에서조차 '비교적 다수'인 '생물학적 여성'이 '비교적 소수'인 '트랜스젠더 여성'에 대한 차별과 혐오를 드러낸 사건으로, 우리 사회 내에서 차별과 혐오를 완전히 철폐하기까지는 아직 먼 길이 남았다는 사실을 보여주고 있다.
- ❍ 당사자를 "여성의 외형을 부러워한 다른 염색체의 사람"이라고 말하면서 트랜스 여성이 여자대학에 들어가는 것은 설립 취지에도 맞지 않고 여성 교육에 대한 모욕이라고 주장했다. 나는 여기서 그들이 가지고 있는 트랜스 혐오 및 남성 혐오 그리고 여성우월주의적 성향에 대해 비판하고 싶다.
- ❍ 트랜스젠더가 본인의 성별을 인정해 주고 권리를 주장하는 만큼, 숙명여대 재학생들도 본인들의 생각과 권리를 주장하는 것이다. 그렇기에 이는 트랜스젠더를 배제하는 여성들에게 초점을 맞출 것이 아니라 우리 사회에서의 트랜스젠더에 대한 인식에 대해 생각해 보는 것이 더 중요할 것이라 생각한다.
- ❍ 이해할 수 없다는 이유로 대놓고 모욕감을 주거나 성별을 떠나 한 명의 인간으로서 가지고 있는 권리를 누릴 수 없게 상처를 주는 것은 옳지 않다.

3) 한국 사회의 고속 성장과 획일화된 교육 제도와의 연관성

○ 한국 사회의 고속 성장과 획일화된 교육제도는, 우리 사회 내 구성원들의 갈등과 차별에 어느 정도 일조한 바가 있다.

○ 한국 사회에서 교육의 목적은 좋은 대학에 가서 안정적인 직장에 취직하는 것으로 가장 보편적인 삶을 사는 것을 최우선으로 삼고 있다. 이런 획일화되고 한가지 목표만을 쫓는 교육은 나와 다른 입장을 가진 사람들을 이해하려는 역지사지의 마음과 다양성에 대한 이해를 키우는 것에 소홀히 하게 하여 젠더 갈등을 포함해 다양한 계층 및 집단 간 갈등을 불러 일으킨다.

○ 우리 사회에서 많은 사람들이 어렸을 때부터 구성원 간 차별을 조장하는 내용의 교육을 많이 받았다고 생각합니다. 지금은 많은 사람들이 이러한 인식을 개선하기 위해서 노력하고 있지만, 아직 부족하다고 생각합니다. 그리고 무의식적으로 남아있는 인식들도 많이 있다고 생각되어 더 노력해서 구성원들의 갈등과 차별을 줄일 수 있도록 해야 할 것입니다.

○ 획일화된 교육방식으로 인해 단순 암기식으로 성 정체성과 남녀의 차이를 배우고 상대방이 어떠한 생각을 가졌는지에 대한 토론 수업도 없이 교육을 받았으니 남녀갈등에 대한 생각을 할 필요가 없어지게 된 것이다.

○ 획일화된 교육제도로 교육을 따라올 수 있는 사람들만 데리고 간다라는 주의로 개인 간의 차이를 완전히 무시해 버리는 교육을 하고 있다.

1. 2030세대 젠더 갈등의 심화 원인과 특징

학생들의 다양한 의견과 생각을 바탕으로 우리 사회 젠던 갈등의 심화 원인과 특징을 분석한다.

디지털 환경과 익명성의 역할

젠더 갈등이 특히 2030세대에서 심화 되는 중요한 원인 중 하나는 디지털 환경과 그 안에서의 익명성이다. 학생들의 의견에서도 드러나듯이, 인터넷과 SNS에 능숙한 2030세대는 온라인 커뮤니티를 통해 자신의 의견을 적극적으로 표출하고 정보를 공유한다. 한 학생은 "인터넷 환경의 특성상 특정 집단이 다수의 의견을 내면서 모집단의 특성을 흐릴 수 있고 익명에 기대어 의견을 표출하는 등 불분명하고 부정확한 집단 간의 대결"이 이루어진다고 지적했다.

연합뉴스의 2021년 4월 25일자 기사 ["남혐단죄 댓글운동" vs "응원댓글 총공격" … 신조어 놓고 젠더갈등]에서도 언급되었듯이, 온라인 공간에서는 새로운 신조어를 중심으로 젠더 갈등이 더욱 심화되고 있다. 익명성이 보장된 온라인 환경에서는 대면 상황에서 표현하기 어려운 과격한 의견이 더 쉽게 표출될 수 있으며, 이는 갈등을 더욱 증폭시키는 요인이 된다.

또한, 디지털 환경은 '에코 챔버(echo chamber)' 현상[11]을 강화한다. 에코 챔버는 비슷한 생각을 가진 사람들이 모여 서로의 의견을 반복적으로 확인하고 강화하는

11) 에코 챔버, 즉 반향실(反響室)은 소리가 외부로 빠져나가지 않고 계속 울려 퍼지는 공간에서 유래한 개념이다. 이 용어는 소리가 메아리처럼 되돌아오는 특성에서 착안하였다. 그래서 '에코 챔버 효과'란 유사한 관점을 지닌 사람들이 모였을 때, 서로의 생각이 순환하며 기존 신념이 더욱 강화되는 현상을 의미한다. 이런 환경에 놓인 사람들은 자신의 기존 관점을 지지하는 정보만 선택적으로 접하게 되어 객관적 진실에서 멀어지게 된다. 이는 개인적 확증편향이 집단 수준으로 확장된 형태라고 볼 수 있다. 이러한 현상은 정치적으로 SNS에서 허위 정보의 확산이나 극단주의 확대를 초래할 수 있으며, 경제 영역에서는 시장 불안을 야기할 수 있다.

공간을 의미한다. 이러한 환경에서 사람들은 자신의 기존 신념을 지지하는 정보만 선택적으로 접하게 되고, 다른 관점은 배제하게 된다. 온라인 여성 커뮤니티와 남성 커뮤니티가 각각 분리되어 형성되면서, 서로에 대한 이해보다는 자신들의 피해 의식과 분노가 증폭되는 현상이 나타난다. 이러한 에코 챔버 현상은 젠더 갈등을 더욱 극단적으로 만들며, 상대 집단에 대한 편향된 인식과 왜곡된 정보가 사실처럼 받아들여지는 결과를 초래한다.

디지털 환경에서의 익명성과 에코 챔버 현상은 2030세대의 젠더 갈등을 더욱 복잡하고 해결하기 어렵게 만드는 핵심 요인으로 작용하고 있다. 이러한 환경에서는 합리적 토론보다 감정적 대립이 강화되고, 상대방에 대한 이해와 공감보다는 적대감이 증폭되는 경향이 있다.

경제적 불안과 사회적 박탈감

젠더 갈등의 또 다른 중요한 원인은 경제적 불안과 사회적 박탈감이다. 특히 취업난과 주거비 상승 등 청년세대가 직면한 경제적 어려움은 젠더 갈등을 악화시키는 중요한 요인이다. "대졸 남성이 예전처럼 쉽게 좋은 일자리를 구하지 못하자 여성이나 소수자를 향해 화풀이하는 것"이라는 학생의 의견은 이러한 상황을 잘 반영한다.

경향신문의 2021년 1월 20일자 기사 [협소한 공정 논란 벗어나려면, 모두가 모두를 돕는 '관계적 존재론' 발전시켜야]에서 김정희원 교수가 언급한 '어그리브드 인타이틀먼트(Aggrieved Entitlement · 박탈된 자격)'는 이러한 현상을 설명하는 중요한 개념이다. 이는 '예전에는 이 정도로 노력했으면 부와 명예를 누렸는데, 왜 지금은 그렇지 못할까'라는 박탈감에서 비롯된 현상으로, 전통적 기득권층이 느끼는 특별한 종류의 분노와 좌절감을 의미한다.

'박탈된 자격(AE)'은 다수집단 구성원들이 자신들의 기존 특권이나 권리가 위협받는다고 느낄 때 소외집단을 향해 표출하는 방어적이고 적대적인 감정 상태를 일컫는다. 이 개념은 사회학자 마이클 킴멜(Michael Kimmel)이 2013년 출간한 저서『분노한 백인 남성들: 시대의 전환점에 선 미국의 남성성 Angry White Men: American Masculinity at the End of an Era』에서 중점적으로 분석한 현상이다. 킴멜은 미국 사회에서 역사적으로 지배적 위치를 차지했던 백인 남성들이 사회적 평등의 확대와 경제적 우위의 상실에 직면하면서 경험하는 '박탈된 자격'을 고찰했다.

킴멜의 분석에 따르면, 기존에 당연하게 여겼던 특권이나 우위가 상실될 위기에 처했다는 인식에서 비롯되는 것으로, 기존의 특권층은 이러한 변화를 부당한 침해나 피해로 인식한다는 것이다. 그래서 사회적으로 소외된 집단이나 소수 집단을 향한 분노와 적대감으로 표출되는 현상이다. 사회적 지위나 권력의 재분배 과정에서 발생하는 심리적 반응기제이다. 이 개념은 특권적 지위를 누리던 집단이 사회적 변화를 위협으로 인식하고 적대적으로 반응하는 현상을 이해하는 데 중요한 틀을 제공해준다. 2017년 도널드 트럼프 대통령 시대에 개정판이 출간되면서, 이 개념은 현대 미국 사회의 정치적 분열과 사회적 갈등을 이해하는 데도 적용되고 있다.

이 개념은 우리가 다루고 있는 젠더 갈등, 인종 문제, 세대 갈등 등 다양한 사회적 맥락에서 관찰될 수 있으며, 특히 사회가 더 평등한 방향으로 변화할 때 기존 질서에서 혜택을 누리던 집단이 보이는 반응을 설명하는 데 유용하다. 김정 교수는 '자기가 느끼는 어떤 상대적 박탈감을 풀어내기 위한 대상이 필요하다'라면서 '이 대상은 당연히 엄청난 분석을 통해서 정하는 것이 아니라 눈에 딱 보이는 집단들을 향한다'라고 설명했다. 이러한 맥락에서 일부 젊은 남성들이 여성이나 소수자를 갈등의 대상으로 지목하는 현상이 나타나고 있다.

언론의 역할과 정치적 이용

언론의 역할 또한 젠더 갈등의 심화에 큰 영향을 미친다. 시사저널의 2019년 6월 17일자 기사 [젠더 갈등의 7할은 언론 책임]이라는 제목이 암시하듯, 일부 언론은 젠더 갈등을 선정적으로 다루거나 특정 관점만을 강조함으로써 갈등을 더욱 심화시키는 경향이 있다.

한 학생은 "페미니즘이 떠오르면서 이를 이용해 먹으려는 집단들의 활동과 사회 분위기를 한쪽으로 몰고 가는 일부 선동가들 때문"이라고 지적했으며, 또 다른 학생은 "현재 2030세대의 성별 격차와 성별 간의 갈등이 커진 것에 대한 제 생각은 가장 큰 것은 젠더 간의 갈등을 정치적으로 이용했다는 점이 크다"고 언급했다. 이는 젠더 갈등이 때로는 정치적 목적을 위해 의도적으로 증폭되고 있다는 인식을 반영한다.

실제로 여성가족부 폐지 논의나 성별 채용 할당제와 같은 이슈들은 정치권에서 중요한 쟁점으로 다루어지고 있으며, 이는 젠더 갈등을 더욱 심화시키는 요인이 되고 있다. 한 학생이 언급했듯이 "여성혐오를 이용해서 정치인은 표를 모으고, 언론은 관심을 모은다. 사회 전체에서 가장 힘이 약한 청년 남녀들은 이에 휘둘리고 서로를 헐뜯을 때, 사회 자리 잡은 이들은 크게 개의치 않는다."

언론은 젠더 이슈를 다룰 때 종종 '대결 구도'나 '전쟁'과 같은 프레이밍을 사용한다. "남녀 갈등", "성 전쟁"과 같은 자극적인 표현은 이슈를 양극화시키고 독자들의 감정을 자극한다. 특히 클릭을 유도하는 온라인 언론 환경에서는 이러한 경향이 더욱 강화된다. 이러한 선정적 보도는 독자들에게 젠더 갈등이 매우 심각하고 해결 불가능한 문제라는 인식을 심어준다.

정치권에서는 젠더 이슈를, 유권자를 결집하는 수단으로 활용하는 경향이 있다. 특히 선거 기간에는 여성정책이나 남성 청년 문제 등이 핵심 공약으로 등장하며, 이는 특정 성별 유권자의 지지를 끌어내기 위한 전략으로 작용한다. 2022년 대선에서 여성가족부 폐지 논의가 중요한 쟁점으로 부상했던 사례나 군 가산점 제도 부활 논의가 정치권에서 반복적으로 제기되는 현상, 그리고 2025년 대선에서 등장한 '여성 혐오' 및 '여성 비하' 발언 파문 등은 젠더 이슈의 정치화를 보여주는 대표적 사례이다. 이러한 정치적 접근은 문제 해결보다는 갈등의 증폭에 기여하는 경우가 많다.

사회학자 마이클 킴멜의 '박탈된 자격(AE)' 개념은 한국의 젠더 갈등 맥락에서도 적용될 수 있다. 기존의 사회적 위치나 특권이 위협받는다고 느끼는 집단의 분노를 정치적으로 동원하는 현상이 관찰된다. 일부 정치인들은 이러한 분노를 자신들의 정치적 자산으로 활용하며, 언론은 이를 부각시켜 보도함으로써 갈등을 심화시킨다.

젠더 갈등은 또한 상업적으로 활용되는 경향이 있다. '페미니즘 마케팅'이나 '안티 페미니즘 콘텐츠'와 같은 형태로 젠더 갈등이 상품화되고, 이는 다시 갈등을 재생산하는 순환 구조를 만든다. 유튜브나 팟캐스트와 같은 플랫폼에서는 젠더 갈등을 주제로 한 콘텐츠가 높은 조회수를 기록하며, 이는 생산자들에게 더 자극적인 콘텐츠를 제작할 동기를 부여한다.

결론적으로, 젠더 갈등은 순수한 사회 현상을 넘어 언론과 정치, 그리고 상업적 이해관계가 복잡하게 얽힌 현상으로 이해할 필요가 있다. 진정한 문제 해결을 위해서는 이러한 구조적 요인들에 대한 비판적 인식과 함께, 언론과 정치권의 책임 있는 역할이 요구된다.

2. 숙명여대 트랜스젠더 합격생 사례로 본 젠더 갈등의 복잡성

숙명여대 트랜스젠더 합격생의 입학 포기 사례는 한국 사회 내 젠더 갈등이 단순한 남녀 대립을 넘어 얼마나 복잡한 양상을 띠고 있는지 보여주는 대표적인 사례이다. 이 사건은 성별 정체성, 여성 공간의 보호, 소수자 권리 등 다양한 가치가 충돌하는 복잡한 상황을 드러냈다.

이 사례는 한국에서 트랜스젠더 정체성과 여자대학의 역할에 대한 첨예한 논쟁을 촉발했다. 트랜스젠더 여성이 법적으로 성별을 정정한 후 여자대학교에 합격했으나, 격렬한 반대와 논쟁 속에서 결국 입학을 포기하게 된 사건이다. 이는 한국 사회에서 성별 정체성에 관한 인식과 제도적 대응이 여전히 발전 과정에 있음을 보여준다.

여자대학은 역사적으로 교육에서 소외되었던 여성들에게 안전한 학습 공간을 제공하기 위해 설립되었다. 현대사회에서 여자대학의 역할과 정체성이 재정의되는 과정에서 이러한 갈등이 표출된 것으로 볼 수 있다.

다양한 시각과 의견 충돌

학생들의 의견은 이 사안에 대해 크게 나뉘었다. 한쪽에서는 "여성이 여자대학교에 들어가는 이유로 남자가 불편하거나 무서워 남자를 피해 여자대학교에 진학했을 수도 있는데 생물학적으로 남자였던 사람이 대학에 입학하게 된다면 그 여성들의 입장에서는 굉장히 황당한 일"이라는 입장이 있었다. 이는 여성 전용 공간의 안전과 보호에 중점을 둔 관점이다.

또 다른 학생은 "저러한 단체들은 법적으로 모두 인정된 상태에서 그저 태생이 여성이 아니었었다는 이유 하나만으로 혐오적 표현을 퍼부었고 결국 여성이 입학이 포기하게 만들었다, 이러한 행위는 명백한 혐오에 의해서 이루어진 것"이라고 비판했다. 이는 트랜스젠더 여성의 권리와 정체성을 존중해야 한다는 관점이다.

또한 "생물학적으로 여성이 소수자임을 고려한다면 본인들이 차별당하지 말아야한다고 말하는 페미니즘 단체들이 트랜스젠더라는 소수자를 차별한 것은 전형적인 '내로남불'의 형태"라는 비판적 시각도 있었다. 이는 페미니즘 운동 내부의 모순을 지적하는 의견이다.

소수자 간 권리 충돌의 딜레마

이 사례는 소수자 간 권리 충돌이라는 복잡한 문제를 제기한다. 한 학생은 "이 사건은 소수자에 대한 차별을 멈추고 본인의 권리를 되찾기 위해 연대하여 움직인다는 페미니스트와 성소수자 진영 내부에서조차 '비교적 다수'인 '생물학적 여성'이 '비교적 소수'인 '트랜스젠더 여성'에 대한 차별과 혐오를 드러낸 사건"이라고 분석했다.

이는 페미니즘과 LGBTQ+ 운동 사이의 복잡한 관계를 보여준다. 두 운동 모두 차별과 억압에 맞서 평등과 권리를 추구하지만, 특정 상황에서는 그 이해관계가 충돌할 수 있다. 이러한 충돌은 단순한 해결책이 없는 윤리적, 사회적 딜레마를 발생시킨다.

또 다른 학생은 "특정의 낙인 속성이 낙인자를 만들어 내는 것이 아니라 사람들의 관점에 따라 낙인자가 결정된다는 것입니다. 그렇기 때문에 숙명여대 여학생들은 생물학적으로 다른 트랜스젠더 여성을 받아들일 수 없었던 것이고, 입학을 반대한 것입니다."라고 분석했다. 이는 사회적 낙인과 배제의 메커니즘에 대한 통찰을 제공한다.

법적, 제도적 측면의 논쟁

이 사례는 법적 차원의 복잡성도 보여준다. 트랜스젠더 여성은 법원의 결정을 통해 공식적으로, 여성으로 성별을 정정 받았으나, 이러한 법적 인정이 사회 모든 영역에서 동일하게 수용되지 않는 현실을 드러냈다. 법적 지위와 사회적 인식 사이의 괴리가 분명하게 나타난 사례이다.

교육기관으로서 대학의 입학 정책과 트랜스젠더 학생의 권리 사이의 균형을 어떻게 맞출 것인지, 여성 대학의 정체성과 포용성을 어떻게 조화시킬 것인지에 대한 제도적 과제를 제기한다. 이는 단순히 개인적 차원이 아닌 사회 제도와 정책의 문제이기도 하다.

사회적 대화의 필요성

이 사례가 보여주는 가장 중요한 교훈 중 하나는 복잡한 젠더 문제에 대한 열린 사회적 대화의 필요성이다. 상반된 가치와 권리가 충돌할 때, 단순한 이분법적 접근보다는 다양한 목소리가 존중받는 포용적 논의가 필요하다.

교육 현장에서는 젠더 다양성에 대한 이해를 높이기 위한 교육과 대화가 중요하며, 정책 결정 과정에서는 다양한 이해관계자의 참여가 보장되어야 한다. 이 사례는 우리 사회가 젠더 다양성을 어떻게 수용하고 다양한 정체성을 가진 구성원들이 조화롭게 공존할 수 있는지에 대한 근본적인 질문을 던진다.

이 사건은 단순한 찬반의 문제가 아니라, 우리 사회가 다양성과 포용성, 안전과 평등이라는 가치를 어떻게 균형 있게 추구할 것인지에 대한 복잡한 사회적 과제를 보여준다. 젠더 갈등을 넘어 더 포용적이고 존중하는 사회로 나아가기 위한 중요한 사회적 성찰의 계기로 삼아야 할 것이다.

3. 한국의 고속 성장과 획일화된 교육 제도의 영향

한국의 급속한 산업화와 획일화된 교육제도는 젠더 갈등을 포함한 사회 구성원 간 갈등의 구조적 토양이 되었다. 이러한 사회·역사적 맥락을 이해하는 것은 현재의 젠더 갈등을 더 깊이 이해하는 데 중요하다.

한국은 1960년대부터 시작된 경제개발 5개년 계획을 통해 불과 수십 년 만에 농업 중심 사회에서 선진 산업국으로 변모했다. 서구 사회가 200년에 걸쳐 이룬 산업화를 한국은 50년이라는 짧은 기간에 압축적으로 달성했다. 이러한 '압축 성장'은 경제적 풍요를 가져왔지만, 사회 구성원들이 변화에 적응하고 새로운 가치 체계를 형성할 시간적 여유를 충분히 제공하지 못했다.

이 과정에서 교육은 국가 발전의 핵심 동력으로 간주되었고, 효율성과 경제 성장이라는 목표를 중심으로 재편되었다. 사회적 연대, 다양성 존중, 비판적 사고보다는 국가 발전에 필요한 인력 양성에 초점이 맞춰진 교육 체계가 형성되었다.

경쟁 중심 사회와 다양성 존중의 결여

한국 사회는 고속 경제 성장을 이루는 과정에서 극도의 경쟁 중심 사회로 발전했다. 한 학생은 "한국 사회에서 교육의 목적은 좋은 대학에 가서 안정적인 직장에 취직하는 것으로 가장 보편적인 삶을 사는 것을 최우선으로 삼고 있다"며, 이런 획일화된 교육이 "나와 다른 입장을 가진 사람들을 이해하려는 역지사지의 마음과 다양성에 대한 이해를 키우는 것에 소홀히" 하게 만든다고 지적했다.

이러한 경쟁 중심 사회에서는 '성공'이라는 단일한 목표를 향해 모든 이들이 달려가는 구조가 형성된다. 그러나 이 과정에서 다양성, 형평성, 포용성, 연대와 같은 가치들은 상대적으로 경시되기 쉽다. 한 학생이 지적했듯이 "첫째, 공통의 어젠다 부재 - 둘째, 온라인 커뮤니티의 확산 - 셋째, 경쟁 중심 사회구조"가 젠더 갈등의 원인이 될 수 있다.

교육과 노동시장의 치열한 경쟁 구조는 사회적 약자나 소수자에 대한 공감과 배려보다는 개인의 생존과 성공에 집중하게 만든다. 이는 트랜스젠더와 같은 소수자 집단이 경험하는 차별과 배제에 대한 사회적 무관심으로 이어질 수 있다.

대화와 토론 부재의 교육환경

한국의 교육 시스템은 대화와 토론보다는 단순 암기와 시험 중심으로 구성되어 왔다. 이는 사회적 이슈에 대한 비판적 사고와 열린 토론의 문화를 형성하는 데 걸림돌이 되었다. 한 학생은 "획일화된 교육방식으로 인해 단순 암기식으로 성 정체성과 남녀의 차이를 배우고 상대방이 어떠한 생각을 가졌는지에 대한 토론 수업도 없이 교육을 받았으니 남녀 갈등에 대해 생각할 필요가 없어지게 된 것"이라고 분석했다.

또 다른 학생은 "획일화된 교육제도로 교육을 따라올 수 있는 사람들만 데리고 간다라는 주의로 개인 간의 차이를 완전히 무시해 버리는 교육을 하고 있다"

고 지적했다. 이러한 교육환경에서는 다양한 관점을 이해하고 존중하는 능력이 충분히 발달하기 어렵다.

입시 위주의 교육은 옳고 그름이 명확한 문제들에 익숙해지게 만든다. 그러나 젠더 갈등과 같은 복잡한 사회적 이슈는 단순한 정답이 없는 경우가 많다. 이런 문제들을 다루기 위해서는 다양한 관점을 이해하고, 공감하며, 대화를 통해 해결책을 모색하는 능력이 필요하다. 하지만 한국의 교육 시스템은 이러한 능력을 키우는 데 충분한 기회를 제공하지 못해 왔다.

세대 간 가치관 차이와 전통적 성 역할

한국 사회의 급속한 변화는 세대 간 가치관 차이를 극대화했다. 특히 성 역할과 젠더 이슈에 관한 인식은 세대에 따라 크게 다를 수 있다. 한 학생은 "과거 세대의 성별 고정적 관념이 선진화되지 못하고, 현재 세대까지 내려오는 것 또한 젠더 갈등의 원인"이라고 지적했다.

이러한 세대 간 가치관 차이는 때로 젠더 이슈에 대한 대화와 이해를 더욱 어렵게 만든다. 기성세대가 가지고 있는 전통적 성 역할에 대한 인식과 젊은 세대의 변화된 가치관 사이의 충돌은 젠더 갈등을 더욱 복잡하게 만드는 요인이다.

한국 사회는 유교적 전통과 급속한 서구화가 혼재된 독특한 문화적 지형을 형성하고 있다. 공식적으로는 양성평등을 지향하면서도, 실제 사회 문화적 관행에서는 전통적 성 역할과 젠더 규범이 강하게 작용하고 있다. 이러한 괴리는 젠더 정체성과 역할에 대한 혼란과 갈등을 야기한다.

디지털 환경과 양극화된 담론

한국의 높은 디지털 접근성과 온라인 커뮤니티의 발달은 젠더 담론이 형성되고 확산되는 방식에 큰 영향을 미쳤다. 온라인 공간은 소외된 목소리가 표출될 수 있는 장을 제공하지만, 동시에 비슷한 의견을 가진 사람들끼리만 소통하는 '에코 챔버' 현상을 강화하기도 한다.

젠더 이슈에 대한 온라인 담론은 종종 극단적으로 양극화되어 나타난다. 특히 익명성이 보장되는 온라인 환경에서는 상대방에 대한 공감이나 이해 없이 극단적인 발언이 쉽게 이루어진다. 이는 숙명여대 트랜스젠더 입학 사례에서도 나타났듯이, 복잡한 이슈가 단순한 찬반 구도로 환원되어 건설적인 논의를 어렵게 만든다.

사회적 안전망의 부재와 불안감

한국 사회의 취약한 사회 안전망과 높은 불확실성은 구성원들의 심리적 불안감을 높이고, 이는 '제로섬 게임' 인식으로 이어진다. 누군가의 권리 획득이 자신의 권리 상실로 인식되는 상황에서, 트랜스젠더 여성의 여대 입학은 '여성 공간의 침해'로 해석될 수 있다.

취업난, 주거비 상승, 사회적 경쟁 심화 등은 특히 젊은 세대의 불안감을 증폭시킨다. 이러한 상황에서 사회적 자원과 기회를 둘러싼 경쟁은 다양한 정체성 집단 간의 연대보다는 갈등과 분열을 촉진하기 쉽다.

교육 개혁의 필요성과 미래 방향

교육은 사회 변화의 핵심 동력이자 갈등 해소의 중요한 수단이 될 수 있다. 획일화된 교육 시스템을 넘어 다양성, 비판적 사고, 공감 능력을 키우는 교육으로의 전환이 필요하다. 이는 단순히 교과목 내용의 변화만이 아니라, 교육 방법과 평가 시스템의 근본적 변화를 요구한다.

토론과 대화 중심의 교육, 다양한 사회적 이슈에 대한 열린 논의, 다양성과 포용성을 중시하는 학교 문화 조성 등이 중요하다. 이를 통해 학생들은 젠더를 포함한 복잡한 사회적 이슈를 다양한 관점에서 이해하고, 서로 다른 입장을 존중하며 대화할 수 있는 능력을 키울 수 있을 것이다.

대화와 연대의 중요성

한국의 고속 성장과 획일화된 교육제도는 현재의 젠더 갈등을 형성하는 데 영향을 미쳤다. 그러나 이러한 구조적 맥락을 이해하는 것은 단순히 과거를 비판하기 위함이 아니라, 더 나은 미래를 향한 변화의 출발점을 찾기 위함이다.

숙명여대 트랜스젠더 입학 사례는 단순한 개별 사건이 아니라, 한국 사회의 압축 성장과 교육 시스템이 만들어낸 구조적 상황 속에서 이해될 필요가 있다. 이 사례를 통해 우리는 다양성 존중, 대화와 토론의 문화, 세대 간 소통의 중요성을 다시 한번 인식하게 된다.

더 포용적이고 평등한 사회로 나아가기 위해서는 다양한 정체성을 가진 이들이 상호 존중과 이해를 바탕으로 대화하고 연대할 수 있는 문화적, 교육적 토대를 마련하는 것이 중요하다. 이는 길고 어려운 과정이겠지만, 우리 사회가 젠더 갈등을 넘어 함께 성장하기 위한 필수적인 여정일 것이다.

4. 젠더 갈등의 근본 원인과 해결 방향

젠더 갈등의 근본 원인은 단순히 남녀 간의 이해관계 충돌에 그치지 않는다. 이는 한국 사회의 구조적 문제, 경제적 불평등, 교육 시스템의 한계, 정치적 이용 등 다양한 요인이 복합적으로 작용한 결과이다.

구조적 불평등과 차별의 지속

프레시안의 2021년 4월 24일자 기사 ['차별'은 그대로 두고 '가산점'이나 쥐어주던 게으른 정치의 결과물]은 현재의 젠더 갈등이 근본적인 차별과 불평등 구조를 개선하지 않은 채 표면적인 대책만 제시해 온 결과임을 지적한다. 일시적인 가산점이나 할당제와 같은 정책은 구조적 차별을 해소하는 데 제한적인 효과만을 가질 수 있다.

한 학생은 "공정하게 해달라는 것을 단순히 성별이나 고용 형태 간 대립으로 보는 것이 아니라, 차별을 발견하고 해석하고 대항하며 평등을 이루기 위한 힘을 조직할 때 능력주의도 해소되면서 평등으로 한 발짝 나아갈 수 있는 기회가 생긴다"고 제안했다. 이는 젠더 갈등을 해소하기 위해서는 보다 근본적인 사회구조적 변화가 필요함을 시사한다.

경제적 불평등과 경쟁 구조

한국 사회의 젠더 갈등은 청년 실업, 주거비 상승, 경제적 불안정성 증가와 같은 경제적 문제와 밀접하게 연관되어 있다. 한정된 자원과 기회를 두고 경쟁해야 하는 상황에서, 특정 집단을 위한 정책은 다른 집단의 기회를 제한한다는 제로섬 게임 인식이 확산되기 쉽다.

청년세대가 경험하는 경제적 불안정성은 젠더 갈등을 증폭시키는 요인으로 작용한다. 불안정한 고용 환경과 치열한 경쟁 속에서 젊은 세대는 자신의 기회가 타인에게 돌아가는 것에 더욱 민감하게 반응하게 된다. 이런 상황에서 성별에 따른 정책적 지원이나 배려는 '역차별'로 인식되기 쉽다.

혐오와 차별의 사회적 메커니즘

김지혜의 〈선량한 차별주의자〉에서 논의된 '싫어할 수 있는 권력'은 젠더 갈등의 또 다른 중요한 측면을 조명한다. "누구나 어디서든 싫다고 말할 수 있는 것은 아니다. 우리는 살면서 내가 있는 자리와 나의 위치에 따라 싫은 걸 싫다고 표현하지 못하는 상황을 수없이 경험한다. 싫은 걸 싫다고 표현할 수 있는 건 권력이다."

이는 2016년 5월 강남역 살인사건과 같은 혐오 범죄의 배경을 이해하는 데 중요한 통찰을 제공한다. 범인이 "평소 여자들이 나를 무시해서 죽였다"고 한 것은 여성에 대한 혐오가 실제 폭력으로 이어질 수 있음을 보여주는 극단적인 사례이다. 이러한 혐오는 단순한 개인적 감정을 넘어 사회구조적 권력관계와 밀접하게 연관되어 있다.

온라인 공간과 혐오 담론의 확산

디지털 시대의 도래와 함께 온라인 공간은 젠더 담론의 주요 장이 되었다. 익명성이 보장되는 온라인 환경은 다양한 목소리가 표출될 기회를 제공하지만, 동시에 혐오 발언과 극단적 주장이 쉽게 확산하는 공간이기도 하다.

특히 젠더 이슈에 관련된 온라인 커뮤니티들은 종종 에코 챔버 현상을 보이며, 비슷한 의견을 가진 사람들끼리만 소통하며 극단화되는 경향이 있다. 이러한 환경에서는 상대 집단에 대한 이해와 공감보다는 적대감과 불신이 강화되기 쉽다.

정치적 이용과 미디어의 프레이밍

젠더 갈등은 종종 정치적으로 이용되기도 한다. 정치권에서는 젠더 이슈를 통해 특정 유권자층을 결집시키려는 시도가 있으며, 이 과정에서 젠더 갈등이 더욱 심화될 수 있다. 미디어 역시 젠더 이슈를 다룰 때 선정적이고 대립적인 프레이밍을 통해 갈등을 부각시키는 경향이 있다.

한 연구에 따르면, 미디어가 젠더 이슈를 '전쟁' 또는 '대립'의 프레임으로 보도할 때, 시청자들은 해당 이슈를 더욱 양극화된 관점에서 이해하게 된다. 이는 사회적 담론의 질을 저하시키고 건설적인 대화와 해결책 모색을 어렵게 만든다.

상호존중과 연대를 통한 해결 방향

젠더 갈등을 해소하기 위한 방향으로, 학생들은 다양한 제안을 제시했다. 한 학생은 "너무 여성들을 위한 정책만 펼칠 것이 아닌 '양성'이 실제 능력에 따라 사회적 배분이 이루어지고 그런 자리에서 '성별'을 따지지 않고 자신의 능력을 발휘할 수 있게 도와주는 정책"을 제안했다.

또 다른 학생은 "군 복무, 임신과 같은 성별 간의 차이를 인정하며, 인격체 간의 존중과 배려하는 태도를 갖춰야 할 것이다. 또한, 이러한 문제점의 심각성을 느끼고 정부와 공교육이 다음 세대에 대한 젠더 교육에 문제가 없는지 꼼꼼히 검수하여 관련 교육에 열을 올려야 비로소 한 층 성장한 시민 문화를 만들 수 있을 것"이라고 제안했다. 이는 젠더 갈등 해소를 위한 교육의 중요성을 강조하는 의견이다.

시사저널의 2021년 1월 8일자 기사 [젠더 갈등 속 '새로운 남성성']은 기존의 남성성에 대한 재정의와 새로운 관점의 필요성을 제시한다. 전통적인 성 역할과 성별 고정관념에서 벗어나 보다 유연하고 다양한 정체성을 인정하는 사회로의 변화가 필요하다는 것이다.

교육과 대화의 장 확대

젠더 갈등 해소를 위해서는 교육환경의 근본적인 변화가 필요하다. 어린 시절부터 다양성과 평등에 대한 가치를 배우고, 비판적 사고와 열린 대화를 장려하는 교육 시스템이 중요하다. 특히 젠더 감수성 교육은 성별에 따른 고정관념과 차별을 줄이는 데 기여할 수 있다.

대학과 같은 고등교육 기관에서는 다양한 관점과 경험을 가진 사람들이 만나 대화할 수 있는 장을 제공해야 한다. 숙명여대 트랜스젠더 합격생 사례와 같은 복잡한 이슈에 대해 단순한 찬반 논쟁을 넘어 다양한 가치와 권리가 충돌하는 상황을 이해하고 해결책을 모색하는 능력을 키우는 것이 중요하다.

제도적 개혁과 사회 안전망 강화

젠더 갈등의 근본 원인 중 하나인 경제적 불안정성과 불평등을 해소하기 위한 제도적 개혁이 필요하다. 노동시장에서의 성별 격차 해소, 돌봄 노동의 가치 인정, 일-가정 양립을 위한 정책 등은 젠더 갈등을 완화하는 데 기여할 수 있다.

사회 안전망 강화는 제로섬 게임 인식을 줄이는 데 도움이 된다. 기본적인 삶의 안정성이 보장될 때, 사람들은 타인의 권리 신장을 자신의 손실로 인식하지 않을 가능성이 높아진다. 이는 사회 구성원들이 더 큰 포용성과 관용을 발휘할 수 있는 토대가 된다.

개인 차원의 실천과 연대

젠더 갈등 해소는 제도적 변화뿐만 아니라 개인적 차원의 인식 전환과 실천도 중요하다. 일상에서 성별 고정관념에 도전하고, 다양한 정체성을 존중하는 태도를 가지며, 차별적 언어와 행동을 지양하는 노력이 필요하다.

또한 젠더 이슈를 단순히 남녀 대립의 구도로 보는 것이 아니라, 다양한 정체성과 경험을 가진, '계층'과 '직능', '성적 지향'과 '종교', '민족' 등 서로 다른 위치에 놓인 사람들이 상호 연대할 수 있는 관점의 전환이 필요하다. 젠더 갈등을 넘어서기 위해서는 다양한 사회적 약자와 소수자들이 공통의 목표를 위해 연대하는 포용적인 사회 운동의 발전이 중요하다.

5. 결론: 포용적 사회를 향한 대화와 이해의 필요성

젠더 갈등은 한국 사회가 직면한 가장 복잡하고 도전적인 사회 문제 중 하나로, 특히 미래를 이끌어갈 젊은 세대에게 더욱 첨예하게 체감되고 있다. 이 문제는 단순한 남녀 간의 대립이 아닌, 한국 사회의 구조적 불평등, 급속한 사회 변화, 세대 간 가치관 차이, 교육 시스템의 한계 등 다양한 요인이 복합적으로 작용한 결과이다.

복합적 갈등 구조의 이해

숙명여대 트랜스젠더 합격생 사례는 이러한 복합적 갈등 구조를 명확히 보여준다. 이 사건은 표면적으로는 여성 대학의 정체성과 트랜스젠더 여성의 권리 사이의 충돌로 보이지만, 그 이면에는 한국 사회의 압축 성장 과정에서 형성된 경쟁 중심 구조, 다양성에 대한 이해 부족, 세대 간 가치관 차이, 그리고 성별 정체성에 대한 사회적 합의의 부재가 자리하고 있다.

어쩌면 급격한 한국의 산업화 수혜자 격인 현재 4050세대의 2030세대에 대한 인식이 오해와 소통 부재로 인해 잘못한 편견과 고정관념으로만 점철된 것은 아닌지 성찰할 필요가 있다. 동시에 한 학생이 지적했듯이 “현대의 젠더 갈등은 일견 성별 간 갈등이라고 보이지만 그 이면에는 사회의 기득권으로 자리 잡은 4050 남성과 2030 남성의 세대 갈등이 있다”는 점도 고려해야 한다.

관계적 존재론과 연대의 가능성

결국 한국 사회의 젠더 갈등을 해소하기 위해서는 단순한 정책적 접근을 넘어, 사회 구성원 간의 열린 대화와 상호 이해, 그리고 다양성을 존중하는 문화의 형성이 필요하다. 경향신문의 기사에서 제안된 “모두가 모두를 돕는 ‘관계적 존재론’” 의 발전은 협소한 공정 논란을 넘어 보다 포용적이고 평등한 사회로 나아가기 위한 중요한 방향성을 제시한다.

‘관계적 존재론’이란 인간이 독립적인 개체가 아니라 타인과의 관계 속에서 존재하며 발전한다는 철학적 관점이다. 이는 경쟁과 대립이 아닌 상호 의존과 협력을 통해 사회가 발전할 수 있다는 믿음에 기초한다. 젠더 갈등의 맥락에서 이는 남성과 여성, 시스젠더(Cisgender)와 트랜스젠더(Transgender) 등 다양한 정체성을 가진 이들이 서로의 차이를 인정하고 공존하는 방식을 모색하는 과정을 의미한다.

교육과 대화의 장 확대

변화의 핵심은 교육에 있다. 획일화된 교육 시스템을 넘어 다양성, 비판적 사고, 열린 대화를 장려하는 교육 환경이 필요하다. 특히 젠더 감수성 교육은 어린 시절부터 다양한 성별 정체성에 대한 이해와 존중을 키우는 데 중요한 역할을 할 수 있다.

대학과 같은 고등교육 기관은 복잡한 사회적 이슈에 대해 다양한 관점을 교류하고 토론할 수 있는 장을 제공해야 한다. 숙명여대 사례와 같은 논쟁적 이슈에 대해 단순한 찬반 구도를 넘어, 다양한 가치와 권리가 어떻게 공존할 수 있는지 탐색하는 깊이 있는 대화가 필요하다.

제도적 개혁과 사회 안전망 강화

젠더 갈등의 근본 원인 중 하나인 경제적 불안정성과 불평등을 해소하기 위한 제도적 개혁이 필요하다. 특히 청년 세대가 경험하는 취업난, 주거 불안, 미래에 대한 불확실성은 사회적 갈등을 증폭시키는 요인이 된다.

사회 안전망 강화는 사회 구성원들이 서로를 경쟁자가 아닌 연대의 대상으로 인식할 수 있는 기반을 제공한다. 기본적인 삶의 안정성이 보장될 때, 사람들은 타인의 권리 신장을 자신의 손실로 인식하지 않고 더 큰 포용성과 관용을 발휘할 수 있다.

세대 간, 집단 간 소통 강화

세대 간 가치관 차이와 소통 부재는 젠더 갈등을 심화시키는 요인 중 하나이다. 4050세대와 2030세대 사이의 이해와 대화를 촉진하는 프로그램과 공간이 필요하다. 또한 페미니즘 운동과 성소수자 운동 사이의 연대와 이해를 증진하는 노력도 중요하다.

특히 온라인 공간에서 에코 챔버 현상을 완화하고, 다양한 관점을 가진 이들이 건설적으로 소통할 수 있는 플랫폼과 문화를 조성하는 것이 필요하다. 익명성이 보장된 온라인 환경에서 혐오 표현과 극단적 주장이 아닌, 상호 존중과 이해에 기반한 대화가 이루어질 수 있도록 하는 노력이 중요하다.

새로운 정체성과 역할의 모색

젠더 갈등 해소를 위해서는 전통적인 성 역할과 정체성에 대한 재정의가 필요하다. 남성성과 여성성에 대한 고정관념을 넘어, 보다 유연하고 다양한 정체성을 인정하고 존중하는 사회적 인식의 변화가 중요하다.

특히 젊은 세대들은 기성세대가 경험하지 못한 다양한 정체성과 생활양식을 실험하고 있다. 이러한 변화를 단순히 '젊은 세대의 문제'로 치부하기보다는, 사회가 함께 성장하고 발전하는 과정으로 이해하고 수용하는 태도가 필요하다.

포용적 민주주의를 향한 여정

젠더 갈등의 해소는 단순히 남녀 간의 화해가 아닌, 모든 구성원이 자신의 정체성과 능력을 인정받고 존중받는 사회를 만들어가는 과정이다. 이는 서로 다른 경험과 관점을 가진 다양한 구성원들이 열린 마음으로 대화하고 이해하려는 노력, 그리고 구조적 불평등과 차별을 해소하기 위한 사회 전체의 의지와 행동이 필요한 장기적인 과제이다.

숙명여대 트랜스젠더 합격생 사례는 한국 사회가 더 포용적이고 평등한 민주주의로 나아가는 과정에서 마주한 중요한 시험대였다. 이 사례가 던진 질문들에 대한 답을 찾아가는 과정은 계속되고 있으며, 이는 단순한 정답을 찾는 것이 아니라 다양한 구성원들이 함께 대화하고 타협하며 새로운 사회적 합의를 이루어가는 민주적 과정 자체에 의미가 있다.

결국 젠더 갈등을 넘어 우리가 지향해야 할 사회는 다양성을 인정하고, 차이를 존중하며, 모든 구성원이 동등한 기회와 존엄을 누릴 수 있는 포용적 공동체이다. 이러한 사회를 향한 여정은 어렵고 긴 과정일 수 있지만, 그 과정 자체가 우리 사회의 민주적 성숙도를 높이고 더 나은 미래를 만들어가는 중요한 발걸음이 될 것이다.

참고문헌 및 인용 자료

김지혜 (2019),『선량한 차별주의자』, 창비.

한국양성평등교육진흥원 (2017),『대중매체 양성평등 모니터링 사업결과보고서』.

Diaz Ruiz, C., & Nilsson, T. (2022), Disinformation and Echo Chambers: How Disinformation Circulates on Social Media Through Identity-Driven Controversies. *Journal of Public Policy & Marketing*, 42(1), 18-35. https://doi.org/10.1177/07439156221103852

Kimmel, M. (2015), *Angry White Men: American Masculinity at the End of an Era*. Nation Books.

The Guardian, Mon 27 Feb 2017, 'Angry white men': the sociologist who studied Trump's base before Trump. https://www.theguardian.com/world/2017/feb/27/michael-kimmel-masculinity-far-right-angry-white-men

[언론 기사 자료]

경향신문 (2021년 01월 20일). "협소한 공정 논란 벗어나려면, 모두가 모두를 돕는 '관계적 존재론' 발전시켜야".
http://news.khan.co.kr/kh_news/khan_art_view.html?art_id=202101202115005

대구MBC (2022년 08월 25일). "사분오열 대한민국③ 혐오로 치닫는 젠더 갈등".
https://dgmbc.com/article/wKX4sUtkPreqS0

시사저널 (2019년 06월 17일). "젠더 갈등의 7할은 언론 책임".
http://www.sisajournal.com/news/articleView.html?idxno=187280

시사저널 (2021년 01월 08일). "젠더 갈등 속 '새로운 남성성'".
http://www.womennews.co.kr/news/articleView.html?idxno=205894

연합뉴스 (2021년 04월 25일). "'남혐단죄 댓글운동' vs '응원댓글 총공격' … 신조어 놓고 젠더갈등[SNS세상]".
https://www.yna.co.kr/view/AKR20210422125400505

프레시안 (2021년 04월 24일). "'차별'은 그대로 두고 '가산점'이나 쥐어주던 게으른 정치의 결과물 - [인권으로 읽는 세상] 능력주의는 평등의 전략이 아니다".
https://www.pressian.com/pages/articles/2021042316540363006

6. 다양성 속 공존: 개인 다양성 성숙 지수(PDMI)를 통한 조직 다양성 관리

'조직문화'에 대한 두 가지 상이한 입장을 정리하고 '다양성' 개념을 살펴본다. 사회나 조직 안에서 일어나는 구성원 사이의 갈등과 소통의 문제를 '개인 다양성 성숙 지수' 모형의 시나리오 사례를 기반으로 논의해본다. 이를 통해 다양한 정체성의 사람들이 공존하는 공간에서의 갈등 문제에 대한 바람직한 해결 방안을 고민해 본다.

개인 다양성 성숙 지수와 조직문화의 이해

현대 조직에서 다양성 관리는 단순한 선택이 아닌 필수 요소가 되었다. 글로벌화, 인구 구성의 변화, 다양한 가치관의 공존은 조직 내 구성원들의 다양성을 증가시켰고, 이러한 다양성을 어떻게 관리하고 활용할 것인가는 조직 성공의 핵심 요소가 되었다. 이러한 맥락에서 '조직문화'에 대한 이해와 '다양성' 개념의 본질을 살펴보는 것은 매우 중요할 것이다.

10여 년 전 나왔던 두산인프라코어라는 기업의 이미지 광고에 관한 이야기로 논의를 시작해 볼까 한다. 당시, 이 기업은 M&A를 통해 다양한 국적, 인종, 언어적 배경을 가진 조직들을 통합하며 글로벌 기업으로 성장하고 있었다. 아마도 이러한 공격적인 사세 확장과 이질적인 조직 간의 인위적인 통합으로 인해 있을 수 있는 문제에 대한 우려를 잠식시키고 글로벌 기업으로서의 이미지를 굳히기 위해 이 광고캠페인을 진행했던 것으로 보인다.

광고는 다음과 같은 질문을 던지며 시작한다.

"국적, 인종, 언어도 다른 글로벌 기업에서 어떻게 그 문화적 차이를 극복할 수 있을까요?"

그러면서 말을 이어간다.

"해답은 의외로 간단합니다. 강력한 하나의 기업문화, 그것이 있다면 가능한 일입니다. 다양한 문화적 차이를 하나의 기업문화로 이끌 수 있는 것, 그것이 진정한 글로벌 비즈니스의 세계입니다."

광고에는 물이 담긴 유리잔에 해당 기업을 상징하는 색상인 오렌지 색깔의 물감이 서서히 퍼지면서 유리잔의 물이 오렌지 색깔로 변하는 장면이 연출된다.

아마도 '강력한 하나의 기업문화'를 구현하고 상징하는 내용인 듯하다.

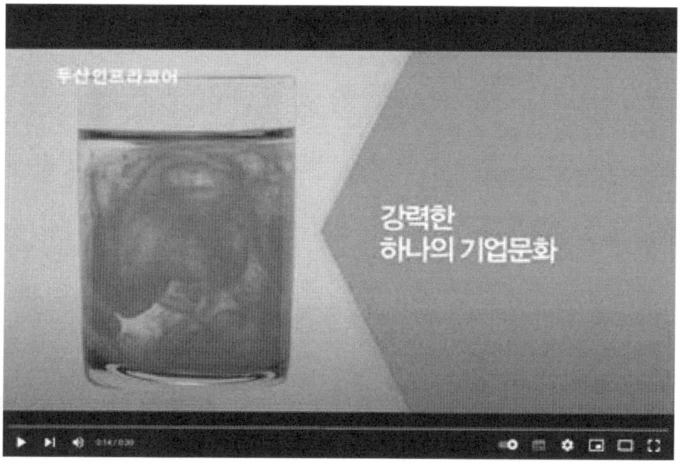

[2011 두산인프라코어 광고캠페인 '하나의 기업문화'편]
https://www.youtube.com/watch?v=dLkjArzaRQA

그런데 당시 광고를 보면서 이런 생각이 들었다. 과연 인종, 국적, 언어, 성별, 나이도 다른 사람들이 모여 있는 조직을 이끄는데 '강력한 기업문화 하나'로 충분할까? 물이 담긴 유리잔에 오렌지색 물감이 퍼지며 전체가 같은 색으로 변하는 이미지는 강력한 단일 기업문화로의 통합을 상징한다. 그러나 이러한 접근은 조직문화를 바라보는 두 가지 상이한 관점 중 하나에 불과하다.

조직문화의 두 가지 관점:
심층적 이해와 다양성 관리에의 함의

1) 도구로서의 조직문화

조직이 가지고 있는 것으로서의 문화 (Culture as Variable: What the company has)이다. 조직문화를 '변수' 또는 '도구'로 보는 이 관점은 1980년대 초 피터스와 워터맨(Tom Peters & Robert H. Waterman)의 『초우량기업(In Search of Excellence)』과 같은 경영서적을 통해 대중화되었다. 이 패러다임은 문화를 조직의 효율성과 성과를 향상시키기 위해 관리자가 조작하고 통제할 수 있는 전략적 자산으로 간주한다.

- 이론적 기반과 핵심 가정

이 관점은 기능주의적 사회학과 시스템 이론에 뿌리를 두고 있으며, 다음과 같은 핵심 가정을 기반으로 한다:

- ○ 도구성: 문화는 조직의 목표 달성을 위한 도구로서, 다른 관리 도구들(전략, 구조, 기술 등)과 마찬가지로 설계하고 조정할 수 있다.
- ○ 통제 가능성: 최고 경영진과 리더들은 의도적인 개입을 통해 조직문화를 형성하고 변화시킬 수 있는 주체이다.
- ○ 일관성과 통합: 강력하고 일관된 문화는 조직 구성원들의 행동을 예측 가능하게 만들고, 통제 비용을 감소시켜 효율성을 높인다.
- ○ 인과관계: 적절한 문화는 조직 성과와 직접적인 인과관계를 가진다. '강한 문화'는 높은 성과로 이어진다는 믿음이다.

❍ 가시성과 측정 가능성: 문화는 가시적인 요소(의식, 상징, 행동 규범 등)를 통해 드러나고, 측정하고 평가할 수 있다.

- 조직 관행과 적용

이 관점에서 문화 관리는 다음과 같은 구체적인 방식으로 이루어진다:

❍ 문화의 계획적 설계: 기업의 창업자나 최고 경영진이 조직의 비전, 미션, 핵심 가치를 명시적으로 정의하고 전파한다. 기업 설립 초기부터 의도적으로 '바람직한' 문화를 설계하고 구축하려는 노력이 이루어진다.

❍ 문화 강화 메커니즘: 신입사원 선발 과정에서 '문화적 적합성'을 강조하고, 오리엔테이션과 사회화 과정을 통해 기업 가치를 내재화시킨다. 또한 보상 시스템, 승진 기준, 성과 평가 등을 통해 원하는 행동과 가치를 강화한다.

❍ 문화 변화 프로그램: 기존 문화가 더 이상 효과적이지 않다고 판단될 때, 조직은 공식적인 변화 프로그램을 통해 문화를 재설계한다. 이는 새로운 비전 선언, 가치 재정의, 행동 강령 변경, 조직 구조 개편 등을 포함한다.

❍ 상징적 관리: 스토리텔링, 의식, 물리적 공간 디자인, 로고 등 상징적 요소를 통해 문화적 메시지를 전달하고 강화한다.

[두산인프라코어 광고의 심층 분석]

두산인프라코어의 "하나의 기업문화" 광고는 이러한 문화 변수 관점의 전형적인 예시이다. 이 광고는 다음과 같은 함의를 담고 있다:

❍ 통합의 도구로서의 문화: 광고에서 오렌지색 물감이 유리잔의 물 전체에 퍼지는 이미지는 강력한 기업문화가 다양한 문화적 배경을 가진 구성원들을 하나로 동화시키는 과정을 상징한다. 이는 다양성을 '관리'해야 할 도전으로 보는 시각을 반영한다.

❍ 하향식 접근: "강력한 하나의 기업문화"라는 표현은 경영진이 정의하고 전파하는 단일한 문화적 비전을 암시한다. 이는 다양한 문화적 배경에서 자연발생적으로 형성되는 여러 하위문화의 가치를 간과할 위험이 있다.

❍ 문화적 동질화: 광고는 문화적 차이를 '극복'해야 할 것으로 표현함으로써, 다양성을 문제나 장애물로 인식하는 관점을 드러내고 있다. 이는 차이를 존중하고 활용하기보다는 단일한 문화로 동화시키려는 경향을 나타낸다.

- 다양성 관리에서의 함의와 한계

이 관점이 다양성 관리에 갖는 함의는 다음과 같다:

○ 효율성과 다양성의 긴장: 강한 단일 문화를 추구하는 과정에서 다양한 관점과 접근법이 억압될 수 있다. 표준화와 일관성이 강조되면서 창의적인 이견이나 대안적 사고방식이 배제될 위험이 있다.

○ 동화주의적 접근: 이 관점은 종종 소수집단이나 다양한 배경을 가진 구성원들이 기존 주류 문화에 적응하고 동화될 것을 요구한다. 이는 "우리처럼 행동하라"는 암묵적 메시지를 전달할 수 있다.

○ 다양성의 표면적 수용: 다양성을 진정으로 가치 있게 여기기보다 이미지 관리나 법적 요구사항 충족을 위한 표면적 다양성에 그칠 가능성이 있다.

○ 문화적 통제의 역설: 지나치게 강한 문화적 통제는 오히려 저항과 불만을 초래할 수 있으며, 특히 다양한 배경의 구성원들이 소외감을 느끼게 할 수 있다.

- 현대적 적용과 사례

이러한 한계에도 불구하고, 많은 성공적인 글로벌 기업들이 이 접근법의 요소를 활용하고 있다:

○ 애플(Apple): 강력한 창업자 비전과 '애플 방식'으로 대표되는 일관된 문화를 전략적으로 관리한다.

○ 월마트(Walmart): 샘 월턴의 가치관을 기반으로 한 뚜렷한 기업문화와 의식을 유지하고 있다.

○ 디즈니(Disney): 철저한 문화적 사회화 과정과 '디즈니 방식'의 표준화된 서비스를 강조한다.

그러나 이러한 기업들도 점차 다양성을 단순히 동화시키기보다는 포용하고 활용하는 방향으로 진화하고 있다.

2) 그 자체로서의 조직문화

조직 그 자체로서의 문화 (Culture as Root Metaphor: What the company is)이다. 조직문화를 '근본 은유'로 보는 이 관점은 1980년대 해석학적 접근법과 상징 인류학의 영향을 받아 발전했다. 이 패러다임은 문화가 관리자의 통제 대상이 아니라, 조직 구성원들의 공유된 의미 체계와 사회적 구성 과정을 통해 자연발생적으로 형성되는 것으로 본다.

- 이론적 기반과 핵심 가정

이 관점은 해석학, 상징적 상호작용론, 사회적 구성주의에 뿌리를 두고 있으며, 다음과 같은 핵심 가정을 기반으로 한다:

- 사회적 구성: 문화는 조직 구성원들의 일상적인 상호작용과 의미 협상 과정을 통해 사회적으로 구성된다. 이는 하향식으로 부과되기보다는 상향식으로 창발하는 특성을 갖는다.
- 다원성과 복잡성: 조직 내에는 단일한 문화가 아닌 다양한 하위문화들이 공존한다. 이러한 다원성은 구성원들의 다양한 배경, 경험, 관점을 반영하는 자연스러운 현상이다.

- 역사성과 맥락성: 문화는 역사적 발전 과정과 특정 맥락 속에서 형성되며, 이를 무시한 급진적 변화 시도는 실패할 가능성이 높다.
- 의미의 중요성: 객관적 실체보다 구성원들이 사건, 행동, 상징에 부여하는

주관적 의미가 중요하다. 동일한 현상이라도 구성원들에 따라 다르게 해석될 수 있다.

❍ 암묵적 지식: 문화의 많은 부분은 명시적으로 표현되지 않는 암묵적 가정과 이해로 구성되어 있어, 외부에서 쉽게 파악하거나 조작하기 어렵다.

- 조직 실천과 적용

이 관점에서 문화와의 관계는 다음과 같은 특징을 보인다:

❍ 문화 이해의 중요성: 문화를 변화시키려 하기 전에 먼저 현재의 문화를 깊이 이해하는 것이 중요하다. 이는 참여 관찰, 심층 인터뷰, 스토리텔링 등 질적 방법론을 통해 이루어진다.

❍ 대화와 참여의 강조: 문화 형성과 변화는 하향식 지시보다는 구성원들의 광범위한 참여와 대화를 통해 이루어진다. 리더는 문화를 지시하기보다 의미 있는 대화를 촉진하는 역할을 한다.

❍ 다양성과 차이의 존중: 조직 내 다양한 하위문화와 관점이 공존할 수 있는 환경을 조성한다. 이는 단일한 문화로의 통합보다는 다양한 관점 간의 건설적인 대화와 상호작용을 장려한다.

❍ 역설과 모순의 수용: 문화는 종종 모순되고 역설적인 요소들을 포함한다. 이러한 긴장을 해소하려 하기보다는 수용하고 창의적으로 활용하는 접근법을 취한다.

❍ 점진적 변화: 문화는 급진적으로 변화시킬 수 있는 것이 아니라, 시간을 두고 진화하는 것으로 본다. 변화는 거창한 프로그램보다 일상적인 실천과 상호작용을 통해 이루어진다.

- 다양성 관리에서의 의의

이 관점이 다양성 관리에 갖는 함의는 다음과 같다:

❍ 다양성의 본질적 가치 인정: 다양성은 관리해야 할 문제가 아니라 조직의 풍요로움을 증진시키는 자원으로 간주된다. 서로 다른 관점, 경험, 배경은 의미 있는 대화와 학습의 기회를 제공한다.

❍ 포용적 환경 조성: 모든 구성원이 자신의 고유한 정체성을 유지하면서도 소속감을 느낄 수 있는 환경을 조성한다. 이는 '동화(assimilation)'가 아닌 '통합(integration)'을 지향하는 접근법이다.

❍ 다중 정체성의 인정: 개인은 다양한 정체성(직업별, 국가 문화별, 부서별, 성별, 세대별 등)을 동시에 가질 수 있으며, 이러한 복잡성이 존중되고 가치 있게 여겨진다.

❍ 권력관계에 대한 비판적 인식: 문화 형성 과정에서의 권력 불균형과 지배적 집단의 영향력을 인식하고, 소외된 목소리가 반영될 수 있는 공간을 만든다.

- 실제 사례와 적용

이 관점을 실천하는 조직들의 특징:

❍ 구글(Google): '20% 시간'[12]과 같은 제도를 통해 다양한 아이디어와 프로젝트가 상향식으로 발전할 수 있는 환경을 조성한다.

❍ 노보 노디스크(Novo Nordisk): '노보 노디스크 웨이'는 하향식으로 부과되기보다 구성원들의 참여와 대화를 통해 지속적으로 재해석되고 발전한다.

❍ 자포스(Zappos): 문화를 명확히 정의하면서도, 그 해석과 실천 방식은 개인과 팀에 맡기는 접근법을 취한다.

이러한 기업들은 다양성을 통제의 대상이 아니라 혁신과 창의성의 원천으로 보며, 다양한 관점과 배경이 공존하는 환경을 장려한다.

---

12) Google의 20% Time 제도는 Google의 직원이라면 누구나 업무 시간의 20%, 즉 매주 하루 정도의 시간을 자신이 원하는 일에 투입할 수 있다는 제도.

3) 두 관점의 통합적 이해: 다양성 관리를 위한 균형점

두 관점은 상호 배타적이기보다는 조직문화의 서로 다른 측면을 조명하는 보완적 렌즈로 볼 수 있다. 효과적인 다양성 관리를 위해서는 두 관점의 균형과 통합이 필요할 것이다. 두 관점의 통합적 접근법을 위한 핵심 요소는 다음과 같다:

- ❍ 공유된 방향성과 다양한 표현 방식의 공존: 조직은 구성원들이 함께 지향할 수 있는 핵심 가치와 비전을 제시하되, 이를 해석하고 실천하는 방식에 있어서는 다양성과 자율성을 허용해야 한다. 이는 '무엇'에 대한 일관성과 '어떻게'에 대한 다양성의 균형을 의미한다.
- ❍ 상향식과 하향식 접근의 결합: 리더십은 문화적 방향을 제시하고 모범을 보이되, 구성원들의 참여와 기여를 통해 이를 풍부하게 발전시키는 과정을 장려한다. 이는 '설계된 문화'와 '창발적 문화'의 건설적인 상호작용을 의미한다.
- ❍ 문화적 다층성 인정: 조직 내에는 전체를 아우르는 '메타문화'와 함께 다양한 '하위문화'가 공존할 수 있음을 인정해야 한다. 이러한 하위문화들은 서로 충돌하기보다는 상호보완적으로 기능할 때 조직에 다양한 관점과 역량을 제공한다.
- ❍ 적응적 일관성: 핵심 가치와 원칙은 일관되게 유지하면서도, 변화하는 환경과 다양한 맥락에 맞게 적응하고 재해석될 수 있는 유연성을 갖는다. 이는 '조직 정체성의 연속성'과 '문화적 적응성'의 균형을 의미한다.

이 두 관점의 통합적 접근을 기반으로 다음과 같은 다양성 관리에 대한 실천적인 함의를 도출할 수 있다.

- ❍ 문화적 이해와 개입의 균형: 조직문화에 개입하기 전에 먼저 현재의 문화적 역학을 깊이 이해하고, 이를 바탕으로 신중하고 존중하는 방식으로 변화를 촉진해야 한다.

- ❍ 포용적 리더십 개발: 리더들이 명확한 방향성을 제시하면서도 다양한 관점과 접근법을 존중하고 활용할 수 있는 역량을 개발한다.
- ❍ 대화와 참여의 공간 창출: 다양한 배경과 관점을 가진 구성원들이 안전하게 의견을 나누고 의미 있는 대화에 참여할 수 있는 공식적, 비공식적 공간을 만든다.
- ❍ 다양성의 전략적 가치 강조: 다양성을 단순한 규범적 의무나 이미지 관리가 아닌, 조직의 적응력, 창의성, 문제해결 능력을 강화하는 전략적 자산으로 인식한다.
- ❍ 지속적인 학습과 성찰 촉진: 구성원들이 자신의 가정과 편견을 인식하고, 다양한 관점에서 배우며, 개인과 조직의 다양성 성숙도를 지속적으로 발전시킬 수 있는 환경을 조성한다.

두산인프라코어 광고를 넘어서

두산인프라코어의 광고가 보여주는 "강력한 하나의 기업문화"를 통한 다양성 관리 접근법은 조직이 가지고 있는 것으로서의 문화(Culture as Variable) 관점을 강조한다. 이는 명확성과 일관성의 측면에서 장점이 있지만, 다양한 배경과 관점의 진정한 가치를 간과할 위험이 있다. 진정한 다양성 관리는 단일한 문화로의 동화가 아니라, 다양한 정체성과 관점이 존중받으면서도 공통의 목표를 향해 함께 나아갈 수 있는 포용적 환경을 조성하는 것이다. 이는 두 가지 문화 관점의 통합적 이해와 적용을 통해 가능해진다. 오렌지색 물감이 물 전체를 동일한 색으로 변화시키는 이미지보다는, 다양한 색상의 모자이크가 모여 더 아름답고 풍부한 패턴을 만들어 내는 이미지가 현대 조직이 지향해야 할 다양성 관리의 모습일 것이다. 이러한 관점에서 개인 다양성 성숙 지수(PDMI)는 조직과 구성원들이 이러한 다양성의 가치를 인식하고, 존중하며, 활용할 수 있는 역량을 개발하는 데 중요한 도구가 될 수 있을 것이다.

'다양성'의 의미와 중요성

다양성(diversity)은 단순히 다른 특성을 가진 사람들이 한 공간에 존재하는 것 이상의 의미를 갖는다. 인종, 성별, 연령, 국적, 언어뿐만 아니라 생각의 방식, 경험, 가치관, 업무 스타일 등 무형적 요소까지 포함하는 포괄적인 개념이다.

현대 조직에서 다양성이 중요한 이유는 다양성이 단순한 도덕적 의무나 법적 요구사항 이상의 가치를 창출하기 때문이다. 다양한 배경과 관점을 가진 구성원들은 문제해결과 의사결정 과정에 서로 다른 시각과 접근법을 제공하여 창의성과 혁신을 촉진한다. 다양한 문화적 배경을 가진 인력은 글로벌 시장과 다양한 고객층을 이해하는 데 도움이 되며, 조직의 적응력과 회복력을 높이는 데 기여한다.

그러나 다양성은 그 존재 자체만으로, 즉 자동적으로 이러한 이점을 가져오지 않는다. 오히려 다양성이 관리되지 않으면 의사소통의 어려움, 오해, 갈등, 분열의 원인이 될 수 있다. 다양한 배경과 관점을 가진 구성원들이 효과적으로 소통하고 협력하기 위해서는 단순히 "강력한 하나의 문화"를 주입하는 것보다 더 섬세하고 포괄적인 접근이 필요하다. 이것이 바로 루즈벨트 토마스(Roosevelt Thomas Jr.)의 개인 다양성 성숙 지수(PDMI)가 중요한 이유일 것이다.

개인 다양성 성숙지수(PDMI): 이론적 기반과 실제 적용

PDMI의 개념과 목적

개인 다양성 성숙 지수(Personal Diversity Maturity Index, PDMI)는 토마스가 개발한 다양성 관리 도구로, 개인이 다양성을 인식하고, 이해하며, 수용하고, 활용하는 정도를 측정한다. PDMI는 개인이 다양성에 대해 얼마나 성숙한 태도와 행동을 보이는지를 평가함으로써, 다양성 관리 능력을 향상시키는 데 필요한 발전 방향을 제시한다.

토마스는 다양성 관리가 단순히 소수집단을 포용하는 차원을 넘어, 모든 개인의 다양한 특성과 관점을 인정하고 활용하는 것이라고 보았다. 진정한 다양성 관리는 특정 집단에 대한 우대 정책이나 차별 철폐에 그치지 않고, 조직 구성원 모두가 자신의 잠재력을 최대한 발휘할 수 있는 환경을 조성하는 것을 목표로 한다.

PDMI는 다음과 같은 목적을 갖는다:

1. 개인의 다양성에 대한 인식과 수용 정도를 객관적으로 파악
2. 다양성 관련 상황에서 개인의 반응 패턴과 의사결정 경향을 이해
3. 다양성 수용 역량을 키우기 위한 구체적인 발전 방향 제시
4. 조직 내 다양성 관리를 위한 기초 자료와 교육 프로그램의 기반 제공
5. 다양성과 관련된 갈등 상황에서 보다 건설적인 해결책 모색

PDMI의 발전 단계

토마스의 PDMI 모델은 개인의 다양성 성숙도를 여러 단계로 구분한다. 이러한 단계는 고정된 것이 아니라 상황과 맥락에 따라 유동적으로 변할 수 있으며, 한 개인이 특정 유형의 다양성에 대해서는 높은 성숙도를 보이면서도 다른 유형에 대해서는 낮은 성숙도를 보일 수 있다.

- 거부 단계(Denial): 다양성의 존재나 중요성을 인식하지 못하거나 부정하는 단계이다. 이 단계에서는 차이를 문제로 인식하거나 무시하려는 경향이 있으며, "우리는 모두 같다"거나 "차이는 중요하지 않다"는 식의 사고를 보인다.
- 인식 단계(Recognition): 다양성이 존재함을 인식하지만 이에 대한 깊은 이해는 부족한 단계이다. 차이를 인정하지만 이를 문제나 장애물로 보는 경향이 있으며, 이를 관리하거나 최소화해야 한다고 생각한다.

- 수용 단계(Acceptance): 다양성을 인정하고 존중하기 시작하는 단계이다. 차이를 문제가 아닌 현실로 받아들이고, 이에 대한 이해와 적응의 필요성을 인식한다.
- 인정 단계(Appreciation): 다양성의 가치와 이점을 이해하고 긍정적으로 평가하는 단계이다. 차이가 가져올 수 있는 독특한 관점과 기여를 인식하고 이를 소중히 여긴다.
- 활용 단계(Utilization): 다양성을 적극적으로 활용하여 창의성과 문제해결력을 높이는 단계이다. 다양한 관점과 접근법을 조직의 목표 달성을 위한 자원으로 활용한다.
- 통합 단계(Integration): 다양성을 조직과 개인의 정체성에 자연스럽게 통합하는 단계이다. 다양성이 일상적인 업무와 의사결정 과정에 완전히 녹아들어 특별한 관심이나 노력 없이도 자연스럽게 존중되고 활용된다.

PDMI 평가 방법: 실제 시나리오를 통한 접근

토마스의 PDMI 평가는 실제 업무 상황을 반영한 시나리오를 기반으로 하고 있다. 참가자들은 다양성과 관련된 도전적인 상황이 묘사된 시나리오를 읽고, 그 상황에서 어떻게 반응할지 선택해야 한다. 각 선택지는 다양성 성숙도의 특정 단계를 반영하며, 이를 통해 개인의 PDMI 점수를 산출할 수 있다.

개인별 다양성 성숙 지수(PDMI) 점검

질문	답변	점수
1		
2		
3		
4		
총점		

이제 실제 PDMI 시나리오 세 가지를 살펴보고, 각 시나리오에 대한 선택지와 그 의미를 분석해 보겠다. 이를 통해 다양성 관리의 실제적인 적용과 성숙한 다양성 관리자의 사고방식을 더 깊이 이해할 수 있을 것이다.

PDMI의 실제 적용: 다양성 관리 시나리오 분석

[시나리오 1: 일과 가정의 균형 - 유연근무제 요청 상황]

첫 번째 시나리오는 일과 가정의 균형이라는 현대 조직에서 점점 중요해지는 다양성 이슈를 다루고 있다.

〈시나리오 1〉

당신은 제조공장에서 일하고 있다. 당신이 관리하고 있는 부하직원 중 한 명이 남편 없이 두 아이를 키우고 있다. 그녀는 늘 좋은 평가를 받고 있다. 그녀가 당신에게 아이들과 더 많은 시간을 보낼 수 있도록 근무시간을 자유롭게 선택할 수 있게 해달라고 요청한다. 그러나 당신의 회사는 근무시간 자유 선택제(유연근무제)에 대한 정책을 시행하고 있지 않다. 당신은 어떻게 반응하겠는가?

1. 함께 회사의 의사 결정자에게 제시할 제안서를 만들자고 제안한다.

2. 사정은 알겠지만, 회사가 근무시간 자유 선택제를 채택하고 있지 않기 때문에 그 문제는 자신의 권한 밖에 있다고 그녀에게 말한다.

3. 그 문제를 회사의 직원 불만위원회에 제기하라고 제안한다. 직원 불만위원회를 통해 요구한다면, 당신의 요구를 지지할 것이라는 점을 알려준다.

4. 자신이 선호하는 시간에 일하는 것이 어떤 영향을 줄 것인지를 판단할 수 있도록 그녀와 함께 다른 사람의 일과 분석을 해본다. 그녀의 딜레마에 대한 당신의 대응은 그 분석 결과에 기초한다.

루스벨트 토머스(2002): 다양성을 추구하는 조직이 강하다, 채계병옮김, 이지북, p. 352f.

이 상황에서 관리자가 취할 수 있는 네 가지 선택지와 각각의 PDMI 점수를 살펴보겠다:

선택지 1: 함께 회사의 의사 결정자에게 제시할 제안서를 만들자고 제안한다. (7점)

이 반응은 직원의 문제를 진지하게 받아들이고 해결책을 모색하려는 의지를 보여준다. 관리자는 직원의 요구를 무시하거나 회피하지 않고, 적극적으로 문제해결에 참여하려 하고 있다. 또한 공식적인 채널을 통해 조직의 정책 변화를 모색함으로써 개인의 요구와 조직의 체계를 조화시키려는 노력을 보인다. 그러나 이 접근법은 여전히 한계가 있다. 제안서를 만드는 과정에서 다른 직원들의 업무나 조직의 필요조건을 충분히 고려하지 않을 수 있으며, 회사의 의사결정자가 거부할 경우 대안이 없다는 점도 문제이다. 또한 이 해결책이 한 개인에게만 특혜를 주는 것으로 인식될 경우, 팀 내 형평성 문제가 발생할 수 있다.

선택지 2: 사정은 알겠지만, 회사가 근무시간 자유 선택제를 채택하고 있지 않기 때문에 그 문제는 자신의 권한 밖에 있다고 그녀에게 말한다. (5점)

이 반응은 문제를 회피하는 태도를 보여준다. 관리자는 조직의 현행 정책을 변화시키려는 노력 없이 그대로 수용하며, 자신의 권한과 책임의 한계를 강조한다. 이는 다양성 관련 이슈에 대한 낮은 성숙도를 반영하는데, 구성원의 개인적 상황과 필요를 고려하지 않고 단지 규칙과 절차를 따르는 데 집중하기 때문이다. 이러한 접근은 직원의 요구를 무시함으로써 그녀의 사기를 저하시키고, 업무 만족도와 생산성에 부정적인 영향을 미칠 수 있다. 또한 관리자로서 창의적인 문제해결 능력과 리더십을 발휘할 기회를 놓치게 된다.

선택지 3: 그 문제를 회사의 직원 불만위원회에 제기하라고 제안한다. 직원 불만위원회를 통해 요구한다면, 당신의 요구를 지지할 것이라는 점을

알려준다. (5점)

이 반응은 직원에게 공식적인 절차를 통해 자신의 요구를 제기하도록 권장하면서, 관리자 자신은 직접적인 행동을 취하지 않는 소극적인 태도를 보여준다. 비록 지지를 약속하고는 있지만, 관리자는 문제해결의 책임을 직원에게 전가하고 있다. 이 접근법의 문제점은 직원이 불만을 제기하는 과정에서 부담과 스트레스를 경험할 수 있으며, 공식적인 불만 제기가 그녀와 관리자, 그리고 조직 간의 관계를 악화시킬 수 있다는 점이다. 또한 이는 다양성 문제를 개인의 불만으로 축소시키는 것으로, 조직문화와 정책의 근본적인 변화를 모색하는 데 실패한다.

선택지 4: 자신이 선호하는 시간에 일하는 것이 어떤 영향을 줄 것인지를 판단할 수 있도록 그녀와 함께 다른 사람의 일과 분석을 해 본다. 그녀의 딜레마에 대한 당신의 대응은 그 분석 결과에 기초한다. (10점)

이 반응은 가장 높은 PDMI 점수를 받았으며, 가장 성숙한 다양성 관리 접근법을 보여준다. 관리자는 직원의 요청을 진지하게 고려하면서도, 그 결정이 다른 팀원들과 조직 전체에 미칠 영향을 종합적으로 분석하려고 한다. 이는 개인의 필요와 조직의 요구 사이의 균형을 찾으려는 노력을 보여주는 것이다. 이 접근법의 장점은 문제를 공정하고 체계적으로 분석함으로써 감정이나 편견에 좌우되지 않는 의사결정을 할 수 있다는 점이다. 또한 직원을 분석 과정에 참여시킴으로써 그녀가 자기 요청의 영향을 이해하고, 가능한 해결책을 함께 모색할 수 있게 한다. 이는 상호 존중과 협력을 바탕으로 한 진정한 다양성 관리의 모습이다.

[시나리오 2: 성 정체성과 직무 수행 - 다양성과 업무 효율성의 균형]

두 번째 시나리오는 성 정체성과 업무 수행이라는 민감한 다양성 이슈를 다루고 있다.

〈시나리오 2〉

당신은 대기업에 중요한 방문판매를 준비하고 있는 팀을 책임지고 있다. 당신의 가장 유능한 동료 중 한 명이 공공연한 동성애자이며 당신은 그의 행동과 특징이 회사의 사업을 진전시키는 데에 대해 역효과를 줄 수 있다는 점을 걱정하고 있다. 당신은 어떻게 할 것인가?

1. 그 직원과 대화를 나누며 당신의 걱정을 설명하고 그에게 방문판매를 위해 조금은 자제해 달라고 요청한다.

2. 그가 배후에서 작업하고 다른 사람이 잠재적 고객을 방문하는 그의 자리에서 일을 진행할 수 있도록 업무를 재배치한다.

3. 아무런 조치도 취하지 않는다. 그 사람이 계속해서 업무를 잘 수행하지 못할 것이라는 구체적인 증거는 없다.

4. 아무런 조치도 취하지 않는다. 당신은 그의 기여도를 높이 평가하고 있으며 그의 감정을 상하게 할 이유를 찾을 수 없다.

루스벨트 토머스(2002): 다양성을 추구하는 조직이 강하다, 채계병옮김, 이지북, p. 353f.

이 상황에서 팀 리더가 취할 수 있는 네 가지 선택지와 각각의 PDMI 점수를 분석해 보겠다:

선택지 1: 그 직원과 대화를 나누며 당신의 걱정을 설명하고 그에게 방문판매를 위해 조금은 자제해 달라고 요청한다. (5점)

이 반응은 다양성에 대한 낮은 성숙도를 보여준다. 비록 동료와 직접 대화하려는 시도는 긍정적이지만, 이 접근법은 여러 가지 잘못된 가정에 기초하고 있다. 첫째, 동료의 성적 지향과 그의 '행동과 특징'이 업무 수행에 부정적인 영향을 미칠 것이라고 가정하고 있다. 둘째, 고객들이 동성애에 부정적인 반응을 보일 것이라고 추측하고 있다. 셋째, 동료에게 자신의 정체성을 숨기거나 변경하도록 요구하는 것이 적절하다고 생각한다. 이러한 접근은 개인의 정체성을 존중하지 않을 뿐만 아니라, 실제로 그의 성적 지향이 업무 수행에 미치는 영향에 대한 객관적인 증거 없이 편견에 기반한 결정을 내리는 것이다. 이는 다양성을 문제나 위험으로 인식하는 낮은 수준의 다양성 성숙도를 반영한다.

선택지 2: 그가 배후에서 작업하고 다른 사람이 잠재적 고객을 방문하는 그의 자리에서 일을 진행할 수 있도록 업무를 재배치한다. (5점)

이 접근법 역시 낮은 다양성 성숙도를 보여준다. 팀 리더는 동료와의 대화나 상황 평가 없이 일방적으로 업무를 재배치함으로써 그의 능력과 공헌 가능성을 제한하고 있다. 이는 동료를 '문제'로 간주하고 그를 고객으로부터 숨기려는 시도로, 그의 전문성과 가치를 인정하지 않는 것이다. 더구나 이러한 결정은 차별적인 행동으로 간주될 수 있으며, 팀 내 신뢰와 협력을 저해할 수 있다. 팀 리더의 질문처럼, '만약 그가 그렇게 유능한 동료라면 왜 배후에서 일하게 하는가?'라는 모순된 상황을 만들어낸다.

선택지 3: 아무런 조치도 취하지 않는다. 그 사람이 계속해서 업무를 잘 수행하지 못할 것이라는 구체적인 증거는 없다. (10점)

이 반응은 가장 높은 PDMI 점수를 받았으며, 가장 성숙한 다양성 관리 접근법을 보여줍니다. 팀 리더는 편견이나 가정에 기반한 결정을 내리지 않고, 객관적인 업무 수행 능력에 초점을 맞춘다. 동료의 과거 업무 성과가 미래 성과의 가장 좋은 예측 지표라는 사실을 인식하며, 성적 지향이 업무 수행에 부정적인 영향을 미칠 것이라는 근거 없는 가정을 거부한다. 이 접근법은 다양성을 존중하고, 개인의 업무 관련 능력과 성과에 기반한 공정한 판단을 내리는 높은 수준의 다양성 성숙도를 보여준다. 또한 이는 조직 내 포용적인 환경을 조성하고, 모든 구성원이 자신의 능력을 최대한 발휘할 수 있도록 하는 데 기여한다.

선택지 4: 아무런 조치도 취하지 않는다. 당신은 그의 기여도를 높이 평가하고 있으며 그의 감정을 상하게 할 이유를 찾을 수 없다. (7점)

이 반응은 중간 정도의 다양성 성숙도를 보여준다. 팀 리더는 동료의 기여를 인정하고 그의 감정을 존중하려는 의지를 보이지만, 이 접근법에는 한계가 있다. 토마스의 평가에 따르면, 이는 동료를 그의 업무 능력이 아닌 '훌륭한 사람'이라는 이유로 수용하는 것이다. 진정한 다양성 관리는 개인의 특성이나 감정 때문이 아니라, 그들의 업무 수행 능력과 조직에 대한 기여 때문에 개인을 가치 있게 여기는 것이다. 이 선택지는 동료를 객관적으로 평가하기보다는 감정적인 이유로 그를 포용하려는 태도를 반영하며, 이는 완전한 다양성 성숙도에는 미치지 못한다.

[시나리오 3: 문화적 배경과 의사소통 방식 - 다양성 환경에서의 팀 역학]

세 번째 시나리오는 문화적 배경과 의사소통 방식의 차이에 관한 다양성 이슈를 다루고 있다.

〈시나리오 3〉

당신은 사업상의 진행 상황을 검토하기 위해 매주 회의하는 기술팀 10명 중 일원이다. 그 중 능력이 탁월하고 팀에서도 높은 평가를 받는 동남아시아 출신 여성이 있다. 팀은 적극적인 토론 참여를 선호하는데, 그녀는 회의 중에 조용히 앉아 있는 편이다. 당신은 이 상황에 어떻게 대처하겠는가?

1. 당신은 이곳에서 일하는 데에는 어떤 문화적 요소들이 있다고 생각한다. 그녀는 자신의 업무를 훌륭하게 처리하고 있다. 따라서 당신은 동료나 다른 누구에게도 그 문제에 대해 주의를 환기시키지는 않는다.
2. 당신의 소견을 상관에게 보고하고 그녀가 회의에 더 적극적으로 참여할 수 있도록 요청한다.
3. 그녀에게 찾아가 당신의 의견을 말해준다. 그리고 그녀가 더 적극적으로 회의에 참여할 수 있도록 자신이 도울 수 있는 일이 있는지 물어본다.
4. 회의 중에 활발히 그녀의 참여를 유도한다.

루스벨트 토머스(2002): 다양성을 추구하는 조직이 강하다, 채계병옮김, 이지북, p. 15.

이 상황에서 팀원이 취할 수 있는 네 가지 선택지와 각각의 PDMI 점수를 분석해 보겠다:

선택지 1: 당신은 이곳에서 일하는 데에는 어떤 문화적 요소들이 있다고 생각한다. 그녀는 자신의 업무를 훌륭하게 처리하고 있다. 따라서 당신은 동료나 다른 누구에게도 그 문제에 대해 주의를 환기시키지는 않는다. (10점)

이 반응은 가장 높은 PDMI 점수를 받았으며, 가장 성숙한 다양성 관리 접근법을 보여준다. 팀원은 동료의 문화적 배경과 개인적 의사소통 스타일을 존중하며, 이를 '문제'로 간주하지 않는다. 무엇보다 중요한 것은 그녀가 자신의 업무를 훌륭하게 수행하고 있다는 사실을 인식하고, 업무 성과에 초점을 맞추는 것이다. 이 접근법은 다양성을 인정하고 존중하는 높은 수준의 성숙도를 반영한다. 모든 사람이 같은 방식으로 의사소통하거나 참여할 필요는 없으며, 다양한 스타일이 팀에 공존할 수 있음을 이해한다. 이는 '조용한 참여'도 가치 있는 기여 방식일 수 있음을 인정하는 것이다.

선택지 2: 당신의 소견을 상관에게 보고하고 그녀가 회의에 더 적극적으로 참여할 수 있도록 요청한다. (5점)

이 접근법은 낮은 다양성 성숙도를 보여준다. 팀원은 동료의 참여 방식을 '문제'로 인식하고, 그녀와 직접 대화하지 않고 상관에게 보고함으로써 그녀의 자율성과 전문성을 존중하지 않는다. 이는 그녀의 문화적 배경이나 개인적 선호를 고려하지 않고, 팀의 주류 의사소통 방식을 '올바른' 방식으로 간주하는 것이다. 이러한 접근은 다양성을 문제나 결함으로 보는 시각을 반영하며, 조직 내 진정한 포용성을 저해할 수 있다. 또한 상관의 개입을 요청함으로써 팀 내 신뢰와 협력을 약화시킬 위험이 있다.

선택지 3: 그녀에게 찾아가 당신의 의견을 말해준다. 그리고 그녀가 더 적극적으로 회의에 참여할 수 있도록 자신이 도울 수 있는 일이 있는지 물어본다. (5점)

이 반응 역시 낮은 다양성 성숙도를 보여준다. 비록 직접 대화하려는 시도는 긍정적이지만, 이 접근법은 그녀의 참여 방식이 '문제'이며 '도움'이 필요하다는 가정에 기초하고 있다. 토마스의 평가에 따르면, 이는 '당신과 다르다는 것이 결함이 있는 것으로 추정'하는 것이다. 이 접근법의 문제점은 그녀가 자신의 참여 방식에 만족하고 있으며, 필요조건에 잘 부응하고 있는 상황에서 불필요한 개입을 시도한다는 점이다. 이는 다양한 업무 스타일과 의사소통 방식을 인정하고 존중하지 못하는 태도를 반영한다.

선택지 4: 회의 중에 활발히 그녀의 참여를 유도한다. (7점)

이 접근법은 중간 정도의 다양성 성숙도를 보여준다. 팀원은 동료의 의견을 청취하고 그녀에게 발언 기회를 제공하려는 노력을 보이며, 이는 그녀의 기여를 가치 있게 여긴다는 신호이다. 그러나 이 접근법에도 한계가 있다. 그녀의 참여를 '유도'하는 것은 여전히 그녀의 현재 참여 방식이 부족하다는 가정에 기초하며, 모든 사람이 같은 방식으로 참여해야 한다는 기대를 반영한다. 진정한 다양성 성숙도는 다양한 참여 방식을 인정하고, 각 개인이 자신에게 가장 편안하고 효과적인 방식으로 기여할 수 있도록 하는 것이다.

PDMI 시나리오를 통한 다양성 관리의 교훈

이상의 세 가지 시나리오를 통해 우리는 조직 내 다양성 관리에 관한 중요한 교훈을 얻을 수 있다.

1. 성과 중심의 평가와 기대

모든 시나리오에서 가장 높은 점수를 받은 접근법들은 개인의 특성이나 스타일보다 업무 성과와 능력에 초점을 맞추고 있다. 진정한 다양성 관리는 다양한 배경과 특성을 가진 모든 구성원이 자신의 방식으로 성과를 낼 수 있도록 지원하는 것이다. 이는 단일한 '올바른 방식'을 강요하는 것이 아니라, 다양한 방식으로 우수한 성과를 달성할 수 있음을 인정하는 것이다.

2. 가정과 편견의 극복

낮은 점수를 받은 접근법들은 종종 근거 없는 가정이나 편견에 기초하고 있다. 예를 들어, 동성애자 동료의 성적 지향이 업무 수행에 부정적인 영향을 미칠 것이라는 가정이나, 조용한 참여 방식이 덜 가치 있다는 가정 등이다. 성숙한 다양성 관리자는 이러한 가정을 인식하고 극복하며, 객관적인 증거와 개인의 실제 성과에 기반한 판단을 내린다.

3. 균형 잡힌 관점과 포괄적 사고

시나리오 1에서 보듯이, 성숙한 다양성 관리는 개인의 필요와 조직의 요구 사이의 균형을 찾는 것을 포함한다. 이는 한쪽의 관점만을 고려하는 것이 아니라, 모든 이해관계자의 관점을 포괄적으로 고려하고 최적의 해결책을 모색하는 것이다.

4. 차이를 문제가 아닌 현실로 인식

성숙한 다양성 관리자는 다양성을 극복해야 할 문제나 관리해야 할 위험으로 보지 않고, 조직의 현실이자 잠재적 강점으로 인식한다. 이는 다양한 관점, 경험, 스타일이 조직에 가치를 더할 수 있다는 인식을 바탕으로 한다.

5. 지속적인 자기 인식과 성장

PDMI는 고정된 특성이 아니라 지속적으로 발전시킬 수 있는 역량이다. 이러한 시나리오를 통해 자신의 다양성 성숙도를 평가하고, 더 높은 수준으로 발전하기 위한 노력을 기울일 수 있다. 이는 자신의 가정, 편견, 반응 패턴을 인식하고 이에 대해 성찰하는 것에서 시작한다.

다양성 성숙도 향상을 위한 제언

다양성은 현대 조직의 불가피한 현실이자 잠재적 강점이다. 그러나 다양성의 이점을 실현하기 위해서는 단순히 다양한 배경의 사람들을 한자리에 모으는 것 이상의 노력이 필요하다. 진정한 다양성 관리는 개인과 조직 차원에서의 다양성 성숙도 향상을 통해 이루어진다. 개인 다양성 성숙 지수(PDMI)는 이러한 발전을 위한 유용한 도구를 제공하고 있다. PDMI 시나리오를 통해 우리는 다양성에 대한 자신의 태도와 접근법을 객관적으로 평가하고, 더 성숙한 다양성 관리자로 성장하기 위한 방향을 찾을 수 있다.

다양성 성숙 단계
높은 다양성 성숙 (34-40) 당신은 선내 구성원들의 차이점과 유사성을 다룰 때 상당한 다양성 성숙도를 보여주고 있다.
중간 단계 다양성 성숙 (28-34) 당신은 다양성에 대해 생각하며 그것에 대처하기 위해 새로운 생각과 행동을 배우는 데 개방적이다. 당신은 다양성에 더 효과적으로 대처하고 싶은 생각이 있지만 어떻게 해야 할지에 대해서는 분명하지 않다.
낮은 다양성 성숙 (20-28) 당신은 선박 조직 내의 차이점과 유사점에 대해 어떻게 가장 생산적인 방법으로 대처할 수 있는지에 대해서 별로 생각하고 있지 않다. 당신은 다양성에 최대한 효율적으로 대처하려면 아직도 많은 노력을 해야 한다.

앞서 소개한 두산인프라코어 광고의 '강력한 하나의 기업문화'가 아니라, 다양성을 인정하고 존중하면서도 공통의 목표를 향해 나아갈 수 있는 포용적 문화를 구축하는 것이 진정한 다양성 관리의 목표이다. 이는 조직을 '가지고 있는 것'이

아닌 '그 자체'로서의 문화 관점을 반영하는 것이며, 모든 구성원이 자신의 독특한 정체성과 기여를 통해 조직의 문화와 성공에 동참할 수 있는 환경을 조성하는 것이다. 다양성이 증가하는 현대 사회와 조직에서, 우리는 모두 더 높은 다양성 성숙도를 지향하고 발전시켜야 한다. 이는 개인적인 성장뿐만 아니라, 더 공정하고 포용적이며 혁신적인 조직과 사회를 구축하는 데 기여할 것이다.

다음 장에서는 이러한 PDMI 모델을 선박 조직이라는 특수한 해상업무 환경에 적용하여, 다양한 국적과 문화적 배경을 가진 선원들의 다양성 관리를 위한 "선원 다양성 성숙 지수(Crew Diversity Maturity Index)" 모형 개발에 대해 논의해 볼 것이다.

참고문헌 및 인용 자료

두산인프라코어 (2011), '하나의 기업문화' 광고캠페인. YouTube. https://www.youtube.com/watch?v=dLkjArzaRQA

루즈벨트 토머스 (2002), 『다양성을 추구하는 조직이 강하다』, 채계병 역, 이지북. (원서출판 1999)

톰 피터스 (2005), 『초우량 기업의 조건』, 이동현 역, 더난출판사. (원서 출판 1982)

Cox, T. (2001), *Creating the multicultural organization: A strategy for capturing the power of diversity*. San Francisco, CA: Jossey-Bass.

Ely, R. J., & Thomas, D. A. (2001), Cultural diversity at work: The effects of diversity perspectives on work group processes and outcomes. *Administrative Science Quarterly*, 46(2), 229-273.

Martin, J. (2002), *Organizational culture: Mapping the terrain*. Thousand Oaks, CA: Sage Publications.

Schein, E. H. (2017), *Organizational culture and leadership* (5th ed.). Hoboken, NJ: John Wiley & Sons.

Smircich, L. (1983), Concepts of culture and organizational analysis. *Administrative Science Quarterly*, 28(3), 339-358.

[조직문화 관련 문헌]

Alvesson, M. (2002), *Understanding organizational culture*. London: Sage Publications.

Deal, T. E., & Kennedy, A. A. (1982), *Corporate cultures: The rites and rituals of corporate life. Reading*. MA: Addison-Wesley.

Hatch, M. J., & Cunliffe, A. L. (2013), *Organization theory: Modern, symbolic, and postmodern perspectives* (3rd ed.). Oxford: Oxford University Press.

Meyerson, D., & Martin, J. (1987), Cultural change: An integration of three different views. *Journal of Management Studies*, 24(6), 623-647.

Schultz, M. (1995), *On studying organizational cultures: Diagnosis and understanding*. Berlin: Walter de Gruyter.

[다양성 관리 관련 문헌]

Ferdman, B. M., & Deane, B. R. (Eds.). (2014), *Diversity at work: The practice of inclusion.* San Francisco, CA: Jossey-Bass.

Konrad, A. M., Prasad, P., & Pringle, J. K. (Eds.). (2006), *Handbook of workplace diversity.* London: Sage Publications.

Mor Barak, M. E. (2016), *Managing diversity: Toward a globally inclusive workplace* (4th ed.). Thousand Oaks, CA: Sage Publications.

Nkomo, S. M., & Cox, T. (1999), Diverse identities in organizations. S. R. Clegg, C. Hardy, & W. R. Nord (Eds.), *Managing organizations: Current issues*. London: Sage Publications, 88-106.

Page, S. E. (2007), *The difference: How the power of diversity creates better groups, firms, schools, and societies*. Princeton, NJ: Princeton University Press.

Thomas, R. R. Jr. (1991), *Beyond race and gender: Unleashing the power of your total workforce by managing diversity*. New York, NY: AMACOM.

[기업 사례 및 실무 적용 관련 문헌]

Groysberg, B., Lee, J., Price, J., & Cheng, J. Y. (2018), The leader's guide to corporate culture. *Harvard Business Review*, 96(1), 44-52.

Heskett, J. L., & Kotter, J. P. (1992), *Corporate culture and performance*. New York, NY: Free Press.

O'Reilly, C. A., & Chatman, J. A. (1996), Culture as social control: Corporations, cults, and commitment. *Research in Organizational Behavior*, 18, 157-200.

Pless, N. M., & Maak, T. (2004), Building an inclusive diversity culture: Principles, processes and practice. *Journal of Business Ethics*, 54(2), 129-147.

Schein, E. H., & Schein, P. (2019), *The corporate culture survival guide* (3rd ed.). Hoboken, NJ: John Wiley & Sons.

[조직 사례 관련 문헌]

Cameron, K. S., & Quinn, R. E. (2011), *Diagnosing and changing organizational culture: Based on the competing values framework* (3rd ed.). San Francisco, CA: Jossey-Bass.

Deshpande, R., & Webster, F. E. (1989), Organizational culture and marketing: Defining the research agenda. *Journal of Marketing*, 53(1), 3-15.

Gerstner, L. V. (2002), *Who says elephants can't dance? Inside IBM's historic turnaround.* New York, NY: HarperBusiness.

Jørgensen, H. H., Owen, L., & Neus, A. (2009), Stop improvising change management! *Strategy & Leadership*, 37(2), 38-44.

Van Der Vegt, G. S., & Janssen, O. (2003), Joint impact of interdependence and group diversity on innovation. *Journal of Management*, 29(5), 729-751.

[다양성 성숙도 측정 관련 문헌]

Bennett, M. J. (2004), Becoming interculturally competent. J. S. Wurzel (Ed.), *Toward multiculturalism: A reader in multicultural education* (2nd ed.). Newton, MA: Intercultural Resource Corporation, 62-77.

Cross, T. L., Bazron, B. J., Dennis, K. W., & Isaacs, M. R. (1989), *Towards a culturally competent system of care: A monograph on effective services for minority children who are severely emotionally disturbed.* Washington, DC: Georgetown University Child Development Center.

Hammer, M. R. (2012), The Intercultural Development Inventory: A new frontier in assessment and development of intercultural competence. M. Vande Berg, R. M. Paige, & K. H. Lou (Eds.), *Student learning abroad: What our students are learning, what they're not, and what we can do about it.* Sterling, VA: Stylus Publishing, 115-136.

7. 선내 다양성 관리의 새로운 패러다임: 선원 다양성 성숙 지수(CDMI) 개발과 적용

개인 다양성 성숙 지수(PDMI) 모델을 선박 조직이라는 특수한 맥락에 적용하여, 선원 다양성 성숙 지수(CDMI) 개발과 적용 가능성을 살펴본다. 선박 조직 안에서 일어난 시나리오 사례를 분석하고 논의해 본다. 이를 통해 선박 내 다양성 관리를 위한 CDMI 모형 개발 방안과 방향을 고민해 본다.

선박 조직의 특수성과 다양성 관리의 필요성

현대 해운업계는 글로벌화의 가속화로 인해 다양한 국적, 문화, 종교, 언어적 배경을 가진 선원들이 제한된 공간에서 함께 생활하고 업무를 수행하는 독특한 근무 환경을 형성하고 있다. 특히 선박 조직은 육상 조직과 달리 24시간 공동생활을 하는 폐쇄적 공간, 명확한 위계질서와 업무 구조, 제한된 인간관계, 장기간의 가족 분리 등 여러 특수성을 지니고 있다. 이러한 환경에서 다양성 관리는 단순한 조직 효율성의 문제를 넘어 선원들의 심리적 안정과 안전한 운항, 나아가 해운기업의 경쟁력과 직결되는 중요한 요소가 되었다.

루즈벨트 토마스(Roosevelt Thomas Jr.)가 개발한 개인 다양성 성숙 지수(PDMI, Personal Diversity Maturity Index)는 다양성에 대한 개인의 인식, 수용, 활용 수준을 평가하는 유용한 도구로서 많은 조직에서 활용되고 있다. 그러나 이 모델을 선박이라는 특수한 환경에 그대로 적용하기에는 한계가 있다. 선박은 육상 조직과 달리 제한된 공간에서 다양한 국적과 문화적 배경을 가진 구성원들이 24시간 함께 생활하며, 업무와 개인 생활의 경계가 모호하고, 엄격한 위계질서와 안전을 위한 표준화된 절차가 중요시되는 환경이다.

이러한 선박 조직의 특수성을 고려할 때, 선원들의 다양성 관리를 위한 특화된 모델의 필요성이 대두된다. 이 장에서는 PDMI를 기반으로 하되, 선박 조직의 특수성을 반영한 '선원 다양성 성숙 지수(CDMI, Crew Diversity Maturity Index)' 모형의 개발과 적용 가능성을 탐색하고자 한다. CDMI는 선박이라는 특수 환경에서 발생하는 다양성 관련 갈등과 소통 문제를 효과적으로 관리하기 위한 실용적 도구로서, 선원 개인과 선박 조직, 나아가 해운기업 전체의 다양성 성숙도를 평가하고 향상시키는 데 기여할 수 있을 것이다.

선박 조직과 다양성 관리의 특수성

1. 선박 조직의 고유한 특성

선박 조직은 다음과 같은 고유한 특성을 지니고 있어 다양성 관리에 있어 특별한 접근이 필요하다:

○ 제한된 물리적 공간과 장기간의 공동생활: 선원들은 수주에서 수개월간 제한된 공간에서 24시간 함께 생활하며, 업무와 개인 생활의 경계가 모호하다. 이는 다양한 생활 습관, 문화적 차이, 개인적 선호, 남녀 차이, 세대 차이 등이 더욱 첨예하게 대립할 가능성을 높다.

○ 엄격한 위계질서와 명확한 업무 구조: 선박은 안전과 효율적 운항을 위해 엄격한 위계질서와 명확한 책임 구조를 갖추고 있다. 이러한 구조는 때로 다양한 의견과 접근법을 제한하거나 특정 계층의 목소리가 무시될 위험을 내포한다.

○ 다국적 선원 구성: 많은 선박이 비용 효율성과 글로벌 인력 활용을 위해 다양한 국적의 선원들로 구성된다. 이는 언어적, 문화적, 종교적 차이로 인한 소통 장애와 갈등 가능성을 높다.

○ 고도의 안전 요구사항: 해상 운송은 위험한 환경에서 이루어지기 때문에 안전 절차와 표준화된 프로토콜이 중요하다. 이는 때로 개인의 다양한 접근법과 충돌할 수 있다.

○ 제한된 외부 접촉: 항해 중인 선원들은 가족, 친구, 육상의 지원 네트워크와 제한적으로만 접촉할 수 있어, 심리적 스트레스와 사회적 고립감이 증가할 수 있다.

2. 선박 조직에서의 다양성 관리 중요성

이러한 특수한 환경에서 효과적인 다양성 관리는 다음과 같은 이유로 매우 중요하다:

○ 안전과 운항 효율성: 다양한 배경의 선원들이 원활하게 소통하고 협력할 때 선박의 안전과 운항 효율성이 향상된다. 반대로, 다양성으로 인한 갈등과 소통 문제는 치명적인 사고로 이어질 위험이 있다.

○ 선원 웰빙과 유지: 선내 다양성이 효과적으로 관리될 때 선원들의 직무 만족도와 정신적 심리적 웰빙이 향상되며, 이는 우수한 인력의 유지와 이직률 감소로 이어진다.

○ 조직 학습과 문제해결: 다양한 배경과 관점을 가진 선원들은 문제해결과 의사결정 과정에 다양한 시각을 제공할 수 있으며, 이는 혁신적인 해결책과 개선으로 이어질 수 있다.

○ 비용 효율성: 다양성 관련 갈등과 소통 문제는 업무 지연, 실수, 사고 등으로 이어질 수 있어 재정적 손실을 초래할 수 있다. 효과적인 다양성 관리는 이러한 비용을 절감하는 데 기여할 것이다.

○ 법적 규제 준수: 국제해사기구(IMO)와 각국의 해사 당국은 선내 차별과 불평등을 방지하기 위한 다양한 규제와 지침을 시행하고 있어, 체계적인 다양성 관리는 법적 의무 준수에도 중요하다.

선박 조직 내 다양성 관련 시나리오 분석[13)]

선박 조직에서 발생할 수 있는 다양성 관련 갈등과 문제를 네 가지 시나리오를 통해 살펴보고, 각 상황에서의 대응 방식을 CDMI 관점에서 분석해 보겠다.

[시나리오 1: 종교적 다양성과 개인 신념 충돌]

당신은 컨테이너선의 선장이다. 같이 배를 탄 기관장은 매우 독실한 기독교 신자이다. 그의 방에는 항상 성경책이 놓여 있고 성화(聖畵)가 벽면을 장식하고 있다. 기관장은 휴식 시간에 다른 선원들에게 성경에 관해 얘기하며 교회에 나갈 것을 권유한다. 상대가 '무교'라고 대답하면, 기관장은 '기독교를 꼭 믿어야 한다'라면서 '같이 예배드리자'라며 권한다. 그래서 휴식 시간에 기독교인이 아닌 선원들에게 기관장은 기피 인물이 될 정도이다. 얼마 전에는 식사 시간에 종교가 없는 옆자리 선원에게 함께 기도하자고 제안하는 것을 보았다. 이런 상황에서 당신은 선장으로서 어떻게 할 것인가?

1. 불평을 토로하는 선원들이 교회에 나가도록 권하는 기관장에게 어떻게 그들의 생각을 전달할 것인가에 대해 충고한다.

2. 당신이 직접 관여하지 않고 문제가 해결되기를 기대한다. 그가 종교의 자유를 침해당했다고 느끼게 하고 싶지 않다.

3. 기관장과 대화한다. 자신이 선택한 종교를 믿을 자유는 있지만 다른 사람을 개종시키려는 권유가 다른 선원의 업무에 지장을 주고 있다고 설명한다. 그래서 성경책을 방에 두고 성화를 걸어놓는 것은 상관없지만 선내에서 다른 선원과 종교에 대해 논의하는 일은 자제해 달라고 부탁한다.

4. 우리 회사는 정치적, 종교적 차이에 개의치 않지만, 공적 업무공간에서는 자신의 특정한 정치적 성향이나 믿음을 주장해서는 안 되며 자신이 참여하고 있는 다른 활동에 국한되어서도 안 된다는 메시지를 모든 선내 구성원에게 전달한다.

13) 여기 소개된 선박 내 다양성 관련 시나리오는 현장 연구를 통해 실제 선원들의 경험을 익명화하고 각색한 내용이다. 특정 회사, 종교, 단체, 개인과는 전혀 관련이 없음을 명확히 밝힌다.

이 상황에서 선장으로서 취할 수 있는 네 가지 선택지와 각각의 CDMI 점수를 분석해 보겠다:

선택지 1: 불평을 토로하는 선원들이 교회에 나가도록 권하는 기관장에게 어떻게 그들의 생각을 전달할 것인가에 대해 충고한다. (7점)

이 반응은 중간 수준의 다양성 성숙도를 보여준다. 선장은 문제를 인식하고 있으며, 불평하는 선원들과 기관장 사이의 갈등을 관리하려는 의지를 보인다. 그러나 이 접근법은 기관장의 종교적 표현과 다른 선원들의 종교적 자유 사이의 균형점을 명확히 제시하지 않고 있다. 또한 선장으로서 직접적인 중재 역할을 하기보다는 조언자 역할에 머무르는 한계가 있다. 이는 다양성 관리에 대한 책임을 일부 수용하지만, 상황을 종합적으로 분석하고 모든 당사자의 권리와 책임을 명확히 하는 성숙한 접근까지는 이르지 못하고 있다.

선택지 2: 당신이 직접 관여하지 않고 문제가 해결되기를 기대한다. 그가 종교의 자유를 침해당했다고 느끼게 하고 싶지 않다. (5점)

이 접근법은 낮은 다양성 성숙도를 보여준다. 선장은 갈등 상황에 직접 개입하는 것을 회피하고, 상황이 저절로 해결되기를 기대한다. 이는 다양성 관리의 책임을 회피하는 태도로, 기관장의 종교적 표현의 자유를 우선시하면서 다른 선원들의 종교적 자유 및 업무 환경에 대한 권리를 간과하고 있다. 이러한 접근은 선내 긴장이 증가할 수 있으며, 결국 더 심각한 갈등으로 발전할 가능성이 있다. 선장으로서 다양성 관련 갈등에 적극적으로 개입하지 않는 것은 리더십의 부재를 나타내며, 선내 다양성 문화 조성에 부정적 영향을 미칠 수 있다.

선택지 3: 기관장과 대화한다. 자신이 선택한 종교를 믿을 자유는 있지만 다른 사람을 개종시키려는 권유가 다른 선원의 업무에 지장을 주고 있다고 설명한다. 그래서 성경책을 방에 두고 성화를 걸어놓는 것은 상관

없지만 선내에서 다른 선원과 종교에 대해 논의하는 일은 자제해 달라고 부탁한다. (10점)

이 반응은 가장 높은 CDMI 점수를 받았으며, 가장 성숙한 다양성 관리 접근법을 보여준다. 선장은 직접 문제에 개입하여 기관장과 솔직한 대화를 통해 상황을 해결하려 한다. 이 접근법은 기관장의 종교적 자유를 존중하면서도(개인 공간에서의 종교적 표현 허용), 다른 선원들의 권리와 업무 환경도 고려하는 균형 잡힌 시각을 보여주고 있다. 선장은 문제의 핵심(다른 선원들에게 종교를 강요하는 행위)을 명확히 식별하고, 이에 대한 구체적인 개선 방향을 제시하고 있다. 이는 다양한 관점과 권리를 종합적으로 고려하고, 모든 구성원이 존중받는 환경을 조성하려는 성숙한 다양성 관리 태도를 반영한다.

선택지 4: 우리 회사는 정치적, 종교적 차이에 개의치 않지만, 공적 업무공간에서는 자신의 특정한 정치적 성향이나 믿음을 주장해서는 안 되며 자신이 참여하고 있는 다른 활동에 국한되어서도 안 된다는 메시지를 모든 선내 구성원에게 전달한다. (5점)

이 접근법은 낮은 다양성 성숙도를 보여준다. 선장은 개인과의 직접적인 대화 대신 일방적인 지시나 공지를 통해 문제를 해결하려 하고 있다. 이는 기본적인 규정을 제시하는 수동적인 접근으로, 특정 상황의 맥락과 복잡성을 충분히 고려하지 못한다. 규정만 전달할 경우, 기관장은 자신의 행동이 문제가 된다는 것을 명확히 인식하지 못할 수 있으며, 다른 선원들은 자신들의 불만이 적절히 처리되지 않았다고 느낄 수 있다. 또한 이러한 일괄적 메시지는 다양성 문제에 대한 개방적 대화와 상호 이해를 촉진하기보다는 단순히 규칙 준수에 초점을 맞추는 한계가 있다.

[시나리오 2: 부서 간 소통과 협력의 실패]

당신은 일본 동경항에서 출항하여 부산항으로 항해 중인 부정기선 선장이다. 영업팀 과장에게서 연락이 와서 갑자기 계약한 화주와의 중요한 스케줄로 부산항 도착시간을 앞당겨 줄 것을 요청한다. 선장은 2등 항해사에게 현재 기상과 항해 상황을 바탕으로 도착예정시간(ETA)를 보고하도록 지시하고 바로 엔진 알피엠을 올린다. 이때 기관장에게서 연락이 오고 현재 엔진 컨디션과 기상 상황이 좋지 않아 그러면 엔진에 무리가 간다고 이야기한다. 이에 선장은 왜 출항 전에 미리미리 상황을 보고하지 않았느냐며 다그치고 심지어 엔진을 어찌 관리하길래 이 모양이냐고 소리친다. 다음 날 아침 재차 걸려 온 영업팀 전화로 선장은 다시 엔진 알피엠 게이지를 올리고 선체가 심하게 진동하더니 1시간 정도 후 엔진이 꺼져버린다. 결국 배는 갑판과 기관이 서로의 탓만 하다가 당초 ETA보다 10시간 늦게 부산항에 도착하고, 예정된 화주의 화물은 취소되고 만다. 이 상황에서 당신은 어떻게 대처하겠는가?

1. 아무 말도 하지 않는다. 영업팀이나 기관부 사람들은 선교 업무를 결코 이해하지 못하므로 그들에게 당신이 하는 일을 이해시키려고 해봐야 소용없는 일이다.
2. 영업팀의 요청에 부응하려 노력하는 것은 당연하지만, 그들이 본선의 업무 상황을 완전히 이해하지 못한다는 점을 이해시킨다.
3. 선장과 기관장을 중심으로 갑판부와 기관부 구성원들 간의 정기적인 소통 기회를 마련한다. 문제점을 해결하기 위한 운동이나 식사 등의 모임을 만들어 선사 영업 부서의 목표와 양립할 수 있는 행동계획을 세운다.
4. 회사의 손익 문제를 고려한다. 영업팀 직원들이 선박의 상황과 선령을 고려하지 않고 물량을 확보하여 역효과를 줄 불합리한 요구를 하는가? 기관부 팀원들이 탄력적인 업무 대처보다는 엔진 컨디션을 핑계로 삼아 업무를 하는 것은 아닌지? 당신의 답변에 기초해 판단한다.

이 상황에서 선장으로서 취할 수 있는 네 가지 선택지와 각각의 CDMI 점수를 분석해 보겠다:

선택지 1: 아무 말도 하지 않는다. 영업팀이나 기관부 사람들은 선교 업무를 결코 이해하지 못하므로 그들에게 당신이 하는 일을 이해시키려고 해봐야 소용없는 일이다. (5점)

이 반응은 낮은 다양성 성숙도를 보여준다. 선장은 문제해결에 적극적으로 참여하기를 거부하고, 타 부서와의 소통을 포기하는 태도를 보이고 있다. '그들은 결코 이해하지 못한다'는 고정관념은 다양한 관점과 전문성을 가진 부서 간 협력 가능성을 차단한다. 이러한 접근은 부서 간 분리와 고립을 심화시키고, 유사한 문제가 반복될 가능성을 높인다. 다양성 관리의 핵심인 서로 다른 관점과 배경을 가진 구성원들 간의 소통과 협력을 촉진하지 못하는 미성숙한 태도이다.

선택지 2: 영업팀의 요청에 부응하려 노력하는 것은 당연하지만, 그들이 본선의 업무 상황을 완전히 이해하지 못한다는 점을 이해시킨다. (5점)

이 접근법 역시 낮은 다양성 성숙도를 보여준다. 선장은 영업팀의 요청을 일부 수용하면서도, 문제의 원인을 그들의 이해 부족으로만 돌리는 일방적인 시각을 보인다. 이는 영업팀의 요구사항과 제약조건을 이해하려는 노력 없이, 자신의 입장만을 정당화하는 태도이다. 또한 기관부와의 갈등에 대해서는 언급하지 않아, 포괄적인 문제해결 접근이 부족하다. 진정한 다양성 관리는 상대방의 관점을 이해하고 존중하는 것에서 시작하지만, 이 접근법은 그러한 상호 이해와 존중의 노력이 부족해 보인다.

선택지 3: 선장과 기관장을 중심으로 갑판부와 기관부 구성원들 간의 정기적인 소통 기회를 마련한다. 문제점을 해결하기 위한 운동이나 식사 등의 모임을 만들어 선사 영업 부서의 목표와 양립할 수 있는 행동계획을 세운다. (7점)

이 반응은 중간 수준의 다양성 성숙도를 보여준다. 선장은 부서 간 소통과 협력의 중요성을 인식하고, 이를 개선하기 위한 구체적인 방안을 제시한다. 정기적인 소통 기회와 비공식적 모임을 통해 상호 이해를 증진하고, 공동의 행동계획을 수립하려는 노력은 긍정적이다. 그러나 이 접근법은 현재 발생한 구체적인 문제(엔진 고장과 화물 취소)에 대한 직접적인 해결책을 제시하지 않으며, 영업팀을 소통

체계에 완전히 통합하지 않는 한계가 있다. 또한 문제의 근본 원인에 대한 분석이 부족하여, 유사한 상황이 재발할 우려가 있다.

선택지 4: 회사의 손익 문제를 고려한다. 영업팀 직원들이 선박의 상황과 선령을 고려하지 않고 물량을 확보하여 역효과를 줄 불합리한 요구를 하는가? 기관부 팀원들이 탄력적인 업무 대처보다는 엔진 컨디션을 핑계로 삼아 업무를 하는 것은 아닌지? 당신의 답변에 기초해 판단한다. (10점)

이 반응은 가장 높은 CDMI 점수를 받았으며, 가장 성숙한 다양성 관리 접근법을 보여준다. 선장은 특정 부서의 입장만 지지하거나 비난하지 않고, 회사 전체의 이익과 목표라는 더 큰 맥락에서 상황을 분석하고 있다. 이 접근법은 모든 관련 부서(영업팀, 갑판부, 기관부)의 관점과 제약조건을 객관적으로 평가하고, 각자의 책임과 역할을 균형 있게 고려한다. 특히 '회사의 손익'이라는 공통 목표를 중심으로 문제를 재정의함으로써, 부서 간 갈등을 넘어 협력적 해결책을 모색할 수 있는 기반을 마련한다. 이는 다양한 이해관계자의 관점을 통합하고, 조직 전체의 효과성을 높이는 성숙한 다양성 관리 역량을 보여준다.

[시나리오 3: 다양성에 대한 인식과 평가]

> 다음 중 어떤 것이 가장 다양성이 풍부하다고 생각하는가?
>
> 1. 여성 사관이 포함된 사관들과 3개 국적 이상의 부원들로 구성된 탱커선.
> 2. 2300세대 15개 동 신규입주 아파트 커뮤니티 운영과 수익사업 방법 등을 논의하기 위해 모인 입주자 대표 모임.
> 3. 덴마크인 선장, 루마니아 출신 1등 항해사, 인도 출신 2등, 3등 항해사로 구성된 갑판부.
> 4. 참석한 사람들을 직접 보고 이야기하기 전에는 알 수 없다.

다양성이 가장 풍부한 환경이 무엇인지에 대한 네 가지 선택지와 각각의 CDMI

점수를 분석해 보겠다:

선택지 1: 여성 사관이 포함된 사관들과 3개 국적 이상의 부원들로 구성된 탱커선. (5점)

이 응답은 낮은 다양성 성숙도를 보여준다. 이 선택지는 다양성을 주로 성별과 국적과 같은 표면적이고 인구통계학적인 특성으로만 이해하는 제한된 시각을 반영한다. 공동의 목적과 이해관계로 조직된 구성원들은 외형적 특성이 다양하더라도 사고방식, 가치관, 문제해결 접근법 등에서 유사성을 보일 수 있다. 토마스의 평가에 따르면, 이는 '속성상 아주 달라도 다양성이 부족하다'라는 것을 보여준다. 진정한 다양성은 표면적 특성을 넘어, 인지적, 경험적, 기능적 다양성까지 포함하는 더 깊은 차원의 개념이다.

선택지 2: 2300세대 15개 동 신규입주 아파트 커뮤니티 운영과 수익사업 방법 등을 논의하기 위해 모인 입주자 대표 모임. (7점)

이 반응은 중간 수준의 다양성 성숙도를 보여준다. 이 선택지를 선택한 사람은 다양성이 단순한 외형적 특성보다 '믿음과 행동'이 더 중요하다는 인식을 가지고 있다. 입주자 대표 모임에는 다양한 직업, 경험, 가치관, 우선순위를 가진 사람들이 포함될 수 있으며, 이들은 공통의 거주 환경이라는 맥락 속에서 다양한 관점과 접근법을 제시할 수 있다. 이는 다양성의 표면적 측면을 넘어 그 심층적 측면을 일부 인식하고 있음을 보여주지만, 여전히 다양성의 모든 측면과 복잡성을 완전히 파악하지는 못하고 있다.

선택지 3: 덴마크인 선장, 루마니아 출신 1항사, 인도 출신 2, 3항사로 구성된 갑판부. (5점)

이 응답 역시 낮은 다양성 성숙도를 보여준다. 선택지 1과 마찬가지로, 이 선택지는 다양성을 주로 국적이나 문화적 배경과 같은 인구통계학적 차이로만 정의하는 제한된 시각을 반영한다. 서로 다른 국적의 사관들로 구성된 갑판부는 외형적으로는 다양해 보이지만, 유사한 해기 교육과 훈련을 받았고, 동일한 전문 분야에서 비슷한 임무를 수행하는 등 많은 공통점을 가질 수 있다. 이는 다양성의 표면적 특성에만 초점을 맞추고, 그 심층적 차원을 간과하는 접근이다.

선택지 4: 참석한 사람들을 직접 보고 이야기하기 전에는 알 수 없다. (10점)

이 반응은 가장 높은 CDMI 점수를 받았으며, 가장 성숙한 다양성 인식을 보여준다. 이 선택지는 다양성이 단순히 외형적으로 관찰 가능한 특성이나 인구통계학적 범주로 판단할 수 없는 복잡하고 맥락 의존적인 개념임을 인식하고 있다. 진정한 다양성은 사람들의 생각, 경험, 가치관, 관점, 문제해결 방식 등 눈에 보이지 않는 심층적 측면에서 더 의미 있게 나타날 수 있다. 이 응답은 각 상황과 맥락에 따라 다양성을 평가해야 하며, 표면적인 관찰이나 가정만으로는 다양성의 실체를 파악할 수 없다는 깊은 이해를 보여준다. 이는 다양성의 복잡성과 다차원성에 대한 성숙한 인식을 반영한다.

[시나리오 4: 다양성 관리의 전략적 중요성]

선박 내에서 효율적으로 다양성에 대응해야 하는 가장 중요한 이유는 무엇인가?

1. 도덕적으로 올바른 일이다.
2. 기업이 좀 더 경쟁력을 갖추기 위해서다.
3. 법률상의 요청이다.
4. 나의 승진에 도움이 되기 때문이다.

선박 내에서 효율적으로 다양성에 대응해야 하는 가장 중요한 이유에 대한 네 가지 선택지와 각각의 CDMI 점수를 분석해 보겠다:

선택지 1: 도덕적으로 올바른 일이다. (7점)

이 반응은 중간 수준의 다양성 성숙도를 보여준다. 다양성 관리를 도덕적 의무로 보는 이 관점은 좋은 의도와 가치 지향적 태도를 반영한다. 다양성 존중과 포용은 분명 윤리적으로 중요한 가치이다. 그러나 이 접근법은 다양성 관리의 실용적, 전략적 측면을 충분히 인식하지 못하는 한계가 있다. 도덕적 동기만으로는 조직 내 다양성 관리의 구체적인 이점과 가치를 설명하고 정당화하기 어려울 수 있으며, 다양성 관리가 조직의 핵심 목표와 성과에 어떻게 기여하는지 명확히 제시하지 못한다. 진정한 다양성 성숙도는 도덕적 가치와 함께 실질적인 조직 이익을 인식하는 통합적 관점을 요구한다.

선택지 2: 기업이 좀 더 경쟁력을 갖추기 위해서다. (10점)

이 반응은 가장 높은 CDMI 점수를 받았으며, 가장 성숙한 다양성 관리 인식을 보여준다. 이 관점은 다양성 관리를 단순한 도덕적 의무나 법적 요구사항을 넘어, 조직의 성과와 경쟁력 향상에 직접적으로 기여하는 전략적 요소로 인식한다. 다양성 성숙도가 높은 관리자는 다양한 배경과 관점을 가진 선원들이 창의적 문제해결, 혁신적 사고, 다양한 시장과 고객에 대한 이해 증진, 위기 상황에서의 적응력 향상 등 기업 경쟁력의 다양한 측면에 기여할 수 있음을 이해한다. 이는 다양성 관리를 조직의 핵심 가치와 목표에 통합하는 전략적 접근으로, 지속 가능한 다양성 관리의 기반이 된다.

선택지 3: 법률상의 요청이다. (5점)

이 접근법은 낮은 다양성 성숙도를 보여준다. 다양성 관리를 단순히 법적 의무 준수의 차원으로 인식하는 이 관점은 다양성의 본질적 가치와 이점을 간과하고 있다. 법적 요구사항 충족은 다양성 관리의 최소한의 기준일 뿐, 그 잠재적 가치와 이점을 충분히 활용하기 위한 충분조건은 아니다. 토마스의 평가처럼, 이러한 사고방식은 '다양성 관리의 이익을 내면화하는 데 어려움'을 겪게 만든다. 법적 의무를 넘어 다양성의 가치와 이점을 진정으로 인식하고 내재화할 때, 효과적인 다양성 관리가 가능해진다.

선택지 4: 나의 승진에 도움이 되기 때문이다. (5점)

이 반응 역시 낮은 다양성 성숙도를 보여준다. 이 관점은 다양성 관리를 개인적 이익이나 경력 발전의 수단으로만 인식하는 좁은 시각을 반영하고 있다. 다양성 관리가 개인의 리더십 역량과 경력 개발에 도움이 될 수 있지만, 이를 주된 동기로 삼는 것은 다양성의 본질적 가치와 조직적 이점을 간과하는 것이다. 토마스의 지적처럼, 이는 '자신을 위해서는 다양성을 추구하지만, 회사를 위해서는 그렇지 않은' 불균형한 태도이다. 진정한 다양성 성숙도는 개인적 이익을 넘어 조직 전체와 모든 구성원의 이익을 고려하는 포괄적 관점을 요구한다.

선원 다양성 성숙 지수(CDMI) 모형 개발 제안

1. CDMI의 개념적 정의와 목적

선원 다양성 성숙 지수(Crew Diversity Maturity Index, CDMI)는 루즈벨트 토마스의 PDMI를 기반으로 하되, 선박 조직의 특수성을 반영하여 재설계된 다양성 성숙도 평가 모델이다. CDMI는 다음과 같은 목적을 가진다:

- 선내 다양성 수준 진단: 선박 내 다양성 관리의 현재 수준을 객관적으로 평가하고 진단한다.
- 선내 다양성 이슈 파악: 선내에서 발생하는 다양성 관련 갈등과 소통 문제의 유형과 원인을 식별한다.
- 선원 다양성 역량 개발: 선원 개인과 선내 리더십의 다양성 관리 역량을 개발하기 위한 방향을 제시한다.

- ❍ 선내 다양성 관리 개선: 평가 결과를 바탕으로 선내 다양성 관리 프로그램과 정책의 개선 방향을 제안한다.
- ❍ 해운기업 다양성 전략 수립: 해운기업 차원의 포괄적인 다양성 관리 전략 수립을 위한 기초 자료를 제공한다.

CDMI는 단순히 개인의 다양성 인식 수준을 평가하는 것을 넘어, 선내 리더십, 조직문화, 정책과 제도, 교육 프로그램 등 다양한 측면에서 선박 조직의 다양성 성숙도를 종합적으로 평가하는 도구가 될 수 있을 것이다.

2. CDMI의 차별화 요소: PDMI와의 비교

CDMI는 PDMI의 기본 철학과 평가 방식을 계승하면서도, 다음과 같은 차별화된 요소를 포함하고 있다.

- ❍ 선박 특수 환경 고려: CDMI는 제한된 공간에서의 장기간 공동생활, 엄격한 위계질서, 다국적 선원 구성, 고도의 안전 요구사항 등 선박 환경의 특수성을 평가 요소에 반영한다.
- ❍ 다차원적 평가 구조: CDMI는 개인 수준뿐 아니라 팀(부서), 선박, 그리고 기업 수준의 다양성 성숙도를 함께 평가하는 다차원적 구조를 가진다.
- ❍ 안전과 운항 효율성 연계: CDMI는 다양성 관리가 선박의 안전과 운항 효율성에 미치는 영향을 핵심 평가 요소로 포함한다.
- ❍ 선내 특수 다양성 유형 포함: CDMI는 국적, 언어, 성별, 세대, 문화적 차이뿐 아니라 직급(사관/부원), 부서(갑판부/기관부/사주부), 경력 수준, 선종 경험 등 선내 특수한 다양성 유형을 평가한다.
- ❍ 실용적 도구와 개입 전략 제공: CDMI는 평가 결과에 따른 구체적인 개선 도구와 개입 전략을 제공하여 실제 선내 다양성 관리 개선에 직접 기여한다.

3. CDMI의 평가 영역과 측정 구조

CDMI는 다음과 같은 주요 평가 영역으로 구성된다.

a. 선원 개인 차원의 다양성 성숙도

다양성에 대한 인식과 이해

다양한 문화와 관점에 대한 개방성

다양성 관련 갈등 상황에서의 대응 능력

다양한 배경의 선원들과의 효과적인 소통 능력

자기 인식과 편견 관리 능력

b. 선내 리더십의 다양성 관리 역량

선장 및 사관들의 다양성 관리 인식과 접근법

다양성 관련 이슈에 대한 중재 및 해결 능력

포용적 의사결정과 참여 촉진 능력

다양한 선원들의 강점을 활용하는 능력

다양성 관리의 롤모델 역할 수행 정도

c. 선내 조직문화와 환경

다양성을 존중하고 가치 있게 여기는 문화 수준

선내 소속감과 심리적 안전감 형성 정도

다양한 관점과 아이디어의 자유로운 표현 가능성

다양성 관련 갈등의 건설적 해결 문화 존재 여부

다양성이 업무 성과와 혁신에 기여하는 인식 수준

d. 선내 정책과 제도

다양성 관리를 위한 명확한 정책과 가이드라인 존재

공정한 업무 할당과 평가 시스템

다양성 관련 교육과 훈련 프로그램 제공

다양성 관련 불만과 제안을 처리하는 메커니즘 존재

다양성 관리를 위한 자원 할당과 지원 수준

e. 선사(해운기업) 차원의 지원과 관리

다양성 관리에 대한 기업 차원의 비전과 전략

다양한 선원 구성을 위한 채용 및 배치 정책

다양성 관리를 위한 교육과 자원 제공

다양성 관리 성과의 모니터링과 평가 시스템

다양성 관리 우수 사례의 공유와 확산 노력

4. CDMI의 성숙도 단계

CDMI는 선원과 선박 조직의 다양성 성숙도를 다음과 같은 단계로 구분한다.

- ❍ 1단계 인식 부재 (Unaware): 다양성의 존재와 중요성에 대한 인식이 없거나 부정하는 단계. 다양성은 문제나 부담으로 인식되며, 동질성이 선호된다.
- ❍ 2단계 규정 준수 (Compliant): 법적, 제도적 요구사항을 충족하기 위해 최소한의 다양성 관리를 시행하는 단계. 다양성은 반드시 관리해야 할 의무로 인식된다.
- ❍ 3단계 인식과 수용 (Aware and Accepting): 다양성의 가치와 중요성을 인식하고 수용하는 단계. 다양한 배경과 관점을 존중하고 이해하려는 노력이 시작된다.
- ❍ 4단계 적극적 활용 (Actively Leveraging): 다양성을 적극적으로 활용하여 업무 성과와 문제해결 능력을 향상시키는 단계. 다양한 관점과 접근법이 가치 있는 자원으로 인식된다.
- ❍ 5단계 통합적 내재화 (Integrated): 다양성 관리가 조직문화와 운영에 완전히 통합되어 자연스러운 일상의 일부가 된 단계. 다양성은 조직의 정체성과 경

쟁력의 핵심 요소로 자리 잡는다.

이러한 단계적 접근은 선내 다양성 관리의 현재 수준을 파악하고, 다음 단계로 발전하기 위한 구체적인 방향과 목표를 설정하는 데 도움을 줄 것이다.

CDMI의 실제 적용 방안과 활용 전략

1. CDMI 평가 방법

CDMI는 다음과 같은 다양한 평가 방법을 통해 선내 다양성 성숙도를 측정한다:

- ❍ 시나리오 기반 평가: 선내에서 발생할 수 있는 다양성 관련 상황에 대한 시나리오를 제시하고, 이에 대한 선원들의 반응과 대응 방식을 평가한다. 앞서 살펴본 네 가지 시나리오와 같은 실제 상황을 활용한다.
- ❍ 자기 평가 설문: 선원 개인이 자신의 다양성 인식, 태도, 행동에 대해 자가 진단하는 설문을 시행한다. 이는 익명으로 진행되어 솔직한 응답을 유도한다.
- ❍ 360도 피드백: 선장, 사관, 부원 등 다양한 직급과 부서의 구성원들이 서로의 다양성 관리 역량에 대해 평가하고 피드백을 제공한다.
- ❍ 관찰 평가: 선내 다양성 전문가나 훈련된 평가자가 선내 생활과 업무를 관찰하여 다양성 관리 실태를 평가한다.
- ❍ 문서 및 정책 분석: 선사의 다양성 관련 정책, 교육 프로그램, 불만 처리 절차 등을 분석하여 제도적 수준의 다양성 성숙도를 평가한다.

2. CDMI 적용 절차

선내 CDMI 적용은 다음과 같은 단계로 진행된다:

- ❍ 준비 단계: 선사와 선박 관리자들의 CDMI 적용 필요성 인식과 지원 확보, 평가 목적과 범위 설정, 평가 일정과 방법 계획
- ❍ 데이터 수집 단계: 설문, 인터뷰, 관찰, 문서 분석 등 다양한 방법을 통한 다양성 관련 데이터 수집
- ❍ 분석 및 진단 단계: 수집된 데이터를 바탕으로 선내 다양성 성숙도 수준을 분석하고, 강점과 약점, 개선 필요 영역 진단
- ❍ 피드백 및 계획 수립 단계: 평가 결과를 선원들과 공유하고, 다양성 성숙도 향상을 위한 구체적인 행동 계획 수립
- ❍ 실행 및 모니터링 단계: 개선 계획의 실행과 지속적인 모니터링, 정기적인 재평가를 통한 발전 추적

3. 선종별 맞춤형 CDMI 적용

다양한 선종(컨테이너선, 탱커, 벌크선, 여객선 등)은 각기 다른 운항 특성, 선원 구성, 업무 환경을 가지고 있어 맞춤형 CDMI 적용이 필요하다:

- ❍ 컨테이너선: 빈번한 항만 기항과 짧은 항해 기간으로 인한 고강도 업무 환경에서의 다양성 관리에 초점
- ❍ 탱커: 위험화물 운송에 따른 높은 안전 요구사항과 엄격한 절차 하에서의 다양성 활용 방안 강조
- ❍ 벌크선: 장기간 항해와 상대적으로 적은 선원 수로 인한 밀접한 인간관계에서의 다양성 관리 중점
- ❍ 여객선: 승객 서비스 제공과 관련된 다양한 부서와 직무 간 협력에서의 다양성 활용 강조

4. 위계적 조직에서의 CDMI 적용 전략

선박은 안전을 위한 엄격한 위계질서가 필요한 조직이지만, 이것이 다양성 관리와 충돌하지 않도록 다음과 같은 전략을 활용할 필요가 있다.

- ❍ 명확한 경계 설정: 안전과 직결된 의사결정에서는 위계적 구조를 유지하되, 일상적인 업무와 생활에서는 보다 수평적인 소통과 참여를 장려한다.
- ❍ 포용적 리더십 개발: 선장과 사관들이 권위를 유지하면서도 다양한 의견을 경청하고 고려하는 포용적 리더십 역량을 개발한다.
- ❍ 심리적 안정감 조성: 위계질서 내에서도 모든 선원이 자신의 의견과 우려를 안전하게 표현할 수 있는 심리적 안정감을 조성한다.
- ❍ 참여 가능 영역 확대: 안전을 저해하지 않는 범위 내에서 선원들의 의사결정 참여 영역을 점진적으로 확대한다.

CDMI 적용의 기대효과와 한계점

1. CDMI 적용의 기대효과

- ❍ 선내 갈등 감소와 소통 개선: 다양성에 대한 이해 증진과 효과적인 소통 방식 개발을 통해 국적, 문화, 부서, 직급 간 갈등을 줄이고 협력을 향상시킨다.
- ❍ 선원 만족도와 유지율 증가: 다양한 배경의 선원들이 존중받고 가치를 인정받는 환경에서 직무 만족도가 높아지고, 우수 인력의 이직률이 감소한다.
- ❍ 안전성과 운항 효율성 향상: 다양한 관점과 경험을 활용한 의사결정과 문제해결을 통해 안전사고를 예방하고 운항 효율성을 높인다.
- ❍ 창의적 문제해결 증진: 다양한 배경과 관점을 가진 선원들의 아이디어를 활

용하여 선내 문제에 대한 창의적이고 혁신적인 해결책을 모색한다.
- ❍ 선사의 경쟁력 강화: 효과적인 다양성 관리를 통해 선사의 글로벌 인재 유치, 운항 성과 향상, 고객 만족도 증대 등 전반적인 경쟁력이 강화된다.

2. CDMI 적용의 도전과 한계점

- ❍ 선내 환경의 제약: 제한된 공간, 24시간 운영 체제, 통신 제약 등 선내 환경의 특성으로 인해 포괄적인 다양성 관리 프로그램 실행에 어려움이 있을 수 있다.
- ❍ 안전과 다양성의 균형: 선박의 안전 운항을 위한 표준화된 절차와 위계질서가 다양한 접근법과 관점을 존중하는 다양성 원칙과 충돌할 가능성이 있다.
- ❍ 문화적 장벽의 복잡성: 다양한 연령, 언어, 국적 및 문화적 배경을 가진 선원들 사이의 깊은 문화적 차이와 잠재적 편견은 단기간에 해소하기 어려울 수 있다.
- ❍ 리더십의 다양성 역량 한계: 선장과 사관들이 전통적인 해기 교육에서 다양성 관리 교육을 충분히 받지 못했을 경우, 효과적인 다양성 관리에 한계가 있을 수 있다.
- ❍ 측정과 평가의 어려움: 다양성 관리의 성과와 영향을 객관적으로 측정하고 평가하는 것은 복잡하고 어려운 과제일 수 있다.

3. 한계 극복을 위한 제언

- ❍ 맞춤형 접근법 개발: 각 선박의 특성, 선원 구성, 운항 패턴 등을 고려한 맞춤형 다양성 관리 접근법을 개발한다.
- ❍ 단계적 적용 전략: CDMI의 모든 요소를 한꺼번에 적용하기보다는, 선내 상황과 준비도에 맞게 단계적으로 적용한다.

○ 해기 교육과 훈련에 다양성 관리 통합: 해기사 양성 교육과 승진 교육에 다양성 관리 역량을 핵심 요소로 통합한다.

○ 성공 사례 개발과 공유: 선내 다양성 관리 성공 사례를 발굴하고 공유하여 실질적인 적용 모델을 제공한다.

○ 지속적인 연구와 개선: 선내 다양성 관리에 관한 지속적인 연구와 CDMI 모델의 개선을 통해 적용성과 효과성을 높인다.

결론: 선내 다양성 관리의 미래와 CDMI의 역할

이 장에서는 루즈벨트 토마스의 개인 다양성 성숙 지수(PDMI) 모델을 선박 조직이라는 특수한 맥락에 적용하여, 해운업계가 직면한 고유한 다양성 도전과제들을 해결하고자 하였다. 글로벌화가 심화되고 선원 구성이 더욱 다양화되는 해운업계의 현실에서, 효과적인 다양성 관리는 더 이상 선택이 아닌 필수적 경쟁 요소가 되었다. 선박은 다양한 문화적, 민족적, 사회적 배경을 가진 개인들이 제한된 공간에서 장기간 함께 생활하고 업무를 수행하는 독특한 환경으로, 이러한 특수성을 고려한 체계적인 다양성 관리 도구의 필요성이 대두되고 있다.

이러한 맥락에서 선박 조직의 특수성을 반영한 '선원 다양성 성숙 지수(Crew Diversity Maturity Index, CDMI)'를 제안하였다. CDMI는 PDMI의 기본 원칙과 구조를 바탕으로 하되, 선내 환경의 고유한 특성과 요구사항을 고려하여 재설계된 평가 도구이다. 제시된 사례 연구들은 해상업무 맥락에서 PDMI 모델 적용의 실현 가능성을 보여주며, 선원들이 직면하는 다양성 관련 도전과 기회에 대한 가치 있는 통찰을 제공한다.

CDMI는 단순히 다양성 관련 갈등과 문제를 해결하는 도구를 넘어, 다양성을 선박 운영의 강점으로 전환하고 활용하는 전략적 접근법을 제공할 것이다. 다양성 수용은 도덕적 의무일 뿐만 아니라, 해운기업이 장기적으로 경쟁력을 유지하고 지속가능한 발전을 이루기 위한 전략적 필수 요소이다.

선내 다양성을 효과적으로 관리함으로써 얻을 수 있는 기대효과는 다양하다. 우선 선원들의 심리적 웰빙과 직무 만족도가 향상되며, 이는 이직률 감소와 우수 인력 유지로 이어질 것이다. 또한 다양한 관점과 경험을 활용한 의사결정과 문제 해결 능력 향상을 통해 안전성과 운항 효율성이 증진될 것이다. 궁극적으로 이러한 효과는 해운기업의 전반적인 성과와 지속가능성 향상에 기여할 것이다.

포용적이고 공평한 업무 환경을 조성함으로써, 해운 조직은 다양한 구성원들의 잠재력을 최대한 활용하고, 혁신을 촉진하며, 의사결정을 개선하고, 궁극적으로 더 나은 비즈니스 성과를 달성할 수 있을 것이다. CDMI 개발과 구현은 해운업계의 다양성 수용 노력을 지원하는 중요한 역할을 할 것이며, 모든 선원이 배경이나 정체성에 관계없이 더 포용적이고 지지적인 근무 환경을 경험할 수 있도록 도울 것이다.

향후 CDMI 모델의 개발과 연구에서는 다양한 선종, 항로, 선원 구성을 가진 선박에서의 실제 사례 수집을 통해 CDMI 모델을 더욱 정교화하고 검증할 필요가 있을 것이다. 또한 장기적인 관점에서 CDMI 적용이 선내 다양성 관리와 선박 성과에 미치는 영향을 측정하는 연구도 필요할 것이다. 특히 다양한 해운기업의 CDMI 적용 사례와 성공요인, 장애 요소 등을 분석하여 보다 실용적인 가이드라인을 개발하는 것이 중요할 것이다.

CDMI의 성공적인 적용을 위해서는 해운업계의 모든 이해관계자의 적극적인 지원과 협력이 필수적이다. 이해관계자별 역할은 다음과 같다:

- ❍ 해운기업과 선박 관리회사는 CDMI 프레임워크를 채택하고 이를 다양성 관리 전략에 통합하는 데 주도적인 역할을 해야 한다. 그들은 다양성 교육 프로그램, 평가 도구, 지속적 개선 이니셔티브 등 CDMI 구현에 필요한 자원과 지원을 제공해야 한다.
- ❍ 한국해양대학교와 같은 해기 교육기관은 미래 선원들이 다양한 선내 조직

에서 일하는 도전에 대비하도록 준비시키는 중요한 역할을 담당한다. 이들은 CDMI 프레임워크를 교과과정에 통합하고, 학생들에게 선내 다양성을 효과적으로 관리하는 데 필요한 지식, 기술, 태도를 제공해야 한다.

❍ 국제해사기구(IMO)와 같은 국제조직은 해운업계에서 다양성 관리의 중요성을 인식하고, 지침, 표준, 모범 사례를 통해 CDMI 구현을 지원해야 한다.

❍ 항해학, 인문학, 사회과학, 문화 간 커뮤니케이션 등 다양한 분야의 연구자들은 CDMI 프레임워크를 더욱 정제하고 검증하기 위해 협력해야 할 것이다. 그들은 선내 실제 근무 상황에서 더 많은 사례를 수집하고, CDMI가 선내 다양성 관리에 미치는 장기적 영향을 탐구하는 추가 연구를 수행해야 한다.

다양성은 더 이상 관리해야 할 문제가 아닌, 적극적으로 활용해야 할 전략적 자산이다. CDMI는 이러한 패러다임 전환을 촉진하고, 다양성의 가치를 최대화하는 선내 환경 조성에 기여할 것이다. 이를 통해 선원 개인의 잠재력 발휘, 조직의 성과 향상, 나아가 해운업계 전체의 지속 가능한 발전을 도모할 수 있다.

모든 이해관계자가 함께 협력하고 CDMI 구현을 지원함으로써, 개인, 조직, 사회 전체에 이익이 되는 더욱 다양하고 포용적이며 효과적인 해운업계를 만드는 데 기여할 수 있다. 궁극적으로 CDMI의 적용을 통해, 해운업계가 단순히 다양성을 허용하는 것을 넘어 진정으로 다양성을 존중하고 그 가치를 전략적으로 활용하는 포용적인 산업으로 발전하는 데 기여할 수 있기를 기대한다.

참고문헌 및 인용 자료

Benton, G. (2005), Multicultural crews and the cultural globalization. Maritime Security and MET: *Proceedings of the International Association of Maritime Universities (IAMU)*, 6th International Annual General Assembly and Conference. USA: WIT Press, 349-356.

Cox, T. H., & Blake, S. (1991), Managing Cultural Diversity: Implications for Organizational Competitiveness. *Academy of Management Perspectives*, 5(3), 45-56.

Horck, J. (2010), *Meeting Diversities in Maritime Education: A blend from World Maritime University*. Malmö: World Maritime University.

Kahveci, E., Lane, T., & Sampson, H. (2002), *Transnational seafarer communities*. Cardiff: Cardiff University.

Klikauer, T., & Morris, R. (2003), Human Resources in the German Maritime Industries: 'Back-Sourcing' and Ship Management. *International Journal of Human Resource Management*, 14(4), 544-558.

Knudsen, J. S. (2013), The integration of corporate social responsibility (CSR) initiatives into business activities: can lessons be learnt from gender diversity programmes? *International Journal of Business Governance and Ethics*, 8(3), 210-223.

Lane, T., Obando-Rojas, B., Sorensen, M., Wu, B., & Tasiran, A. (2002), *Crewing the international merchant fleet*. Surrey: Lloyds Register-Fairplay Ltd.

Progoulaki, M., & Theotokas, I. (2016), Managing Culturally Diverse Maritime Human Resources as a Shipping Company's Core Competency. *Maritime Policy & Management*, 43(7), 860-873.

Progoulaki, M., Katradi, A., & Theotokas, I. (2013), Promoting and Developing Seafarers' Welfare under the Maritime Labour Convention: A Research Agenda. *Journal of Economics and Business*, 63(3-4), 75-82.

Sampson, H., & Zhao, M. (2003), Multilingual Crews: Communication and the Operation of Ships. *World Englishes*, 22(1), 31-43.

Theotokas, I., & Progoulaki, M. (2007), Cultural Diversity, Manning Strategies and

Management Practices in Greek Shipping. *Maritime Policy & Management*, 34(4), 383-403.

Thomas, R. R. (1996), *Redefining Diversity*. New York: AMACOM.

Thomas, R. R. (2002), 다양성을 추구하는 조직이 강하다. 채계병 역, 이지북.

Thomas, R. R. (2010), *World Class Diversity Management: A Strategic Approach*. San Francisco: Berrett-Koehler Publishers.

코로나 팬데믹 이후 달라진 세계의 모습

아르준 아파두라이 교수 Time지 '코로나19와 글로벌화' 관련 기고문

"코로나는 지구화를 멈추게 하지 않을 것이다. 하지만 지구화의 모습은 코로나 이후 달라질 것이다(Coronavirus Won't Kill Globalization. But It Will Look Different After the Pandemic)."

2020년 4월 18일 독일 프랑크푸르트 공항 모습. 남아프리카 항공 승무원들이 방역복을 입고 지나고 있다.

1990년대 초 '지구화(글로벌화)' 담론이 활발할 때, 당시 학자들은 지구화가 가진 바이러스적 특징에 우려를 표명했다. 여기서 바이러스적 특징이란 지구화의 급격한 전파속도와 전파된 지역을 거침없이 변화시키는 힘을 의미했다. 당시 담론에서는 '지구화'의 긍정적 힘에 대한 평가가 더 지배적이었다.

그런데 에이즈, 광우병, 돼지독감, 사스, 코로나19와 같은 바이러스들이 지구화된 세계에 무서운 속도로 전파되기 시작하면서 '지구화'에 대한 맹비난이 봇물 처럼 터져 나왔다.

대부분의 미디어, 학자, 심지어 정치인들까지도 지구화를 잠시 멈추는 것에 동의하는 듯 보였다. 2020년 '포린 폴리시'의 칼럼에는 '지구화는 중환자실에 들어갔다'라는 언급이 나왔고, 지난 5월 '이코노미스트' 14호는 "코로나19는 지구화를 멈추게 한 듯하다"는 질문을 던지기도 했다. 이 틈을 타 정치인들은 좌우를 가리지 않고 상황을 이용하기 시작했다. 좌파 정치인들은 지구화로 진행된 자본주의의 잔인성과 환경파괴에 대한 반성을 기반으로, 맹목적 자본주의 논리와 기업 중심 시장경제를 넘어 공동체의 미덕을 복원해야 한다고 목소리를 높였다. 반면 미국의 트럼프 대통령이나 브라질의 자이르 보우소나루와 같은 우파 정치인들은 국경선을 강화하고 이주민, 외국인, 이방인의 유입으로부터 자국민을 보호해야 한다고 주장하며, 외국인 혐오와 인종차별을 선동하기도 했다.

그렇다면 코로나로 야기된 이러한 현상은 과연 '지구화'의 시계를 거꾸로 돌릴 수 있을 것인가?

지구화는 30년 전 외양간을 뛰쳐나간 말처럼 이제는 되돌릴 수 없는 현상이 되었다. 현재 우리가 사는 세상은 구소련 붕괴 이후 노동과 자본의 자유로운 이동이 가능한 시장경제가 규범이 되었고, 글로벌 금융시장 체계는 더 이상 거스를 수 없는 대세가 되었다.

중국이 일대일로 정책으로 세계 곳곳에 입지를 강화하고, 미국이 러시아와 세계 무기 시장에서 경쟁을 벌이며, 유럽연합이 미국 IT 기업들에 세금을 매기는 것에 대해 프랑스와 미국 대통령이 협상을 한다. 우리는 이제 특정 단일 국가에만 의존하는 것이 아니라 다양한 글로벌 관계망 속에서 살아가고 있다. 따라서 어떤 나라도 이 거대한 글로벌 관계망으로부터 자유로울 수 없다. 코로나 상황에서도 자국민의 건강을 우선시하기 위해서는 다른 나라들의 지원과 도움이 절실할 수밖에 없다.

그럼에도 불구하고, 코로나19가 단일 국민국가(nation-state)의 수명을 다소 연장해 주고 있는 것으로 보인다. 세계 각국 정부 수장들은 이 틈을 타 인기와 리더십을 강화하고, 코로나 방역에 강력한 조치를 취하며 자국민의 안전을 도모하는 노력이 일시적으로 인정받는 듯하다. 하지만 이러한 국민국가 힘의 '부활'은 한계가 있을 수밖에 없다. 어떤 나라도 글로벌 금융체제의 범위를 벗어나 코로나 위기 상황을 탈출할 수는 없기 때문이다.

최근의 팬데믹 위기는 과학과 기술 분야도 지구화 없는 발전이 불가능함을 보여준다. 코로나 백신을 위해 미국의 화이자와 독일의 바이온텍이 공동 개발하는 국제적 프로젝트를 진행하거나, 전 세계 바이러스 전문가 및 감염병 전문가들이 국경을 넘어 지속적으로 공동 연구와 개발을 진행하고 있다. 세계적인 기업들 역시 글로벌 인력풀을 통해 다양한 실험과 연구를 추진한다. 물론 이러한 공동 협업 과정에서 국가 간, 기업 간 이해 상충으로 갈등과 실패를 경험하기도 하지만, 전

세계가 공동의 코로나 극복이라는 목표를 위해 협업하는 '글로벌 모델'은 여전히 잘 작동하고 있다. 따라서 코로나 사태를 단일 국민국가 간의 경쟁 정도로 생각하고, 이를 '제로섬 게임'으로 간주하는 정부나 국가는 필연적으로 실패할 수밖에 없다.

그렇다고 이러한 '지구화의 되돌릴 수 없는 흐름'이 곧 외국인 혐오나 인종차별의 종말, 취약계층이나 집단의 주변화 현상의 감소로 바로 이어지는 것은 아니다. 앞서 언급했듯이 전 세계적으로 이 위기 시기를 이용하여 인종차별, 반이민, 반자유적 편견을 조장하고 인기를 얻는 정치인들이 존재한다. 트럼프가 그랬고, 인도 총리 모디 역시 인도 농촌에서 대도시로 몰려오는 이주노동자들을 쫓아내고 이슬람교도들에 대한 외국인 혐오를 조장하는 방향으로 코로나 상황을 이용하기도 했다. 세상의 모든 일이 그렇듯 '지구화'의 부정적 면이 긍정적 면보다 언제나 더 빠르게 부각되고 심화되기 마련이다.

코로나19는 전 지구적 속성을 띤 바이러스이다. 그런데 '지구화' 역시 바이러스와 같다. 모든 바이러스가 진화하듯이 지구화 역시 마찬가지일 것이다. 코로나19에 대한 세계 각국의 대응은 제각각이고 모두 성공적이지는 않다. 결국, 성공의 관건은 국가 체계가 국경을 뛰어넘어 문제를 해결해야만 하는 지구화 시대에 얼마나 발 빠르게 잘 적응하고 발전했느냐는 것이다. 즉, 지구화에 맞게 체질을 개선하고 지속적인 변화를 꾀한 국가들은 이러한 거스를 수 없는 지구화의 흐름을 환영할 것이고, 그렇지 않은 국가들은 지속적으로 저항할 것이다. 이러한 '지구화'-바이러스와의 싸움은 코로나 바이러스와의 싸움보다 더 오래 지속될 것이다.

원문출처
Time, May 19, 2020. Arjun Appadurai
Coronavirus Won't Kill Globalization. But It Will Look Different After the Pandemic
https://time.com/5838751/globalization-coronavirus/

뉴욕대 문화인류학 교수 아르준 아파두라이(Arjun Appadura)
2020년 5월 19일자 타임지 기고문 발췌 의역 (한국해양대 최진철 교수)

팬데믹 이후 강화된 인종차별과 자국중심주의

코로나19 팬데믹은 아파두라이 교수가 예견했듯이 지구화를 멈추게 하지는 못했지만, 전 세계적으로 인종 및 국적 기반 차별과 자국 중심적 성향을 강화하는 촉매제 역할을 하였다. 팬데믹 초기 '우한 바이러스' 또는 '중국 바이러스'라는 용어 사용에서부터 시작된 아시아계에 대한 차별과 혐오는 전 세계로 확산되었다.

미국에서는 'Stop Asian Hate' 운동이 일어날 정도로 아시아계 미국인에 대한 혐오범죄가 급증했으며, 유럽 여러 국가에서도 아시아인을 대상으로 한 공공장소에서의 모욕, 폭행, 차별이 보고되었다. 유엔 인권최고대표사무소(OHCHR)는 팬데믹 기간 중 전 세계적으로 인종차별과 외국인 혐오가 증가했다고 공식 발표했다.

자국중심주의 또한 뚜렷하게 강화되었다. '백신 민족주의(Vaccine Nationalism)'라는 신조어가 등장할 정도로 선진국들은 자국민을 위한 백신 확보에 총력을 기울였고, 이는 글로벌 백신 분배의 불평등을 심화시켰다. 2021년 초반, G7 국가들은 세계 인구의 10%에 불과하지만, 전 세계 백신의 45% 이상을 선점했다.

또한 많은 국가가 국경 봉쇄와 입국 제한 조치를 취하면서 이주민과 난민에 대한 정책을 강화했고, 이는 글로벌 이동성에 심각한 제약을 가져왔다. 영국의 브렉시트(Brexit), 미국의 '미국 우선주의(MAGA - Make America Great Again)', 그리고 여러 유럽 국가에서의 극우정당 및 포퓰리즘 정치인들의 부상은 이미 진행 중이던 자국 중심적 경향을 더욱 가속화했다.

그러나 아파두라이 교수가 지적했듯이, 이러한 반동적 현상에도 불구하고 지구화의 본질적 흐름은 되돌릴 수 없었다. 팬데믹 극복을 위한 국제 협력, 백신 개발을 위한 국가 간 과학 협업, 그리고 디지털 기술을 통한 초국적 연결은 오히려 더욱 심화되었다. 비대면 업무와 소통이 증가하면서 국경을 초월한 협업의 새로운 형태가 등장했고, 이는 장기적으로 지구화의 새로운 양상을 형성하고 있다.

코로나19는 지구화된 세계의 취약점을 드러냈지만, 동시에 국제 협력의 중요성도 재확인시켰다. 팬데믹 이후 인종차별과 자국중심주의가 단기적으로 강화되는 현상은 지구화의 부작용에 대한 반발로 볼 수 있지만, 지구적 문제는 결국 지구적 해결책을 필요로 한다는 근본적 진실은 변하지 않는다.

이러한 역설적 상황에서 우리에게 필요한 것은 인종적 차별과 혐오를 넘어서는 글로벌 연대 의식과 자국의 이익만을 추구하지 않는 협력적 국제 거버넌스의 구축일 것이다. 아파두라이 교수가 예견했듯이, '지구화-바이러스'와의 싸움은 코로나바이러스와의 싸움보다 더 오래 지속될 것이며, 이 과정에서 우리는 보다 포용적이고 지속 가능한 형태의 지구화를 모색해야 할 것이다.

참고문헌 및 인용 자료

Appadurai, A. (2020), The COVID exception. *Social Anthropology*, 28(2), 221-222.

Bollyky, T. J., & Bown, C. P. (2020), The tragedy of vaccine nationalism: Only cooperation can end the pandemic. *Foreign Affairs*, 99(5), 96-108.

Fidler, D. P. (2020), Vaccine nationalism's politics. *Science*, 369(6505), 749.

Gover, A. R., Harper, S. B., & Langton, L. (2020), Anti-Asian hate crime during the COVID-19 pandemic: Exploring the reproduction of inequality. *American Journal of Criminal Justice*, 45(4), 647-667.

Hafner, M., Yerushalmi, E., Fays, C., Dufresne, E., & Van Stolk, C. (2020), COVID-19 and the Cost of Vaccine Nationalism. *Rand Health Q*. 2022 Aug 31; 9(4), 1.

Norris, P., & Inglehart, R. (2019), *Cultural Backlash: Trump, Brexit, and Authoritarian Populism*. Cambridge University Press.

OHCHR (2020), *Racial discrimination in the context of the COVID-19 crisis*.

https://www.ohchr.org/sites/default/files/Documents/Issues/Racism/COVID-19_and_Racial_Discrimination.pdf

Tessler, H., Choi, M., & Kao, G. (2020), The anxiety of being Asian American: Hate crimes and negative biases during the COVID-19 pandemic. *American Journal of Criminal Justice*, 45(4), 636-646.

IV 인권의 개념과 역사

1. 인권의 개념

일반적으로 정의하는 인권(Human Rights)은 '인간의 권리', '인간이면 누구나 누릴 수 있는 권리'로 강의되지만, 이와 같은 학문적이고, 추상적인 설명으로는 최근 위험사회, 다양성이 확대되는 사회에서 삶을 영위하고 있는 우리에게 인권이 가진 진정한 의미를 제대로 설명하는 것이 점차 힘들어지고 있다. 예컨대, 학습권, 수업권, 투표권 등과 같은 권리들 가운데 그 모든 것이 인권에 포섭되는지도 혼란스럽다. 인권은 하늘이 내려준 천부인권, 국가가 허용한 권리인 실정법상의 권리로도 제한적으로 설명될 수 있는 것이 아니라 이 시대의 인권은 '인간의 존엄성'이라는 핵심 의제로부터 연계된 사회적·역사적 산물, 특히 MERS(Middle East Respiratory Syndrome), COVID-19(corona virus disease (COVID-2019)) 등에 기인하여 인간답게 살기 위해 힘들게 정치, 경제, 사회문화, 관습 등과 싸워서 얻어낸 결과물의 요체로 이해하는 것이 바람직하다. 이처럼 인권은 단지 인간이라는 이유만으로 인간은 항상 존엄성을 유지하는 데 반드시 필요한 인권을 누릴 수 있는 권리를 보호받을 수 있고, 보호하여야 마땅한 인과관계의 중심임을 확인할 수 있다.

실제 현대사회에서 있어서 인간의 존엄을 권리로 체계화시킨 촉매제는 근대시민혁명에 기인한다. 여기에서 의미하는 권리의 체계는 권리의 주체와 권리의 구체적 내용, 권리를 보장해야 할 의무를 부담하는 대상이라는 3요소로 구성되어 있다. 따라서 근대시민혁명 이후 인권을 사회를 구성하는 기본 원칙으로 그 의미가 격상되게 되었으며, 최근 COVID-19 이후 새로운 관점에서 인권의 중요성이 강화되고 있다. 우리는 일반 시민으로서 또는 특정 직업군에 소속되는 해기사로서 이것에 관계없이 누구나 인권의 주인이 될 수 있을 것인가?, 인권의 목록에 포함되는 권리는 어디까지인가?, 과연 이러한 특정한 조건에서 인권이 제한된다면 그 제한 범위는 어디까지일까? 등과 같이 인권의 주체와 내용, 범위에 연관된 인권의 역사와 현재 그리고 미래는 지속적으로 상호작용을 하면서 존재해 왔다. 이제 우리는 인권이 진정 누구에게 절실하게 필요한 권리일까? 인권이 진정 누구에게는 도저히 수용하기 힘든 권리일까? 혹시라도 특권이 인권으로 위장하여 약자들에게 패악으로 연계된다면 어떠한 일이 발생할까? 등을 고민하여야 한다. 사회학적 관점에서 우리는 역지사지(易地思之)의 원칙에서 입각하여 '입장'의 차이를 고민하고, 이를 기초로 인권을 해석하는 방향과 범위를 결정할 수 있는 능력을 갖추어야 한다.

2. 인권의 기본 원칙과 특징

(1) 인권의 최고 가치성

1948년에 공표된 「세계인권선언(Universal Declaration of Human Rights)」은 기본적으로 인권이 '법에 의한 통치'를 전제로 적극적으로 보장받아야 됨을 강조하고 있다. 예컨대, 정치, 사회, 경제 분야의 권력자의 감정에 따라 피권력자인 약자의 인권 보장이 반드시 필요하다. 현실적으로 선진화된 사회는 이러한 인권을 보장하겠다는 의지, 인권이 어떻게 보장되는지가 명확하게 약속되어 있지 않으면 사회를 구성하는 시민이 혼란스러울 수 밖에 없다. 따라서 이러한 혼돈을 최소화 하는 관점에서 인권법은 문자로 기술되어 명시화된 실정법만을 의미하는 게 아닌, 철학적· 가치적 관점에서 양심과 인간으로서 마땅히 고려되어야 하는 상식에 기초하여 해석되어야 한다. 결국 이러한 논리적 완결성은 인권에 대하여 우리 수범자가 '법에 의한 통치' 또는 '법의 지배'의 진정성을 생활 자체로 수렴하여 법의 지배와 준법의 의미로 확대해석할 수 있게 된다.

그럼에도 불구하고 전제적인 관점에서 인권은 성문화된 법을 기반으로 구체적으로 확인되고 보장되어야 한다. 왜냐하면 인권 기준에 부합하는 법은 인권을 보장하는 중요한 수단, 근거, 시스템으로서 역할을 하기 때문이다. 그러나 이러한 법적 체계가 자칫 역으로 인권을 유린하는 강력한 수단으로서 역할을 하기도 한다. 예컨대, 남아프리카공화국의 아파르트헤이트(Apartheid, 흑백분리·차별정책)나, 히틀러정권의 유대인 차별과 학살 등이 대표적이다. 또한 선원법의 경우 "이 법은 선원의 직무, 복무, 근로조건의 기준, 직업안정, 복지 및 교육·훈련에 관한 사항 등을 정함으로써 선내(船內) 질서를 유지하고, 선원의 기본적 생활을 보장·향상시키며 선원의 자질 향상을 도모함을 목적으로 한다."라고 명시하고 있지만, 실제 육상과 비교하여 선원의 인권을 보장하기에는 턱없이 부족하다. 즉 MERS, COVID-19로 인하여 감염병에 노출될 위험이 더 크고 승선 중 질병에 감염되어도 상륙을 통한 정확한 치료조차 못 받는 일이 발생함에 따라 선원의 건강권, 상륙권, 행복추구권 등을 보장해야 할 국가의 역할이 법을 통하여 제대로 적용되지 못하고 있다. 이것이 바로 실정법에 보장된 수준 만큼 동시대의 사회, 기업, 이해관계자 등이 인권을 충분히 이해하고, 수용할 수 없는 단서이다. 따라서 법이 있기 전에 인간이 존재하고, 실정법이 있기 전에 보편적이지만 최상의 가치를 지닌 인권이 존재한다는 사실을 인식하여야 한다.

최근 ESG(Environmental, Social and Governance) 경영이 해사산업계의 핵심 이슈로 등장하고 있다. 이러한 관점에서 그린피스(Greenpeace)가 우리나라 조선소에서 건조되어 시운전 중인 북극해용 석유시추선의 인도를 막는 행위를 하거나, 실제 몰래 잠입하여 파괴하는 행위를 이행할 경우 상상해보면, 단순 기물파괴에 따른 형법적인 문제로 간주할 것인지 아니면 환경과 생명을 죽이는 장비를 부수는 행위는 파괴가 아니라 생명을 구하는 일일지를 고민하여야 할 것이다. 이러한 사례는 실정법의 위반보다 결국 더 높은 양심의 법, 인간의 법에는 성실하게 이를 적용할 수 밖에 없는 것에서부터 고민이 시작됨을 시사하고 있다.

(2) 인권의 상호의존성

세계인권선언은 인권 보장에 대한 국내외적으로 상응하는 대응 방안을 촉구하는 선언이다. 즉, 세계적으로 모든 국가의 모든 사람이라고 한다면, 사회속에서 공존하기 때문에 누구나 보편적으로 보장받을 수 있고, 보장받아야 하는 권리를 의미한다. 실제로 사회가 복잡해지고, 다양해짐에 따라 우리 인간은 스스로의 정체성과 조건을 가진 다른 사람들과 관계 속에서 인식하고 있으며, 이러한 관계는 국가와 국가간의 관계에 있어서도 동일하게 연계됨에 따라 1차적으로 사회가 개인의 인권을 보호하고, 2차적으로 국가 개인의 인권을 보호하여야 하며, 3차적으로 국제적으로 인권을 보호하여야 하는 관계로 확장된다. 또한 이러한 존재의 연결관계는 상호 의존적 형태를 유지하고 있기에 당연히 개인, 사회, 국가의 권리들도 유기적으로 연결되어 있고 상호 의존하게 된다. 환언하면, 개인으로서 인권을 보호받기 위해서는 타인의 권리와 대립하거나 경쟁하는 것이 아니라 나만의 권리를 이기적으로 강하게 주장만 하는 것이 아니라 나의 권리도 보장받기 위하여 타인의 권리도 함께 존중하는 공존의 지혜가 필요하다.

예컨대, 승선하고 있는 선원으로서 나의 권리를 보장받기 위하여 외국인 선원의 권리를 빼앗을 수 없으며, 한국인 선원들만의 폐쇄적인 집단의 권리를 얻기 위해 외국인 선원들의 다른 집단을 희생시키거나 강요하여서는 아니된다. 더불어 작은 사회 또는 집단 속에서 나와 타인, 한국인과 외국인 간의 집단이기주의 관점에서 다른 집단과 대립하는 것처럼 일부의 주장을 강하게 의도하는 것은 자칫 조직의 질서와 구조 자체를 붕괴시킬 수 있다. 즉, 선원의 인권을 무시하는 회사는 해운기업으로서 ESG 정책이 회사규정으로 포함되지 않아 기업의 지속가능성이 담보되지 않는 경우가 존재한다. 결국 인권은 각자의 책임에서 비롯되며, 인권은 타인의 인권이 침해되는 현실을 외면하지 않고 서로를 진심으로 믿고 연대할 때 비로소 강화되는 것임을 인식하여야 한다.

육상과 비교하여 아직까지 해상에서는 특히 선원들은 선종별, 규모별, 항로별 차이가 있겠지만, 장기간 인권이 격려되고 소중히 존중되는 사회가 아니라 인권이 함부로 취급되는 사회에서 살아왔다. 따라서 선원들은 자신이 인권의 주인이라는 생각, 자기 권리가 무엇인지 잘 알지 못한 상태로 승선 중 인권을 쉽게 포기하거나 인권 침해를 용인하는 데 익숙한 것이 현실이다. 이처럼 "선박조직은 당연히 그럴 수밖에 없어"라는 전제를 통하여 선박조직은 끊임없이 반(反)인권의 질서를 자연스럽고 정상적인 것으로 식사 중, 당직 중, 여가생활 중, 상륙 중, 휴가 중에 발생하고 있음에 따라 지금부터라도 우리 선원들은 자신의 동료, 선배, 후배들에게 인권의 세포를 재생하여 인권 감수성과 의식을 강화시켜야 할 것이다.

(3) 인권의 보편성

인권은 '동일한 방식'으로 권리를 보장해야 한다는 의미의 보편에서 시작하지만, 이것을 전부라고 해석해서는 아니된다. 저마다 각기 다른 조건의 차이를 가진 사람들에게 동일한 기준과 조건을 강요하는 것이 바로 역차별이기 때문이다. 예컨대, 남성 선원이 육아휴직에 대하여 해운기업이 이를 거부하거나 진급에 감점요인을 작용하는 것은 역차별에 해당한다. 여성 선원이 선박에 승선할 경우 여성의 존중 차원에서 세탁의 공간, 작업복 탈의 공간 등은 별도로 배치되어야 하는 것도 다름의 조건을 이해하는 대표적인 사례이다. 이처럼 기본적으로 사회적 약자, 소수자들의 인권 수준을 개선하고 불평등과 차별을 바로잡을 때까지 한정적으로 제공되는 '적극적 차별 시정 조치'를 역차별로 치부해서는 아니된다. 이러한 조치는 젠더간의 평등, 사회적 평등의 간격을 최소화하기 위한 한시적인 우대 조치이기 때문에 차별로 간주해서는 아니된다.

세계인권선언은 인권의 주인이 '인류 가족 모든 구성원'이라는 전제를 토대로 시작된다. 즉, 개인 스스로의 존엄성을 유지하기 위해서는 반드시 타인의 권리를 존중하는 것이 필요하며, 이를 통해서 나 자신의 권리도 보장받아야 하는 것이 인권이자 순환적 연계관계이다. 결국 인권은 언제라도, 어디서라도, 누구에게라도 보장되어야 한다는 원칙이 바로 '인권의 보편성'이다.

연혁적 관점에서 인권은 기존의 기득권계층이 보유하고 있는 '특권' 또는 '예외'와 맞서 항상 부딪혀왔다. 결국 인권보호에 대한 최소한의 예외지대를 형성하는 것은 단지 그 상대가 외국인이니까?, 장애인이니까?, 가난하니까?, 학벌이 낮으니까?, 나이가 어리니까?, 흑인(동남아시아인, 혼혈인)이니까?, 나와 종교가 다르니까? 등과 같은 이유로 인권을 부정당해온 사람들의 조건을 인정하고 있지는 않은지 확인해볼 필요가 있다. 예컨대, 세계인권선언 전문에 따르면 "인권은 인류 가족 모든 구성원의 타고난 존엄성과 평등하고도 양도할 수 없는 권리를 인정하는 것이 전 세계의 자유와 정의와 평화의 기초이며, 인권에 대한 무시와 경멸이 인류의 양심을 짓밟는 야만적 행위로 귀착되었으며, 인류가 언론의 자유와 신념의 자유를 누리고 공포와 궁핍으로부터 자유로운 세상은 보통 사람의 지고한 열망으로 천명되었고, 인간이 폭정과 억압에 대항하는 마지막 수단으로서 반란에 호소하도록 강요받지 않으려면, 인권이 법에 의한 통치에 의해서 보호되어야 함이 필수적이며, (……중략) 점진적인 국내적 및 국제적 조치를 통하여 회원국 국민과 회원국 관할권 아래에 있는 영토의 국민들 양자 모두에게 권리와 자유의 보편적인 효과적인 인정과 준수를 보장하기 위해 힘쓰도록, 모든 국민들과 나라들이 성취해야 할 공통의 기준으로서 본 세계인권선언을 선포한다."라고 명시하고 있다. 그리고 프랑스혁명 중 올랭프 드 구주(Olympe de Gouges, 1748년 ~ 1793년)는 프랑스의 시민운동가로서 프랑스 사회를 상대로 "여성들에게도 교수대에 오를 권리가 있다. 또한 여성들은 연단에 올라설 수 있는 권리도 가질 수 있어야 한다. '여성과 여성 시민의 권리 선언(Declaration of the Rights of Woman and the Female Citizen)'의 마지막 한 구절에서, 구주는 여성들을 여전히 자신들보다 열등한 존재로만 여기는 남자들을 지목하며 이렇게 말한다. 여자의 영혼이 어느 정도 수준인지 평가하기 위한 가장 쉬워빠진 방법이 여기 있다. 일단 그 여자들에게 남자들이 하는 모든 활동을 허가하면 된다. 만약 어떤 남자가 이것에 저항한다면 법의 지혜를 빌어 그가 여성들과 함께 재산을 공유하도록 만들어야 한다." 등과 같이 연설하였다. 결국 이 연설은 남녀에 대한 평등에 대한 인권적 개념은 바로 보편성에 기인하는 대표적인 사례로 기록되고 있다.

(4) 인권의 기본성

전술한 바와 같이 세계인권선언은 인권에 대한 기본적으로 차별 없이 누구에게라도 공평하게 보장되어야 하며, 자신의 의지로 '포기하거나 빼앗길 수 없는 권리'라고 언급하고 있다. 결국 인권은 인간 존엄과 직접적으로 연계되어 있음에 따라 반드시 유지되어야 하는 권리이다. 더불어 우리 인간은 수많은 권리와 의무를 모두 성실하게 수행하여야 함에도 불구하고, 인권은 공기, 물 등과 같이 매우 필수적인 대상이다. 따라서 인권은 일방통행 도로에서 구급차가 먼저 통행할 수 있도록 갓길 이동하는 것과 동일하게 권리의 최우선 순위에 대하여 자리와 순서를 인정하는 것이 필요하다. 실제로 인권의 기본성은 각 개인에게 기본적으로 보장받아야 할 권리의 내용, 중요성, 가치 등을 일방적으로 설명해주는 것이기도 하지만, 한 사회나 국가가 그 구성원에게 최소한으로 제공하여야 할 기본이 무엇인지를 설명하기도 한다.

2020~2022년 동안 글로벌 국가들은 COVID-19로 인하여 병원이 없어서가 아니라 진료비용이 너무 비싸서, 약 값이 너무 고가라서, 길거리에서 죽음을 기다려야 하는 환자가 많이 발생했다. 물론 아주 적은 경우이지만 선박내에서 초창기 이러한 사례가 발생하기도 하였다. 이것은 결국 환자의 생명권과 약에 대한 소유권이 돈이라는 물질적 가치와 이격되어 충돌할 때 우리 사회와 개인 그리고 조직은 과연 무엇을 우선하여 이들을 지원하여야 할까? 당연히 선박에 승선하고 있는 선원이 감염되었을 경우 선박의 감항성(Seaworthiness) 유지의 측면에서 항로를 이로(Deviation)하는 것이 직항보다 우선되어야 한다.

(5) 인권의 상호불가분성

세계인권선언은 인류의 가치는 공포와 궁핍으로부터 자유로운 세상을 통하여 발현된다고 전제하고 있다. 결국 전쟁, 테러, 침략 등과 같은 환경은 사람을 공포와 궁핍으로 몰아넣기 때문에 종국적으로 인간의 존엄을 해치는 행위가 되는 것이다. 따라서 인권은 자유와 평등의 기둥을 통하여 지지되고 있으며, 인간의 존엄한 삶을 유지하기 위해서는 평등과 자유, 사회권(경제·사회·문화적 권리)과 자유권(시민·정치적 권리)이 동시에 필요하다. 결국 인간으로서 인간다운 삶을 영위하기 위해서는 사회권과 자유권이 서로 필요하며, 이것을 인권의 상호불가분성이라고 지칭할 수 있다. 예컨대, 2006 해사노동협약(MLC, Maritime Labour Convention 2006)에 명시된 근로시간을 초과하여 매일 장시간 중노동에 혹사당하는 선원들의 경우 글로벌 뉴스들을 꼼꼼히 따라잡으면서 정치에 대한 의견을 피력하는 것이 현실적으로 어려운 일이다. 이 같은 현실은 어선에서 더욱 확연하게 확인할 수 있으며, 이러한 경제적 불평등이 자유를 잠식하고 있음을 보여주는 대표적인 사례라고 할 수 있다.

유사한 관점에서 자유의 상실이 경제적 평등을 제한하는 사례도 존재한다. 자본주의가 등장한 이후에도 일반적인 농부, 노동계급에서는 여전히 선거권이 없었다. 결국 농부, 노동계급은 이를 저항할 수 있는 체계화된 조직을 형성할 수 없었고, 당연히 정치적 영향력도 형성할 수 없게 되었다. 이것은 최근 선원노동시장에서 유사하게 확인할 수 있다. 정치인들은 소수의 선원노동에 대하여 제대로된 인식과 처우를 살펴보지 않고, 단지 힘든 노동조건을 견디도록 요구하고 있다. 현대의 노동권은 노동자들에게 힘든 노동조건과 생활조건을 개선하기 위해서는 집합하여 외칠 자유, 결사의 자유, 자기 손으로 직접 대표를 선출할 자유를 얻어내지 않으면 안 된다는 사실에서 시작되었으며, 경제적 권리는 노동자의 시민·정치적 자유 없이는 확보될 수 없다는 전제에서 시작된다. 결국 인간에서 부여된 자유와 평등, 자유권과 사회권은 대립하거나 분리되어 있는 것이 아니라 긴밀하게 의존하고 있다.

(6) 인권의 역사성

우리는 인권을 억압하는 선량한 정치, 군사, 외교, 경제를 가장한 권력에 맞서 싸우고, 필요시 기존 정권을 전복시켜서 새로운 권력을 세우는 일을 오랫동안 반복해 왔다. 현실적으로 국가가 국민을 바꿀 수 없으니 폭정을 일삼는 대표자, 정권, 법, 기업 등을 바꿀 수밖에 없는 현실을 의미한다. 따라서 국가는 스스로의 정당성을 가질 수 있도록 자국 국민의 인권 보장에 최선의 노력을 다해야 한다. 현대 국가는 국민을 위하여 3대 인권 보장 의무라고 하는 국가권력이 직접 가해자가 되어 인권 침해를 방지하는 '존중의 의무', 제3자에 의한 인권 침해를 예방하는 '보호의 의무', 인권 수준을 지속적으로 끌어올리기 위해 목표와 일정을 정하고 적극적 조치를 실행하는 '실현의 의무'가 존재한다. 따라서 국가는 모든 사람에게는 타인의 인권이 부당하게 침해받지 않도록 조치를 취하여야 하며, 이러한 조치에 대한 책임을 제대로 이행할 수 있도록 제도, 법률, 문화 등을 구축하는 책무도 국가에 있다.

인류의 인권 보장에 대한 역사는 결국 저항을 통하여 실현되었다. 현대를 살아가고 있는 지금의 인류 역시 짐바브웨, 소말리아, 캄보디아, 미얀마 등에서 정당성을 잃은 국가권력에 맞서 스스로 빼앗긴 인권을 되찾거나 부인당한 권리를 회복하기 위하여 저항권을 행사하는 것을 뉴스를 통하여 확인할 수 있다. 근대시민혁명과 더불어 이러한 일반 시민의 저항 혹은 불복종의 형태와 수준은 해당 국가가 유지하고 있는 법 조항, 경제제재 등의 문제일 수도 있고, 책임을 지닌 공직자, 특정 기업의 대표, 시민의 동의를 얻지 못한 성급한 정책 방향의 문제일 수도 있다. 또한 여성이 남성과 동등한 선거권이 인정되는데 약 2백년 가까운 시간이 소요되었고, 20세기 초반에서야 여성의 선거권을 인정하게 되었다. 심지어는 어린이와 청소년에게도 인권이 보장되어야 한다는 당연한 사실이 국제인권법으로 인정된 시기도 20세기 후반이다. 따라서 이러한 문제를 문제라고 지적하고, 지성인으로서 이를 정정할 수 있는 용기있는 권리를 '저항권'이라고 지칭할 수 있다. 결국 권력에 대한 저항권은 불의한 봉건체제에 맞서 저항권을 행사하는 과정에서 인권에 개념과 동시에 발생한 것이다. 이러한 관점에서 많은 학자들은 우리나라 헌법도 부당한 정권에 맞서 떨쳐 일어났던 4.19 혁명(대한민국에서 이승만 정권의 독재에 항거한 민주항쟁)의 저항정신이 헌법 정신에 포함되어 있다고 주장하고 있다.

대표적으로 1950~1960년대 미국의 흑인들은 인종차별에 반대하며 시민권을 얻어내기 위하여 수많은 집회와 행진을 개최하였고, 현행법 위반으로 관련자들이 투옥되는 일도 많이 발생하였다. 그중에서 마틴 루터 킹(Martin Luther King Jr.) 목사는 연좌데모를 주도하였으며, 직접행동을 통하여 동료들과 연대를 강화하였다. 특히 마틴 루터 킹 목사는 "비폭력 직접행동은 위기와 긴장감을 극대화시켜서 협상을 거부하는 사회를 막다른 궁지로 만들어서 협상에 적극적으로 응하도록 하는데 매우 효과적이다. 즉 우리사회의 차별에 대한 쟁점들을 본격적으로 부각시켜 더 이상 직접행동을 통하여 현실화하는 것이 핵심이다."라고 주장하면서, 민주시민이 가져야 할 양심의 법, 인권의 법을 따르는 현실의 법이 가진 이중성을 역이용한 통찰을 보여주었다. 최근 녹색항로에 기반한 친환경선박, 자율운항선박, COVID-19, 스마트 항만물류, 인공지능 사회로 발전하면서부터는 정보의 집적이나 유출로 인한 피해가 급증함에 따라 '정보인권'이라는 새로운 권리가 등장하고 있다. 이처럼 우리는 예전에 상상조차 할 수 없었던 선원, 항만근로자들의 권리나 새로운 이름의 권리가 기술변화에 따라 새롭게 인정받게 되었다. 이러한 시계열적인 열거적 상황을 모두 합쳐서 우리는 '인권의 역사성'이라고 지칭할 수 있고, 끊임없이 변화와 확장을 거듭하여 발전되기를 기대하고 있다.

토론 주제 범죄자의 인권

인권에 대한 개념과 특징을 학습하고, 이를 현실 사회문제인 '범죄자의 인권은 법적으로 보호되어야 하는가?'에 대해서 절대적인 가치로만 적용할 것이 아니라 다양한 관점에서 이해가 되도록 토론해 봅시다.

첫째, 범죄자도 인간으로서 기본적인 인권을 가지고 있으며, 이는 법적인 보호를 통해 보장되어야 합니다.

둘째, 인권 보호는 법치주의의 핵심 원칙입니다. 법치주의는 모든 사람이 동등하게 법의 보호를 받을 권리를 가지고 있다는 원리를 강조합니다. 범죄자라 할지라도 그들은 공정한 재판 절차를 통해 유죄 여부를 판단받을 권리를 가지고 있으며, 합법적인 처벌을 받을 때에도 인권을 침해받지 않아야 합니다.

셋째, 범죄자의 인권 보호는 사회의 안전과 재범 사회의 재통합을 촉진합니다. 범죄자에게도 사회에서 존엄한 생활을 할 권리가 있으며, 벌을 받고 나서도 사회로부터 지원을 받아 새로운 삶을 시작할 수 있어야 합니다. 범죄자가 사회적으로 완전히 배제되거나 인권이 침해된다면, 그들은 다시 범죄로 돌아가거나 사회적으로 소외될 가능성이 높아집니다. 따라서 범죄자의 인권을 보호하여 사회 재통합을 도모하는 것은 범죄 예방 및 사회 안전에도 긍정적인 영향을 미칠 수 있습니다.

넷째, 인권 보호는 범죄 예방을 위한 중요한 요소입니다. 범죄 예방은 범죄자들이 범죄 행위를 반복하지 않도록 하는 것뿐만 아니라, 범죄를 예방하는 데도 관련이 있습니다. 범죄자들이 사회적으로 포용되고 인권이 보장된다면, 그들은 범죄로 돌아가지 않을 가능성이 높아집니다. 따라서 범죄 예방을 위해서도 범죄자의 인권을 보호하는 것이 필요합니다.

3. 인권의 역사적 함의

최초의 인권 이론은 함무라비 법전(Code of Hammurabi), 힌두교의 경전 등에서도 초보적이지만 인권 사상을 확인할 수 있다. 결국 보편성과 초월을 지향하는 국가에서 민족의 문화와 종교가 형성되었다면 인권에 대한 개념이 형성될 수 밖에 없다. 근본주의적 시각에서 최초의 권리 이론은 고대, 중세, 현대에 이르기까지 굳이 문서화하거나 기억할 수도 없는 시대의 흐름으로 이해하는 것이 보다 정확할 것이다. 실제로 인권 관념은 근대 정치혁명을 시작으로 장소적인 관점에서 서구사회를 질적으로 변화시켰으며, 시대적으로 국제인권 법·제도적인 체제까지 연속성의 가치를 형성하도록 지원하고 있다. 근대적인 인권의 기원과 관련해서는 우선 기본권으로 번역된 'inalienable rights' 또는 'unalienable rights'를 이해할 필요가 있다. 우선 'alien'이란 말은 사회학(sociology)적 관점에서 사람을 익숙하지 않게 대한다는 의미에서 '소외'로 번역되고 있고, 정치학이나 계약관계에서는 자신의 소유물을 낯설게 만든다는 의미에서 '양도'로 번역된다. 인권의 핵심인 기본권으로 번역된 말은 '남에게 넘겨줄 수 없는 권리'를 의미한다. 다음으로 자연권과 관련하여 로크를 주목할 필요가 있는데, 존 로크(John Locke, 1632년-1704년)는 개인적 권리의 혁명적 주창자로서 인권(human rights, rights of man)과 자연권(natural rights)에 대하여 관계를 설명하고 있다. 자연권(natural rights)에서 'nature'는 '사람이 태어나면서부터 갖게 되는 권리'로 이해할 수 있기 때문에 '천부인권'으로 이해할 수 있다. 이와 관련하여 로크는 인권을 고중세의 자연법과 근대의 자연권을 별개로 인정하였다. 로크는 자연권을 자연법의 보충물로 이해하였고, 개인주의적 관점은 아닐지라도 권리 개념을 확장하여 적용하였다.

존 로크가 주장하는 자연권은 정부가 존재하기 전인 자연상태에서도 존재하는 인간의 권리로 정의된다. 즉 존 로크는 "생명, 자유, 재산은 자연권이다."의 관점에서 인간의 생명은 정부가 존재하지 않아도 존재할 수밖에 없기 때문에 당연한 결과 또는 과정으로 이해된다. 존 로크는 평화·선의·상호부조가 공존하는 자연 상태에서 인간에서 투여된 노동에 의하여 발생하는 자기 재산을 보유하는 것이 자연권의 기본이며, 국가는 안전 보장을 위하여 사회 계약을 형성하였다. 결국 재산("자연이 제공하고 남겨준 상태로부터 어떤 것을 가지고 와서 자신의 노동과 결합시키고 자신의 어떤 것을 그것에 첨가한다면 소유도 연계된다")은 자연권에서 비롯되었으며, 사회 구성원으로서 개인은 자신에 대한 소유권을 가지며, 이를 소유할 수 있는 권리는 자신 외에 누구에게도 존재하지 못하게 된다. 이를 환언하게 되면, 존 로크는 노동자가 노동을 통해서 공용 토지에 울타리를 치고 생산물을 생산한다면 그것에 대한 재산을 자연권의 일부로 인정하게 됨에 따라 노동자 자신의 직·간접적인 노동을 통해서 산출한 결과는 그의 재산인 것이고 따라서 재산은 자연권에 해당하게 된다.

20세기 국제법은 국가들 간의 법이고, 개인은 국제법의 주체가 아니므로 국제법은 개인의 인권을 보장하지 못하였다. 그러나 제1차 세계대전 이후에 국제연맹과 국제노동기구(International Labour Organization)가 설립되면서 인권의 역사가 본격화되었다고 할 수 있다. 그럼에도 불구하고, 문헌적으로 합의를 통한 국제 인권 체제가 확립되기 시작한 것은 제2차 세계대전 이후 전쟁 중 유대인의 대량학살 등과 같은 식민지와 기타에 대한 전쟁범죄에 대한 국제적인 성찰을 위하여 국제법 질서의 안정과 평화수호의 철학을 현실화하기 위하여 반드시 필요하게 되었다. 대표적으로 집단살해방지협약(1948), 제네바 4개협약(1949), 공소시효부적용협약(1968), 1949년 제네바협약에 대한 추가의정서(1977), 국제형사재판소에 관한 로마규정(1998)과 같은 조약을 통하여 인권보호를 위한 집단살해, 침략범죄, 전쟁범죄, 인도에 반한 범죄 등에 대한 보호의 근거를 마련하였다.

대표적으로 국제연합은 국제연합헌장과 세계인권선언(1948)을 통하여 유럽, 아시아, 아프리카 또는 사회주의와 민주주의 그리고 제3세계 사이에 보편적 관점의 인권의 본질에 대해 견해 차이를 최소화하고, 지속가능한 세계인권의 보호와 유지를 위한 가이드라인을 제시하였다고 할 수 있다. 이후 국제연합은 공식적인 기구를 통해 각국의 인권현실에 개입하고 인권 문제를 해결하기 위하여 국제적인 연대를 강화하였으며, 자유권규약(1966), 사회권규약(1966), 인종차별철폐협약, 여성차별철폐협약, 아동권리협약, 이주노동자권리협약, 고문방지협약, 장애인권리협약 등을 통하여 실행력 확보측면에서 다자간 협약을 체결하여 인권을 증진하고 있다. 그리고 이러한 윤리적이고, 반부패적인 철학은 최근 해운기업의 환경(Environment), 사회(Social), 지배구조(Governance)가 통합된 ESG 경영의 발전으로 확대되어 연계되고 있다. 또한 우리나라는 모든 개인이 가지는 불가침의 기본적 인권을 보호·증진하여 인간으로서의 존엄과 가치를 구현하기 위한 인권 전담 기구로서 국가인권위원회를 설립하여 감시·감독하고 있다.

토론 주제 천부인권

인권을 토론할 때 가장 먼저 쟁점화할 단어 중 하나가 '천부인권사상(天賦人權思想)'이다. 천부인권은 시민이 영주(Lord), 국왕(King) 등으로부터 독점되었던 권리를 모든 사람에게로 환언해줄 수 있는 핵심 논리이다. 즉 중세의 절대왕정이 시민혁명을 통하여 붕괴되는 과정에서 천부인권은 왕권에 대립하여 자신의 권리를 주장하는 핵심이다. 국왕 또는 국가권력에 대하여 모든 시민이 누릴 수 있는 권리는 그 누구도 아닌 하늘로부터 부여받은 권리를 갖고 있다는 논리로 귀결되면서 인류의 역사를 천부인권에 기인하여 발전하도록 추동하였다.

이러한 철학적 배경이 법률적으로 명시된 사례를 우리나라와 미국의 사례를 통하여 살펴보면 다음과 같다.

대한민국 헌법 제10조에 따르면, 기본권으로서 천부 인권성을 인정하고 있다. 이를 근거로 국가는 국민의 자유와 권리를 함부로 침해하거나 제한할 수 없고 국가 권력은 국민의 기본권을 존중하는 방향으로 행사되도록 명시하고 있다. 따라서 우리나라 국민들은 국가가 천부 인권의 보장 의무를 소홀히 할 경우에 국민의 최후의 수단으로 저항권을 행사하여 이를 해결해 왔다.

미국 헌법 수정 제5조(Fifth Amendment To The United States Constitution)에 따르면, "누구라도 정당한 법의 절차에 의하지 않고 생명, 자유 또는 재산을 박탈당하지 않는다."라고 명시하고 있다. 이것은 미국 연방대법원은 "자연인에게 적법 절차 조항에 의해 보호된다."라는 표현을 사용하며 적법한 절차 이론으로 확대하여 보호하고 있다. 천부인권 자체가 왕권에 대항하기 위한 논리로서 당시 유럽의 종교적 배경에 기인하고 있지만, 여전히 국가의 정치·사회학적 체제와 법치주의의 기본 원리로서 적용되고 있다.

4. 인권의 연혁적 발전

인권에 대한 연혁적 이해는 인권을 재조명하는 첫 시작이다. 결국 개인 모두가 체득하고 있는 인권이 어떤 과정을 통해 지금과 같은 체계와 철학을 가지고 각종 시스템과 법률 그리고 문화로 자리매김을 하였는지를 이해하는 것은 개별 권리들에 담겨 있는 의미를 제대로 이해하는 가장 효과적인 방법이다.

군대, 기업, 선박, 공공조직 등에 있어서 구성원들 개인 인권이 지금과 같이 확립된 연혁적 과정은 어떠한 끊임없는 '인간의 투쟁'에 의해 '쟁취'되어 왔다고 할 수 있다. 최근 COVID-19 이후 백신패스에 대한 문제, 마스크 착용에 대한 문제 등에 있어서 국가가 함부로 개인의 이동권 등을 간섭하지 말라는 '자유'에서부터 '공공의 안녕과 질서확립'을 위하여 국가의 개입이 필요하다는 주장이 대립하면서 집단과 개인간의 인권에 대한 이해가 다양해지고 있다.

인권은 '불가분성'의 원칙에 근거하여 인권의 범주를 자유권, 사회권, 집단권으로 구분할 수 있으며, 이들 권리의 영역들은 근대 시민혁명 시기부터 현재까지 순차적으로 인권의 영역으로 인정받고 있다. 이를 위하여 가장 먼저 인권을 범주화하여 살펴보면 다음과 같다.

첫째, 인권과 자유권에 대한 관계이다. 제1세대 인권으로 지칭되고, 흔히 시민적·정치적 권리로 지칭된다. 자유권은 인권의 개념이 처음 등장했던 18세기에 확립된 인권으로, 신흥 부르주아 계급과 계몽주의 사상가들 사이에서 자연권, 저항권 인식이 싹트면서 확립된 인권을 의미한다. 미국의 독립혁명과 프랑스 혁명을 통해 전통과 관습, 국왕의 억압에서 벗어나 인간이 독립적인 일반 시민으로서 자유롭고 존엄한 존재임을 확인하고 있는 것이 핵심이다. 대표적 이러한 철학적 사상은 영국 권리장전, 미국 독립선언, 프랑스 인권선언 등의 문서를 통해 인간의 권리를 최초로 명문화되었다. 그리고 이러한 자유권은 향후 군주제에서 민주주의 체제로 전환할 때 선거를 통해 정치과정에 참여할 수 있으며, 피선거권를 행사할 수 있는 '국가로부터의 진정한 자유'가 형성된다.

둘째, 인권과 사회권에 대한 관계이다. 사회권은 제2세대 인권으로 지칭되며, 경제·사회·문화적 권리를 의미한다. 인권의 개념이 확장되었던 19세기에 확립된 개념으로서 산업혁명에 따른 도시발달과 인구의 급증에 따라 대규모 빈민노동자 계층이 형성됨에 따라 생존권 보장에 대한 사회적 관심이 증가하게 되었다. 즉, "장미(자유)가 아니라 빵(생존)을 달라."는 시민의 요구에 대하여 국가가 국민의 사회적 생존권을 보장해야 할 의무가 있다는 것이 핵심이다.

셋째, 인권과 집단권에 대한 관계이다. 집단권은 제3세대 인권으로 지칭되며, 연대와 단결의 권리 또는 집단적 권리로 정의된다. 후술하는 세계인권선언이 유엔에 의하여 채택된 이후 본격화된 인권으로, 인권이 개인의 권리를 넘어 집단적 차원에서 확대되어 적용될 수 있음을 반증하고 있다. 대표적으로 집단권은 자결권, 국제법 질서에서 인류사회가 연대할 권리, 평화로운 사회생활을 누릴 권리, 환경에 대한 권리, 문화유산에 대한 권리, 개발이익의 분배에 참여할 권리, 인도주의적 재난구제를 받을 권리 등이 내포되어 포함되고 있다.

이러한 범주화된 권리와는 달리 인권은 '모든 사람'에게 평등하게 향유되지 못했다. 즉 영국의 권리장전, 미국 독립선언서, 프랑스 인권선언에 적힌 인간의 권리는 소위 '제3신분'에게까지만 적용되고, 여성, 아동 및 유색인종에게 인권은 적용대상이 아니었다. 대표적으로 선거에 대한 참정권은 '지불능력이 있는 백인 남성'에서부터 시작되어 지불능력이 없는 남성과 여성 모두에게 확대되기까지 많은 시간, 투쟁 등이 병존하였다.

잊지말고 기억하기

마그나 카르타(1215년) : '대헌장'이라고도 불리는 '마그나 카르타'는 1215년 내란의 위협에 직면한 영국의 존 왕이 반포한 것으로 왕이 다른 세력에게 굴복해 작성한 최초의 인권문헌이다. 존 왕의 실정에 견디지 못한 귀족들이 런던 시민의 지지를 받아 왕에게 승인하도록 한 귀족 조항을 기초로 작성되었다. 17세기에 이르러 왕권과 의회의 대립에서 즉 전제군주제(專制君主制, despotic monarchy)에 대항하여 국민의 권리를 옹호하기 위한 최대의 근거로 활용되었다.

권리청원(1628) : '권리청원'은 의회와 갈등을 빚고 있던 영국의 왕 찰스 1세를 굴복시킨 중요한 내용들을 담고 있다. 무엇보다도 국왕보다 법이 우위에 있다는 원칙에 따라, 의회가 국왕의 권력과 법률적 권위 사이에 명확한 경계선을 그은 시도라는 데 그 의의가 있으며, 주권이 왕으로부터 국민을 대표하는 의회로 넘어가게 된 첫걸음이란 평가를 받고 있다.

5. 국제인권의 체계

1948년 유엔이 채택한 세계인권선언은 기독교, 이슬람교, 불교, 유대교, 힌두교 등과 같은 다양한 종교와 역사를 가진 국가의 대표들이 모여 인권에 대해 오랜 기간 논의한 끝에 인류 공통의 기준으로 합의된 문서이다. 이러한 세계인권선언은 국제인권법의 모법(母法)으로서 지위를 갖고 있으며, 인권에 관한 중요한 기준과 역할을 제시하고 있다. 전술한 인권의 원칙을 통하여 이해하였듯이, 인권은 법률이나 관행에 의존하는 실정법, 문언법이 아니라, 인간의 존엄성에 입각한 도덕적 관점, 최고의 가치적인 측면에서 누구에게나 인정되는 보편적 권리로 인정된다. 그러나 인권은 권리의 행사측면에서 정치와 법을 매개로 특별한 효과를 강화시키기 위하여 인권이 실정법에 명시되도록 하여 근거화하는 것이 필요하다. 왜냐하면 인권은 노동현실을 고려하여 관념적으로 추상화하는 것과 동시에 현실적 이해와 지원이 필요하기 때문이다.

국제인권은 도덕적인 최고선의의 추상적 원리로서의 인권을 구체화하여 문언적으로 명시한 것이 국제인권법이며, 이러한 법적인 권리 형태로 전환시키는 실천적 활동이 국제인권의 진정성을 담보하는 방법이다. 예컨대, 노예제도는 그리스로마 시대에도 존재하였으며, 미국의 남북전쟁을 통하여 노예해방이 구체화되었다. 그러나 현대를 살고 있는 우리는 주변에 노예제도가 없다고 단정할 수 있을까? 정답은 시민권도 자유권도 없는 노예제는 형식적으로 없어졌지만 생산활동의 주변에 포진한 그 많은 저임금 비정규직 노동자는 산업사회의 새로운 형태의 노예와 비슷한 형태를 갖고 있다고 추측할 수 있다.

제2차 세계대전 이후에는 우리는 인권의 시대를 맞이하여 참혹한 과거 역사와 단절하기 위하여 인류가 스스로에게 부여한 윤리적 지침을 마련하여 서로를 감시하였다. 그것은 인권이 구현되었다는 뜻이 아니라 삶의 모든 문제를 인권이라는 프레임워크(framework) 속에서 최소한의 가치를 인정하도록 약속하는 과정이다. 이것은 최근 디지털, 인공지능, 빅데이터로 연계되는 현대사회에서 인권은 정치·사회적 권력을 인지하고 비판하는 도구로서 새로운 기술에 대한 질서를 타파하는 실천적 이데올로기(ideology)로서 역할과 궤를 같이 한다. 우리나라의 경우 6.25 전쟁 이후 이념적, 정치적 문제로 인한 학살, 군부독재에 따른 탄압 때문에 인권의 시대가 유럽과 비교하여 상대적으로 지체되었다. 그러나 김영삼 정부가 문민정부로서 출범하고, 주요 인권규약에 가입하고, 각종 시민·사회단체들이 등장하면서 우리나라도 진정한 인권의 시대에 직면하였다.

6. 대표적인 국제인권 규범 사례

첫째, 영국의 권리장전(Bill of Rights)은 1689년 12월에 영국에서 제정된 법률이다. 헌법에 따라 정치를 하려는 의지를 표명한 최초의 의회 제정법으로, 왕이 법률을 무시하고 특별한 승인 없이 과세를 하거나 평화 시 상비군을 유지하는 행위 등이 불법임을 확인하는 중요한 의미를 갖고 있다. 결과적으로 영국의 권리장전은 자유선거의 실시, 언론의 자유 보장, 의회와 재판과정에 대한 왕의 불간섭 원칙을 확인해 절대왕정을 대신하는 '입헌군주제(立憲君主制, Constitutional monarchy)'가 태생하게 되었다. 이러한 영국의 권리장전은 미국의 독립이나 프랑스 혁명에도 영향을 주었고, 의회의 입법권과 과세권 등 의회의 법이 국왕의 권력을 견제하는 핵심 역할을 수행하게 되었다.

둘째, 미국 독립선언서는 1773년의 보스턴 차 사건 이후 식민지로서 미국의 독립을 선언한 것이기도 하지만, 영국의 왕으로부터 아메리카에 삶의 터전을 구축하고 있는 인간의 권리를 선언한 인권선언으로서의 의미를 갖고 있다. 이를 환언하는 대표적인 문장으로는 "우리는 다음과 같은 것들을 자명한 진리로 믿는 바, 즉 모든 사람은 평등하게 창조된다는 것, 그들은 창조주로부터 양도할 수 없는 일정한 권리와 삶, 자유 및 행복의 추구 등이 포함된다는 것, 이러한 권리를 확보하기 위해 인간들 사이에 정부들이 수립되며, 이들의 정당한 권력은 피치자의 동의에 연유한다는 것, 어떠한 형태의 정부라도 그러한 목적들을 파괴하는 것이 될 때에는 그 정부를 혁신하여 새 정부를 수립하되, 인민들에게 자신들의 안전과 행복을 가장 잘 이룩할 것 같이 보이는 그런 원칙들에 입각하여 그 토대를 설립하고 또 그런 형태에 기반하여 권력을 조직하는 것이 인민의 권리라는 것 등이다." 등이 있다.

셋째, 프랑스 인권선언은 '인간과 시민의 권리 선언'으로 지칭되고 있고, 프랑스 시민으로서 마땅히 누려야 할 권리에 대하여 프랑스 국민의회가 공포한 선언을 의미한다. 1789년 8월에 프랑스 국민 의회가 채택한 프랑스 인권선언은 봉건군주가 폭정에 대한 모순을 시민 계급의 자유를 기반으로 벗어나고자 하는 선언으로서 헌법 제정을 위한 철학적/서술적/문언적 성격을 갖고 있다. 특히 제1조에는 "인간은 자유롭고 평등한 권리를 가지고 태어났다. 사회적 차별은 공공의 이익을 근거로 해서만 있을 수 있다."라고 명시하고 있음에 따라 자유와 평등에 대한 인권 존중을 모두 포함하고 있다.

넷째, 세계인권선언이다. 세계인권선언은 제2차 세계대전 중 인류의 야만적인 범죄에 대한 성찰을 계기로 개인의 자유와 권리를 진술한 문서로서 모든 인간의 기본적 권리를 존중해야 한다는 유엔헌장의 취지를 반영하여 유엔 인권위원회에서 작성되었고, 1948년 12월 10일 제3차 유엔총회에서 채택되었다. 동 선언은 다양한 정치·법적 체제, 종교·문화·철학적 전통에 내재한 공통의 가치 결집을 위한 노력의 산물로서 인권과 기본적 자유의 보편성을 강조하고 있으며, 이후 60개 이상의 국제인권 관련 규범 탄생의 기념비적 역할을 하였다(단, 동 선언은 법적 구속력은 부재하며, 권리보장을 위한 국가의 의무가 제시되지 않았고, 경제·사회·문화적 권리 분야에 대한 관심은 부족한 것이 주요 한계로 지적되고 있다.).

다섯째, 비엔나 인권선언 및 행동계획이다. 1993년 비엔나 세계인권회의는 냉전 종식 이후의 국제사회가 인권의 중요성을 재확인하는 계기를 마련하였다. 동 회의 결과로 채택된 비엔나 인권선언 및 행동계획(Vienna Declaration and Programme of Action)은 인권의 보편성과 불가분성(indivisibility) 및 상호연관성을 재확인하였으며, 인권증진과 보호가 국제사회의 정당한 관심사(legitimate concern)임과 여성인권이 인권의 불가양적인 일부라는 점을 명시하고, 이 외에도 유엔 인권최고대표(High Commissioner for Human Rights) 설치 검토를 권고하였다.

여섯째, 국제인권협약이다. 국제인권협약(International Covenants on Civil and Political Rights)은 도덕적 구속력만을 가진 세계인권선언을 바탕으로 하여 법적 구속력을 가진 기본적이고 보편적인 국제인권법으로 마련된 것이 각각 1966년에 채택되고 1976년에 발효된 '시민적·정치적 권리규약(B규약)' 및 '경제적·사회적·문화적 권리규약(A규약)'이다. 이들 규약은 세계인권선언과 함께 일반적으로 국제인권장전(International Bill of Rights)으로 지칭되고 있다. A·B규약이 인권에 대해 포괄적인 내용을 담고 있는 것과 달리 특정한 주제 또는 집단(group)에 초점을 맞추어 채택된 국제인권협약으로는 인종차별철폐협약, 여성차별철폐협약, 고문방지협약, 아동권리협약이 있다. 이들 총 4개 협약은 A·B 규약과 함께 전통적으로 주요(core) 인권협약으로 이해될 수 있다. 또한, 이들 협약을 보완하는 차원에서 협약 이행 강화를 위한 절차적 성격을 규정하는 5개 선택의정서(B규약 제1선택의정서, A규약 선택의정서, 고문방지협약 선택의정서, 여성차별철폐협약 선택의정서, 아동권리협약 제3선택의정서)와 실질적인 내용을 구체적으로 다루고 있는 3개 선택의정서 B규약 제2선택의정서(사형제 폐지), 아동권리협약 2개 선택의정서(아동의 무력충돌 참여, 아동매매·성매매·음란물)이 마련되어 있다. 아울러, 기존의 주요인권협약 이외에 이주노동자권리협약, 장애인권리협약, 강제실종협약이 채택되어, 여성과 아동 이외에도 이주노동자, 강제실종자, 장애인과 같은 사회적 취약계층의 권리 보호를 위한 국제적 규범이 새로 마련되어 있다.

앞서 논의한 사항을 기초로 인권에 관한 논의에서 보편주의적 관점과 상대주의적 관점 중 어느 하나만을 적용하는 것은 어렵다는 것을 확인할 수 있다. 특히 인권은 분명 보편적이지만, 개별 국가의 인권 문제를 동일한 방법과 문제 그리고 편향된 시각으로 접근하여서는 아니된다. 그럼에도 불구하고 인권의 중요성은 아무리 강조하여도 그것이 현실속에서 제대로 병합되지 않는다면, 의미가 없어지게 된다. 따라서 보편적 인권을 보장하기 위해서는 해당 국가의 역사와 정치·경제적 상황, 국제 관계를 파악할 필요가 있다.

잊지말고 기억하기

선박재활용협약(Hong Kong International Convention for the Safe and Environmentally Sound Recycling of Ships, 2009, 홍콩협약)은 선박 해체 및 재활용 과정에서 환경과 인간(선원 및 관련 직종 노동자 등)의 건강에 미치는 위해요소를 사전에 방지하기 위해 제정되었으며, 1998년 '국제해사기구(IMO) 제42차 해양환경보호위원회(MEPC)'에서 선박재활용(폐선 등) 산업의 환경과 안전 문제의 심각성이 제기된 이후 약 11년간의 협의를 거쳐 2009년에 협약으로 채택되었다. 동 협약이 발효되기 위해서는 비준국(15개국), 선복량(전세계 40%), 최근 10년간 선박재활용 실적(전세계 3%) 등 발효 요건을 모두 충족해야 하는데, 그동안 비준국(20개국)을 제외한 선복량(29.92%)과 선박재활용 실적(1.94%)이 부족했던 상황이었다. 그러나, 글로벌 기준 선복량이 많은 라이베리아(15.69%)와 방글라데시(1.37%)가 협약을 비준(2023. 6. 26.)함에 따라 발효 요건을 충족하여, 2년 후인 2025년 6월 26일에 협약이 발효될 예정이다. 적용대상은 총톤수 500톤 이상의 국제항해선박과 선박재활용시설(해체 조선소 등)이며, 선박은 '석면 등 유해물질목록 비치'와 같은 협약의 의무사항을 이행하고 정부로부터 적합증서를 발급받아야 하며, 당사국의 인가를 받은 시설에서만 선박 해체 및 재활용을 할 수 있도록 법제도화 되었다.

토론 주제 세계인권선언

1948년 「세계인권선언(Universal Declaration of Human Rights)」은 제2차 세계대전 이후 기본적인 인권을 존중하기 위한 원칙을 선언한 것으로서 「UN 헌장」의 취지에 따라 마땅히 보호받아야 할 인권의 가치를 천명한 것이다. 세계인권선언은 전문과 본문 30개 조로 구성되어 있으며, 제1조에서부터 제21조까지는 시민적·정치적 성질의 자유인 자유권적 기본권에 관한 규정과 경제적·사회적·문화적 성질의 자유인 생존권적 기본권을 중심으로 명시하고 있다. 또한, 특히 제22조 사회보장에 대한 권리와 제23조 노동권과 공정한 보수를 받을 권리 및 노동자의 단결권 등에는 인권에 기반하여 상세한 실행적 세부 사항들이 명시되어 있다.

지중해를 건너 이탈리아·그리스·스페인 등에 도착한 해상난민, 아시아에서는 종교적 박해로 인해 미얀마와 방글라데시를 떠나 파선 위험에 처한 선박에 의존한 채 해상에서 표류하고 있는 로힝야(Rohingya) 난민 등과 연계하여 「세계인권선언」에 명시된 난민 관련 조항을 구체적으로 살펴보면 다음과 같다. 가장 먼저 제3조에 따른 모든 사람의 생명권, 신체의 자유와 안전을 누릴 권리, 제4조에 따른 노예 신분이나 노예 상태로부터의 자유, 제5조에 따른 고문, 잔인하거나 비인도적이거나 혹은 굴욕적인 처우로부터의 자유 등이 대표적이다. 또한 그 이외에도 「세계인권선언」은 법적 구속력은 없지만, 다양한 국제문서와 개별 국가의 헌법의 철학적 이념이 되고 있는 인권보장에 관한 가장 기본적인 문서로서 제6조 모든 사람이 법 앞에 하나의 인격체로 인정받을 권리, 제7조 모든 사람이 법 앞에 평등하며, 제8조 아무런 차별 없이 법의 동등한 보호를 받을 권리, 공정한 재판을 받을 권리, 제9조 자의적인 체포, 구금 또는 추방당하지 않을 자유, 제12조 사생활, 가족, 집 또는 통신에 대하여 자의적인 간섭으로부터의 자유, 제13조 자국 내에서 이동과 거주의 자유와 자국을 포함한 어떤 국가에서도 떠날 권리와 또한, 자국으로 돌아올 권리, 제14조 비호를 구할 권리, 제15조 국적을 가질 권리, 제16조 결혼과 가정을 이룰 권리와 결혼과 그 해소에서 성년 남녀의 동등한 권리, 제17조 자신의 재산을 소유할 수 있는 권리와 이를 자의적으로 박탈당하지 않을 권리 등이 있다.

토론 주제 북한 강제 송환과 인권 문제

탈북난민이 가장 많이 체류하고 있는 것으로 알려진 중국에서는 은신, 체류하고 있는 탈북난민을 불법 월경한 밀입국자로 규정하고 이들을 강제 연행하여 북한으로 송환하는 데 주력하고 있다. 중국의 강제 송환 정책은 국제관례상 모든 국가가 준수해야 하는 '난민 강제 송환 금지 원칙'을 위반하는 것이다. 중국은 「난민협약」과 「난민의정서」에 가입하였지만, 실제로 난민 처리는 현지국의 주권에 해당하는 사항으로 해석하고 있으며, 이것은 「세계인권선언」 제9조 '자의적인 체포, 구금, 추방을 당하지 않을 권리'와 제13조 '자국을 포함한 어떤 국가에서도 떠날 권리와 또한, 자국으로 돌아올 권리'에 어긋나는 내용이다. 강제 연행과 강제 송환 과정에서 구타와 성희롱, 성폭행 등 인권침해 사례가 보고되고 있으며, 탈북난민을 체포한 경찰과 감옥 경비원이 돈을 요구하고 금품을 갈취하는 사례가 빈번히 발생하고 있다.

이것은 「세계인권선언」 제1조 '인간존엄권', 제3조 '생명권과 신체의 자유 및 안전권', 제5조 '고문과 잔인하고 비인도적, 모욕적 취급을 받지 않을 권리', 제17조 '자신의 재산을 박탈당하지 않을 권리', 제18조 '사상, 종교의 자유권'에 어긋나는 것이다. 이에 따라 「국제인권협약」 이행감독기관인 '고문방지위원회'는 "강제 송환금지 및 고문의 위험"이란 제목의 성명을 발표하여 중국의 탈북난민 강제 송환 행위에 대한 큰 우려를 표시하면서, 어떠한 상황에서도 고문받을 위험이 상당한 곳으로 개인을 추방, 송환, 인도하여서는 안 됨을 지적했다. 또한, 중국 정부에 United Nations High Commissioner for Refugees (UNHCR)이 북한 접경 지역과 우려 대상자들에 대해 접근하는 것을 보장하도록 권고하기도 했다.

토론 주제 '갑질 왕국'과 인권

사례 : A회사에 10년차 경력직으로 프로젝트 매니저로 입사한 (을) 씨. A 회사에서는 자신의 전공 분야가 아닌 프로그램 기획, 구매, 인사업무를 시켰지만 스타트업회사의 특성상 다양한 업무를 할 수밖에 없다는 걸 알고 있어 열심히 일했다. 그러나 (을) 씨에게 돌아오는 것은 A회사 젊은 사장(30대 회장의 아들)의 짜증, 고함, 일을 못 한다는 무시하는 언사, 많은 사람 앞에서 창피를 주며 젊은 사장의 감정 쓰레기통 취급을 당하며 그만둔 직원들도 많다. 신입 직원 앞에서 모욕을 줘 죽고 싶기도 했던 (을) 씨는 불면증, 우울증이 심해지고 수면제 없이는 잠도 제대로 잘 수 없었다.

※ 근로기준법 76조의 2에 직장 내 괴롭힘은 ①지위 또는 관계 등의 우위를 이용해 ②업무상 적정범위를 넘어 ③신체적·정신적 고통을 주거나 근무환경을 악화시키는 행위라고 명시되어 있다.

※ 직장 내 괴롭힘은 ①직장에서의 지위 또는 관계 등의 우위를 이용할 것, ②업무상 적정범위를 넘을 것, ③신체적·정신적인 고통을 주거나 근무환경을 악화시키는 행위일 것 등을 요건으로 하고 있다. 이때 괴롭힘에 해당하는 업무상 적정범위를 넘는 행위는 ⅰ) 그 행위가 사회 통념에 비추어 볼 때 업무상 필요성이 인정되지 않거나, ⅱ) 업무상 필요성은 인정되더라도 그 행위의 양태가 사회 통념에 비추어 볼 때 상당하지 않다고 인정되는 행위이다.

※ 누구든지 직장 내 괴롭힘 발생사실을 사용자에게 신고할 수 있고, 사용자는 직장 내 괴롭힘 발생사실을 신고 받거나 인지한 경우 지체 없이 조사하고, 직장 내 괴롭힘이 확인된 경우 행위자에 대한 징계 등 적절한 조치를 취해야 한다. 사용자는 직장 내 괴롭힘 발생한 사실을 신고하거나 피해를 주장한다는 이유로 해고 등 불이익한 처우를 하여서는 안 되며, 이를 위반하면 3년 이하의 징역 또는 3천만 원 이하의 벌금에 부과된다.

V 선내 인권 침해와 보호 방안

1. 선박조직의 개념

해운은 선박에 기반하여 화물을 포장 또는 비포장의 형식으로 해상운송하는 전형적인 서비스 산업이다. 따라서 육상의 생산·제조 중심의 조직과 달리 독특한 특징을 갖고 발전해왔다. 특히 해운업은 핵심요소의 관점에서 선박운항과 관련하여 하드웨어적으로는 '선박(ship)'와 소프트웨어적으로는 '선원(seafarer)'으로 구성되어 있고, 선박소유자는 선박운항을 통하여 계약에 따라 합의된 화물을 해상으로 안전하게 이동하는 것을 목적으로 한다.

이러한 선박조직에서 가장 중요한 것은 선박운항에 대한 현장 책임이 바로 선장에게 있다는 점이다. 일반적으로 육상의 경우 책임은 해운기업의 안전관리책임자(Designated Person : DP)에게 귀결되어 있으며, 실질적인 해상운송의 일선에 있는 선박조직은 해운기업의 선대 감독이 중심이 되어 각각의 선박을 관리하고, 이것이 확대되어 선대(fleet)를 형성하여 선단장을 그룹화하여 의사결정을 중간관리하게 된다. 그리고 이러한 관리체계 속에서 정기선 운항 또는 부정기선 운항 등이 선종별로 기업의 영업특성을 고려하여 수행되게 된다.

이 책에서는 주로 어선, 여객선, 내항선, 유도선 등의 많은 선박 중 국제항해에 종사하는 외항상선을 중심으로 선박조직을 제한적으로 언급하고자 한다. 첫째, 해운기업은 외부적으로 소규모 경제 주체임과 동시에 단일 하부조직을 선원을 기반으로 형성하고 있다. 따라서 선장(Master) 중심의 항해부서(Navigation part), 기관장(Chief Engineer) 중심의 기관부서(Engine part), 조리부(Cooking part) 등이 대표적이다. 또한 개별 단위조직을 구성하는 선원의 경우 통상 5~7개월 승선 후 휴가를 신청하는 근무형태를 유지하고 있으며, 휴가를 위한 교대 인원은 선박당 전체 승선인원의 약 25~30% 내외를 확보하는 것을 원칙으로 적용하고 있다. 둘째, 해운기업은 내부적으로 선박의 운항, 화물의 관리, 선원의 배승을 기반으로 선박의 감항성 확보의 기초를 형성하고 있다. 따라서 상선에서 선박조직의 구조는 선박, 화물, 선원, 여객 등에 관한 모든 책임이 있는 선장(Master)을 중심으로 항해를 전담하는 항해부서(Navigation part), 기관부서(Engine part) 등 업무 영역에 따라 구분하여 엄격한 위계질서 중심의 조직문화를 형성해오고 있다. 예컨대, 선장은 모든 해원을 지휘, 감독하여 선내의 질서를 어지럽히는 해원에 대하여 징계권을 행사할 수 있다. 해원은 간부 선원인 직원과 보통 선원인 부원(部員)으로 구분된다. 화물을 운송하는 상선(商船)의 선원조직으로는 갑판부(甲板部)·기관부(機關部)가 있다. 갑판부의 직원으로는 1등항해사·2등항해사·3등항해사(통신사 포함)가 있고, 부원으로는 갑판장·조타수(操舵手)·갑판원 등의 등급이 있다. 기관부 선원의 등급은 직원인 기관장 및 1·2·3등기관사(필요시 전자기관사 포함)와 부원인 조기장(操機長)·조기수(操機手)·기관원이 있다. 추가적으로 조리수(調理手)·조리원 등이 있다. 국내의 경우 2019년 HMM에서 국내 최초의 여성 선장과 기관장이 배출되었으나 여전히 1990년에 최초로 여성 해기사가 배출된 이후 여성의 상위직급 진출은 한계가 있는 상황이다. 우리나라의 경우 「양성평등기본법」, 「남녀고용평등과 일·가정 양립지원에 관한 법률」, 「여성폭력방지기본법」 등이 도입되어 여성 근로자의 근무를 지원하고 있으나 아직 선박조직의 경우 이를 충분히 수용할 수 있는 물리적 환경이 구축되지 못한 실정이다.

2. 선박의 승선환경

선박조직의 문화에 따른 기본적인 특징을 이해하였다면, 과연 선원은 누구이며, 이들은 어떠한 환경에서 승선생활을 할까? 등에 대한 의문에 대하여 함께 논의해 볼 필요가 있다. 「선원법」에 따르면 선원은 선장과 해원(海員)으로 구분하고, 선박에 승무하고 있지 아니한 선장과 해원을 예비원이라 규정하고 있다. 특히 선원은 항해하는 동안 승선생활하면서 국가의 권력이 미치지 않는 해상의 위험 속에서 인명, 재화를 선박을 통한 이동하는 서비스를 제공하여야 하므로 엄격한 계급사회를 형성하고 있다.

첫째, 기본적으로 선원은 이가성, 이사회성, 이문화성 등으로 인하여 승선생활에서 비롯된 고립감을 느끼며 승선하고 있다. 최근 인공위성을 통한 다양한 형태의 무선 통신기술이 발달하여 선원들은 언제라도 통신연락을 취할 수 있는 환경이 조성되었지만, 여전히 통신 음영지역이 존재함에 따라 정신적 고립감은 충분히 해소되지 못하고 있다.

둘째, 선원의 출퇴근에 대한 시간적 공간적 혼동속에서 승선하고 있다. 즉 선원의 근무형태는 육상처럼 출근에서 퇴근으로 연계되는 전형적인 근무형태와 달리 (항해)당직, (기관)데이워크 중심으로 운영되고 있다. 따라서 동일 부서내에서도 조직 구성원간의 접촉 빈도가 인수인계시간 및 기타 협업시간을 제외하면 매우 낮고, 공간적인 근무활동의 범위가 선교 또는 기관실 등으로 특정화되어 있는 한계가 있다. 또한 2022년을 기준으로 불요불급한 외국인 선원의 상륙 허가를 가급적 제한하고, 만약 허가하더라도 사전에 COVID-19 진단검사를 하는 등 항만 입항 선원에 대한 조처를 강화할 방침임에 따라 상륙제한까지 국내외 항만에서 적용될 경우 상당한 문제가 발생할 개연성이 있다.

셋째, 선원은 항상 긴장상태에서 승선하고 있음에 따라 정신적 피로도가 매우 높다. 선원들은 주로 선교 및 기관구역 내에서 업무를 수행하면서 소음, 미세먼지, 조도, 진동 등으로 인하여 근무 및 휴식 중 스트레스가 높고 당직시간 외에 이용할 수 있는 여가활동도 제한적이기 때문에 자칫 선원 개인간의 충돌로 확대될 위험이 존재한다.

잊지말고 기억하기

[갈등 양상]

우리나라 해운기업들은 선원고용을 둘러싸고 외국인 선원 고용확대 등과 관련하여 민감한 반응을 확대하고 있다. 특히 선원 노동계는 선박 운항의 핵심인 국적 선원 고용을 비정규직으로 채용하려는 의도에 대해서 반드시 정규직 전환과 이에 따른 최저임금도 육상근로자와 차이도 없이 동일한 수준에서 책정되어야 해기전승이 가능하다는 입장이다.

[최근 변화]

해운산업의 가장 기초는 선박, 화물, 선원 등 3요소가 갈등없이 유지되어야 발전할 수 있다. 특히 우리나라는 국제노동기구 제정한 해사노동협약을 승인한 56번째 회원국으로 14번째 아시아 국가로 위상을 강화하였다. 해사노동협약(MLC)을 비준하기 위해 선원법 개정하고 한국도 선원보호 복지향상에 노력하고 있다는 것을 세계를 상대로 공개한 것이다. 이를 기반으로 국가인권위원회가 해양수산부를 상대로 최저임금을 내국인 선원과 달리 노사합의로 정하도록 한 현행고시를 개정하여 임금차별을 개선하도록 권고하였다.

[해외 사례]

콜럼비아쉽매니지먼트(Columbia Ship management, CSM)는 종합선원지원관리 프로그램을 통해 선원과 가족을 대상으로 선원생명보험, 연금, 주택 자동차 구매를 지원하고 있다. 승선중 앱을 통해 개인별 건강유지관리 프로그램으로 체중 명상 요가 등 제공하고 있다. 또한 NYK의 경우 별도의 블록체인기반의 Credit 서비스와 payment 기능을 제공하여 선원들의 복지(healing and wellbeing)에 신경을 쓰고 있다.

3. 인권 보호 방안

글로벌 이슈 중 하나로서 인권과 관련하여 가장 큰 관심을 끌고 있는 분야 중 하나가 '인권경영과 구제'이며, 특히 해운기업이 어떻게 인권을 존중하고 글로벌 기업문화로서 확대하여 가치를 창출할 것인지에 집중하고 있다. 예컨대, 해운기업을 둘러싼 인권의 위험요소는 무엇인지?, 과연 어떻게 이러한 위험요소를 예방할 것인지?, 실제로 승선 중 선원 및 기타 해운물류 관련 노동자들에게 인권침해 요인이 위험상황으로 비화되어 확대되었을 경우 어떻게 구제할 것인지? 등이 주요 쟁점이다. 이러한 핵심 이슈로는 선박에서의 강제근로, 외국인 선원들과 다양한 차별적 대우, 실습선원에 대한 인권 문제, 해양환경파괴 등이 포함되며, 선박에서의 괴롭힘, 성폭력 및 성차별, 집단 따돌림 등 인간 존엄성 문제로까지 그 범위가 확장되고 있다.

또한 정치, 사회적 환경 변화 속에서도 물류를 통한 세계화가 심화됨에 따라 선박을 기반으로 글로벌 공급망이 실타래처럼 얽히면서 언제, 어디, 누구에게서 어떠한 인권침해와 차별이 벌어지는지 쉽게 판단하기 곤란한 상황이 되었다. 인도 알랑(Alang), 파키스탄, 방글라데시 등에서 진행되는 선박 해체 조선소의 노동권 침해, 폐기물 처리위반 사례가 널리 공유되면서 기업의 인권책임을 묻는 목소리가 커졌다. 이러한 관점에서 해운기업의 인권경영은 선박운항, 터미널 관리, 임직원, 사회단체 등으로부터 제기되는 다양한 사안에 대해 전문적인 의사결정을 내리기 위해 매 분기 인권경영위원회를 개최하여 핵심사항을 결정하는 체계를 구축하고 있다. 이러한 체계에 따라 해운기업의 의사결정을 지지하기 위하여 인권경영위원회를 통해 객관성을 확보하고자 내부위원과 외부위원을 동수로 구성하고 있으며, 노조위원장이 인권경영위원으로 참여하여 육해상 임직원들의 목소리를 적극적으로 수렴하고 있다. 또한, 인권경영위원회의 효율적인 추진과 운영의 정착을 위해 매 분기 인권경영위원회를 개최하며 권고안을 매회 작성하여 해운기업의 대표이사에게 전달함으로써 권고안의 실질적인 이행을 위해 다음과 같은 노력을 확대하고 있다.

첫째, 인권경영은 '국가의 보호의무와 기업의 인권존중책임'을 의미하는 용어로 국가 및 기업이 실효적 구제에 대한 접근을 실천하는 경영을 포함하고 있다. 실제로 해운기업들은 인간의 존엄과 가치 존중의 사회적 가치를 정립하기 위해 인권경영을 도입하고 있으며, 이것에 기반한 인권경영의 도입이 결국 안전하고(safer), 깨끗하고(greener), 편리한(easier) 해사산업에 기여한다는 비전을 포함하고 있다. 따라서, 국가와 기업은 선원과 선박운항, 해양환경보호 등을 바탕으로 선박의 안전운항 서비스를 지속적으로 확대하고, 화주와 선원, 항만근로자 등의 복지에 기여하여야 한다. 이러한 기업 경영철학에 기반하여 해운기업들은 화주를 포함한 고객, 더불어 선원을 포함한 임직원, 주주와 투자자, 협력사 및 지역사회와 상생해야 하며, 모든 이해관계자의 인간으로서의 존엄과 가치, 행복을 추구할 권리를 존중하는 노력이 확대되어야 한다. 대표적으로 해운기업은 사회적 책임 활동을 적극적으로 실행하기 위해 2021년 4월부터 글로벌 지속가능경영 이니셔티브인 UNGC(United Nations Global Compact)에 가입하고 있다. 통상적으로 '인권, 노동, 환경, 반부패', 4개 영역의 10대 원칙에 대한 지지를 선언하고 있으며 이를 기반으로 이해관계자와 함께 번영하고, 인권 존중에 기반을 둔 지속가능한 발전을 추구하고자 인권선언문을 선포하여 인권경영의 실행력을 담보하고 있다.

둘째, 시간과 장소 그리고 목적과 대상에 대한 관계없이 인권침해로부터 직원 및 내·외부 이해관계자 보호를 위한 '인권구제절차'이다. 해운기업의 인권경영체계는 기업에 설치된 인권위원회를 통해서 진행되며 피진정인의 진정을 담은 사항에 대해 조사를 하고, 그 결과 인권침해나 차별행위가 발생할 경우에는 피진정인과 그 소속기관·단체 또는 감독기관의 장에게 대응조치들을 요청하고 있다. 실제로 해운기업들은 조사대상 인권침해나 차별행위의 중지, 또 원상회복, 손해배상 그 밖의 필요한 구제조치 및 동일 또는 유사한 인권침해나 차별행위의 재발을 방지할 수 있는 내용들을 ESG 체계속에 포함하여 이행지침을 마련하고 있다. 그리고 이러한 이행지침의 실행 또는 법령·제도·정책·관행의 시정 또는 개선을 권고하여 피진정인의 권리를 보호하는 과정 전반을 '인권구제절차'라고 지칭할 수 있다.

해운산업 전반에 인권경영을 확산하기 위해 국내외 사례 조사 및 실태 분석을 통하여 해운산업의 특수성을 반영한 '해운산업 표준 인권경영'을 제정하는 노력이 필요하며, 이를 통하여 육해상 임직원의 행동규범 및 인권 관련 가치판단의 기준을 제시함을 통해 인권경영이 제도화되는 수준에서 문화로 정착될 수 있는 기반이 마련되어야 한다. 특히 적극적인 해운기업의 인권경영 업무 추진의 체계성과 독립성을 담보받기 위해서 외부로부터의 종합 인권경영시스템 인증 심사를 주기적으로 받는 것이 필요하며, 이를 통해서 내실있는 해운기업의 인권경영 체계를 꾸준히 점검받고 관리하여 글로벌 수준의 인권경영 기업으로 발돋움해 나갈 수 있는 기회가 마련되길 기대한다.

토론 주제

한국 국적선을 운항하여 최초로 세계일주를 성공한 해봉(海峰) 배순태(1925~2017) 선장

배경 : 1925년 경남 창원에서 태어난 그는 일제 말기 진해고등해원양성소에 들어간다. 해방 직전 졸업한 후 3등 항해사로 선원의 삶을 시작한 그는 1948년부터 부산수산대(현 부경대) 교수(항해학)를 역임하던 중 6·25전쟁이 발발하자 1950년 9월 해군사관학교 교수로서 해군 장교 양성에 나선다. 그리고 1953년 6월 갑종선장 면허장을 취득하고 대한해운공사 동해호의 선장이 된다.

일화 : 한국해양대 박물관이 그의 갑종선장 면허증을 전시하고 있는 것도 이 기념비적인 항해를 기억하기 위함이다. 배순태 선장은 1958년 한국 정부시행 첫 도선사 시험에 합격해 국가공인 도선면허 1호를 취득하고, 인천항 도선을 전담하였다. 이후 배순태 도선사는 한국도선사협회 창립 및 초대 회장, 인천항 갑문 첫 시범도선, 최초의 자동차전용운반선 도선 등의 기록을 유지하였다.

여성해기사

핵심 이슈 : 혼승선박내에서 여러 갈등 중 젠더간의 갈등에 대한 원인은 마땅히 인간을 중심으로 '남자'와 '여자'라는 대비적 인식 차이로 인한 남녀의 지위와 역할에 대한 차이에서 기인한다. 즉, 해상이라는 특수한 직무 수행과정에서 '강인함'을 중심으로 성립된 남성 중심의 선박조직은 엄격한 경쟁, 대립 그리고 공격성과 관련한 결과 중 심적 가치가 강함에 따라 승선하고 있는 여성 선원에게 여전히 전통적인 역할을 요구함에 따라 갈등이 발생하고 있다. 특히 남성선원들은 오랫동안 남성 중심의 선박조직을 운영함으로 인하여 여성 해기사가 관리자(선장 또는 1등항해사 : 상급사관)로서 서열 및 지위가 확정되는 직급역전현상에 대하여 포용적인 이해의 범위가 작기 때문에 갈등이 발생한다.

HMM 전경옥 선장 인터뷰 :

전 선장은 "10여 년 전의 저 자신조차도 상상하지 못했던 여성 선장이 탄생한 것과 그 출발이 현대상선인 점, (첫 여성 선장이) 굳이 나 자신이라는 이 사실이 개인적으로는 대단한 영광"이라면서도 "다만 여성이 해양대학교 금녀의 벽을 뚫고 입학한 지 거의 수십 년이 다 돼가는 시점이라는 것이 안타깝다."

전 선장은 "여전히 바다가 여성에게는 좁은 문이지만, 이번 일을 계기로 성별로 기회 자체를 박탈하거나 차별하는 관행이 깨지기를 간절히 바란다. 10년 후에는 더 많은 여성후배가 아이를 낳고 기르면서 이 직업을 유지할 수 있게 되기를, 또 그들이 선장이 된다 해도 더는 기삿거리가 되지 않는 양성 평등한 사회가 되기를 기대하며 저 또한 저 자신이 할 수 있는 일을 찾겠다"고 했다.

결국 이와 같은 인터뷰의 시사점은 현실적으로 남녀 선원이 동일한 선박조직에서 최소 3~6개월간 악천후 속에서 승선하면서 진정한 해기사 정신(Good Seamanship)을 함양하는 것은 인간적인 상호작용의 일환으로 소통하는 측면에서 매우 어렵고, 젠더간의 공감이 필요하다. 그러나 만일 남성 선원이 이러한 자연스러운 조직강화 현상을 함께 승선하고 있는 여성 해기사에 대하여 이성에 대한 관심의 대상으로 변질시킬 위험도 동시에 존재한다. 결국 혼승선박이라는 또 다른 문화적 다양성이 공존하는 공간, 물리적으로 제한된 공간과 소규모 조직구성원으로서 근무하면서 발생되는 다양한 갈등이 지속적으로 증가하는 공간 속에서 단순히 기존의 「성폭력방지 및 피해자보호 등에 관한 법률」 등과 같은 법으로 제재하는 것은 올바른 방법이 아니다. 따라서 이 책을 통하여 우리 모두는 해운기업 ESG 정책을 실현하기 위하여 실질적인 성차별 없는 고용 관행과 성희롱 제로(zero)의 문화를 조성하고, 이행하는 범위와 상호간의 인식에 대한 건전한 공유가 필요하다.

실습선원은 누가? 무엇을 보호해 줄까?

1. 추진배경

가. 선사 실습생에 대한 안전과 권리 확보를 위해 실습시간 제한, 휴식시간 보장 등 선박소유자 중심으로 실습생 안전관리 체계 마련·시행 중('20.8월 시행)

나. (근무시간) 1일 8시간 1주간 40시간, 당직시 1주간 16시간

다. (휴식시간) 실습시간 외 모두 휴식시간(8시간 연속), 1주간 1일 이상 휴일을 부여

라. (안전관리 체계) 현장승선실습 운영지침, 표준협약서 작성 등

마. 학교의 실습생 안전관리에 대한 권한과 책임 부여 등 법적기반 마련을 통해 더 확고한 실습생 안전관리 추진(선박직원법 및 하위법령 개정)

2. 추진방안

가. 학교는 해양수산부장관이 고시하는 현장승선실습 운영지침에 따라 실습생을 선발하고 관리

나. 실습생 건강진단서, 체력검정, 인적성 검사결과 등 선사 제공 등 포함

다. 학교는 실습전 학교실습선박에서 실습생 안전 등에 대한 사전교육 실시, 설명회 등 개최

라. 실습전 2주간 선박적응훈련 실시, 실습 안전관리 매뉴얼 작성

마. 학생, 교원 등 대상 실습 운영계획 설명하고 공지

바. 학교 담당자가 실습생 승선선박에 대하여 방선하여 실습생 인권, 안전관리에 대한 실태점검 실시

사. 매월 최소 1척 이상의 선박에 대해 승선점검 실시, 매 학기 종료 1개월 이내 해수부에 결과 제출

아. 실습생 사고유형통계 마련 등을 통해 다발성 사고에 대한 예방교육 실시, 책임교수 지정 실습생 지도·관리

VI 해운산업과 ESG

1. ESG와 인권

최근 인권은 기업에 대한 ESG 경영 핵심이 이슈로 급부상하고 있다. 대표적으로 유럽의 경우 공급망 실사 법안(corporate sustainability due diligence, CSDD)이 본격적인 시행을 앞두고 기업경영에 대한 인권 침해 여부를 필수적으로 사전에 검토하고 있다. 동 법안은 일정 기준을 충족하는 기업들에 대해 다양한 인권과 환경에 미치는 부정적 영향과 관련하여 실사 의무를 부여하고, 관련 의무를 위반할 경우 소재국에서 민사책임 등을 부담하도록 하는 내용을 포함하고 있다. 이러한 관점에서 인권경영은 ESG 경영의 상위 개념으로서 통용되고 있으나, 여전히 일부 금융과 기업에서는 각종 투자 적합성을 높이기 위한 기업의 비재무 경영 요소를 평가하는 방식만으로만 적용하고 있어 진정한 의미의 인권문제를 해결하지 못하고 있다. COVID-19, 우크라이나-러시아, 이스라엘-팔레스타인 전쟁 이후 인권과 직접적인 관련이 있는 항목이 ESG 경영의 핵심 이슈로 등장하고 있음에 따라, 이와 연동하여 글로벌 해운기업들도 지배구조, 컴플라이언스(compliance) 등에서도 인권과 관련한 항목을 포함하고자 노력하고 있다. 결국 글로벌 수준의 지속가능한 성장을 희망하는 기업은 반드시 인권경영과 관련된 선언을 실시하고, 추진 체제를 구축해야 하는 거버넌스(governance)를 마련하여야 한다. 특히 글로벌 해운기업들은 향후 인권영향 평가를 토대로 어떠한 개선 작업이 이루어졌는지 물류, 선박관리, 창고, 항만관리, 선박폐선 등의 사업과 관련한 모든 이해관계자들의 동의와 확인을 공개하여야 한다. 이러한 관점에서 우리나라는 인권정책기본법 등이 신설되어 기업의 인권경영과 관련한 제도 마련이 확대되면서 공공기관에 이어 민간 기업의 인권경영을 개선하려는 자구적인 노력도 확대되고 있다.

실제로 기업의 지속가능성을 확보하는 차원에서 인권은 ESG(환경·사회·지배구조) 중 어디에 포함될까?라는 근원적인 질문에 대하여 인권경영에 대한 전 세계인의 관심이 높아지면서 국내 인권경영 현황 점검이 필요한 시점이 되었다. 왜냐하면 여전히 국내 기업의 경우 인권경영을 ESG 중 대부분 사회 부문으로 분류하고 있기 때문이다. 그러나 ESG는 기업, 인권, 지속가능개발목표(SDGs; Sustainable Development Goals)의 교차점에 있는 개념이므로 인권을 별개로 분리하기보다는 전체적으로 연동하는 것이 필요하다. 인권경영 핵심이 지배구조라는 관점에서 2011년에 발표한 'UN 기업과 인권 이행 원칙'에는 인권경영이 국가의 산업, 국민, 환경 등을 근원적으로 보호하는 의무와 기업의 지속가능한 인권존중 책임, 문제발생시 국가와 기업의 실효적 구제에 대한 합리적인 접근을 실천하는 경영이라고 점에서 매우 중요하다. 이때 국가는 1차적으로 인권을 보호할 의무가 있으며, 해당 기업은 이를 존중하고 이행할 책임이 연계되어 있다. 따라서 국가와 기업은 '인권' 문제가 발생했을 때 사법적·비사법적 구제 수단이 마련되어야 한다. 실무적으로 인권경영은 기업 자율 사항이었으나 법률로 의무화하는 추세가 확대되며 유엔(United Nations)에서는 '기업과 인권(Business and Human Rights, BHR)'을, OECD에서는 기업의 책임을 강조하는 '기업책임경영(Responsible Business Conduct, RBC)'을 사용하여 가이드라인을 제공하고 있으며, 이를 준수하도록 개도하고 있다.

2. ESG경영과 3율

글로벌 기업에게 요구되는 ESG 경영은 환경(Environmental), 사회(Social), 지배구조(Governance)를 모두 포함하기 때문에 1차적으로 기업의 생산 및 서비스 과정에서 파생되는 결과의 이익을 활용하여 환경보호(해양환경, 선박기인 대기오염 등)에 앞장서고, 2차적으로 사회적 약자에 대한 지원 등 사회 공헌(각종 교육사업, 구호활동) 활동을 하며, 3차적으로 법과 윤리(여성, 소수자, 아동, 장애인 강제 노동 등)를 철저히 준수하는 경영 활동이 포함된다. 우리가 주목하고 있는 해운기업들의 경우에도 여타의 기업과 동일하게 이윤 극대화를 기업의 지속가능성에 핵심 요소로 설정하고 있다. 그러나 최근 글로벌 원양 정기선 해운기업들은 이러한 전통적인 경제이론에 따르는 기업이윤의 중요성과 함께 환경, 안전, 보건, 윤리 등과 종합적으로 연계된 ESG의 수준을 높이는 것을 강조하고 있다. 따라서 글로벌 원양 정기선 해운기업은 향후 선박과 항만에서 기인되는 오염에 대한 적극적인 저감 노력과 함께 선원, 항만노동자 등과 같은 사회적 약자에 대한 배려, 그리고 글로벌 기준에 적합한 법과 윤리를 철저히 준수하는 경영체제로 전환하여야만 프랑스, 독일, 일본, 영국 등과 같은 선진선박금융으로부터 재정적으로 지속가능한 투자 유치 및 화주들로부터 화물운송권의 확보가 가능하게 될 것으로 예상된다. 이처럼 원양 정기선 해운기업이 규모의 경제, 범위의 경제만으로 성장하는 정책과 병행하여 글로벌 물류체인망과 연계한 환경보호(Environment), 해사산업에 대한 사회공헌(Social), 디지털 플랫폼 기반의 경영체제(Governance)의 세 가지 축을 형성하는 것이 매우 중요하다. 이중에서도 인권은 ESG 모든 분야에 적용 가능한 권리로서 매우 오랫동안 우리 사회를 지지하고 있다. 대표적으로 환경(E)의 경우 환경권, 사회(S)는 노동권·성평등·안전권·정보 인권 등이, 지배구조(G)에는 정보접근권(사회적 문제로 인식할 권리)·투명성·책무성·참여권리·인권침해를 구제받을 권리 등이 여기에 포함된다. 또한 인권의 핵심은 사회 및 기타 조직을 구성하는 지배구조다. S는 인권경영을 적용하는 대상에 관한 것이며, 실제로 인권경영을 구조화하는 것은 올바른 지배구조를 확보하는 데서 비롯된다. 그러나 기업의 입장에서 진정한 인권경영은 기업들이 자체적으로 관리하기에는 통계, 품질, 지수 등에 있어서 일부 부담스러워하는 항목인 것은 분명히 존재하고 있다. 왜냐하면 주로 노동조합 및 기타 이해관계자와의 정치적인 쟁점으로 확대하여 해석될 여지가 높고, 권익 보호와 권익향유에 대한 권리보호의 충돌로 발생하여 갈등 해결이 힘들어질 위험이 존재하기 때문이다.

조직, 사회, 세대, 남녀, 민족, 종교, 국가, 이념 등과 연계된 갈등의 해결에 대한 핵심인 인성은 '더불어 잘 살아가고자 하는 의지와 능력'에서 비롯된다. 승선 중 왕따, 괴롭힘, 갑질, 세월호 사건 등도 인간으로서 각자가 너무 자기중심적이고, 어떤 문제가 터졌을 때 책임지지 않고 단지 회피하려는 인성이 부족해서 발생한 대표적인 사례이다. 과거에는 혼자 열심히 공부하고, 기업에 취업해서 퇴직까지 일관된 삶을 영위하기만 하면 모든 것이 완성되었다면, 이제는 집단지성의 시대로서 특정 조직에 소속되어 다양한 능력과 재능이 있는 사람들이 상호 어울려야만 프로젝트성 문제를 해결할 수 있는 환경에 직면하였다. 그만큼 사회 속에서 서로의 관계를 조율하는 능력이 점점 중요해지고 있다. 결국 기업에서 필요한 인재가 갖추어야 할 인성도 단순히 그 덕목을 개인 스스로 인식한다고 되는 것이 아니라 장기간 고민하여 정제되어야 하기 때문에 이것을 진정한 능력으로 판단하고, 요구하고 있다. 대표적으로 삼율은 '자기조율, 관계조율, 공익조율'이 여기에 해당하며, 조직과 사회에 소속된 개인으로서 인간은 감정과 생각에 따라 행동할 때 그 기준을 제시하는데 의미가 있다. 일반적으로 감정이 생각보다 앞서기 때문에 자기 마음의 근육을 먼저 인식하고, 관리하는 것이 중요하다. 또한 승선 중 또는 실습(실습선원의 직무) 중과 같이 환경변화에 따른 스트레스로 부정적인 감정 상태에 직면하게 되면 상황을 모면하거나 폭력을 행하지 않도록 감정코칭이 필요하다. 또한 공익조율은 '윈-윈(win-win ; 거래 당사자 모두의 이익을 극대화할 수 있는 전략적 제휴)' 할 수 있는 상생의 방식으로 우리 모두에게 당장 나에게만 이익이 되는 사익을 추구하는 것보다 좀 더 장기적으로 조망해서 공동체의 이익이 결국 나의 이익이라는 것을 공유하는 것이 매우 중요하다.

3. 해운산업의 ESG 경영

ESG는 2006년 UN 사회책임투자원칙(Principles for Responsible Investment, PRI)에서 처음 등장하였으며, BRT(Business Round Table) 2019 선언 이후 글로벌 기업의 새로운 기준으로서 기업의 경쟁력 강화 측면에게 주목을 받고 있다. 따라서 '기업 목적에 대한 성명(Statement on the Purpose of a Corporation)'에 기반하여 해운기업은 세계경제의 글로벌화 현상 속에서 경쟁력 있는 해상운송서비스를 확보하기 위하여 다양한 해운정책을 도입·시행하고 있다. 대표적으로 지배선대의 확충, 선박 대형화와 전략적 제휴, M&A, 스마트 육·해상통합물류 체계 구축 등이 있다. 그 이외에도 해운기업의 경쟁력은 기본적으로 해상운송서비스의 질과 운임에 의해 결정되지만, 미래에는 디지털 플랫폼기반의 신속한 해상운송서비스와 같은 기본적인 요소뿐만 아니라 LNG, LPG, 메탄올, 암모니아, 수소 등과 같은 친환경연료추진선박의 확보, 선원인권 보호, (남·여)외국인 선원들에 대한 다양성 존중, 편의치적 등과 관련된 조세회피에 대한 윤리경영, 반부패 윤리경영체계의 구축 등이 해운기업의 경쟁력을 결정하는 새로운 요소가 될 것으로 예상된다. 이에 따라 해운기업은 선박의 운항수익을 안정적으로 확보하기 위해 필요한 재무적 가치투자에만 집중하던 과거의 선박운항관리에서 벗어나, 선박기인 대기 및 해양오염의 심각성을 인식하고 디지털 대전환 및 뉴 노멀(New Normal)시대를 대비한 새로운 개념의 환경, 사회, 지배구조에 집중하는 형태로 선박운항관리의 패러다임을 전환하여야 한다.

특히 UN은 전 세계의 빈곤 문제를 해결하고, 지속가능한 성장과 기후 변화 대응 및 완화를 목적으로 2030년까지 유엔과 국제사회가 달성해야 할 SDGs (Sustainable Development Goals)를 설정하였다. 그리고 2015년 파리 기후협약은 현재 국내외 산업계의 최대 이슈인 ESG 경영에서 '환경' 부문을 강조한 최초 국제합의로서 의미가 있다. 파리기후협약은 1997년 채택된 교토 의정서를 대체하기 위하여 논의가 시작되었으며, 교토 의정서는 지구 온난화 규제 및 방지를 위한 유엔 기후변화협약의 이행 방안으로 총 38개국의 선진국을 대상으로 온실가스 감축 목표치를 설정하고 이행을 강제하였다. 실제로 파리기후협약의 준수를 위하여 개별 당사국들은 육상 뿐만 아니라 해상에서 선박기인 대기오염 저감을 위한 Zero Carbon Policy(Net Zero) 및 환경 규제를 강화하도록 강제하고 있다. 이런 상황에서 만일 글로벌 원양 정기선 해운기업들이 ESG 경영을 선박운항관리 정책에 도입하지 않는다면 선박기인 각종 오염 및 폐기물 처리 비용, 환경 파괴로 인한 손해배상의 증가, 글로벌 화주들로부터 화물선적 거부, 선박금융 중단 등과 같은 새로운 문제에 직면하여 기업의 이미지 및 지속가능한 경영에 부정적인 영향이 발생할 수 있다.

2017년 한진해운 파산 이후 대한민국 유일의 원양 정기선 해운기업인 HMM은 해운재건 5개년계획에 따라 2016년 40만TEU에서 2021년 12월 기준 82만TEU까지 단기간에 선복량을 확대하였으며, COVID-19 이후 물동량 확대에 기인하여 글로벌 수준의 높은 경쟁력을 유지하고 있다. 그러나 국내 최대 원양 정기선 해운기업인 HMM이 향후 시장지배적 지위를 계속 유지할 것이라는 보장을 할 수 없다. 왜냐하면 COVID-19 팬데믹 국면의 완화, 경쟁 해운기업의 초대형 컨테이너선박의 신조 도입 등으로 인하여 글로벌 정기선 해운시장은 운임 상승에 반응하는 추가적인 선복량 공급이 예상되고, 이에 따라 높은 해상운임으로 기업의 수익을 창출할 수 있었던 2021~2022년과 비교하여 미래 해운시장이 달라질 가능성이 높기 때문이다. 따라서 글로벌 원양 정기선 해운기업들은 'IMO 2020 황산화물 규제'와 'IMO 탄소 감축 전략'에 대응하여 저유황유 사용, Scrubber 설치, LNG, LPG, 메탄올, 암모니아, 수소연료 추진 선박, 신조 선박 발주, 선박저속/감속운항을 실시하는 것 뿐만 아니라 포세인돈 원칙(Poseidon Principles)에 따른 ESG 경영을 추진하는 것이 필요하다.

해운기업의 경쟁력을 확보하기 위한 경영체제를 유지하기 위해서는 크게 세 가지(3C)가 강조되어야 하는데, 그것이 바로 투명성(clear), 정직성(clean), 그리고 준법성이다. 이처럼 3C가 강조되는 상황 속에서 글로벌 원양 정기선 해운기업이 새로운 변화를 추진하는 것과 달리 대한민국 해운기업들은 여전히 전통적인 경제이론에서 지적하고 있는 어떤 시장 상황에서도 수익성을 담보하는 Scale-up 전략과 형식적인 Green ESG 정책을 취하고 있다. 결국 국내 해운기업이 글로벌 해운기업들과 경쟁에서 우위를 점하기 위해서는 선도적인 인수합병전략, 육해공 물류융합전략을 마련하는 차원을 넘어서 새로운 ESG 전략에 기반한 서비스 제공 방안을 마련하는 것이 필요하다. 더불어 선진화된 해운기업의 경쟁력 확보측면에서 중요한 요소 중 하나가 잠재적인 위험 정보들이 공유되는 정도와 관련된 공정문화(just culture)이며, 이것이 해운기업의 선박운항 안전에 반드시 내재되어야 한다.

토론 주제 해운기업의 대표적인 ESG 사례

[오염관련]

유엔환경계획(UNEP)의 경우 매년 전 세계적으로 4억6000만 톤의 플라스틱이 생산되며 이 중 재활용이 되는 것은 10% 미만 수준임을 밝히고 있다. 이렇게 폐기된 플라스틱의 대부분은 강이나 바다로 유입돼 해양 생태계를 파괴하고 있는 것으로 파악된다고 밝혔다. 따라서 국내 H 해운물류기업은 오션클린업과 파트너십을 통해 해양 쓰레기에 대한 정보수집을 지원하고 있다. 예컨대, 해당 기업에서 운항 중인 선박에 카메라를 부착해 해상에 떠다니는 플라스틱의 위치와 규모 등 정보를 수집하고 이를 오션클린업 측에 공유하여 플라스틱이 적기에 수거되도록 지원함을 통하여 플라스틱이 파편화돼 해양 생물들이 삼키게 되는 등 오염의 심각성이 커지는 것을 미연에 방지하고 있다.

[인권관련]

글로벌 신발 제조회사인 A는 인권 존중 내재화 및 인권 실사 이행을 위해서 인권변호사를 부사장으로 임명하여 사회·환경 문제 담당 부서를 신설하고, 사회·환경 문제를 전담하는 직원을 신규채용하였다. 특히 기업내 인권침해 위험을 식별하는 절차를 마련함과 동시에 이를 공개하고 있다. 주목할 점은 해외사업장이 있는 각 국가별 인권 이슈를 분석하고, Supply Chain 내 협력업체들이 인권 관련 규범을 준수하는지 여부를 관리 감독하고 있으며 협력업체의 인권침해 위험요소를 줄일 수 있는 실질적인 이행계획을 마련하도록 강제화하고 있다. 결국 글로벌 신발 제조회사인 A는 공급망 행동강령인 'Adidas Workplace Standards'를 준수하게 하고, 미통지 상태의 긴급 감사를 수행하여 준수 여부를 상시적으로 평가하고 있다. 이러한 비규칙적인 암행 평가를 통해 글로벌 신발 제조회사인 A는 협력업체를 상대로 인권 교육, 환경개선사항에 대한 경고, 계약종료 등 다양한 조치를 적용하고 있다. 환류의 관점에서 평가에 따른 개선사항은 협력업체와 협의과정을 거쳐 평가에 그치는 것이 아니라 이행할 수 있도록 유도하고 있다. 또한 글로벌 신발 제조회사인 A는 2014년 제3자 불만 처리 메커니즘을 구축하고, 웹사이트를 통해 노동 및 인권 침해와 관련하여 접수된 불만사항을 공개하고 재발을 방지함으로써 피해구제 및 고충처리에 투명성을 확보하고 있다.

VII 해운산업과 인권

1. 해운산업의 특징

해운산업은 세계경제 환경 및 국제규제와 상당한 관련성을 갖고 발전해오고 있다. 20년 정도의 시계열적인 관점에서 보았을 때 글로벌 경제는 2000년 초반 이후 회복되기 시작하여 2007년까지 호황을 누렸고, 우리나라 해운산업도 많은 수익을 창출하여 세계 5위의 해운국을 달성할 수 있었다. 그러나 2008년 이후 글로벌 금융위기를 겪게 되면서 세계경제가 위축됨에 따라 2019년까지 우리나라 해운산업도 불황기를 겪었다. 특히 우리나라 원양 정기선 해운업계는 과거 조양상선 파산 이후 2강 체제로 유지되어 오다가 한진해운마저 파산됨에 따라 2022년 기준으로 HMM과 SM상선만이 그 명맥을 이어가고 있다. 구체적으로 HMM의 경우 고질적인 선복과잉과 화물수요 감소로 적자운항의 어려움을 겪고 있었으나, '해운·조선 상생을 통한 해운강국 건설'을 기반으로 하는 해운재건 정책을 통하여 한국해양진흥공사 설립을 추진하였으며, 해운기업에게 선가 보증, 화주에게 다양한 혜택 등을 제공하며 성장하고 있다. 대표적인 이러한 정책으로 HMM은 현존 최대 컨테이너선박 20척을 건조하게 되었으며, 알헤시라스호 인도를 시작으로 점차 초대형선대를 확보해 나가고 있다. 또한 국제 해운시장에서는 규칙적이고 반복적으로 이루어지는 정기선 서비스의 특수성을 인정하여 정기선사 간의 과당 경쟁을 방지하고 항로의 질서 유지와 안정화를 위해 국제 카르텔인 해운동맹의 결성을 인정하는 특징을 갖고 있었으나 선박대형화와 복합운송의 발달 그리고 비동맹선사의 세력확대로 인하여 해운동맹은 와해되기 시작하였으며 결국 폐지되어 지금은 협력관계의 수준을 유지하고 있다. Maersk, Hapaq-Lloyd 등 주요 선사들은 아마존(Amazon), 알리바바(Alibaba)와 같은 전자상거래 기업, 알리익스프레스(Aliexpress), 테무(Temu), 쉬인(Shein), 틱톡샵(TikTok Shop) 등과 같은 중국의 이커머스 플랫폼과 디지털 포워더가 복합운송 서비스를 디지털 플랫폼에 기반하여 제공하는 형태로 변화하는 특징적 추세를 보이고 있다.

반면에 부정기선 해운시장은 시장 자체의 공급과 수요에 따른 완전 경쟁논리에 의해 기업의 생사 또는 영업력이 좌우되는 특징을 갖고 있다. 부정기선 시장은 진입장벽이 상대적으로 높은 정기선 해운시장은 달리 대량의 화물 운송에 대한 안정적인 신뢰성, 정시성 등과 같은 선박 운항 측면 요인과 화주와의 관계가 상대적으로 더욱 중요하게 인정되는 특징을 갖고 있다. 반면에, 부정기선 해운시장은 정치적인 문제, 기상적인 측면 등과 연계한 경영환경에 민감하게 반응하는 변동성이 매우 큰 한계를 특징을 갖고 있는 산업이다. 대표적으로 과거 해운시장의 잘못된 예측으로 고시황기에 고가의 용선료로 선박을 용선함으로써, 저시황기에 높은 선박원가를 부담하지 못하고 유동성의 위기를 겪었던 사례가 이것을 증명하고 있다.

최근 선박의 친환경화에 대한 국제적 요구가 증가함에 따라 액체화물을 해상운송하는 해운기업의 특징을 보다 구체적으로 살펴보면 다음과 같다. 석유화학기업이 탱커선박을 활용하여 해상운송서비스를 진행하는 것이 일반적이다. 탱커선박은 원유운반선(Crude Oil Tanker), 정유운반선(Product Carrier), 화학제품 운반선(Chemical Tanker), 가스운반선(Gas Carrier), 무탄소 수소선박, 암모니아선박 등으로 구분할 수 있다. 원유운반선은 가공하지 않은 원유를 컨테이너 박스와 같은 용기를 사용하지 않은 상태로 선박의 화물창에 직접 선적하여 수송하게 되는 것을 의미하고, 토리캐년호(Torrey Canyon) 사고, 엑슨발데즈호(Exxon Valdez) 사고 등을 계기로 1990년 미국 연안을 항해하는 유조선에 대해 이중선체(Double Hull)를 의무화시키는 법안이 제정되어 적용되고 있다. 화학제품운반선은 화물 자체가 보유한 성상을 높은 순도의 상태로 유지하여야 하거나 부식성이 매우 강한 화학제품을 운송하게 되므로 화물창과 배관계통에 특수 도장이나 스테인레스강이 적용되는 구조를 가지고 있다. LPG, 에틸렌, 펜탄, 부탄, 메탄올 등을 운송하는 가스운반선은 가스를 비등점 이하의 온도로 낮춰서 액화하여 운송하는데 탱크는 저온성, 길이의 변화가 거의 없고, 내식성이 우수한 36% 니켈합금강을 사용하여 구조화하고, 초대형 냉동기와 보온설비도 필요한 장치적 특징도 함께 갖고 있다.

2. 혼승선박과 승선 문화

우리나라는 해양대, 해사고, 오션폴리텍, 수산분야 지정교육기관 등을 통해 1,964여 명의 신규 인력이 매년 양성되고 있다. 그리고 한진해운 사태('16) 이후 해운기업은 비용절감을 위해 인건비(해수부 2019 보도자료 : 외국인 해기사와 국적 해기사 간 평균 약 3,000만원의 임금차액이 존재)가 저렴한 외국인 해기사 고용을 확대함에 따라 국적 해기사 취업 비중도 감소하고 있다. 따라서 해운기업들은 부득이하게 한국인 선원과 외국인 선원을 선박의 종류, 화주의 요구, 화물의 특성 등을 종합적으로 고려하여 혼승선박을 운영할 수 밖에 없다.

이때 혼승선박이란 과연 무엇인가? 혼승선박은 선박의 경쟁성, 효율성, 선원배승의 원활성, 적절성 등을 종합하여 단일선박내에서 최소한 2개국 이상의 서로 다른 국적의 선원을 직급에 관계없이 배승하여 운항하는 것으로 정의할 수 있다. 특히 이 책에서 의미하는 혼승형태의 선박조직내에서 서로 다른 국적의 선원은 대한민국 국적 선원과 대한민국 국적이 아닌 외국인 선원(외항상선을 대상)을 의미한다.

따라서 혼승선원 및 혼승선박과 관련된 국내법을 검토하여 내재된 문화적 특성이 어떻게 차이가 존재하는지 우선적으로 검토하면 다음과 같다.

첫째, 혼승선박내의 선박조직에 승선하는 선원은 선원법 제2조(정의)에 의거하여 "동법에서 적용되는 선박에서 근로를 제공하기 위하여 고용된 사람"으로서 대한민국 국적자를 의미한다.

둘째, 혼승선박내의 선박조직에 승선하는 해양수산부고시 제2018-138호에 의거하여 외국인 선원은 “대한민국의 국적을 가지지 아니한 자로서 선박소유자의 선박에서 근로를 제공하고 있거나 제공하고자 하는 자”로서 대한민국 국적 선원 이외의 자를 의미한다. 실무적으로 선박을 운항하는 국적 또는 외국적 선박에 승선하는 대한민국 국적이 아닌 다른 나라의 국적을 갖고 있는 선원은 모두 외국인 선원으로 간주될 수 있다.

셋째, 혼승선박내의 선박조직에 승선하는 선원을 관리하는 선박소유자 또는 선박관리기업 등에 대한 범위는 선원법 제2조에 따른 사용자의 지위에 있는 자로서 예컨대, 선주, 선박관리업자, 대리인, 선체용선자 등을 지칭할 수 있다.

잊지말고 기억하기

우리나라에서 외국인 선원이 도입된 배경은 1998년 시행된 국제선박등록법 제5조 “선박소유자등은 국제선박에 「선원의 훈련·자격증명 및 당직근무의 기준에 관한 국제협약」에 따라 해양수산부장관이 인정하는 자격증명서를 가진 외국인 선원을 승무(乘務)하게 할 수 있다.”라는 근거에 의거한다. 왜냐하면 우리나라의 경우 외국인 선원은 1990년대 급격한 육상 임금의 상승으로 인한 해상 선원의 육상 이직 증가에 따른 문제점 해결 및 선박소유자의 선원비 부담을 완화하여 국제경쟁에 노출된 국내 해운회사의 경쟁력을 강화하는 차원에서 필요성이 증가하였기 때문이다. 따라서 정부의 승인하에 1991년 선주대표(한국선주협회)와 노동조합대표(전국해상산업노동조합연맹)는 「외국인 선원 혼승에 관한 노사합의」를 통해서 연혁적 합의에 따라 외국인 선원을 외항상선에 승선시켰다. 이후 국제선박등록제도가 정착되면서 파나마, 마셜제도, 라이베리아, 홍콩 등과 같은 외국에 편의치적(flag of convenience)되었던 선박들이 국내로 이적함에 따라 지속적으로 확대되고 있다.

3. 혼승선박의 조직 구성

국내에 운항되는 대부분의 외항상선 선박의 경우 이제는 혼승선박이 대세이자 일반화되었으며, 이와 관련된 선박 조직내 선원 배승 형태를 범주화하여 아래와 같이 구분하고자 한다.

첫째, 혼승선박내의 선박조직의 양태가 한국인 사관과 외국인 부원의 물리적 혼승형태이다. 이러한 구성조합은 국내 해운기업의 혼승선박 선원구성 형태의 일반적인 전형이다. 특히 육상과의 원활한 의사소통 및 해기 기술을 전수하는 측면에서 최소한의 선장과 기관장을 포함한 모든 사관은 한국인 사관으로 구성하는 것이 일반적이다. 그리고 부원의 경우 갑판장, 조기장을 포함 또는 제외한 수직급, 원직급의 부원을 필리핀, 미얀마, 인도네시아, 베트남, 기타 국적의 선원으로 구성하여 선박을 운항하고 있다. 물론 국적취득조건부선체용선(bareboat charter hire purchase, BBCHP)의 경우 심지어 부원까지도 국적 선원으로 배승하기도 하지만, 이 역시 최근 부원 직급의 선원 구인난으로 인하여 인력을 모집하는 것이 매우 힘든 상황이다. 통상적으로 외국인 선원을 배승할 경우 선박조직내에서 의사소통, 선박관리기업과의 승선근로계약 등을 종합하여 단일국적의 선원으로 배승하는 것이 일반적이다. 그러나 선박조직내의 지휘 체계를 효과적으로 형성하기 위하여 비용적인 측면, 선원공급적인 측면, 최근 COVID-19로 인한 특정국적 쏠림현상 방지 등을 종합적으로 고려하여 2개국 이상의 외국인 선원으로 배승하는 경우도 있다.

둘째, 혼승선박내의 선박조직의 양태와 관련하여 사관직급의 경우 한국인 상급사관(선·기장, 1등 항해사/기관사)과 단일 국적의 외국인 하급사관(2등·3등 항해사/기관사)으로 구성하고, 부원 직급은 외국인 하급사관과 동일한 국적의 외국인(상황에 따라 국적이 다른 경우도 존재함)으로 구성하는 형태이다. 물론 선박의 용선 가능성, 화주의 요구수준, 선박의 관리목적 등에 따라 차이가 존재할 수 있으나 국내 해운기업들은 주로 한국인 상급 사관의 비율에 대하여 선장 및 기관장 2명의 한국인 체제를 선택할지 또는 선장, 기관장, 1등항해사, 1등기관사 4명의 체제를 선택하는 것이 일반적이다. 이때 하급사관과 부원의 경우 동일한 국적으로 선박조직의 인원비율을 구성하게 되는데 그 이유는 해당 송출국의 선원관리기업으로부터 원활한 의사소통, 낮은 비용으로 양질의 선원을 배승받기 위하여 이러한 방법을 선택하고 있다.

셋째, 혼승선박내의 선박조직의 양태와 관련하여 외국인 상급 사관(다국적 가능)과 한국인 하급 사관과 외국인 부원(다국적 가능)의 혼승하여 선박조직을 구성하는 형태이다. 이러한 형태는 혼승선원의 국적이 단일 국적에서 다양한 외생변수(임금, 화주의 요구 등)에 따라 다국적으로 확대되는 현상과 추세를 내포한다고 확인할 수 있다. 예컨대, 동유럽, 인도계 상급사관과 한국인 하급사관, 필리핀 갑판장과 조기장, 미얀마 수직급, 원직급 하급 부원 등이 혼승하는 형태로서 주로 부정기 선박을 많이 운항하는 해운기업 또는 선박관리기업에서 주로 채택하고 있다.

우리가 기억하여야 할 핵심사항은 2003년 국제선박을 대상으로 시범선박 50척에 대해 사관의 경우 최대 2명의 외국인을 승선하도록 허용한 것을 계기로 하급사관까지 혼승선박에 핵심인력으로 포함되고 있다는 점이다. 그러나 2010년 기준으로 국제선박 중 필수선박과 지정선박을 제외한 일반선박의 경우 선장과 기관장을 제외한 모든 직급을 대상으로 외국인 선원을 승선할 수 있도록 허용됨에 따라 국내 해양계 대학, 오션폴리텍 출신 초임사관의 일자리는 축소될 수 있는 한계가 있다. 그동안 외국인 승무기준이 적용되는 국제선박필수선박의 경우 외국인 부원선원 6명만을 승선(고용)시킬 수 있었다. 그러나 2023년 11월 새롭게 합의한 노사합의에 따라 한국인 의무승선제도를 적용할 경우 10명의 한국선원만 승선시켜도 되는 현상이 발생하고, 기존의 외국인 부원선원 6명에 추가하여 더 많은 외국인선원을 국제선박필수선박에 승선시킬 수 있게 되었다. 예컨대, 국제항해에 종사하는 선박의 경우 선박의 운항조건에 따라 승선하는 승무인원의 기준이 다르겠지만 일반적인 외항상선의 승무인원이 19~21명임을 고려할 때 최소 3~5명의 외국인 선원이 국제선박필수선박에 더 승선할 수 있음을 암시하고, LNGC 같은 26~28명이 승선하는 선박의 경우 10~12명의 외국인 선원이 더 승선할 수 있는 결과가 도출된다. 현실적으로 오랫동안 국가 선원정책의 일환으로 국가필수선박에 외국인 선원 고용을 제한함으로써 한국부원선원 및 한국초급사관(초급해기사)의 양성과 고용안정화를 꾀했던 것이 사실이다. 그러나 최근 COVID-19, 외국인 선원 역시 MZ세대 확대로 인하여 외국인 선원을 승선하는 것이 과연 합리적인 결정인가? 등에 대한 의문이 지속적으로 제기되고 있다. 그리고 외국인 하급사관의 경우 초창기에는 필리핀 사관, 인도네시아 사관이 중심이었으나, 최근에는 아프리카, 동유럽계 사관들이 증가하고 있는 추세이지만 최근 우크라이나, 카자흐스탄 등의 정치·사회적인 문제로 인하여 글로벌 선원공급의 장애요인이 증가하고 있다.

4. 혼승선박과 관련된 인권 중심의 갈등 양상

이와 같이 혼승선박의 구조는 향후 2개국 이상의 국적을 가진 선원들로 확대될 개연성 매우 높다. 그리고 국내외를 포함한 MZ 세대라고 하는 새로운 외부 변수가 개입됨에 따라 혼승선박내에서는 블랙스완의 현상[아무도 예상하지 못한 상태에서 갑자기 터지는 위기 및 위험]과 같이 예상하지 못한 방향으로 다양한 갈등이 인권침해, 성희롱, 다양성에 대한 몰이해 등과 연계하여 문제가 발생할 가능성이 높다. 우리나라는 국적선박의 외국인 선원 고용율이 확대됨에 따라 해양수산부 선원업무 처리지침 제51조의2(외국인해기사 해사법규교육)에 근거하여 선박직원법 시행령 제17조에 기초하여 승선전 관련 교육을 강화하기 위하여 한국해운협회가 중심이 되어 선원공급국의 현지에 교육장에서 해사법규를 교육하고 있다. 특히 해운기업의 인사조직에서는 혼승선박에서 외국인 선원의 심층 면접을 통한 상시채용→승선 중 다면 인사평가→결과중심의 급여 및 인센티브 보상→단기계약 반복을 통한 장기고용유지 등으로 연계하고 있다.

대표적인 혼승선박내에서 갈등 사례는 직급간의 갈등, 세대간의 갈등, 국적과 문화간의 갈등, 젠더간의 갈등이 대표적이다. 이와 관련하여 갈등의 사례를 검토하면 다음과 같다.

첫째, 혼승선박내에서 상급자와 하급자 사이의 직급갈등이다. 직급갈등은 주로 사관과 부원과 소통상의 갈등으로 상급자인 사관의 고압적, 권위적, 일방적, 비합리적, 불명확한 업무 지시로 인해 발생한다. 그러나 MZ세대로 대표되는 초임사관들의 경우 개인주의적 성향이 뚜렷함에 따라 동급자와의 관계에서도 약속 미이행, 무시, 사적 비밀의 공개 등을 이유로 갈등이 확대되는 사례가 증가하고 있다.

둘째, 혼승선박내에서 기성선원과 밀레니얼 선원간의 의사소통과정에서 발생하는 세대갈등이다. 선박조직내의 스타링크기반의 저궤도 위성통신환경이 빠르게 변화되면서 SNS(Social Networking Service), 인터넷 중심의 개인주의 사회로의 빠르게 변화되고 있다. 이러한 영향으로 소수의 인원이 승선하고 있는 선박조직내에서도 상호간 이해를 하지 못하는 상황이 지속적으로 확대되고 있다. 예컨대, MZ 세대의 초임사관들은 다양한 웹기반의 항해통신장비, 기관 자동화장비, 위성통신 서비스의 확산 등으로 인하여 디지털화된 해사데이터를 활용하는데 있어서 기성세대보다 우월하기 때문에 기성세대에 의존하지 않는 독립문화가 있다.

셋째, 혼승선박내에서 국적과 문화의 차이에 따른 갈등이다. 국적과 문화와 관련된 갈등은 혼승선박조직내에서 국적과 문화의 차이에 따라 소속된 선원의 집단을 구분하려는 구성원간의 의도적 또는 비의도적인 행동에 기인한 갈등이다. 실제로 선박조직내에서 국적의 차이에 따른 갈등은 결국 문화적 차이로 귀결된다. 기본적으로 국적이 상이한 선원들간 의사소통의 문제, 종교, 의복, 억양의 문제, 생활 및 식습관, 관행, 말투, 행동, 의사소통의 맥락 등과 관련된 오해와 갈등은 보편적인 삶의 양식인 문화의 차이에 기인하게 된다.

넷째, 혼승선박내에서 발생할 수 있는 젠더(gender) 또는 사회적 성(社會的 性) 간의 갈등이다. 직업군 중에서 보수적인 직업군에 속하는 선원직은 1996년 처음으로 한국해양대학교 출신의 여성 해기사가 현대상선과 한진해운(2017년 파산)으로 진출하면서 점차 확대되고 있다. 그러나 선박에 승선하는 여성 해기사(여성 실습선원은 제외)는 1명 또는 2명 정도가 승선하는 경우가 대부분임에 따라 승선 중 남성 중심의 선박의 조직문화와 충돌이 발생하고, 인식의 차이로 인한 갈등이 발생하고 있다.

결국 국내 해운기업의 입장에서 외국선원에 대한 안정성, 품질관리성을 종합적으로 확보하기 위하여 외국인 선원과의 갈등, 아국 선원들 간의 갈등의 최소화하는 관점에서 추가적인 갈등이 확대 또는 재생산되는 것을 방지하기 위한 노력이 필요하다.

토론 주제 금녀의 벽을 스스로 붕괴시킨 사례

[첫 여성 도선수습생]

그동안 남자 항해사만 있어 '금녀의 업역'이라 불리던 도선사는 항만에 입·출항하는 선박이 안전하게 항로를 운항할 수 있도록 안내하는 선장출신만이 도전할 수 있는 최고난도의 전문 인력이다. 선박에 승선하여 조타를 지시하고 부두에 선박를 접이안하는 등을 지휘한다. 2023년 기준으로 전국 항만에 251명이 종사하고 있다. 특히 도선 수습생 선발시험에 응시하려면 총톤수 6000t 이상 선박의 선장으로 3년 이상 승무한 경력이 있어야 한다. 한국해양대 60기 출신 K(37) 선장은 여성으로서 한국해양대 출신으로 국내 벌크선사 STX팬오션(현 팬오션)에서 3등 항해사부터 1등 항해사까지 경력을 쌓고, 일본 해운기업에서 1년간 승선하다 2015년 12월 싱가포르 선사 BTS탱커로 옮겨 국내 첫 여성 외항선 선장으로서 근무 한 후 도선사 시험에 응시하여 합격하였다.

[첫 여성 기관장]

HMM은 2019년 국내 해운업계 최초로 2008년 2월 한국해양대 기관시스템공학부를 졸업하고 같은 해 현대상선에 3등 기관사로 입사한 G(34)씨를 국적선사 여성 기관장을 임명하였다. 실제로 기관장은 선박 기관의 정비·운전, 연료의 보관·사용 등 기관실 전체를 책임진다. 기관의 안전 운용과 선박 운항에 관하여 선장을 보좌하고 협조하는 역할을 맡는 주요 보직이다. 이를 위하여 2009년 2등 기관사, 2011년 1등 기관사로 승진한 G(34)씨는 입사 11년 9개월 만에 기관장으로 승진하였고, 주로 4600TEU급에서부터 국내 최대 선박인 1만3100TEU급까지 컨테이너선만 타 온 중저속 대형 엔진을 관리할 수 있는 전문 기관장이다.

VIII 선원재해 유형과 인권보호

1. 선원재해의 개념과 특징

(1) 선원재해의 개념

선원재해보상제도는 근로자가 근로 중에 업무상의 사유로 부상을 당하거나 질병에 걸리는 경우, 혹은 사망한 경우에 그 해당 근로자 또는 유족을 보호하기 위하여 마련된 제도이다. 선원재해보상제도는 선원이 근로계약 존속 중 직무상 뿐만 아니라 직무 외에도 부상 또는 질병에 걸리는 경우, 사망한 경우에 선원이나 유족을 보호하기 위하여 선원·유족에게 적정한 보상을 해주는 제도를 의미한다. 선원법상 재해보상제도란 선원이 재해를 입은 경우에 선박소유자의 과실이 없더라도 그 선원이 입은 노동력 가치의 손해를 신속·공정하게 보상하도록 일정한 의무를 지우는 것이므로 이는 재해를 입은 선원과 그 가족의 인간다운 생활을 보장하거나 생존권을 보장하기 위한 중요한 사회보장제도의 하나라고 할 수 있다.

(2) 선원재해의 특징

선원재해보상제도의 특성은 육상근로자의 재해보상제도의 기초 위에 선원 근로의 특수성을 반영하여 마련된 제도임을 기초로 한다. 예컨대, 육상근로자의 재해는 「근로기준법」과 「산재보험법」이며, 선원재해보상제도는 「선원법」과 「어선원 및 어선재해보상보험법」(이하 '어선원재해보험법'이라 한다)에 근거하고 있다. 반면에 선원재해는 선원법 제94조 내지 제106조에서는 선원이 직무상 또는 승무 중 직무외 부상을 당하거나 질병에 걸린 경우 또는 사망한 경우에 그 선원과 그 가족을 보호하기 위해 선박소유자에게 재해보상책임을 규정하고 있다. 적극적 피해보상의 관점에서 선원법상 재해보상은 선원법 제106조(재해보상보험 등의 가입 등)을 통하여 강제화되어 있으며, 범위적인 관점에서 부상 또는 질병시 요양보상, 상병보상, 일시보상(직무상 재해만 보상)이 있고, 장해시에 장해보상, 선원이 사망한 경우에는 유족보상과 장제비를 지급하고 있다. 또한 육상근로자와 달리 해상의 특수성을 반영하여 선원이 행방불명되는 경우 행방불명보상, 승선 중 소지품을 분실한 경우에는 소지품유실보상을 실시하고 있다. 우선적 피해보상의 관점에서 선원법 제103조(다른 급여와의 관계)에 따라 요양비용, 보상 또는 장제비의 지급을 받을 권리가 있는 자가 그 재해보상을 받을 수 있는 같은 사유로 「민법」이나 그 밖의 법령에 따라 이 법에 따른 재해보상에 상당하는 급여를 받았을 경우에 선박소유자는 그 가액의 범위에서 이 법에 따른 재해보상의 책임을 면할 수 있고, 선박소유자는 재해보상을 하는 경우 선원의 직무상 부상 또는 질병으로 인하여 「민법」이나 그 밖의 법령에 따라 선원이 가지는 권리 또는 이익을 침해할 수 없다. 더불어 신속적 피해보상의 관점에서 선원법 제97조(장해보상), 제99조(유족보상), 제100조(장제비) 등을 통해서 확인할 수 있듯이 선박소유자는 지체없이 대통령령이 정하는 금액을 피해자에게 지급하여야 한다.

〈표 2〉 선원법령상 재해보상 관련 규정

선원법	선원법 시행령
제94조 요양보상	제24조 직무상 질병의 범위
제95조 요양의 범위	제25조 삭제
제96조 상병보상, 제97조 장해보상	제26조 삭제
제98조 일시보상, 제99조 유족보상	제27조 장해등급
제100조 장제비, 제101조 행방불명보상	제28조 삭제
제102조 소지품 유실보상, 제103조 다른 급여와의 관계	제29조 유족의 범위
제104조 해양수산관청의 심사·조정	제30조 유족의 순위
제105조 선원노동위원회의 심사와 중재	제31조 피부양자의 범위 등
제106조 재해보상보험 등의 가입 등	제32조 재해보상보험 등의 가입
제106조의2 재해보상보험등의 해지 제한 등	제33조 재해보상의 지급

잊지말고 기억하기

해상노동은 다음과 같은 특징이 있다.

첫째, 해상노동의 장소인 선박은 해상위험에 처했을 때 홀로 대처할 수 밖에 없는 존재이므로 해상노동은 고립무원(孤立無援)의 위험공동체 속에서 이루어진다.

둘째, 해상노동은 일반사회로부터 유리된 선박을 중심으로 하는 생활공동체를 통해서 이루어진다.

셋째, 해상노동은 선원을 포함한 여러 사람의 목숨과 재화의 안전에 밀접하게 관련되어 있다는 점이다.

대한민국 「헌법」 제32조 제3항은 "근로조건의 기준은 인간의 존엄성을 보장하도록 법률로 정한다."고 하여, 일반적인 근로자의 근로조건을 「근로기준법」을 통해 규율하면서도, 몇몇 직종에 대해서는 개별법을 제정하여 근로조건을 따로 규율하고 있다. 그 중 하나가 선원(船員)이며 이들의 근로조건을 정한 법이 바로 「선원법」이다. 「선원법」은 일반 근로자가 아닌 선원에 한정하여 적용된다는 점에 비추어, 「근로기준법」의 특별법적 성격을 가진다.

2. 선원재해의 유형과 보험

(1) 재해사고의 유형과 현황

아래의 표와 같이 2023년을 기준으로 선원사고 현황을 분석해 보면 업종별로 선원사고 현황과 관련하여 연근해 어선 사고는 2,742건으로 전체 사고 중 74.41%로 가장 많은 선원사고가 발생하였다. 직무상 또는 직무 외의 기준으로 비교하면, 직무상 선원사고는 3,162건으로 전체 사고 중 85.85%로 가장 많은 선원사고가 발생하였다. 사고유형으로 비교하면, 상병 사례가 3,076건으로 전체 사고 중 83.50%로 가장 많은 선원사고가 발생하였다.

〈표 3〉 2023년 선원사고현황

(단위 : 명)

구분 / 업종	합계	직무상					직무외					기타
		계	실종	사망	상병	장해	계	실종	사망	상병	장해	
계	3,683	3,162	13	75	2,686	388	520	-	28	390	102	1
외항선	317	119	-	-	111	8	197	-	3	183	11	1
내항선	461	311	-	18	266	27	150	-	8	142	-	-
원양 어선	125	102	-	1	95	6	23	-	-	23	-	-
연근해 어선	2,742	2,600	12	55	2,186	347	142	-	15	36	91	-
해외취업상선	18	11	1	1	9	-	7	-	1	6	-	-
해외취업어선	20	19	-	-	19	-	1	-	1	-	-	-

(2) 재해보상의 유형과 현황

아래의 표와 같이 2023년 집계된 재해보상 인원은 4,245명이고 보상의 유형에 따라 요양보상 2,190명, 상병보상 1,543명, 장해보상 358명, 유족보상 86명, 장제비 68명이다. 재해보상 인원은 요양보상이 가장 많으나, 보상금액은 요양보상이 전체 보상금액의 34.34%에 해당되어 가장 많았고, 다음으로 상병보상 금액이 16.52%, 장해보상 25.14%, 유족보상 21.83% 순으로 확인된다. 선종별 구분으로는 인원(64.61%)과 금액(65.32%) 모두 연근해 어선이 가장 많았으며, 연근해 어선의 보상금액은 요양보상, 장해보상, 상병보상, 유족보상 순으로 확인된다.

〈표 4〉 2023년 재해보상현황

(단위 : 명, 백만원)

구분 / 업종	계		요양보상		상병보상		장해보상		유족보상		장 제 비	
	인원	금액	인원	금액	인원	금액	인원	금액	인원	금액	인원	금액
계	4,245	65,057	2,190	10,738	1,543	22,311	358	16,412	86	14,196	68	1,400
외 항 선	300	7,668	147	926	146	6,229	3	234	2	255	2	24
내 항 선	909	11,462	485	3,217	326	3,243	62	2,212	17	2,500	19	290
원양어선	231	1,653	128	448	92	754	9	205	1	226	1	20
연근해어선	2,742	42,474	1,400	6,037	950	11,774	283	13,574	64	10,163	45	926
해외취업상선	23	1,297	8	38	12	149	1	187	1	783	1	140
해외취업어선	40	503	22	72	17	162	-	-	1	269	-	-

(3) P&I 클럽을 통한 보상 현황

아래의 표와 같이 우리나라의 경우 관리선박 중 선주책임상호보험 가입 선박은 총 6,587척으로, 가입된 보험 유형별로 P&I 2,153척, 민간해상화재보험 165척, 어선박보험 2,143척, 해운조합 2,060척이다. 선종별로는 내항선이 2,209척으로 가장 많았으며, 이 중 97척은 P&I에, 나머지 2,035척은 해운조합 보험에 가입되어 있다. 외항선은 1,195척으로 대부분 P&I에 가입되어 있으며, 원양어선은 185척으로 P&I(135척)와 민간해상화재보험(50척)에 가입되어 있다. 연근해 어선들은 2,143척 모두 어선박보험에 가입되어 있다. 해외취업상선은 759척으로 모두 P&I에 가입되어 있고, 해외취업어선은 96척으로 대부분 민간해상화재보험(93척)에 가입되어 있다.

〈표 5〉 2023년 선박 선주책임상호보험 가입현황

(단위 : 척)

업종 / 보험		계	외항선	내항선	원양 어선	연근해 어선	해외취업 상선	해외취업 어선
대상선박(척)		6,587	1,195	2,209	185	2,143	759	96
가입선박	계	6,587	1,195	2,209	185	2,143	759	96
	P & I	2,153	1,159	97	135	-	759	3
	민간해상화재보험	165	11	11	50	-	-	93
	어선박보험	2,143	-	-	-	2,143	-	-
	해운조합	2,060	25	2,035	-	-	-	-
	기 타	66	-	66	-	-	-	-

잊지말고 기억하기

선원법 제106조(재해보상보험 등의 가입 등) ① 선박소유자는 해당 선박에 승무하는 모든 선원에 대하여 재해보상을 완전히 이행할 수 있도록 대통령령으로 정하는 보험 또는 공제(이하 “재해보상보험등”이라 한다)에 가입하여야 한다.

② 선박소유자는 재해보상보험등에 가입할 경우 보험가입 금액은 승선평균임금 이상으로 하여야 한다.

③ 재해보상보험등에 가입하는 선박소유자는 선원이 재해보상보험등을 운영하는 사업자(이하 “재해보험사업자등”이라 한다)에게 보험금을 직접 청구할 수 있도록 선원을 피보험자로 지정하여야 한다.

④ 재해보험사업자등은 선원·유족 또는 지정대리인이 재해보상을 청구하는 경우에는 「민법」 제469조에도 불구하고 선박소유자를 대신하여 대통령령으로 정하는 기간 내에 재해보상을 하여야 한다.

⑤ 제2항부터 제4항까지에서 규정한 사항 외에 재해보상의 청구와 지급에 필요한 사항은 대통령령으로 정한다.

3. 선원재해의 보상 및 관련 절차

(1) 단체협약에 근거한 재해보상

일반적으로 근로자의 업무상 재해보상에 관한 제도적 장치가 마련되지 않았던 시기에 재해보상을 받는 방법은 노동조합을 결성하고, 이를 주체로 하여 사용자와 단체협약을 체결하는 등 근로자 집단의 힘에 의존할 수 밖에 없다. 1949년 재해의 위험률이 높은 하역작업의 재해보상 문제를 해결하기 위하여 부산부두노조와 부산부두하역협회간에 단체협약의 형식으로 특별기구가 설치되었다. 기금설정 방식에 의하여 재해를 보상한다는 내용이며, 이는 우리나라 재해보상제도의 효시이며, 방법적 측면에서 산재보험의 모태라 할 수 있다.

(2) 근로기준법과 선원법의 비교를 통한 재배보상의 이해

1948년 제정 공포된 제정헌법에는 근로기본권에 관한 사항들을 규정함으로써 근로자의 생활보장을 위한 기초를 확립되었다. 헌법에 근거해서 1953년 근로자의 기본적 생활보장의 향상을 이념으로 하는 근로기준법이 제정, 이 법에는 근로자가 업무상 재해를 입었을 때 보상을 받을 수 있는 재해보상에 관한 규정이 포함된다. 근로기준법에 따라 근로자가 업무상 부상 또는 질병에 걸린 경우에 피해근로자나 그 유족은 재해의 내용에 따라 이 법에서 규정하고 있는 정액 정률의 금액을 사용자에게 청구할 수 있게 되었다. 근로기준법의 제정 초기에는 육상근로자만을 적용대상으로 하였으므로 해상근로자인 선원은 이 법의 적용대상이 아니었으나, 이후 특별법으로 1962년 선원법이 제정됨으로써 비로소 선원도 이 법에서 규정하고 있는 재해보상을 청구할 권리를 갖게 되었다. 개별 사용자책임에 의한 재해보상제도는 근로자의 재해보상에 관하여 사용자의 무과실 보상책임을 규정하고 있었기 때문에 업무상 재해를 입은 근로자는 민법상의 재해보상제도를 이용하지 않고서도 법정의 보상을 사용자에게 청구할 수 있게 되었다.

(3) 산재보험법 및 선박소유자의 보험공제 제도

근로기준법 및 선원법에 따른 개별 사용자책임에 의한 재해보상은 사용자의 재력 규모 등에 따라 근로자의 재해보상에 불충분하고, 대형 재해가 발생하면 근로자에 대한 보상도 문제지만 사용자 또한 도산의 위험을 안고 있다. 산업재해에 대한 보상을 보험 기술을 매개로 하여 사용자가 연대하여 부담하는 간접 보상방식의 보험제도 필요성이 확대되었다. 선원보험법은 재해보상, 의료보험, 연금 등을 포함하여 선원을 위한 종합적 사회보험이었으나 시행령이 제정되지 않아 제대로 실시되지 않았고, 육상근로자를 대상으로 하는 산재보험법만 시행된다. 산재보험법은 제정 당시 그 적용 대상을 근로기준법의 적용을 받는 모든 사업으로 하고 있었지만, 시행 초기에는 사회 경제적인 여건과 기술상의 문제를 고려하여 이를 전면적으로 시행하지 못하고 위험도가 높은 사업과 규모가 큰 사업만을 강제 적용대상으로 하였다. 이후 강제 적용대상을 단계적으로 확대하여 현재에는 근로자를 사용하는 모든 사업 또는 사업장에 적용하고 있으나, 사업의 위험률 규모 및 장소 등을 고려하여 대통령령으로 정하는 사업은 적용대상에서 제외한다.

대표적으로 1999년 선주상호보험조합법이 제정 시행되면서 한국선주상호보험조합인 한국 P&I가 설립되었다. 한국 P&I 설립 이전에 외국의 P&I에 가입되어 있던 선박회사들이 한국으로 다수 유입되기 시작하여 2020년 12월을 기준으로 우리나라 국적 선박의 약 32% 정도가 한국 P&I CLUB의 담보위험에 대한 리스크 관리를 받고 있다. 선원재해보상제도는 실질적으로 근로기준법의 특별법으로 제정된 선원법에 근거하며, 선원법에서는 재해보상의 실효성 있는 이행을 위해 공제보험 가입을 강제하고 있는바, 이는 선원근로자재해보험, 어선원재해보험, 선원공제, 선주책임상호보험 등을 통해 이루어진다. 선원재해보상제도는 아직까지 직접 보상방식의 형태에서 크게 벗어나지 못하고 있으며, 일부 어업근로자를 제외하면 육상근로자에 한해 산재보험법이 실행되고 있다.

(4) 선원재해보상보험(공제)의 종류

선주책임상호보험(P&I, Protection & Indemnity Club)은 선박 운항 시 발생한 해난사고로 인하여 제3자가 입은 피해에 대한 선주의 배상책임을 선주 상호간에 담보하는 공제조합으로 상호보험제도이다. 선주책임상호보험의 경우 종래 우리나라 선박소유자는 주로 영국의 Britannica P&I Club 또는 UK P&I Club에 가입하였는데, 2000년 한국선주상호보험조합(Korea P&I Club, KP&I)이 설립된 이후에는 여기에 가입하는 선박소유자가 늘어나고 있다. 이처럼 선원에 대한 재해보상책임으로는 선원의 사상, 질병, 행방불명, 장제비, 수색비 등에 대한 배상책임과 실업수당, 소지품유실보상, 교체자 파견비용, 송환비용 등을 담보하고 있다.

특히 아래의 표와 같이 선주책임상호보험은 일반적인 책임보험과 달리, 선주가 먼저 선원에게 재해보상을 하고, 선주책임상호보험은 선주가 입은 경제적 손실을 전보하는 'Pay to first' 방식을 채택하고 있다. 선원법상 선원을 피보험자로 하는 강제보험의 경우 피보험자인 선원의 직접청구권을 인정하고 있으나, 선주책임상호보험은 이를 인정하지 않고 있어 선박소유자가 파산 또는 지급불능 상태인 경우, 선원은 재해보상을 받지 못하게 될 우려가 있다. 한편, 선박소유자가 과도하게 면책금액(자기부담금)을 설정하는 경우 면책금액 이하의 재해보상은 선주가 부담하게 된다.

〈표 5〉 선원재해보상보험과 일반 해상보험간의 비교

구 분	선주책임상호보험	해운조합공제	선박보험(선체)	적하보험
보험자	선주(조합)	선주(조합)	손해보험사	손해보험사
피보험자	선주	선주	선주	화주
보험내용	배상책임	선박/배상책임	선박손해	화물손해
보험료	정산보험료	고정보험료	고정보험료	고정보험료
보상한도	무제한	가입금액(법정금액)	가입금액	가입금액
영리성	비영리	비영리	영리	영리

그 이외에도 공제(共濟)란 동일 또는 유사한 영역에서 이해관계를 같이 하는 경제주체들이 장래의 우연한 재해에 대비하여 상호구제를 목적으로 일정의 분담금을 갹출하고 재해가 발생할 경우, 이를 보상하기 위한 상호부조제도로 보험과 유사한 성격을 지닌다. 선원의 재해를 보상하기 위한 선원공제사업에는 「한국해운조합법」에 의한 선원공제가 있다. 대표적으로 한국해운조합이 그 회원[14] 및 공제계약자로부터 부담금(공제료)을 받고 공제계약에서 정한 사고가 발생함으로써 선박소유자가 부담하게 되는 재해보상 위험을 담보하고 있다. 또한 아래의 표와 같이 어선원 및 어선 재해보상보험은 어선원(漁船員)이 어업활동과 관련하여 직무상 재해로 부상, 질병 장해 또는 사망 등의 경우 선박소유자가 부담하게 되는 재해보상책임을 담보한다. 기본적으로 「어선원법」의 적용받는 어선(원양어선, 수산물운반선) 소유자는 반드시 "어선원 등의 재해보상보험"을 가입하여야 한다. 다만, 일정한 어선(3톤 미만의 어선, 내수면어업선, 관리선, 지도·단속·교섭선 등)의 소유자는 수산업협동조합중앙회의 승인을 받아 어선원보험에 가입할 수 있다. 종래 「수산업협동조합법」에 의해 운영되던 선원공제가 2004년 1월부터 어선원재해보험법에 근거하여 수협중앙회에서 강제보험으로 시행되고 있다.

14) 해운조합의 조합원이 될 수 있는 자는 국내에 주된 사무소를 둔 자로서 「해운법」 제4조에 따라 해상여객운송사업의 면허를 받거나 같은 법 제24조에 따라 해상화물운송사업의 등록을 한 자라야 한다(한국해운조합법 제8조 제2항).

〈표 6〉 육해상 재해보험에 대한 수평적 비교

구 분	산재보험	선원재해보험
운영	근로복지공단	손해보험사
보험성격	강제보험	강제보험
담보범위	업무상 재해	선원법상 보상범위를 초과하는 손해
책임성질	무과실 책임	과실책임
보상범위	요양급여, 휴업급여, 장해급여, 간병급여, 유족급여, 장례비 등	선원법상 담보초과손해, 위자료
상계여부	불가(무과실책임)	과실상계 [소극] [인천지법 2011. 4. 13., 선고, 2009가합22910, 판결 : 확정]
법적근거	산재보험법, 근로기준법	민법(제469조), 상법, 선원법(제106조)

〈표 7〉 제도별 재해보상 내용 비교

구분		해상근로자(선원)	육상근로자
시행근거		선원법	산재보험법
재해보상기관		민간보험사(공제)	근로복지공단
재해보상내용	요양보상	○직무상 재해 요양비 전액은 물론 직무 외의 재해에 대해서도 3월의 범위 내에서 요양급여 지급 (단, 고의성 부상이나 질병 제외)	○업무상 재해 요양비 전액 (단, 3일 이내는 요양급여 미지급)
	재요양	○관련 규정 없음	○요양급여를 받은 사람이 치유 후 재발하거나 악화될 경우 지급
	상병보상	○4월의 범위에서 매월 1회 통상임금의 100% - 4월 이후에는 매월 1회 통상임금의 70% 지급 - 직무 외 상병 : 매월 1회 통상임금의 70%(3개월 한정)	○요양으로 인하여 취업하지 못한 기간에 대하여 평균임금의 100분의 70에 상당하는 금액
	상병보상연금	○관련 규정 없음	○요양급여를 받는 근로자가 요양을 시작한 지 2년이 지난 날 이후에 요건을 만족하면 휴업급여 대신 상병보상연금 지급
	장해보상	○산재보험법에 정한 장해급수에 따라 승선평균임금 곱하여 지급	○장해등급에 따라 연금이나 일시금으로 지급
	간병급여	○관련 규정 없음	○요양급여를 받은 사람 중 치유후 간병이 필요하여 실제로 간병을 받은 사람에게 지급

유족보상	○ 직무상 사망의 경우 : 승선평균임금의 1,300일분 ○ 직무 외 사망의 경우 : 1,000일분	○ 연금이나 일시금으로 지급하되, 일시보상금은 평균임금의 1,300일분
일시보상	○ 산업재해보상보험법에 의한 제1급의 장해보상에 상당하는 금액을 선원에게 일시에 지급	○ 관련 규정 없음
장제비	○ 승선평균임금의 120일분 지급	○ 평균임금의 120일분
행방불명 보상	○ 1월분의 통상임금+승선평균 임금 3월분의 행방불명 보상 (1개월 초과 시 유족보상+장제비 적용)	○ 관련 규정 없음
소지품 유실보상	○ 통상임금의 2월분 범위에서 소지품의 가액에 상당한 금액을 보상	○ 관련 규정 없음
직업재활 급여	○ 관련 규정 없음	○ 직업훈련비용, 직업훈련수당, 직장복귀지원금 등 지급

토론 주제

과연 어떠한 절차로 승선 중 재해를 보호받을 수 있을까요?

해운기업은 선원의 부상·질병 또는 사망에 대한 대응 절차 진행, 긴급하게 이행되어야 하는 승선 중인 상병자 관리, 정박 중 진료 및 치료, 항해 중 중환자 관리, 외지 긴급 하선 치료와 사망/실종자에 대한 대응까지 책임을 부담하게 된다. 하선 후 치료 및 보상절차와 관련하여 해운기업은 승선 중 재해 발생 대응절차에 대하여 선박의 운항과 관련되어 체계적인 대응 절차와 담당자 및 부서가 명확하나 하선 후 치료와 보상에 대한 부분은 일반적으로 P&I CLUB의 보상범위 및 기준에 따라 진행하게 된다.

해양수산관청의 선원법 위반 신고와 관련하여 선원재해보상과 관련하여 선박소유자가 선원법령을 위반한 경우, 해양수산관청에의 진정을 통하여 시정할 수 있도록 하는 것을 목적으로 한다. 대표적으로 선원법 제129조(감독기관 등에 대한 신고 등), 선원근로감독관 직무취급요령 제3장(신고사건처리) 등의 법적 근거에 따라 해양수산관청은 신고사건의 처리기준이 있다. 구체적으로 해양수산관청의 심사 및 조정의 절차를 살펴보면 다음과 같다.

선원의 직무상 부상·질병 또는 사망의 인정, 요양의 방법, 재해보상금액의 결정 및 그 밖에 재해보상에 관하여 이의가 있는 자는 해양수산관청에 심사나 조정을 청구할 수 있다(선원법 제104조제1항). 그리고 해양수산관청은 재해보상에 관한 심사 또는 조정의 청구를 받으면 1개월 이내에 심사나 조정을 하여야 한다(선원법 제104조제2항). 더불어 해양수산관청은 심사 또는 조정의 청구가 없어도 필요하다고 인정하면 직권으로 심사 또는 조정을 할 수 있다(선원법 제104조제3항). 그리고 해양수산관청이 재해보상에 관한 심사나 조정을 할 경우 선장이나 그 밖의 이해관계인의 의견을 들어야 한다(선원법 제104조제4항). 핵심적인 것은 해양수산관청은 재해보상에 관한 심사나 조정을 할 경우 필요하다고 인정하면 의사에게 진단이나 검안(檢案)을 시킬 수 있다는 점이다(선원법 제104조제5항). 더불어 해양수산관청에의 심사나 조정의 청구는 시효의 중단에 관하여 재판상의 청구로 정한다(선원법 제104조제6항). 결국 선원노동위원회의 심사와 중재의 경우 재해보상에 관한 심사 또는 조정의 청구에도 해양수산관청이 1개월 이내에 심사나 조정을 하지 아니하거나 심사나 조정의 결과에 이의가 있는 자는 선원노동위원회에 심사나 중재를 청구할 수 있다(선원법 제105조제1항). 선원노동위원회는 심사나 중재의 청구를 받으면 1개월 이내에 심사나 중재를 하여야 한다(선원법 제105조제2항). 만일 소송을 통한 재해보상 청구를 할 경우 해양수산관청 및 선원노동위원회의 심사 또는 중재와 별개로 민사소송을 통하여 재해보상을 청구할 수 있다. 그리고 소송을 통한 재해보상 청구 및 절차는 일반적인 민사소송의 절차와 동일하다.

IX 선원재해와 관련 법률 및 주요 판례

1. 항만안전특별법 및 중대재해처벌법 도입과 선박사고

(1) 항만안전특별법

항만은 선박을 기반으로 출입, 선원 및 관련 이해관계자의 승선·하선, 화물의 하역·보관 및 처리, 해양친수활동 등을 위한 시설과 화물의 조립·가공·포장·제조 등 부가가치 창출을 위한 시설이 유기적으로 연계된 장소를 의미한다. 이러한 복잡한 업무가 진행되는 항만에서 발생하는 사고는 항만법, 해운법, 선박법, 유선 및 도선사업법 등에서 규정하는 선박 및 해운업 중 안전수칙위반, 변칙 운항 등에 의한 사고와 이용객 등의 부주의에 의해 해양에서 발생되는 사고 중 항만에서 발생하는 사고를 모두 포함한다. 일반적으로 항만의 권역내에서의 발생하는 안전사고는 일반적인 육상 사고와는 범위, 대상, 크기, 영향 등의 관점에서 차이점을 가지고 있다. 대표적으로 항만사고는 ① 가해자·피해자 판정이 곤란하고, ②책임을 부담하는 자 규명이 어려우며, ③ 피해 규모의 입증이 곤란함과 동시에 피해에 대한 즉각적인 대응에 한계가 있고, ④ 피해 규모가 광범위하다는 점이 4대 핵심 특징이다. 이러한 문제를 법 제도적으로 해결하여, 사고의 중심에 있는 선원, 항만 노동자 등과 같은 피해자를 보호하기 위하여 해양수산부와 고용노동부는 2021년 7월 항만근로자 재해예방을 위한 "항만사업장 특별 안전대책"을 수립하여 5대항만 특별점검을 실시한 결과 산업재해예방을 위한 총괄안전관리 시스템의 도입을 통한 실질적인 안전관리의 이행 및 실질적인 점검, 사고조사, 통계관리, 사업자 제재 등을 강화하기 위하여 항만안전에 특화된 특별법이 제정되었다.

항만안전특별법과 관련하여 주요 내용을 조문별로 살펴보면 다음과 같다.

첫째, 제7조에 따르면 관리청이 관할 항만에 대한 안전사고 예방 등에 필요한 사항을 협의하기 위하여 항만운송 참여자 단체, 항만운송 종사자 단체 및 그 밖에 대통령령으로 정하는 자와 함께 항만 안전에 관한 협의체를 구성하여 운영할 수 있도록 명시하고 있다.

둘째, 제8조에 따르면 항만운송 참여자로 하여금 항만운송 종사자를 대상으로 작업내용과 안전규칙, 항만에서의 위험요소 등에 대한 교육을 실시하도록 요구하고 있다.

셋째, 제9조에 따르면 항만운송 참여자 중 항만하역사업을 등록한 자는 항만운송 종사자의 안전사고 예방을 위하여 항만 내 출입통제, 시설 안전확보 및 안전장비 지급 등 대통령령으로 정하는 바에 따라 자체 안전관리계획을 수립하여 관리청의 승인을 받도록 명시하고 있다. 그리고 자체 안전관리계획의 승인/이행 및 시정조치 업무를 수행하기 위하여 관리청에 항만안전점검관을 두고 항만안전점검관의 업무 수행을 지원하기 위하여 항만안전점검요원을 지정, 위촉하도록 하고 있다.

넷째, 제10조 및 제11조에 따르면 관리청이 안전교육 실시 결과와 자체안전관리계획의 승인, 이행, 확인 및 시정 조치의 이행결과 등을 공개할 수 있도록 하고, 자체 안전관리계획의 적정한 이행 여부를 확인하기 위하여 필요하다고 인정하는 경우 관계 행정기관의 장에게 자료 제출 등의 협조를 요청할 수 있도록 명시하고 있다. 그럼에도 불구하고, 관리청이 항만사고와 관련된 실태조사 과정에서 지적재산권 침해 사례가 확인될 경우 피해 기업에게 통보되며, 무역위원회, 특허청, 관세청 등 관계기관에 의하여 관련 법적 조치 예컨대 시정조치, 검찰고발, 통관금지 등 다각적인 보호조치를 행사할 수 있다.

또한 항만안전특별법의 도입에 따라 관련 이해관계자들은 다음의 사항에 대한 대책 및 대응 방안을 고민할 필요가 있다. 대표적으로 항내 항만운송 참여자(항만운송사업자 및 항만운송관련 사업자) 및 항만 항운노조와의 사이 복잡하게 연계되어 있는 작업인력의 배치, 지휘체계 및 계약 구조의 현실은 항만안전특별법에서 규정하고 있는 안전대책 마련, 안전교육, 안전협의체 구성 및 실제 현장 점검 등에 대한 의무를 이행하는데 한계가 있을 수 있기 때문에 중장기적인 로드맵을 수립하여 재정적, 행정적, 문화적 기반을 조성할 필요가 있다. 특히 항만노무공급과 관련된 계약구조, 계약상의 책임 문제 및 작업지시 구조에 대한 전반적인 실사 진단을 통해 본법에서 요구하는 의무를 이행할 수 있는지 여부에 대한 검토 및 본법에서 규정하고 있는 사항을 이행하기 위해 개선되거나 필요한 점은 무엇인지 파악하는 것이 중요하다.

(2) 중대재해처벌법

중대재해처벌법은 사업 또는 사업장, 공중이용시설 및 공중교통수단을 운영하거나 인체에 해로운 원료 또는 제조물을 취급하면서 안전·보건조치 등 의무를 위반하여 인명피해를 발생하게 한 법인, 사업주, 경영책임자 및 공무원의 처벌에 대하여 규정하고 시민과 노동자의 생명과 신체의 보호 및 공중의 안전을 확보하기 위함을 목적으로 제정되었다. 중대재해처벌법의 제정 배경은 중대재해가 발생하더라도 현행법상 안전관리의 주체인 법인과 경영책임자의 형사책임을 묻기 어렵다는 점, 중대재해가 발생한 법인에 대한 처벌이 미미하였다는 점, 기업의 안전의무 위반으로 인한 재해사고를 견지해 보았을 때 공무원의 직무소홀이라는 요인이 수반되는 경우가 많음에도 불구하고 현행법의 해석상 관련 공무원의 형사책임을 연계하기 어렵다는 점, 산업안전보건법 등 관련 법률이 있음에도 불구하고 안전보건관련 의무위반에 대한 처벌이 경미한 수준에 머물러 있기 때문에 육상과 해상에서 중대재해가 반복되고 있다는 점이 핵심이다. 예컨대, 부산항 컨테이너 부두에는 부두운영사가 직접 계약한 근로자뿐 아니라 줄잡이, 검수, 선용품 공급, 방역 등을 위해 해운기업이 고용한 노동자들도 동시 종사하고 있는데, 사실상 고용관계가 복잡하여 이와 연계된 관리의무의 범위를 확인하는 것이 쉽지 않다. 더불어 부산항 컨테이너 터미널의 경우 수백대의 트레일러가 출입하며 작업을 진행하는데, 이 모든 인원을 운영사가 관리하기는 현실적으로 매우 곤란한 일이다.

기본적으로 '중대재해'의 개념은 산업안전보건법에서 의미하는 "산업재해 중 사망 등 재해 정도가 심하거나 다수의 재해자가 발생한 경우로서, 사망자가 1명 이상 발생하거나, 3개월 이상 요양이 필요한 부상자가 동시에 2명 이상 발생하거나, 직업성 질병자가 동시에 10명 이상 발생한 재해"로 정의하고 있다. 그러나, 중대재해처벌법의 경우 '중대재해'의 개념에 대하여 산업안전보건법상 '중대재해'의 개념으로 확장하여, 제조물이나 공중이용시설물 또는 공중교통수단으로 인한 재해까지 '중대시민재해'로 인정하고 사업주의 책임범위로 포함시켜서 적용하고 있다. 중대재해의 정의를 선박에서의 인명사고에 적용할 경우, 중대산업재해는 상선, 어선, 관공선 등이 중대시민재해는 여객이 승선하는 화객선, 여객선 등이 각각 해당될 것이다. 그러나 만약 일반 선박이 부두 정박 중에 화재 또는 폭발사고 등으로 인하여 선원이 아닌 항만근로자 등 제3자가 사망하거나 앞서 언급한 중대시민재해(xx항 케미컬선박 화재 폭발로 인근 주민 부상 등)에 해당하는 부상을 입게 되는 경우 이에 대해서는 중대시민재해가 적용될 것이다. 여기서 의미하는 '중대산업재해'는 ① 사업장에서 사망자가 1명 이상인 재해, ② 6개월 이상 치료가 필요한 부상자가 2명 이상인 재해, ③ 동일한 유해요인으로 직업성 질병자가 1년 이내에 3명이상 발생한 경우 재해로 정의하고, '중대시민재해'는 ① 제조물이나 공중이용시설 등의 이용자가 1명 이상 사망한 경우, ② 동일한 사고로 2개월 이상 치료가 필요한 부상자가 10명 이상 발생한 경우, ③ 동일한 원인으로 3개월 이상 치료가 필요한 질병자가 10명 이상 발생한 경우로 정의하고 있다.

해운기업의 경우 가장 핵심적으로 고려하여야 할 점이 바로 안전보건 확보 의무자의 범위 확대이다. 일반적으로 산업안전보건법에서는 사업주가 안전보건관리책임자, 관리감독자, 안전관리자, 보건관리자 등을 두어 산업재해 예방을 하도록 규정하고 있다. 그리고 사업주가 산업안전보건법 위반으로 직접적인 책임을 부담하는 경우는 거의 없다. 또한, 여기서 말하는 사업주는 "근로자를 사용하여 사업을 하는 자", 즉 고용관계를 전제하므로, 산업안전보건법상 안전보건관리의무를 부담하는 사업주의 범위는 매우 제한적이었다. 예컨대, 제3자 선박관리에 기반한 선박관리기업에 A라고 하는 선박을 위탁(안전, 정비, 선원)하는 경우에도 중대재해처벌법에서는 경영책임자의 안전 및 보건 확보의무에 대하여 경영책임자가 실질적으로 지배, 운영, 관리하는 사업장으로 경영책임자의 유해·위험요인의 인지 가능성 및 통제 가능성을 기준으로 하고 있으므로 이러한 경우에도 도급관계에 따른 선주사인 해운기업의 경영책임자에게 중대재해처벌법상의 의무가 적용될 여지가 상당히 존재한다.

특히 주의하여야 할 점은 바로 중대재해처벌법의 재해예방을 위한 안전 및 보건확보 의무의 수범자의 범위에 대한 사항이다. 중대재해처벌법은 '사업주'의 개념을 "자신의 사업을 영위하는 자, 타인의 노무를 제공받아 사업을 하는 자"로 정의함에 따라 단순한 고용관계를 전제로 적용하지 않고 있다. 따라서 근로자를 고용하지 않는 사업주이기 때문에 산업안전보건법상 안전보건 의무가 적용되지 않는 자라고 하더라도, 중대재해처벌법에 따른 안전보건의무를 위반할 경우 그에 따른 처벌과 법적 책임을 부담할 수 있는 인과관계로 귀속된다. 결국 반드시 사업주는 의무의 주체종사자의 생명·신체의 안전 또는 보건상의 피해를 입을 위험을 방지할 의무가 부과되어 있는 사업주 또는 경영책임자가 안전보건의무의 주체임을 인식하여야 한다.

토론 주제

토론의 핵심 : 해운기업의 선박안전환경품질을 담당하는 임원 또는 전담자를 별도로 고용하면 대표이사는 중대재해처벌법을 적용받지 않을 수 있을까요?

근거 : 선박안전환경품질을 담당하는 임원 또는 전담자 명칭을 가진 사람이 있다는 이유만으로 "대표이사에 준하는 안전과 보건을 담당하는 사람"이라고 볼 수 없다. "그 밖에 이에 준하는 안전과 보건을 담당하는 사람"이 되려면 사업 또는 사업장 전반의 안전·보건에 관한 조직, 인력, 예산에 관한 총괄 관리 및 최종 의사결정권을 갖고 있어야 하기 때문이다. 중대재해처벌법은 사업을 대표하고 사업을 총괄하는 권한과 책임이 있는 자 즉 경영을 대표하는 자의 안전 및 보건에 관한 의무와 역할을 규정한 것으로, 중대재해처벌법상 의무와 책임의 귀속 주체는 원칙적으로 사업을 대표하고 사업을 총괄하는 권한과 책임이 있는 자를 의미한다. 결국 "이에 준하여 안전보건에 관한 업무를 담당하는 사람"이 선임되어 있다는 사실 만으로는 사업을 대표하고 사업을 총괄하는 권한과 책임이 있는 사람의 의무가 면제된다고는 볼 수 없다.

토론의 핵심 : 우리나라에서 규정하고 있는 (육상, 해상, 항공) 안전·보건 관계 법령에는 어떤 법령이 포함되나요?

근거 : 중대재해처벌법에서 의미하는 안전·보건 관계 법령이란 해당 사업 또는 사업장에서 "종사자의 안전·보건을 확보하는 데 관련되는 법령"을 말합니다. 그리고 종사자의 안전·보건을 확보하는 데 그 목적을 두고 있는 산업안전보건법령을 중심으로 고려하되, 이에 한정되는 것은 아니며 종사자의 안전·보건에 관계되는 법령은 모두 포함됩니다. 예컨대, 산업안전보건법령 뿐만 아니라 광산안전법, 원자력안전법, 항공안전법, 선박안전법, 항만안전특별법, 연구실 안전 환경 조성에 관한 법률, 폐기물관리법, 생활물류서비스산업발전법, 선원법, 생활주변방사선안전관리법 등이 여기에 해당된다.

토론의 핵심 : 직무상/직무외 질병으로 선원이 사망하는 경우에도 중대산업재해에 포함되나요?

근거 : 기본적으로 사망의 경우 그 원인 등 중대산업재해에 해당하기 위한 다른 요건을 규정하고 있지 않으므로 산업안전보건법상 산업재해에 해당한다면 사고에 의한 사망뿐만 아니라 직업성 질병에 의한 사망도 중대산업재해에 포함된다. 그러나 육상의 경우 직업성 질병은 산업안전보건법의 산업재해에 해당되어야 하므로 업무에 관계되는 유해·위험요인에 의하거나 작업 또는 그 밖의 업무로 인하여 발생하였음이 명확한 것이어야 합니다. 선원의 경우 선원법 제99조(유족보상)에 따라 "① 선박소유자는 선원이 직무상 사망(직무상 부상 또는 질병으로 인한 요양 중의 사망을 포함한다)하였을 때에는 지체 없이 대통령령으로 정하는 유족에게 승선평균임금의 1천300일분에 상당하는 금액의 유족보상을 하여야 한다. ② 선박소유자는 선원이 승무 중 직무 외의 원인으로 사망(제94조제2항에 따른 요양 중의 사망을 포함한다)하였을 때에는 지체 없이 대통령령으로 정하는 유족에게 승선평균임금의 1천일분에 상당하는 금액의 유족보상을 하여야 한다. 다만, 사망원인이 선원의 고의에 의한 경우로서 선박소유자가 선원노동위원회의 인정을 받은 경우에는 그러하지 아니하다."라고 명시하고 있다. 현실적으로 선원이 질병으로 인한 사망의 경우 종사자 개인의 고혈압이나 당뇨, 생활 습관 등 다양한 요인이 영향을 미칠 수 있기 때문에 질병의 원인이 업무로 인한 것인지 여부 등에 대해서는 신중한 검토가 필요하다.

토론의 핵심 : 승선인원이 4명인 소형선박에도 적용되나요?

근거 : 중대재해처벌법 제3조에서 중대산업재해의 적용범위를 정하면서 산업이나 업종에 따라 그 적용을 달리하도록 규정하고 있지 않다. 따라서 법 제4조에 따른 안전 및 보건 확보의무는 상시근로자가 5명 이상인 모든 사업 또는 사업장에 적용된다. 그럼에도 불구하고 안전·보건 관리체계의 구축 등은 사업 또는 사업장이나 주된 직종의 특성 등에 따른 유해·위험요인을 고려하여 다르게 구축할 수 있다.

토론의 핵심 : 만약 내가 해운기업을 설립할 경우 선박안전관리조직을 어떻게 재구성하는 것이 현명한 방법일까?

근거 : 해운기업내의 안전관련 전담 조직은 경영책임자의 안전 및 보건 확보의무 이행을 위한 집행 조직으로서 실질적으로 법 제4조 및 제5조에 따른 의무를 총괄하여 관리할 수 있는 것이 핵심이다. 예컨대, 해운기업내의 선박 또는 육상의 사업 또는 사업장의 안전보건관리체계를 관리·감독하는 등 개인사업주 또는 경영책임자 등을 보좌하고, 개인사업주나 법인 또는 기관의 안전·보건에 관한 컨트롤타워로서의 역할을 하는 조직을 의미한다. 따라서, 전담 조직은 최소 2명 이상은 되어야 하며, 사업 또는 사업장의 규모, 사업, 작업 특성 및 시설 등에 따른 위험도를 고려하여 "사업 또는 사업장"의 안전 및 보건 확보의무 이행을 총괄적으로 관리하기에 합리적인 수준으로 구성되어야 한다. 전담 조직은 사업장 현장별로 두어야 하는 안전관리자 등과는 그 의무와 역할이 다르므로 별도의 인력으로 구성하여야 한다.

2. 선원재해 관련 판례 분석 및 시사점

(1) 승무 중 사망의 의미에 대한 판례 구조화 및 토론

대법원 1999.9.17., 99다24836사례를 판시사항, 사실관계, 판결요지, 핵심이유, 요약의 순서로 정렬하여 분석하면 다음과 같다.

[판시사항]

○ 선원법 제90조 제2항 소정의 '승무 중 사망'의 의미

○ 선원이 휴무기간 동안 갈 곳이 없어 선박에서 머물던 중 일시 하선하였다가 잠을 자기 위해 다시 승선하다가 사망한 경우, 선원법 제90조 제2항 소정의 '승무 중 직무 외의 원인으로 사망한 경우'에 해당한다고 한 사례

[사실관계]

○ 망 소외 1은 1996. 12. 25. 피고와 사이에 계약기간을 같은 날부터 1997. 12. 24.까지로 하는 승선계약을 체결한 후, 피고 소유의 선박에서 조리장으로 승선하였음.

○ 위 선박 제○○○○ ○○호는 1997. 1. 1. 08:50경 선적항인 부산항에 도착하여 제2부두 22번 선석에서 하역작업을 마친 후 같은 날 19:00경 제4부두 45번 선석에 정박하였는데, 선원들은 그 다음날이 휴무일이어서 19:40경 귀가하고, 선원들 중 집이 포항인 항해사 소외 2와 당시 처와 이혼한 후 혼자 지내고 있던 망 소외 1은 달리 갈 곳이 없어 입항 당일 및 그 다음날 위 선박에서 기거하였음.

○ 다른 선원들은 휴무를 마친 후 같은 달 3. 오전에 위 선박에 승선하였으나 운송 물량이 없어 아무런 작업도 하지 못한 채 같은 달 4.과 5. 이틀간 휴무를 실시하기로 하여 모두 하선하였음.

○ 망 소외 1도 같이 하선하여 같은 날 17:00경 평소 자주 들리던 춘하추동식당에서 맥주 2병 가량을 마시고 나갔다가 그 다음날 02:00경 다시 위 식당에 들러 국밥을 먹고 위 선박에 승선하다가 술기운으로 인하여(혈중알코올농도 0.19%) 발을 헛디디는 바람에 바다에 빠져 그 무렵 익사하였음.

[판결요지]

○ 선원법 제90조 제2항은 "선박소유자는 선원이 승무 중 직무 외의 원인으로 사망한 경우에는 지체 없이 대통령령이 정하는 유족에게 승선평균임금의 1천일분에 상당하는 금액의 유족보상을 행하여야 한다."고 규정하고, 같은 법 제85조 제2항은 기항지에서의 상륙기간, 승하선에 수반되는 여행기간도 '승무 중'에 포함되는 것으로 규정하고 있는바, 선원 직무의 특수성 및 이를 참작하여 선원에 대한 재해보상을 확대한 선원법의 취지에 비추어 보면 같은 법 제90조 제2항 소정의 '승무 중'이라는 개념에는 업무수행 여부를 떠나서 선원이 승선하고 있는 일체의 기간, 기항지에서의 상륙기간, 승하선에 수반되는 여행기간을 포함하는 것으로 해석하여야 하고, 휴무와 관련하여서 본다면, 휴무기간 중이더라도 계속 승선하고 있는 일체의 기간, 휴무를 마치

고 배로 복귀하는 여행기간은 물론 비록 휴무기간이 만료되기 전이더라도 배로 복귀하는 기간도 이에 해당한다고 해석하여야 함.

○ 선원이 휴무기간 동안 갈 곳이 없어 선박에서 머물던 중 일시 하선하였다가 잠을 자기 위해 다시 승선하다가 사망한 경우, 망인이 휴무기간 중 갈 곳이 없어서 승선하고 있었다 하더라도 그 승선기간은 사무가 아닌 '승무 중'이라고 보아야 하므로, 선원이 휴무기간 중 하선하였다가 휴무기간이 끝나기 전에 배로 복귀하던 중 사망하였다면 이는 선원법 제90조 제2항 '승무 중 직무 외의 원인으로 사망한 경우'에 해당함.

[이유]

○ 휴무기간 중 임의로 승선한 것을 승무 중이라고 할 수 있는지 여부

- 선원법 제90조 제2항은 "선박소유자는 선원이 승무 중 직무 외의 원인으로 사망한 경우에는 지체 없이 대통령령이 정하는 유족에게 승선평균임금의 1천일분에 상당하는 금액의 유족보상을 행하여야 한다."고 규정하고, 같은 법 제85조 제2항은 기항지에서의 상륙기간, 승하선에 수반되는 여행기간도 '승무 중'에 포함되는 것으로 규정하고 있는바, 선원 직무의 특수성 및 이를 참작하여 선원에 대한 재해보상을 확대한 선원법의 취지에 비추어 보면 선원법 제90조 제2항 소정의 '승무 중'이라는 개념에는 업무수행 여부를 떠나서 선원이 승선하고 있는 일체의 기간, 기항지에서의 상륙기간, 승하선에 수반되는 여행기간을 포함하는 것으로 해석하여야 하고, 휴무와 관련하여서 본다면, 휴무기간 중이더라도 계속 승선하고 있는 일체의 기간, 휴무를 마치고 배로 복귀하는 여행기간은 물론 비록 휴무기간이 만료되기 전이더라도 배로 복귀하는 기간도 이에 해당한다고 해석하여야 할 것임.
- 따라서 이 사건의 경우 망 소외 1이 휴무기간 중 갈 곳이 없어서 승선하고 있었다고 하더라도 그 승선기간은 사무가 아닌 '승무 중'이라고 보아야 하고, 휴무기간 중 하선하였다가 휴무기간이 끝나기 전에 배로 복귀하던 중 사망하였다면 이는 '승무 중 직무 외의 원인으로 사망한 경우'에 해당한다고 할 것임.

[핵심정리]

○ 선원이 휴무기간 동안 갈 곳이 없어 선박에 머물던 중 일시 하선하였다가 잠을 자기 위해 다시 승선하던 중 사망한 경우, 선원법 제90조 제2항 소정의 '승무 중 직무 외의 원인으로 사망한 경우'에 해당한다고 판단하였다. 휴무기간 중 갈 곳이 없어서 승선하고 있었다고 하더라도 그 승선기간은 사무가 아닌 '승무 중'이라고 보아야 하고, 휴무기간 중 하선하였다가 휴무기간이 끝나기 전에 배로 복귀하던 중 사망하였다면 이는 '승무 중 직무 외의 원인으로 사망한 경우'에 해당한다.

[시사점]

○ '승무 중' 개념의 확장과 관련하여 선원법 제90조 제2항 소정의 '승무 중'이라는 개념에는 업무수행 여부를 떠나 선원이 승선하고 있는 일체의 기간, 기항지에서의 상륙기간, 승하선에 수반되는 여행기간을 포함하는 것으로 해석한다. 휴무와 관련하여서, 휴무기간 중이라도 계속 승선하고 있는 일체의 기간, 휴무를 마치고 배로 복귀하는 여행기간은 물론 비록 휴무기간이 만료되기 전이더라도 배로 복귀하는 기간도 이에 해당한다고 해석하여 '승무 중' 개념을 확장하는 것이 필요하다. '승무 중' 개념이 확장됨에 따라 사망 뿐만 아니라 부상, 질병 등의 재해에 대해서도 보상이 가능할 수 있도록 그 범위가 확대되는 효과가 있다.

(2) 고의 사망 입증책임 등 판례 구조화 및 토론

대법원 2002.6.14., 2001다2112 사례를 판시사항, 사실관계, 판결요지, 핵심이유, 요약의 순서로 정렬하여 분석하면 다음과 같다.

[판시사항]

○ 선박의 불감항성을 이유로 한 손해배상 청구소송과 선원법상의 재해보상 청구소송의 소송물의 동일 여부

○ 선원법상의 재해보상 청구소송에 있어서 선원의 사망 원인이 선원의 고의 또는 중대한 과실로 인한 것이라는 사실의 입증책임의 소재

○ 근로계약 당사자는 근로기준법이나 선원법 소정의 재해보상금 이외에 별도의 재해보상금 지급약정을 할 수 있는지 여부

[사실관계]

○ 피고는 리베리아 선적의 유조선인 아틀란타호의 소유자인데, 원고의 아들인 소외 1이 1995. 3. 22. 피고 회사를 위하여 인사관리업무를 대행하는 선원관리사업자인 원심 공동피고 해외선박 주식회사(이하 '해외선박'이라고 한다)와 사이에 근로계약을 체결하고, 위 아틀란타호에 3등 기관사로 승무하였으며, 월 평균임금은 미화 2,049.65$이었음.

○ 위 아틀란타호는 1996. 1. 28. 베네수엘라에서 원유를 적재하고 미국 루이지애나 머독스항으로 항해중이었는데, 소외 1은 1996. 1. 31. 22:00경 조타실에서 커피를 마시고 C 갑판에 있는 자신의 침실로 돌아간 후 다음날인 1996. 2. 1. 06:15경 D 갑판에서 시체로 발견됨.

○ 부검 결과 소외 1은 이마 뼈, 관자놀이, 두정부까지 두개골이 골절되어 있고, 양 쪽 광대뼈와 턱뼈도 골절되어 있었으며, 목 앞 부분과 쇄골 윗부분의 넓은 부위에 걸쳐 찰과상이 있었고, 왼쪽 손에 칼로 베인 길이 5㎝ 정도의 깊은 열상이 있었음.

○ 소외 1 의 침실이 있는 C 갑판과 그의 시체가 발견된 D 갑판은 그 높이가 9.75m이고, C 갑판의 4등 기관사용 빈방에 소외 1 의 안경과 슬리퍼, 물에 적셔진 수건이 있었으며, 그 곳 바닥과 침대, D 갑판으로 통하는 통로와 계단에 많은 피가 흘러 있었고, D 갑판의 시체의 위치는 C 갑판의 피를 흘린 난간의 지점에서 자유낙하한 지점과 일치하고 있음.

○ 소외 1 의 시체 옆에서 피 묻은 칼이 발견되었는데 그 칼은 선원들이 평소 과일을 깎을 때 사용하는 것이었으며, 소외 1 의 방이나 위 4등 기관사용 방은 흐트러지지 않았고, 선원들은 다투거나 소란을 피우는 소리를 듣지 못하였으며, 사고 직전 소외 1이 선원들과 다툰 바도 없었고, 소외 1은 유서를 남기지 않았음.

[판결요지]

○ 선원법상의 재해보상청구권과 민법상의 불법행위로 인한 손해배상청구권은 청구권경합의 관계에 있는 것으로서 소송물을 달리한다 할 것이며, 선박이 안전한 항해를 할 수 있는 능력을 구비하지 못하였다는 이른바 불감항성을 이유로 한 손해배상 청구소송도 손해배상 청구소송이라는 점에서 불법행위로 인한 손해배상 청구소송과 동일한 성격을 가진다 할 것이므로 그 소송과 선원법상의 재해보상 청구소송은 소송물을 달리하는 것으로 보아야 함.

○ 선원법 제90조 제2항에서, "선박소유자는 선원이 승무(제85조 제2항의 규정에 의한 요양을 포함한다) 중 직무 외의 원인으로 사망한 경우에는 지체 없이 대통령령이 정하는 유족에게 승선평균임금의 1천일분에 상당하는 금액의 유족보상을 행하여야 한다. 다만, 사망의 원인이 선원의 고의 또는 중대한 과실로 인한 경우에 선박소유자가 선원노동위원회의 인정을 받은 때에는 그러하지 아니한다."고 규정하고 있는 점에 비추어 볼 때, 선원의 사망의 원인이 선원의 고의 또는 중대한 과실로 인한 것이라는 사실의 입증책임은 승무 중 사망한 선원에게 지급하여야 할 유족보상 책임의 면책을 주장하는 선박소유자에게 있음.

○ 선원법 제5조 제1항에 의하여 적용되는 근로기준법 제2조에 따르면 근로기준법 및 선원법에서 정하고 있는 근로조건은 최저기준임을 알 수 있다 하겠으므로, 근로기준법 및 선원법 소정의 재해보상에 관한 규정도 최저기준을 정하고 있는 것에 불과하다고 할 것이어서, 계약자유의 원칙상 근로계약 당사자는 근로기준법이나 선원법 소정의 재해보상금 이외에 별도의 재해보상금을 지급하기로 약정하는 것은 얼마든지 가능하고, 그러한 약정을 한 이상 근로자의 재해 발생시 사용자는 그 약정에 따른 별도의 재해보상금을 지급할 의무가 있다고 보아야 할 것이므로, 그 약정이 선원법에 근거 규정이 없는 별도의 재해보상금인 특별보상금을 지급할 것을 규정하고 있는 해운항만청의 해외취업선원재해보상에관한규정에 의한 것이라 할지라도, 근로계약 당사자가 위 해운항만청의 규정에서 정하고 있는 특별보상금을 재해보상금으로 추가로 지급하기로 약정하였다면 이에 따라 사용자는 위 특별보상금을 지급하여야 할 의무를 부담한다고 할 것임.

[이유]

○ 선박의 불감항성을 이유로 한 손해배상 청구소송과 선원법상의 재해보상 청구소송의 소송물의 동일 여부

- 선원법상의 재해보상청구권과 민법상의 불법행위로 인한 손해배상청구권은 청구권경합의 관계에 있는 것으로서 소송물을 달리한다 할 것이며(대법원 1987. 6. 23. 선고 86다카2228 판결 참조), 선박이 안전한 항해를 할 수 있는 능력을 구비하지 못하였다는 이른바 불감항성을 이유로 한 손해배상 청구소송도 손해배상 청구소송이라는 점에서 불법행위로 인한 손해배상 청구소송과 동일한 성격을 가진다 할 것이므로 그 소송과 선원법상의 재해보상 청구소송은 소송물을 달리하는 것으로 보아야 함.
- 위 법리에 비추어 기록을 살펴보면, 원심이, 원고가 미국 법원에 피고를 상대로 소외 1 의 사망을 원인으로 한 손해배상 청구소송을 제기하여 그 소송 계속 중에 있으므로 선원법에 기한 재해보상을 구하는 이 사건 소는 중복제소에 해당하여 부적법하다는 피고의 항변에 대하여 원고가 선박 소유자인 피고의 과실로 인하여 소외 1이 사망하였다고 주장하면서 1997. 1. 22. 루이지애나주 패리쉬 오브 세인트 버나드(Parish of St. Bernard) 소재 제34 지방법원(34th Judicial District Court)에 피고를 상대로 손해배상 청구소송을 제기한 사실은 인정되나, 선박소유자의 불법행위를 이유로 한 손해배상청구와 선원법상의 재해보상청구는 소송물을 달리하는 것이므로 중복제소가 될 수 없다는 이유로, 이를 배척한 것은 정당한 것임.
- 원심이, 원고가 미국 법원에 제기한 불감항성을 이유로 한 청구는 피고의 무과실책임을 묻는 것으로서 이 사건 재해보상청구와 소송물이 동일하다는 취지의 피고의 주장에 대하여 명시적으로 판단하지 아니하였으나 이미 위에서 판단한 바와 같이 불감항성을 이유로 한 청구 역시 이 사건 재해보상청구와는 그 소송물을 달리하는 것이고, 원심이 이 사건의 본안에 관하여 판단을 한 이상 이를 배척하였다고 못 볼 바도 아니어서 원심판결에는 상고이유에서 주장하는 바와 같은 판단유탈이나 심리미진 등의 위법이 있다고 할 수 없음.

○ 선원법상의 재해보상 청구소송에 있어서 선원의 사망 원인이 선원의 고의 또는 중대한 과실로 인한 것이라는 사실의 입증책임의 소재.

- 원심은, 소외 1이 직무상 사망하였음을 이유로 하여 승선 평균임금 1,300일분에 해당하는 유족보상금의 지급을 구하는 원고의 주위적 청구는 이를 배척하였으나, 소외 1은 직무 외의 원인으로 사망하였다고 할 것이므로 선원법 제90조 제2항에 따라 승선 평균임금 1,000일분에 해당하는 유족보상금의 지급을 구하는 원고의 예비적 청구는 이유 있다고 판단한 다음, 소외 1 의 사망은 그의 고의 또는 중대한 과실에 기인한 때에 해당하므로 선원법 제90조 제2항 후문에 의하여 피고는 유족보상금을 지급할 의무가 없다는 피고의 항변에 대하여 위 인정 사실에 의하면, 소외 1 스스로 왼쪽 손목에 과도로 자해를 하여 상당 시간 피를 흘리다가 난간으로 뛰어내려 그 충격으로 인한 두개골 골절로 사망하였을 가능성이 엿보이기는 하나 그렇다고 하여 소외 1이 자살을 하였다거나 자신의 중대한 과실로 사망하였다는 확신을 갖게 하기에는 부족하다는 이유로, 이를 배척하였음.
- 선원법 제90조 제2항에서, "선박소유자는 선원이 승무(제85조 제2항의 규정에 의한 요양을 포함한다) 중 직무 외의 원인으로 사망한 경우에는 지체 없이 대통령령이 정하는 유족에게 승선평균임금의 1천 일분에 상당하는 금액의 유족보상을 행하여야 한다. 다만, 사망의 원인이 선원의 고의 또는 중대한 과실로 인한 경우에 선박소유자가 선원노동위원회의 인정을 받은 때에는 그러하지 아니하다."고 규정하고 있는 점에 비추어 볼 때, 선원의 사망의 원인이 선원의 고의 또는 중대한 과실로 인한 것이라는 사실의 입증책임은 승무 중 사망한 선원에게 지급하여야 할 유족보상 책임의 면책을 주장하는 선박소유자가 진다고 보아야 할 것임.
- 기록을 살펴보면, 특히 유서가 없다는 점 및 소외 1 의 얼굴 부위의 골절이 한 번의 추락으로 발생할 수 있는 것으로 보이지 아니하는 점 등에 비추어 볼 때, 원심이 위와 같이 소외 1이 자살을 하였다거나 자신의 중대한 과실로 사망하였다는 확신을 갖게 하기에는 부족하다고 판단하여 피고의 면책항변을 배척한 것은 정당한 것으로 수긍이 가고, 거기에 상고이유에서 주장하는 바와 같은 채증법칙 위반으로 인한 사실오인, 자유심증주의 이탈 등의 위법이 있다고 할 수 없음.

○ 근로계약 당사자는 근로기준법이나 선원법 소정의 재해보상금 이외에 별도의 재해보상금 지급약정을 할 수 있는지 여부.

- 원심은, 소외 1 의 사망 당시 시행중이던 해운항만청의 해외취업선원재해보상에관한규정(1991. 2. 8. 해운항만청고시 제1991-6호) 제3조 제2항에서, "선박소유자는 선원이 승무 중 직무 외의 원인으로 사망한 경우에는 그 유족에게 특별보상금으로 미합중국화 3만 $를 지급하여야 한다."고 규정하고 있으나, 위 특별보상금과 같이 선박소유자에게 재산상의 의무를 부과하는 것은 입법사항이라고 할 것이므로 법률로 그 요건 및 금액을 정하든가 이를 구체적으로 정할 수 있는 객관적 기준을 명시하여 대통령령이나 규칙에 위임하여야 할 것인데 선원법의 제 규정을 살펴보아도 해외취업선원재해보상에관한규정에서 정한 특별보상금의 근거를 찾아볼 수 없으므로, 특별보상금에 관한 해외취업선원재해보상에관한규정 제3조 제2항은 위임입법의 한계를 일탈한 무효의 규정이라고 보아야 한다고 판단하여, 원고의 특별보상금 청구를 기각하였으나 선원법 제5조 제1항에 의하여 적용되는 근로기준법 제2조에 따르면 근로기준법 및 선원법에서 정하고 있는 근로조건은 최저기준임을 알 수 있다 하겠으므로, 근로기준법 및 선원법 소정의 재해보상에 관한 규정도 최저기준을 정하고 있는 것에 불과하다고 할 것이어서, 계약자유의 원칙상 근로계약 당사자는 근로기준법이나 선원법 소정의 재해보상금 이외에 별도의 재해보상금을 지급하기로 약정하는 것은 얼마든지 가능하고, 그러한 약정을 한 이상 근로자의 재해

발생시 사용자는 그 약정에 따른 별도의 재해보상금을 지급할 의무가 있다고 보아야 할 것이므로, 그 약정이 선원법에 근거 규정이 없는 별도의 재해보상금인 특별보상금을 지급할 것을 규정하고 있는 해운항만청의 해외취업선원재해보상에관한규정에 의한 것이라 할지라도, 근로계약 당사자가 위 해운항만청의 규정에서 정하고 있는 특별보상금을 재해보상금으로 추가로 지급하기로 약정하였다면 이에 따라 사용자는 위 특별보상금을 지급하여야 할 의무를 부담한다고 할 것임.

- 그런데 기록에 의하면, 피고를 대리한 해외선박과 소외 1은 위 근로계약을 체결하면서 재해보상은 해외취업선원재해보상에관한규정(항만청 고시 91-6호)에 의하기로 약정한 사실, 위 규정 제3조 제2항에서는, "선박소유자는 선원이 승무 중 직무 외의 원인으로 사망한 경우에는 그 유족에게 특별보상금으로 미합중국화 3만 $를 지급하여야 한다."고 규정하고 있는 사실을 알 수 있는바, 그렇다면 앞서 본 법리에 비추어, 피고는 선원법 소정의 재해보상금보다 더 많은 유족보상금을 특별보상금이라는 명목으로 지급하도록 정하고 있는 위 항만청 규정에 의하여 재해보상을 하기로 근로계약에서 약정하였다 할 것이어서, 그 약정에 따라 소외 1 의 위 승무 중 사망으로 인하여 그 유족인 원고에게 특별보상금으로 미합중국화 3만 $를 지급할 의무를 지게 되었다고 봄이 상당하다 할 것임.
- 그럼에도 불구하고, 원심이 특별보상금에 관한 해외취업선원재해보상에관한규정 제3조 제2항이 위임입법의 한계를 일탈한 무효의 규정이라는 이유만으로 원고의 특별보상금 청구를 기각한 것은, 원고의 청구원인을 오인하였거나, 선원법 및 근로기준법 소정의 근로조건에 관한 법리를 오해한 나머지 판결 결과에 영향을 미친 위법을 저지른 것이라 할 것임.

[핵심내용]

○ 선박의 불감항성을 이유로 한 손해배상 청구소송과 선원법상 재해보상 청구소송의 소송물을 별개의 것으로 판단된다. 선원법상의 재해보상청구권과 민법상의 불법행위로 인한 손해배상청구권은 청구권 경합의 관계에 있는 것으로서 소송물을 달리한다. 선박이 안전한 항해를 할 수 있는 능력을 구비하지 못하였다는 불감함성을 이유로 한 손해배상 청구소송도 손해배상 청구소송이라는 점에서 불법행위로 인한 손해배상 청구소송과 동일한 성격을 가진다. 그러므로 선박의 불감항성을 이유로 한 손해배상 청구소송과 선원법상 재해보상 청구소송은 소송물을 달리하는 것으로 보아야 한다. 그리고 선원법상의 재해보상 청구소송에 있어 선원의 사망원인이 선원의 고의 또는 중대한 과실로 인한 것이라는 사실의 입증책임은 선박소유자에게 있다. 선원법 제90조 제2항의 규정에 따라 승무 중 사망한 선원에게 지급하여야 할 유족보상 책임은 선박소유자에게 있다. 더불어 선원의 사망 원인이 선원의 고의 또는 중대한 과실로 인한 것이라는 사실의 입증책임은 승무 중 사망한 선원에게 지급하여야 할 유족보상 책임의 면책을 주장하는 선박소유자가 진다고 보아야 한다. 육상의 경우 근로계약 당사자는 근로기준법이나 선원법 소정의 재해보상금 이외에 별도의 재해보상금 지급약정을 할 수 있다. 반면에 선원법 제5조 제1항에 의하여 적용되는 근로기준법 제2조에 따르면 근로기준법 및 선원법에서 정하고 있는 근로조건은 최저기준이다. 근로기준법 및 선원법 소정의 재해보상에 관한 규정도 최저기준을 정하고 있는 것에 불과하므로 계약자유의 원칙상 근로계약 당사자는 근로기준법이나 선원법 소정의 재해보상금 이외에 별도의 재해보상금을 지급하기로 약정하는 것이 가능하다. 그러한 약정을 하였다면 근로자의 재해 발생 시, 사용자는 그 약정에 따른 별도의 재해보상금을 지급할 의무가 있다고 보아야 한다.

[시사점]

○ 선박소유자의 불법행위가 있었다면 선원법상 재해보상청구권과 별도로 손해배상을 주장하는

것도 가능하다. 선원법상 재해보상을 받지 못한다면, 손해배상을 통하여 손해액을 청구하는 방안을 고려할 수 있다. 또한, 불법행위로 인한 손해배상 청구와 선원법상 재해보상청구를 동시에 주장하는 것도 가능하다. 선원법상의 재해보상 청구소송에서 선원의 사망 원인이 선원의 고의 또는 중대한 과실로 인한 것이라는 사실의 입증책임을 선박소유자가 지도록 하는 것은 재해선원에게 다소 유리하게 작용된다. 근로계약에 있어 선원법에서 정하는 재해보상금 이외에 별도의 재해보상금 지급약정을 할 수 있고, 사용자에게 지급 의무가 있으므로 선원법 외의 재해보상금 지급 약정을 한다면 재해선원을 두텁게 보호할 수 있다.

(3) 직무상 재해 인정 요건 등에 대한 판례 구조화 및 토론

대법원 2008.2.1., 2006다63990 사례를 판시사항, 사실관계, 판결요지, 핵심내용, 요약의 순서로 정렬하여 분석하면 다음과 같다.

[판시사항]

○ 선원근로계약에 기하여 선박에 승선한 선원이 항해 중 기항지에 상륙하여 다른 선원들과 모임을 갖던 중 재해를 당한 경우, 이를 직무상 재해로 인정하기 위한 요건.

○ 선원근로계약에 기하여 선원에 대한 재해보상과 보험가입의무를 부담하고 있는 선박용선회사를 대신하여 특수한 관계에 있는 다른 회사가 보험에 가입한 경우, 위 회사가 선박용선회사의 재해보상의무를 중첩적으로 인수한 것이라고 본 사례.

[사실관계]

○ 이 사건 선박이 필리핀 다바오항에 기항하여 일시 정박하던 중 선장, 기관장, 1등 항해사, 1등 기관사 등이 함께 하선하여 저녁회식을 하고 노래방에 갔다가 1등 항해사와 1등 기관사가 먼저 돌아간 후 선장이 기관장과 함께 택시로 귀선하는 과정에서 교통사고로 기관장이 사망하는 이 사건 재해가 발생함.

○ 기관장이 피고 이스트윈드 마리타임 인크(이하 '피고 이스트윈드'라고 한다)와 사이에 파나마 선적의 이 사건 선박에 기관장으로 승무하는 내용의 근로계약을 체결하면서 해외취업선원재해보상에 관한 규정(해양수산부 고시 제2001-96호)에 의하여 재해보상을 받기로 약정한 후 이 사건 선박에 승선하였다가 앞서 본 바와 같이 이 사건 재해를 당하였으며, 위 계약 당시 이스트윈드는 이 사건 선박의 소유자인 피고 아폴로 쉽핑 프라퍼티즈 에스 에이(이하 '피고 아폴로 쉽핑'이라고 한다)로부터 이 사건 선박을 용선하여 운항하고 있었음.

[판결요지]

○ 이 사건 선박의 기관장은 외국 항구에 기항한 후 선장과 함께 하선하여 해양 근로로 인한 긴장을 해소하고 노동력을 회복하기 위하여 사회 통념상 허용되는 행위를 하다가 이 사건 재해를 당한 것이고 그 당시 선장의 지배·관리를 받고 있었다는 이유를 들어, 이 사건 재해가 직무상 재해에 해당한다고 판단한 원심을 인정함.

○ 피고들은 그 대표이사가 동일하고 이 사건 재해 당시 파나마에 법인소재지를 두고 있었던 점, 해외취업선원재해보상에 관한 규정 제17조 등에 의하면 피고 이스트윈드가 망인에 대한 재해보상을 위한 보험에 가입하도록 되어 있는데 피고 이스트윈드가 아닌 피고 아폴로쉽핑이 그 재해보상보험에 가입한 점 등에 비추어, 피고 아폴로쉽핑은 피고 이스트윈드와 연대하여 이 사건 보상규정에 의한 재해보상금을 지급할 의무가 있다고 판단한 원심을 인정함.

[이유]

○ 직무상 재해에 해당하는지 여부

- 선원근로계약에 기하여 선박에 승선한 선원이 선박의 항해 중 기항지에 상륙하여 다른 선원들과 모임을 갖던 중 재해를 당한 경우, 이를 직무상 재해로 인정하려면, 해양 근로관계의 특수성에 비추어 그러한 모임의 개최와 이를 위한 하선 및 귀선에 대하여 선장의 지휘·감독이 있었는지 여부를 우선적으로 고려하는 한편 그 모임의 주최자, 목적, 내용, 참가인원과 그 강제성 여부, 운영방법, 비용부담 등의 사정들까지 종합하여, 사회통념상 그 모임의 전반적인 과정이 선박소유자 등을 대리하는 선장의 지배나 관리를 받는 상태에 있어야 함.
- 기록에 의하면, 위 저녁 모임은 단순히 친목을 도모하기 위한 사적 모임이 아니라 고급선원으로 분류되는 1등 기관사의 '연가회식' 자리로 마련되어 선장 이하 고급선원 전원이 모두 참석하였음을 알 수 있고, 해양 근로의 특성상 위 모임은 그 처음부터 끝까지 참석한 선장의 지휘·감독 아래 진행되었다고 볼 수 있는바, 이러한 사정을 앞서 본 법리에 비추어 보면, 이 사건 재해가 발생한 위 모임의 전 과정은 선박소유자 등을 대리한 선장의 지배나 관리를 받는 상태에 있었다고 봄이 상당하므로, 이 사건 재해를 직무상 재해로 인정할 수 있음.

○ 선원근로계약에 기하여 선원에 대한 재해보상과 보험가입의무를 부담하고 있는 선박용선회사를 대신하여 특수한 관계에 있는 다른 회사가 보험에 가입한 경우, 위 회사가 선박용선회사의 재해보상의무를 중첩적으로 인수한 것인지 여부.

- 망인을 이 사건 선박의 선원으로 고용한 피고 이스트윈드가 이 사건 근로계약에 기하여 망인에 대한 재해보상과 이를 위한 보험가입의 의무를 부담하게 되어 있음에도 이 사건 선박의 소유자로서 피고 이스트윈드와 특수한 관계에 있다고 보이는 피고 아폴로쉽핑이 피고 이스트윈드 대신 그 재해보상을 위한 보험에 가입하였다면, 특별한 사정이 없는 한 피고 아폴로쉽핑은 피고 이스트윈드의 망인에 대한 재해보상의무를 중첩적으로 인수하였다고 봄이 상당함.

[핵심내용]

○ 선원근로계약에 따라 선박에 승선한 선원이 항해 중 기항지에 상륙하여 다른 선원들과 모임을 갖던 중 재해를 당한 경우, 이를 '직무상 재해'로 판단하였다. 직무상 재해로 인정하기 위한 요건으로 그러한 모임의 개최와 이를 위한 하선 및 귀선에 대하여 선장의 지휘·감독이 있었는지 여부를 우선 고려가 필요하다. 그 모임의 주최자, 목적, 내용, 참가인원과 그 강제성 여부, 운영방법, 비용부담 등의 사정들까지 종합하여, 사회 통념상 그 모임의 전반적인 과정이 선박소유자 등을 대리하는 선장의 지배나 관리를 받는 상태에 있어야 한다. 선원근로계약에 따라 선원에 대한 재해보상과 보험가입의무를 부담하고 있는 선박용선회사를 대신하여 특수한 관계에 있는 다른 회사가 보험에 가입한 경우, 위 회사가 선박용선회사의 재해보상의무를 중첩적으로 인수한 것으로 판단하였다. 피고 이스트윈드가 이 사건 근로계약에 기하여 망인에 대한 재해보상과 이를 위한 보험가입의 의무를 부담하게 되어 있음에도 이 사건 선박의 소유자로서 피고 이스트윈드와 특수한 관계에 있다고 보이는 피고 아폴로쉽핑이 피고 이스트윈드 대신 그 재해보상을 위한 보험에 가입하였다면, 특별한 사정이 없는 한 피고 아폴로쉽핑은 피고 이스트윈드의 망인에 대한 재해보상의무를 중첩적으로 인수하였다고 판단하고 있다.

[시사점]

직무상 재해의 인정요건과 관련하여 선원이 선박을 벗어나 가진 모임에서 재해가 발생한 경우, 일정한 요건을 충족하면 직무상 재해로 인정받을 수 있으며, 직무상 재해의 인정요건은 다음과 같다.

첫째, 모임의 개최와 이를 위한 승하선에 대하여 선장의 지휘·감독 여부.

둘째, 모임의 주최자, 목적, 내용, 참가인원과 그 강제성 여부.

셋째, 모임의 운영방법, 비용부담 등의 사정을 고려.

넷째, 사회 통념상 그 모임의 전반적인 과정이 선박소유자 등을 대리하는 선장의 지배나 관리를 받는지 여부.

위 법리는 근로 장소를 벗어난 행위에 기인한 재해에 대하여 선원의 '직무상 재해'의 인정 범위를 확장할 수 있음.

일반적인 경우, 선박을 직접적으로 운항하는 선박용선회사가 선원의 재해보상 책임을 부담하고 있다. 다만, 선박용선회사와 특수한 관계에 있다고 보이는 선박소유자가 선원재해보상을 위한 보험에 가입하였다면, 특별한 사정이 없는 한 선박소유자가 재해보상의무를 중첩적으로 인수하였다. 이는 재해보상의 책임을 넓힌 것으로 해석할 수 있다.

잊지말고 기억하기

서울고법 민사1부(부장 전지원)는 3등 기관사 K씨 유족이 가해자와 해운기업 등을 상대로 제기한 손해배상 청구 소송에서 해운기업측의 직무상 책임, 직장 내 괴롭힘으로 인한 사망, 선장 등 현장 책임자의 관리 부실을 인정하며 원고 일부 승소 판결했다.

1심은 3등 기관사 K씨의 사망이 직장 내 괴롭힘으로 인한 것이라는 인과관계를 인정하지 않았지만, 2심 재판부 판단은 차이가 발생하였다. 재판부는 승선근무 예비역의 특수한 근무 환경을 고려해야 한다고 인정하였다. 재판부는 "선박에서 내려 근무기간이 부족하게 되면 군복무를 해야 할 지위에 있어서 부당한 일을 당해도 쉽사리 이를 문제 삼거나 하선을 결심하기 어려웠다"며 "피고의 행위가 불법성이 높지 않더라도, 환경적 요인 때문에 심각한 정신적 고통을 줄 수 있다"고 강조하였다.

특히 법원은 선장에게도 무거운 책임을 인정하였다. 재판부는 "망인이 괴롭힘을 당하면서도 보고를 하지 않은 것은 선내 고충처리 체계가 제대로 작동하지 못한 결과"라면서 "이를 유지할 책임은 선장에게 있다"고 밝혔다. 선박회사와 계약한 일본 선주사 이이노마린서비스(IINO Marine Service)에도 사용자 책임이 있다며 배상 책임을 인정하였다.

참고문헌

〈국내 저서〉

권창영,「선원법 해설」, 서울 : 법문사, 2018.

백기복,「조직행동 연구」, 서울 : 법문사, 2002.

〈국내 논문〉

김경태·박남수 (2013), 다문화 인권교육 활동이 초등학생의 장애인에 대한 인식과 수용태도에 미치는 영향.『현대사회와 다문화』, 3(1), pp.74-93.

김기선·전영우, "선박소유자의 안전배려의무와 선내 안전·보건 및 사고예방제도개선 연구",「해사법학회」제30권 제2호, (2018.07).

김병준, "기업의 인권보고지표를 통한 인권경영의 강화",「아주법학」제7권제1호, 아주법학회(2013).

김상돈 (2010), 초등학생을 위한 다문화 법과 인권교육 프로그램 구성.『법과인권교육연구』, 3(2), pp.1-20.

김윤나 (2014), 제3국 출생 비보호 탈북청소년의 인권 지원 정책 및 서비스에 관한 연구.『법과인권교육연구』, 7(3), pp.21-40.

나달숙 (2013), 사회적 약자 및 소수자의 인권보호와 인권교육 방향.『법과인권교육연구』, 6(3), pp.23-56.

나달숙 (2014), 다문화 인권교육의 이해와 실천 방향.『법과인권교육연구』, 7(2), pp.31-46.

류시전, 선원재해보상제도의 개선방안에 관한 연구, 석사학위논문, 고려대학교 노동대학원(2013.07).

목진용, "선원재해보상과 선박소유자의 재해보상보장제도", 월간 해양수산 No.104, 한국해양수산개발원(1993).

민정숙, "한국사회의 갈등해결을 위한 평화교육 실천방안에 관한 연구-도덕과 교육을 중심으로-", 인하대학교 박사학위논문(2007.02).

박계형, "안전문화에 영향을 미치는 요인들에 관한 연구 -산업체 종사자를 중심으로-", 석사학위 논문, 서울과학기술대(2011.02).

박상준 (2011), 외국의 다문화교육의 동향 분석 -이주민의 인권과 관련하여-.『법과인권교육연구』, 4(1), pp.1-24.

박용섭, "주요 해운국의 선원 사회보장제도", 해사법연구 제8권 제1호, 한국해사법학회(1996).

박윤경 (2009), 인권관점에 기반한 다문화교육프로그램 설계 및 평가 준거 개발. 『다문화교육』, 2(1), pp.5-23.

박인현 (2013), 다문화 사회의 이주자 인권 침해와 교육. 『법과인권교육연구』, 6(1), pp.93-122.

방희석 · 나정호 · 이용우, "통합해사노동협약의 채택배경과 과제에 관한 연구", 「국제상학」 제23권 제1호, 한국국제상학회(2008.03).

신군재, "직장내 남녀 갈등의 해결방안으로서 ADR 적용가능성에 관한 연구", 「중재연구」, 제23권 제4호, 한국중재학회(2013.12).

신수정, "인신매매 방지법의 필요성과 국제노동기준", 「법학논집」 제20권 제3호, 이화여자대학교 법학연구소(2016).

신용존, "해운기업 선박조직과 육상부서 간의 커뮤니케이션과 갈등의 인식차와 조직유효성에 관한 연구", 「한국항만경제학회지」 제28권 제4호, 한국항만경제학회(2012).

신용환 · 이캐시연주, "이중적 관점으로 본 밀레니얼 세대의 소비와 거울을 통한 브랜드 커뮤니케이션 연구", 「한국디자인문화학회지」 제24권 제1호, 한국디자인문화학회(2018.03).

원종욱, "안전배려의무에 관한 연구", 숭실대학교 대학원 박사학위논문(2016.08).

유의정 (2015), 다문화교육의 법적 지원과 인권 측면의 과제. 『법과인권교육연구』, 8(1), pp.25-44.

이안의, 선원의 재해보상에 관한 연구 -편의치적 선박을 중심으로-, 법학박사학위논문, 연세대학교 대학원(2015.12).

이종석, "선박조직의 커뮤니케이션과 갈등이 집단 응집성 및 조직유효성에 미치는 영향", 한국해양대학교 박사학위논문(2012).

이종석 · 김태형 · 신용존, "선박조직의 의사소통과 갈등이 집단응집성 및 조직유효성에 미치는 영향", 「한국항해항만학회지」 제32집 제4호, 한국항해항만학회(2012).

임창희 · 홍용기, "직장여성의 성희롱 태도에 관한 연구", 「경영학연구」 제25권 제3호, 한국경영학회(1996.08).

전영우, "2006년 해사노동협약 전문 및 본문의 주요내용에 관한 연구",「해사법학회」 제26권 제3호(2014.11), 99-100쪽.

전영우·홍성화·이창희, "외항상선 선원고용제도 개선에 관한 연구",「해사법연구」 제31권 제1호, 한국해사법학회(2019.03).

전제철 (2011), 사회과에서의 다문화 인권교육 연구.『시민교육연구』, 43(3), pp.143-164.

정도희 "이주와 법률-인신매매의 개념과 입법방향-",「부산대학교 법학연구」 제60권 제1호, 부산대학교 법학연구소(2019.02).

정진우, "산업안전보건법상 근로자의 법적 지위", 고려대학교 대학원 박사학위논문(2011.12).

진호현·김진권, "상선 선원의 인권보호를 위한 제도 개선방안에 관한 연구",「해사법연구」 제31권 제1호, 한국해사법학회(2019.03).

최진철, "선상(船上) 문화교섭 연구의 필요성과 방향",「해항도시문화교섭학」 제11호, 국제해양문제연구소(2016).

〈국외 저서〉

Stopford, M. Maritime Economics, 3rd ed.; *Routledge*: London, UK, 2009.

〈국외 논문〉

Alford, William, "Making a Goddess of Democracy from Loose Sand: Thoughts on Human Rights in the Peoples Republic of China," in Abdullahi Ahmed An-Na'im and Francis M. Deng (eds.), Human Rights in Burke, Roland, "Some Rights Are More Equal than Others: The Third World and the Transformation of Economic and Social Rights", Humanity: An International Journal of Human Rights, Humanitarianism, and Development, Vol. 3, No. 3 (2012).

Glendon, Mary Ann, "Knowing the Universal Declaration of Human Rights", Notre Dame Law Review, Vol. 73, Iss. 5 (1999).

Hannum, Hurst, "The Status of the Universal Declaration of Human Rights in National and International Law", Georgia Journal of International and Comparative Law, Vol. 25, No. 1-2 (1995/1996).

Ishay, Micheline R., The History of Human Rights: From Ancient Times to the

Globalization Era, Berkeley and Los Angeles, 2008.

Lee, J.; Lee, J.; Lee, C.; Kim, Y. Identifying ESG Trends of International Container Shipping Companies Using Semantic Network Analysis and Multiple Case Theory. Sustainability 2023, 15, 9441.

Peters, Anne. 2009. "Humanity as the A and Ω of Sovereignty" European Journal of International Law 20(3): 513-544.

Pogge, Thomas. 2005. "Severe Poverty as a Violation of Negative Dutie." Ethics & International Affairs 19(1): 55-83.

Sohn, Louis B. 1982. "The New International Law: Protection of the Rights of Individuals Rather Than States" American University Law Review 32(1): 1-64.

Verteramo, S. The impact of ESG practices in industry with a focus on carbon emissions: Insights and future perspectives. Sustainability 2023, 15, 6685.

Zahid, R.M.A.; Taran, A.; Khan, M.K.; Chersan, I.-C. ESG, dividend payout policy and the moderating role of audit quality: Empirical evidence from Western Europe. Borsa Istanb. Rev. 2023, 23, 350-367.

[나오는 말]

모든 물을 품는 바다처럼: 우리의 다짐

우리의 긴 항해를 마무리하며 생각해 본다.

이 책의 여정을 통해 우리는 인성과 선원인권이라는 바다를 함께 항해했다. 이제 마지막 항구에 도착하여 우리가 지나온 길을 돌아보며, 앞으로 나아갈 방향을 생각해 볼 시간이다.

인생이라는 바다에서 우리는 모두 각자의 배를 타고 항해하고 있다. 그 여정에서 남성이라는 이유로, 여성이라는 이유로, 장애인이라는 이유로, 외국인이라는 이유로, 우리는 때로 누군가를 혐오하며 때론 혐오의 대상이 되기도 한다. 스스로 바꿀 수 없는 정체성이나 요인으로 인해 혐오의 대상이 되는 것은 정말 비참하고 무서운 일이다.

내가 바꿀 수 없는 국적, 학력, 피부색, 출신 가정, 성적 정체성, 성별, 출신 지역, 외모 등으로 인해 부당한 차별을 받는 상황은 당사자에게 너무나 가혹한 일이다. 선박이라는 제한된 공간에서 이러한 차별과 혐오는 더욱 견디기 어렵고, 그 영향은 업무 효율성을 넘어 인간의 존엄성을 훼손하는 결과로 이어진다.

바다는 맑은 물이든 탁한 물이든 가리지 않고 모두 품어낸다. 바다는 어떤 물도 거부하지 않고(海不讓水), 모든 것을 받아들이는 포용력을 보여준다. 우리가 살아가는 사회, 특히 해운업계도 이러한 바다의 지혜를 배울 필요가 있다. 피부색이 다르다는 이유로, 출신 국가가 다르다는 이유로, 성별이 다르다는 이유로 차별하지 않는 바다와 같은 포용력이 필요하다.

이 책을 통해 우리는 선원의 인권과 인성 문제를 깊이 있게 탐구해 왔다. 그 여정의 끝에서 우리가 도달한 결론은 단순하면서도 본질적이다. 자기 자신이라는 이유만으로 멸시와 혐오의 대상이 되는 사람들의 관점에서 세상과 사람을 바라보는 시선이 필요하다는 것이다. 그 길에서 우리 모두가 두려움 없이, 온전한 자신이 될 수 있는 환경을 만들어 나가야 한다. 타인의 고통에 공감하고, 다름을 인정하며, 모든 사람의 존엄성을 존중하는 마음 - 이것이 이 책을 통해 우리가 전하고자 했던 가장 중요한 메시지다.

특히 선박이라는 제한된 공간에서 다양한 국적과 배경을 가진 선원들이 함께 생활하며 마주하는 인권의 문제는, 우리 사회 전체가 직면한 과제의 축소판이다. 내가 바꿀 수 없는 내가 가진 정체성과 특성으로 인해 부당한 차별을 받는 상황은 당사자에게 너무나 가혹한 일이다. 그리고 이러한 차별은 단지 개인의 문제가 아니라, 우리 사회의 공동체적 문제로 인식되어야 한다.

선박이라는 작은 공간에서의 인권과 인성 실천은 더 넓은 사회로 확장될 수 있는 소중한 경험과 지혜를 제공한다. 바다를 항해하며 다양한 국적, 문화, 배경을 가진 사람들과 함께 생활하는 선원들의 경험은, 다양성을 인정하고 존중하는 글로벌 시민의식의 모범이 될 수 있다.

우리는 이 책의 마지막 페이지를 넘기며 독자 여러분에게 묻고 싶다. 당신의 일터, 당신의 생활 공간에서 모두가 존중받고 있는가? 당신 자신은 온전히 자기 자신으로서 인정받고 있는가? 그리고 무엇보다, 당신은 타인을 그들의 있는 그대로 존중하고 있는가?

바다가 모든 물줄기를 포용하듯, 우리 사회가 모든 구성원을 있는 그대로 포용하는 날을 꿈꾼다. 국적, 성별, 인종, 종교, 성적 지향, 장애 여부와 상관없이 모두가 동등한 존엄을 가진 인간으로 존중받는 세상을 향해, 우리의 항해는 계속된다.

인성과 인권에 관한 논의는 이론적 담론에 그치는 것이 아니라, 일상의 실천으로 이어져야 한다. 우리가 매일 만나는 사람들 속에서, 우리가 일하는 직장에서, 우리가 살아가는 지역사회에서 - 모든 곳에서 인간의 존엄성을 지키기 위한 작은 노력들이 모여 큰 변화를 만들어낸다.

우리는 각자 자신만의 배를 타고 인생이라는 바다를 항해하고 있다. 때로는 거친 풍랑을 만나고, 때로는 평온한 물결 위에서 순항하기도 한다. 그 여정에서 우리가 서로의 등불이 되어준다면, 우리 모두는 각자의 항구를 안전하게 찾아갈 수 있을 것이다.

누구나 자신이 태어난 그대로의 모습으로 존중받고, 자신의 잠재력을 발휘할 수 있는 세상 - 바다처럼 포용하는 그런 세상을 향한 항해는 이 책을 덮는다고 끝나지 않는다. 오히려 지금부터가 진짜 시작이다. 독자 여러분과 함께 그 세상을 향해 나아가는 여정을 계속하고 싶다.

바다는 침묵하지만 그 침묵 속에 가장 깊은 지혜가 담겨 있다. 우리도 때로는 말보다 행동으로, 판단보다 이해로, 분노보다 포용으로 이 세상에 응답하는 법을 배워나가자. 바다가 가르쳐준 인간다움의 본질, 그것이 우리의 항해를 이끄는 나침반이 되기를 소망한다.

이제 이 책을 덮고 여러분만의 여정을 시작하실 때, 바다의 포용력과 지혜를 기억해 주시길 바란다. 나 자신이라는 이유로 차별받고 인권을 침해받는 세상이 아니라, 나 자신이라는 존재로서 오롯이 존중과 인정과 배려를 서로에게 주는 그런 세상을 함께 만들어 나가면 좋겠다.

인성과 인권이라는 나침반을 들고, 더 넓고 깊은 인간 이해의 바다로 함께 나아가길 바란다. 여러분의 항해에 평온한 바다와 순풍이 함께하기를 진심으로 기원한다.

최진철

독일 뮌헨대학교에서 문화인류학과 문화 간 커뮤니케이션을 공부했다. 다국적기업 Continental社 독일 본사에 근무하며 기업 조직 내 다양한 문화정체성의 만남과 조우 현상을 관찰하고 분석하였다. 현재 국립한국해양대학교 항해융합학부 해사글로벌 전공교수로 재직하며 학생들에게 문화 다양성 시대의 소통과 협상에 대해 강의하고 있다. 삼성인력개발원, 현대자동차그룹, Siemens 등 국내외 기업의 실무자들을 대상으로 다양성 관리, 異문화 이해, 해외주재원 파견교육 등의 강의도 진행하고 있다.

이창희

한국해양대학교에서 법학 석사와 박사 학위를 취득했다. 한진해운에서 일등항해사로 승선 근무하며 해상 운송의 실무 경험을 쌓았고, 이후 대우조선해양(현재 한화오션)에서 해양 플랜트와 조선 프로젝트 관리 업무를 담당했다. 한국해양수산연수원에서 해사 관련 재교육 및 연수를 진행했다. 현재 국립한국해양대학교에서 해사법, 해운 실무, 선원 인권 등에 관해 강의하고 있다. 친환경과 디지털 패러다임 전환을 중심으로 한 연구도 수행하며, 해운 및 조선업 분야의 기업들을 대상으로 전문 강의를 진행하고 있다.

인성과 선원인권

초판 1쇄 발행 _ 2025년 6월 20일

저　　자 • 최진철 · 이창희
발 행 인 • 정 현 걸
발　　행 • 신 아 사
인　　쇄 • 한승문화
출판등록 • 1956년 1월 5일 (제9–52호)
주　　소 • 서울특별시 은평구 통일로 59길 4
전　　화 • 02)382–6411 · 팩스 02)382–6401
홈페이지 • www.shinasa.co.kr
E – MAIL • shinasa@daum.net

ISBN 979-11-7342-082-5 (93300)

정가 23,000원